第18卷

辽宁党史人物传

宋任穷题

中共辽宁省委党史研究室
辽宁省中共党史人物研究会 编

辽宁人民出版社

图书在版编目（CIP）数据

辽宁党史人物传.第18卷/中共辽宁省委党史研究室，辽宁省中共党史人物研究会编.—沈阳：辽宁人民出版社，2024.2

ISBN 978-7-205-10895-3

Ⅰ.①辽… Ⅱ.①中… ②辽… Ⅲ.①中国共产党—历史人物—列传—辽宁 Ⅳ.①K820.831

中国国家版本馆 CIP 数据核字（2023）第 196131 号

出版发行：辽宁人民出版社
地址：沈阳市和平区十一纬路25号　邮编：110003
http://www.lnpph.com.cn
印　　刷：辽宁新华印务有限公司
幅面尺寸：140mm×203mm
印　　张：16.75
插　　页：4
字　　数：350千字
出版时间：2024年2月第1版
印刷时间：2024年2月第1次印刷
责任编辑：董　喃
封面设计：杨　勇　白　咏
版式设计：高政华
责任校对：吴艳杰
书　　号：ISBN 978-7-205-10895-3
定　　价：70.00元

编辑出版历史人物传
是用高尚精神塑造人
的一项重要工程。

新闻 一九九二年 秋

光数千古
永垂不朽

李鹏

一九九六、二、十二

继往开来

李涛

革命千秋业
丰功万世存
一九九六·六月
张黎

历史丰碑
后人永继

为《辽宁党史人物传》题

徐少甫
一九九六年
四月十日

前事不忘

後事之師

羅定楓

一九九九年八月

辽宁省中共党史人物研究会顾问

尚　文　沈显惠　曹明远

《辽宁党史人物传》编审委员会

主　任
宿建军

副主任
王建立　刘志刚

主　编
王恩宝

副主编
李秀华　王　超　王全有

目 录

（按姓氏笔画排列）

王家善

孟祥卫

　　王家善，字积之，黑龙江省巴彦县人。20世纪二三十年代，先后两次到日本学习军事，分别毕业于日本陆军士官学校和日本陆军大学。1945年日本投降后，任国民党东北行辕少将高级参谋、东北保安第四总队队长、东北保安司令部第十三保安区司令、独立第九师师长，营口市市长、营大地区防备司令、第五十二军暂编五十八师师长。1948年2月25日，率国民党暂编五十八师在营口起义，并配合东北人民解放军辽南独立第一师解放营口。参加东北人民解放军后，历任辽东军区独立第五师师长、解放军第五十军第一五〇师师长，率部参加解放四川战役。1950年参加抗美援朝战争。抗美援朝战争结束后，历任东北军区黑龙江军事部副部长、热河省军区副司令员。1955年转业到地方工作，任热河省体委主任、辽宁省体委副主任。曾被选为热河省人民代表、人民委员会委员，辽宁省第二、第三届人民代表、人民委员会委员，政协辽宁省第一、二、三、四届副主席，辽宁省第五届人大代表，第五届全国政协委员。

曲折历程

王家善，1903 年 8 月 17 日出生于黑龙江省巴彦县康庄乡大板房屯一个地主家庭。他家祖辈积有 300 多垧土地，家境富庶。王家善经过县城初等、高等学堂学习后，于 1918 年考入齐齐哈尔第一中学。王家善是一位具有爱国思想和民族意识的有志青年。在五四爱国运动的影响下，王家善因参加当地的爱国游行活动被学校开除，只好到营口投奔其叔父王纯叚，并在王纯叚的帮助下继续完成学业。

王家善的叔父王纯叚曾在日本留学，早年毕业于东京明治大学法学院，回国后，任东三省盐运署稽安局驻营口巡视员。1922 年，王家善中学毕业后，叔父王纯叚送他到日本东京铁道教习所学习。1926 年，王家善考入日本陆军士官学校步兵科学习，1928 年完成学业[1]。同年 12 月，回国任东北讲武堂（奉天）教导队上尉连长，开始了军旅生涯。

1931 年日本发动九一八事变，侵占中国东北。此时的王家善在东北军东边道镇守使于芷山部任营长。于芷山要投靠日军，王家善不甘心当汉奸，愤而离队，潜回家乡隐居，后接受巴彦县县长程绍濂邀请，出任巴彦县自卫团团总。

面对日军对东北的侵略，王家善利用掌握巴彦县自卫团这支地方武装的便利，进行爱国守土教育，引导士兵反抗日本侵略。1932 年 5 月，王家善带领 60 名士兵参加了巴彦抗日游击队，在松花江北树起民众抗日的大旗。巴彦游击队是中共满洲省委

---

[1]《王家善的戎马生涯》，内部资料，存营口市史志办公室。

直接领导的一支较大的抗日队伍，张甲洲任总指挥，赵尚志任政委，王家善任副总指挥。张甲洲是巴彦籍清华大学生，中共党员，曾任中共北平西郊区委书记、市委宣传部部长、代理北平市委书记，九一八事变后回到家乡组织抗日斗争。

巴彦游击队的抗日斗争面临着十分残酷、日益艰苦的形势，加之受到"左"倾错误的严重影响，力量受到较大削弱。而在巴彦游击队领导层内部，也存在一些较大分歧和矛盾。不久，王家善与李廷芳（即李时雨）、孔庆尧等人组织一支队伍，编成黑龙江人民抗日义勇军第三路军，王家善任总指挥，李时雨任副总指挥，孔庆尧任参谋长。王家善带领的这支队伍都是当地人，"是兵不发饷，是匪不能抢"，面对日伪的残酷"围剿"，这支队伍人员、给养、弹药日趋困难，难以为继。万般无奈之下，王家善等人只好让队伍各自为战，各寻出路。

1932年9月，困境中的王家善接到他在日本陆军士官学校同学张文铸的来信，张文铸约他到齐齐哈尔警备司令部见面。王家善一到齐齐哈尔，就受到担任齐齐哈尔警备司令的张文铸的百般引诱和日伪特务机关的胁迫。张文铸对王家善说："你的身份和情况其实日本人早就十分清楚。你现在的唯一出路就是答应参加满军，否则的话后果你也清楚。你曾在日本留过学，学习军事，日本人还是很看重这一点的，所以你会受到重用的。"事已至此，王家善身陷泥沼，无法脱身，张文铸又以同学关系向日伪当局疏通，最终使王家善获得赦免，还让王家善出任伪满军上尉、齐齐哈尔警备司令部参谋。不久，王家善又被委任为伪满齐齐哈尔第三军管区教导队候补生连连长①。候补生期满后，王家善于1935年被派遣到日本陆军大学学习，1936年毕业，授陆军步兵中校军衔②，1938年春返回东北。由于王家善受过日本陆军士官学校和日本陆军大学双重培训，是整个伪满时期从日本陆军大学毕业的少数几个中国人之一，既掌握日本的军事理论和训练方式方法，又十分了解东北地区的风土人情，所以伪满当局和日本关东军对他比较器重③。此后，王家善相继担任伪满奉天陆军训练处中校教官、伪满军政部（治安部）参谋司上校军事课长，晋升少将以及伪满陆军军官学校教授部部长、伪满热河省驻军第四旅旅长、伪满佳木斯第七军管区少将参谋长等职④。

抗日反满

王家善具有朴素的爱国思想和民族意识。日本帝国主义发动九一八事变侵略中国东北，更加激发了王家善的民族意识和爱国热情。王家善为求生存出任伪职，但他"身在曹营心在汉"，并没有泯灭作为一个中国人的情操，民族意识、爱国思想决定了他必然走上抗日反满道路。无论是在日本军校学习，还是出

---

① 李殿儒：《回忆我的岳父王家善》，营口市史志办公室编：《走向光明——驻营口国民党暂编五十八师起义纪实》，内部资料，2013年编印，第249页，存营口市史志办公室。

② 日本陆军大学：《外国陆军将校学生卒业者名簿》影印资料，存营口市史志办公室。

③ 侯洛：《伪满军队中的"真勇社"》，刘凤卓著：《苍茫往事——回首走过的路》，内刊1999年编印，第274页，存营口市史志办公室。

④ 梁启章、金荣谭：《国民党暂编五十八师从建军到起义经过》，中共营口市委党史资料征集委员会办公室编：《营口党史资料选编》（第二辑），内刊1988年编印，第63页，存营口市史志办公室。

任伪职，王家善始终牢记抗日反满、光复祖国这一宗旨。可以说，王家善是身处日本侵略军和伪满洲国统治下大多数士绅、民众的一个缩影。

伪满洲国建立后，在东北各地组建起各类军事学校，招收青年学生，培养军事人才。在这些军校里，许多具有民族意识和爱国思想的青年学生自发地建立起各种形式的秘密组织。这些秘密组织的名称虽然不同，有"恢复会""仙洲同盟""真勇社""东北青年苏生联盟会""铁血社"，还有中国共产党、国民党的秘密组织，但都是以抗日反满为宗旨，表面看是开展读书学习、研讨交流、结交朋友等活动，实质上是各种抗日反满思想和人员的汇集。

王家善担任伪满新京（今吉林省长春市）陆军军官学校教授部部长后，决定充分利用这一职务便利，广泛联系和培养具有爱国、抗日、反满思想觉悟的学生、青年、同事，秘密结社，积蓄力量，以待时机，为驱逐日本帝国主义、光复东北做准备。王家善依靠自己非常信得过的几位骨干，秘密创建了抗日反满组织"真勇社"。

在日本发动九一八事变侵占中国东北后，中国共产党一方面组织和发动东北各地民众武装抗日，一方面积极开展隐蔽战线斗争，秘密派遣组织和人员潜伏东北各地，在日伪统治的各个阶层安插力量，扩大影响，积蓄和团结抗日、爱国力量，为打败日本侵略者、光复失地做准备。

王家善虽身为伪满军队的中上层人物，但在思想深处是抗日反满的。同时，王家善为人谨慎，做事周密，尽管正统思想严重，但他拒绝国民党特务组织的拉拢，赢得了不少伪满军校学生、军官、同事的认可。中共地下党组织经过认真了解和详细观察，决定对王家善开展工作，施加影响。

1936 年 3 月，王家善在日本陆军大学学习，经"东京反帝大同盟"成员、东京早稻田大学留学生刘椿龄介绍，与正在日本东京帝国大学当研修生的张为先相识。张为先，1932 年参加共产党，受党组织派遣开展地下工作。张为先以与王家善同乡和朋友的关系，通过交流思想、探讨时局对王家善施加政治影响。与此同时，"东京反帝大同盟"另一位成员何正卓，也受中共党组织之命，与王家善保持密切联系，相机施以政治影响①。1936 年 5 月，由刘椿龄发起，以王家善为核心，有何正卓等 5 人参加，组建"协行社"。"协行社"以抗日为宗旨，以读书会为形式，每周召开一次讨论会，重点研讨中日关系、国内国际形势。1938 年春，王家善回东北前，告诉何正卓，他有个"真勇社"组织，是一个以抗日反满为中心的秘密组织。王家善还介绍马德泽、邵炳麟二人与何正卓共同研究推动"真勇社"的发展。

1939 年春，何正卓毕业回到东北，最初被分配到哈尔滨伪江上军（即海军）司令部，1941 年初，调到伪满治安部（1943年改称军事部）任职。不久，王家善从奉天陆军训练学校调到伪满新京，任伪满治安部上校军事课长、参谋司长。这样，王家善与何正卓见面十分方便。两人工作之余，经常往来，交流

---

① 刘凤卓著：《苍茫往事——回首走过的路》（附录一），内刊 1999 年编印，第267—268 页，存营口市史志办公室。

思想，探讨时局。王家善从日本回到中国东北后，"真勇社"又有了新的发展，仅在齐齐哈尔就发展了二三十人。在他们的共同影响下，伪满军队中的一些中、下层军官和伪满各类军校学生的思想、觉悟都发生了一定变化，民族意识、爱国意识、自立意识明显增强。

在这一有利条件下，经中共地下党组织研究决定，由何正卓出面，推动王家善组织一个思想意识比较接近、但外观更加灰色的纯伪满军官组织，然后逐步扩大，把伪满各种军校的在校学生和一部分已经毕业的学生有选择地吸收进来。因为伪满军队中的中坚分子，许多都是日本陆军、海军士官学校出身，其中绝大多数人都有爱国抗日思想，多与王家善相识，并有师生之谊。王家善在这些年轻军官中具有一定影响力，由王家善出面把这些人组织起来，首先可以通过他们为抗日反满搜集情报；更长远的打算是，一旦抗日战争迎来胜利曙光，就可以通过这些军官、士官等骨干力量掌握军队，里应外合，光复东北。

王家善听了何正卓关于组建伪满留日军官同学会的建议后，表示同意这一想法，他向何正卓提出：是否把过去的"真勇社"加强起来，制定一个正式纲领，组织原则、机构和要求都要比以前更严格、更规范也更隐秘一些。"真勇社"的成员，不但要吸收留学日本陆军、海军士官学校的伪满军人，同时也要吸收伪满各类军事学校毕业的伪满军官，但加入条件必须是政治可靠、有觉悟的爱国抗日人士。此后，"真勇社"就按照王家善提出的这些要求更加慎重、更加秘密地发展成员并开展活动。

自 1941 年 5 月起，经王家善提议并与何正卓等人多次商议研究，明确了"真勇社"正式的行动纲领及具体要求，并决定"真勇社"总社设在伪满新京，其他地区为分社，总负责为王家善。1941 年 12 月 15 日夜至次日晨，在伪满新京洪熙街伪满军官宿舍的何正卓家召开了"真勇社"的一次重要会议，这次会议的召集人是王家善，参会人员有：何正卓，毕业于日本海军炮术学校，伪治安部江上军（即海军）军官；于清淮，毕业于日本陆军士官学校，伪满军官学校教官；关操祚，毕业于日本陆军士官学校，伪满军官学校区队长；刘启民，毕业于日本陆军士官学校，伪满军官学校区队长；牛匡时，毕业于日本陆军士官学校，伪满军官学校区队长；褚遇春，毕业于伪满军教导队，伪满治安上尉课员，后任禁卫军少校。

参加这次会议的还有马德泽、孙镜洁等人。王家善在会议上发言的主要内容包括：（一）东北沦陷多年，日本帝国主义又侵占中国大片领土，我们不能甘当亡国奴；（二）在伪满军中成立一个抗日反满组织，名叫"真勇社"，逐步取得武器和兵权；（三）发展对象为伪满军队中有爱国思想的青年军官；（四）注意从各军管区中发展，同时要做好伪满军队中、上层工作，以备将来策反；（五）当前任务放在发展社员上。会上还宣读了"真勇社"的行动纲领，主要内容有：团结爱国青年军人，打倒日本帝国主义，相机反正，策应反攻，收复失地，复兴中国。还提出一个口号，也是一个要求：多读书，善处人。会议确定"真勇社"总社设在长春，分社有吉林、沈阳、哈尔滨、齐齐哈尔、承德、通化、佳木斯、牡丹江、锦州、大连、军官学校、训练学校、江上军、宪兵总团、军需学校、军医学校等①。

"真勇社"的分工是：社长王家善，政治何正卓，作战关操祚，教育于清淮，情报刘启民，组织牛匡时，后勤褚遇春。这几人除褚遇春外，都是从日本军校毕业，平均年龄仅30岁。这6人都是王家善亲自选定，是王家善非常信任和倚重的"真勇社"骨干。这次会前，王家善与何正卓详细研究了"真勇社"的所有重要问题，更将行动纲领和政治报告等全都委托何正卓起草。

利用王家善不断扩充"真勇社"组织之机，中共晋察冀情报人员借机秘密打入"真勇社"开展工作，因此，其政治报告、行动纲领、形势分析、讲话要旨等均出自中共地下工作人员之手或深受他们影响。这样，以王家善为核心、以"真勇社"为纽带的一个伪满军官组织就在日伪统治严密、残酷的东北地区形成和发展。他们具有民族意识、爱国精神，不甘心当亡国奴，但面对残酷现实又不得不委曲求全，一旦获得发展良机就能控制军队，自立成军，成为一支爱国、抗日、反满的军事、政治力量。这为王家善后来能够迅速恢复国民党东北保安第四总队即暂编第五十八师并能率部成功起义打下了思想基础，提供了组织和人员保证。

日伪统治当局对一切抗日反满斗争实行残酷镇压，许多抗日反满秘密组织被日伪军、宪、特、警侦破，造成严重损失，

① 侯洛：《伪满军队中的"真勇社"》，刘凤卓著：《苍茫往事——回首走过的路》，内刊1999年编印，第278—279页，存营口市史志办公室。

主要成员被抓捕、被镇压或被迫逃亡。受 1941 年"一二·三〇事件"的影响和牵连，何正卓被捕入狱，"真勇社"骨干成员也被日伪当局列入"要视察人名单"而受到"特别关注"。王家善察觉后，立即停止"真勇社"的全部活动，成员之间暂时不再往来。由于王家善、刘启民、关操祚等"真勇社"骨干成员采取停止活动、统一口径、沉着应对的正确策略，并充分利用日伪矛盾，"真勇社"骨干没有受到损失，组织得以秘密保存下来。但受这一系列事件影响，"真勇社"已无法开展活动。日伪当局还对这些可疑人员实施分化瓦解，调离职位。王家善被调离伪满军校教授部部长职位，到热河省任伪满第四旅旅长。行前，王家善将"真勇社"的工作交给刘启民负责，嘱咐他不可再使用"真勇社"名称开展活动，而要卧薪尝胆，忍辱负重，积蓄力量，以待时机。

重整旗鼓

1945 年 8 月 8 日，苏联对日宣战，百万大军进军中国东北。8 月 15 日，日本宣布投降。此后，东北局势演变成苏军控制大中城市和战略要点、共产党与国民党争夺东北控制权的新形势。

日本投降后，伪满洲国也随之灰飞烟灭。王家善当时在黑龙江佳木斯任伪满第七军管区少将参谋长，被苏军关押。不久，王家善利用一个机会逃出苏军拘留所，几经辗转于 1945 年 12 月来到长春，与何正卓等几位"真勇社"骨干会合，商讨下一步的行动。起初，王家善和"真勇社"成员企盼国民党认可"真勇社"作为一个政治组织发挥配合收复失地的作用，想以此作为建军谋政的资本。但国民党不承认"真勇社"这一类政治组织，只是想吞并其力量为国民党所用。1946 年 2 月，王家善、何正卓来到北平，求见国民党东北行辕主任熊式辉。熊式辉也曾在日本陆军大学留学。熊式辉授予王家善东北行辕少将高参的头衔，并表示同意王家善在东北组建一个师的建军设想。

1946 年 4 月 14 日，东北民主联军攻占长春，打垮国民党东北保安第二、第四总队，第四总队总队长陈家祯被俘。此后，熊式辉命令王家善与东北行辕高参王化兴一起到铁岭、开原一带收容第四总队残部。由王家善出面树起招兵买马大旗，具有一定号召力，很快就有许多原伪满军校学员、伪满军官、老部下、旧相识等投奔其麾下，被王家善委任为各级军官。到 4 月末，共收容、扩充近 7000 人，重新恢复东北保安第四总队。新组建的东北保安第四总队成分十分复杂，除原第四总队溃散官兵外，还有原伪满军队、警察、山林队、护路警察及各种地方武装、部分土匪，但第四总队的各级军官多系原伪满军校学员和伪满军官，这些人都曾是王家善的学生、部下和同事，王家善通过这样一层特殊关系完全掌握和控制了这支部队。因此，东北保安第四总队从其重组之始，就深深地烙上了王家善体系的印记，在很大程度上就相当于一支"王家军"。5 月 6 日，王家善被任命为东北保安第四总队总队长。

东北民主联军撤出长春后，6 月 3 日，王家善奉命率东北保安第四总队进驻长春，一边守卫长春一边整训部队。王家善率第四总队驻防长春期间，经过几次战斗，也有一定损失。国民党东北行辕给补充了一些步枪、轻机枪、六〇炮等武器，后整编为 3 个团。1946 年 9 月，按编制又补发了一些重武器，被编入第十三保安区。10 月 9 日，第四总队奉命到辽东地区的岫岩、凤城、庄河一带驻防，临时代号为独立第九师，暂归新六军指挥。

据守营口

到 1947 年 6 月，在东北民主联军的沉重打击下，国民党军被迫放弃安东（今丹东）一带，独立第九师受命向辽河以西转移、游击，牵制东北民主联军一部。当独立第九师移防途经营口时，看到营口没有军队驻防，人心惶惶，同时还了解到，营口的国民党军政要员早已溜之大吉，营口处于无政府状态。于是，王家善向东北行辕发出请命电报，说营口是东北战略要地，是保障陆、河、海通畅的一个重要据点，也是保持关内外联系的第二条通道，建议应当固守，独立第九师愿意承担这一任务。东北行辕很快批准了王家善的建议，并命令独立第九师驻守营口。

王家善的这一建议，充分说明王家善具有独到的军事、政治眼光。按照原先的命令，独立第九师应在辽河以西至锦州之间游击，发挥牵制东北民主联军一部的作用。但独立第九师途经营口，王家善立刻就认识到营口在东北地区独特的战略地位和作用，是除锦州之外的又一条战略通道，应予驻防。后来的辽沈战役更加印证了这一点。

1947 年 6 月中旬，独立第九师开到营口、大石桥两地集结。王家善率师部和主力驻守营口，派第三团驻守大石桥。随即命令各部加紧修筑防御工事。6 月 20 日，东北民主联军辽南独立第一师向营口、大石桥发动第一次攻击，以小部兵力牵制营口，以主力攻击大石桥，激战一昼夜，打垮独立第九师第三团，攻占大石桥。第二天，辽南独立第一师进攻营口，激战一夜，东北行辕急调东北保安第三总队增援营口。辽南独立第一师见营口守敌援兵已到，力量增强，遂撤出战斗。7月末，独立第九师改编为暂编第五十八师，归第五十二军建制。暂编第五十八师的人员、装备虽经两次补充有所加强，但比国民党正规军还有很大差距。

8月初，国民党东北行辕主任陈诚电召王家善到沈阳汇报情况，王家善趁机要求补充人员和装备，获得陈诚批准。王家善回到营口后立即拟订招募、补充兵员计划，报东北行辕备案，并在师司令部组织招募委员会，派出十几个小组，到辽阳、海城、盘山、辽中、营口等地进行招募。暂编第五十八师系东北部队，广泛利用乡土关系，加之东北地区正处在战争时期，许多青年失业，因此不到两个月，就完成了2700名新兵的补充计划。部队补充兵员，增强了战斗力，在国民党当局不能有计划地补充兵员的时候，本是一件有利的事情，可是东北保安司令部却来电申斥暂编第五十八师："自行招募，违背国家法令，应立即停止。"这时王家善的招募计划已基本完成，于是顺水推舟，随即复电："遵命，停止招募。"

1947年10月，东北民主联军发动秋季攻势。8日夜，辽南独立第一师第二次进攻营口。这次进攻营口不仅兵力多，而且有野炮、山炮配合，激战两昼夜，第五十八师赖有国民党海军"长治号"等3艘军舰驶入辽河给予舰炮火力支援，东北行辖再次调来交警第三总队增援，营口才未被辽南独立第一师攻克①。

经过这次战斗，国民党东北行辕对暂编第五十八师驻守营口愈加重视，加上北宁路关外交通线经常受到打击，更感到营口在沈营线及陆海交通方面的重要作用，于是，为加强营口防守力量，又给暂编第五十八师特别配属一个野炮连、一个化学迫击炮连，并补充了一些武器弹药。东北行辕又命交警第三总队进驻营口协防。交警第三总队进驻营口后，与暂编第五十八师重新划分了防区，交警第三总队驻防营口市区东部，暂编第五十八师驻防营口市区西部。

在交警第三总队驻防的营口市区东部，有个制镁厂。王家善刚接防营口时还很完整，派一个排保护制镁厂。在这次交接防务时，王家善特意对交警第三总队总队长李安说：这个厂很重要，全国很少，应注意保护。但不久暂编第五十八师就发现，交警第三总队非但不保护，反而乘机暗中把厂内的铜管和铜线拆除，运往上海等地高价出售，大发横财。王家善了解到这一情况后非常气愤，要求李安制止。李安说："不可能吧！我查查，如果有，一定制止。"事后，工厂还是被继续破坏，王家善又与营口市参议会一起派代表向交警第三总队提出抗议，但毫无效果。交警第三总队运铜装船时，必须经过营口市区西部暂编第五十八师防区，暂编第五十八师即以物资违禁为由，不

---

①《国民党暂编第五十八师起义与营口第三次解放》，营口市史志办公室编：《走向光明——驻营口国民党暂编第五十八师起义纪实》，内刊 2013 年编印，第 8—9 页，存营口市史志办公室。

予放行，为此双方曾发生多次武装对峙。此后，交警第三总队把这类铜材用小船从辽河送上大船，绕过暂编第五十八师防区，照样外运，致使工厂无法生产。事后，交警第三总队却宣称是老百姓把工厂破坏了，以掩盖他们的罪行。

鉴于驻守营口的暂编第五十八师与交警第三总队积怨日深，矛盾激化、公开，10月初，国民党第五十二军决定成立第五十二军营口前进指挥所，由副军长郑明新坐镇营口，统一指挥暂编第五十八师和交警第三总队。郑明新在指挥这两支部队时处事不公，供应上处处照顾交警第三总队，承担任务、卖命打仗时却"额外关照"暂编第五十八师。1947年入冬以后，营口市内军粮、民粮均发生短缺。暂编第五十八师不但不能领到足额供应，就是在领到的不足供应中，又多为粗粮。而交警第三总队不但供应足额，细粮多，而且还冒领。暂编第五十八师官兵每日三餐不得不有一顿喝粥，而交警第三总队竟有余粮高价倒卖。暂编第五十八师官兵十分气愤。无奈之下，王家善多次建议郑明新点验交警第三总队人数，核实发粮。郑明新重点依靠交警第三总队为他保驾，所以明知交警第三总队虚报冒领，也不去清点、核实人数，对王家善仅口头应付，敷衍了事。驻营口的国民党第五十二军一部与交警第三总队沆瀣一气，狂妄自大，盛气凌人，欺压、排挤暂编第五十八师，更加剧了嫡系与非嫡系之间的固有矛盾。

1947年6月辽南独立第一师攻打大石桥、营口时，国民党营口市市长袁鸿逵溜之大吉，逃往沈阳。国民党东北行辕对擅离职守的袁鸿逵并未申斥，电令王家善兼理市长职务。王家

016 · 辽宁党史人物传 · 第 18 卷 -

善一面应对军务，一面兼理市政。此战过后，营口形势渐趋稳定，营口、上海之间的海运逐渐增多，市面商贸亦有所繁荣。这时，那位"官大胆小"的营口市市长袁鸿逵，手持杜聿明"令袁复原职"的手谕，又厚颜无耻地回到营口继续接职。王家善电报请示东北行辕，东北行辕复电称："袁鸿逵既已回到营口，可将市长兼职交出。"国民党嫡系太平时作威作福，危难时让杂牌部队出头卖命，这不仅让王家善心生不满，也让暂编第五十八师官兵愤恨不已。

酝酿起义

自 1945 年 8 月日本投降、东北光复以后，国民党"接收"大员来到东北，名为"接收"，实则"劫收"，前门贴封条，后门运东西，营私舞弊，贪污腐化，丑态百出。老百姓对他们的所作所为斥之为"三迷（官迷、财迷、色迷）成风，五子（金子、银子、房子、车子、婊子）登科"。被日本帝国主义铁蹄践踏长达 14 年之久的东北 3000 万同胞，梦寐以求的是光复失地，当家作主。如今日本投降，人民群众迫切希望过上和平安宁的生活，可是这些国民党"劫收"大员给人民带来的不是希望而是彻底的失望。加之国民党内部派系互相倾轧，矛盾日益加剧、激化，国民党嫡系飞扬跋扈，排斥异己，这一切都使王家善对国民党的前途日益丧失信心。

王家善自重组国民党东北保安第四总队到 1947 年底驻防营口这一年半的时间里，耳闻目睹、亲身经历的种种现象和事件，对他思想深处的影响是深刻而复杂的。王家善在历经失土、亡国、抗争、战乱、复国、建军等一系列复杂、艰难、曲折历程后，曾满腔热情盼望国民党政府能在收复失地之后实现国家统一、和平民主，然而残酷的现实给了他当头一棒。他从期盼的梦幻中逐渐清醒过来，经过犹疑、彷徨的痛苦抉择，最终率领暂编第五十八师毅然起义，坚决加入中国共产党领导的人民军队当中，成为为人民的解放事业而奋斗、为保卫和建设新中国做贡献的一支新生力量。这种转变和抉择绝不是偶然的。

1947年底，东北民主联军发动冬季攻势，国民党军再遭打击，被迫由分区防御转为重点防御，40多万国民党军队龟缩在长春、沈阳、锦州等几个孤立据点，苟延残喘。营口也陷于陆路交通基本断绝的孤立状态。暂编第五十八师所能活动的范围不出20公里，内缺粮草，外无援兵，军心惶恐，士气低落，厌战拒战。而暂编第五十八师与交警第三总队之间的矛盾也日趋尖锐。这一系列矛盾和困境，在王家善的思想深处掀起巨大波澜：战则充当马前卒，暂编第五十八师有全军覆灭之虞；即或侥幸打胜一两仗，也不过是为他人火中取栗，苟延残喘，像暂编第五十八师这样的非嫡系军队在国民党、蒋介石那里捞不到什么好处。退则困守营口，无路可逃，坐以待毙。况且从整个东北战场的形势分析，营口解放只不过是时间早晚的问题。鉴于这种形势，王家善苦苦思索，以求万全之策。

对于王家善和国民党暂编第五十八师，中共东北局社会部和东北民主联军总部早就予以"特别关注"，决定利用旧有的特殊关系与王家善及其部下建立联系。

1947年6月，中共东北局社会部派石迪到辽南重点开展瓦解和争取国民党暂编第五十八师工作。7 月初，石迪到达辽南行政公署所在地瓦房店镇，开展对暂编第五十八师及王家善身边几个主要人员的联络、动员、说服工作。一是分别与王家善的学生、原伪满长春军校第二期毕业生、国民党东北行辕驻营口情报参谋王明仁和暂编第五十八师作战科长廉政取得联系。廉政是中共东北局社会部于 1947 年二三月份派到当时驻扎在岫岩的暂编第五十八师的。他在中层军官里秘密发展力量，宣传共产党的政治主张，并成立了一个活动小组。这个小组的主要成员有：第三团少校团附刘凤卓、上尉副官张海涛、上尉连长赵百禄以及吴国璋、郭连义等人。廉政根据掌握的情况，认为有争取暂编第五十八师内部自下而上实施起义的可能。二是通过盖平（今盖州）联合中学校长宋振邦，派张延平潜入营口，联络他的至交、营口市参议会议长林振宇，转达解放区"老朋友"的"问候"。三是选派高文浩，秘密携带信件，七进营口，建立直接与王家善联络的关系和渠道，进而推动王家善率部起义。

但王家善深知，率部起义是一件关系重大的事件，不仅关系到暂编第五十八师全体官兵的前途命运，也关系到王家善本人及其亲属、部下、同事、学生的身家性命，所以王家善十分小心、谨慎。为了准确了解和掌握共产党的方针、政策，王家善经过细心观察，认为王明仁可能是共产党方面的人，于是特意请他找来一些共产党方面的书籍。一开始，王明仁只给王家善拿来一些《大众哲学》之类的书，之后又陆续拿来毛泽东的《论持久战》《抗日战争胜利后的时局和我们的任务》等。王家善读后，受到很大启发和教育，渐渐加深了对共产党的认识和了解，逐步奠定了走与共产党合作道路的思想基础。

此后，王家善逐步从左右为难、进退失据的困境中摆脱出来，开始积极寻求"第三条道路"。他一面扩大与东北民主联军的联系渠道，一面在暂编第五十八师内部秘密开展酝酿、筹划工作。王家善分别找第三团团长戴逢源、第二团团长史维忠、第一团团长贾绍华和参谋处长梁启章等亲信和骨干进行个别谈话，谈时局、谈形势、谈困境、谈出路，了解和掌握他们的思想动态。这几个人一开始也不了解王家善的想法，对第五十八师的前途和命运认识模糊，有的说师长怎么主张他们就怎么做。但他们都有一些共同关注的问题，诸如"中国将来的形势怎样""国共两党究竟谁胜谁负""国际上资本主义和共产主义谁存谁亡""起义后部队能否存在""官兵及其家属的安全"，等等。王家善对这些问题都作了详细、明确的回答。他认为，国民党不得人心，失败是注定了的；共产党人心所向，最终必能统一中国。如果暂编第五十八师与共产党合作，一定会受到共产党的欢迎，还能给其他国民党军队树立一个榜样，开辟一条新的生存之路。根据共产党的政策，暂编第五十八师若能起义，部队一定还能存在，官兵及其家属的生命、财产一定能得到保障。经过王家善多次耐心、细致的解释、引导和说服，这些人都表示支持起义。

第五十八师副师长唐仕林和参谋长张翮是东北行辕派到第五十八师"掺沙子"的，王家善对这两人比较担心，怕一旦把握不好发生意外。于是，王家善就派参谋处长梁启章做张翮的工作，副官处长田贡吾做唐仕林的工作。副师长唐仕林表示："咱们师长朋友多,在危急时是有办法的,我相信师长。"同时又吐露交警第三总队湖南籍的几个老乡军官与他交谈过,都感到前途黯淡。张翮是黄埔军校毕业生,他哥哥在新一军当师长,他态度很坚决:"要固守营口,坚持到底。"王家善了解到这些情况后,就叫田贡吾、梁启章继续做唐仕林、张翮的工作,并派人密切监视这两人的行踪。同时,王家善又分别找几个平时比较进步、与他私人关系较好的营长、连长单独谈话,进行个别渗透。经过谈话、了解思想动态和做工作,其中的大多数军官基本上都表示服从王家善的领导,愿意起义。就这样,团、营、连骨干军官的思想基本统一,为第五十八师起义创造了有利条件。

与此同时,石迪通过营口县公安局局长马洪权了解到,营口县公安局工作人员高文浩与暂编第五十八师第三团团长戴逢源有亲属关系。在石迪和马洪权的动员下,高文浩爽快地接受了派他到营口先联络戴逢源,进而通过戴逢源与王家善建立直接联系的任务。1948 年 1 月下旬,年关将至,石迪与马洪权决定利用这一时机派高文浩到营口,先探探路子。此后,直到 2 月 20 日,高文浩冒着生命危险,七进营口,历尽曲折,传递信息,终于在石迪和王家善之间建立起秘密、可靠的直接联系渠道,为争取王家善率第五十八师起义发挥了牵线搭桥的重要作用①。

---

① 高文浩:《身负重命七进营口》,营口市史志办公室编:《走向光明——驻营口国民党暂编五十八师起义纪实》,内刊 2013 年编印,第 141—145 页,存营口市史志办公室。

2月20日，王家善在接到石迪邀请暂编第五十八师派代表进行会谈的亲笔信后，22日，王家善决定派师部参谋、自己的侄子王文祥，第三团团附刘凤卓二人，携带起义条件，到大石桥镇进行谈判，并要求东北人民解放军总部作出正式答复。王家善提出的起义条件主要内容有：（一）保证部队编入解放军序列；（二）保证部队的原建制；（三）保证部队与解放军享受同等待遇；（四）保证部队官兵及其家属生命、财产安全；（五）保证对全体官兵既往不咎；（六）部队人员、武器调动时应经王家善同意；（七）师长以下的军官最低要保持原级原职；（八）部队起义后，希望尽快参加解放战争。

在大石桥镇，第五十八师代表王文祥、刘凤卓与石迪、辽南军区参谋长金振钟举行了第一次会谈。石迪、金振钟表示，需要把王家善提出的起义条件请示位于哈尔滨东北人民解放军总部（以下简称"东总"），待"东总"回复后再进行第二次会谈。2月22日晚，辽南军区派班笠夫携带"东总"复电的抄件送给王家善。复电同意王家善提出的起义条件，此外又提出两条：（一）维持营口地方秩序；（二）扣押、逮捕营口国民党军政要员[1]。复电同时还通知王家善，"东总"指定辽南军区司令员吴瑞林为全权代表，并约定2月23日在老边进行第二次会谈。王家善当即决定派第五十八师参谋处长梁启章为第五十八师全权代表，由刘凤卓陪同，23日再赴老边进行会谈。

2月22日，第五十八师接到东北行辕电示：最近两三日

---

[1] 王家善：《国民党暂编五十八师营口起义经过》，中共营口市委党史研究室编：《黎明鏖战——解放营口之战》，中共党史出版社1994年版，第214—215页。

内将有一艘军舰护送一艘登陆艇，给你们运送弹药和粮食。26日，还有两架飞机运送武器弹药，事前要做好接收武器弹药、粮食和检查飞机场的着陆标志、修整好跑道等准备工作。王家善要求梁启章把这一消息通报给辽南军区谈判代表，希望等这两批物资到达并将舰船、飞机扣留后再开始起义行动。

23日，梁启章赴老边与"东总"代表、辽南军区参谋长金振钟，辽南军区政治部主任张秀川举行正式会谈。在商议起义时间和行动等问题时，解放军代表提出行动越快越好，要求25日行动。梁启章表示，王家善想要等两三天，获取即将运来的武器、粮食、舰船、飞机后再起义。解放军代表说：这是小事，起义是大事，别因小失大。金振钟参谋长还风趣地说："那些东西早晚都是我们的，就让'蒋大队长'替我们再保管几天吧！"梁启章又说："最近交警第三总队内部也很动摇，王师长想问问可否争取他们同时起义。"张秀川说："交警总队的性质与暂编第五十八师不同，应该区别对待。"最后双方决定25日晚7时开始起义行动，约定以3颗绿色信号弹为行动信号。梁启章提出，到时请辽南解放军在营口外围佯攻，协助起义，起义成功后暂编第五十八师以一部兵力配合解放军解除或消灭交警第三总队武装。

2月24日凌晨，梁启章、刘凤卓谈判成功后立即赶回营口，向王家善作了详细汇报。王家善与梁启章等人商议后，命令副官处长田贡吾和参谋王文祥到王家善宿舍秘密起草起义行动计划。24日早晨，王家善找副师长唐仕林谈话。王家善说："老唐，现在气候不正，将有风暴到来，解放军正在调兵遣将准备

攻城。我们是四面楚歌，你看应该怎么办？"唐仕林说："师
长有什么好办法可以说出来，我坚决服从命令。"王家善说：
"我没有办法才找你商量，我们是与营口共存亡呢，还是突围
呢？"唐仕林说："这都不是上策。"王家善说："那还有什
么办法？"唐仕林笑着说："师长还不相信我吗？"王家善说：
"除此之外，就得来个一百八十度的大转弯了。"唐仕林说：
"早就该下定决心了，这是师长英明决策。"于是，王家善就
把第五十八师准备起义的事对唐仕林明说了，唐仕林表示完全
同意。然后，王家善又找参谋长张翙谈话。王家善早已掌握张
翙的顽固态度，于是做了两手准备：张翙如能同意起义，最好；
如果顽固不化，就把张翙扣押起来。王家善开始与张翙谈话时
也像与副师长唐仕林谈话一样，先征求张翙的意见。张翙说：
"军人不成功就成仁。"王家善说："目前情况是解放军即将
发动强大攻势，我们能守住吗？"张翙说："坚决守就能守得
住。"王家善说："根据什么？"张翙说："我们有几次防守
经验和坚固的工事，兵力、武器又增加了。上两次能守住，这
次更不成问题。"王家善说："这次解放军进攻决不像上两次，
根据最新情报，解放军在海城地区集结了一个纵队，还有相当
于一个团的炮兵，在大石桥附近又有辽南一个独立师，如果解
放军以这样大的兵力来攻城,我们能守多少天？现在辽河冰封，
军舰来不了。辽西联络线已被切断，援军无望，即使能守上十
天半月，等粮尽弹绝，部队瓦解，营口市被毁坏，老百姓生灵
涂炭，最后还是守不住，这又有何用呢？"张翙试探地问王家
善："你说怎么办呢？"王家善表示，第五十八师只有一条路，

起义！张翮表现出十分抵触的情绪。看到这种情况，王家善又耐心地分析了国内外形势，尽力说服张翮。张翮沉思了一刻，对王家善说："这样吧，给我点时间考虑考虑。"王家善说："可以，需要多长时间？"张翮说："一个小时。"王家善说："好，但是对不起，从现在起，你就不能自由行动了，不许离开司令部。"半个多小时之后，张翮来找王家善，说："同意师长的做法。"王家善明白张翮的思想比较勉强，于是派人把副师长唐仕林找来，对唐仕林、张翮二人说："为了保密，在部队行动前，你们不能出师部院子，也不能向外面打电话、发电报和发信。"王家善命人切断了唐仕林和张翮的电话线，并派人监视唐仕林、张翮的行动；随后又命令电台，所有电报非经他本人亲批一律不准发出，把一切对外联系全部控制起来，严防泄密。

24 日上午 10 时左右，一架飞机飞到营口市上空，这是东北行辕派来给第五十八师空投军饷的。这一天寒风凛冽，没有降落伞的空投麻袋包大多落在空投场以外，有的落在居民屋顶上，把房子砸坏了，有的落地就摔破了，钞票随风飞扬。许多市民出来抢拾，警卫人员制止不住，有人主张开枪弹压。王家善严令绝对不准开枪，并命令多出动士兵帮助收拾，老百姓捡到的动员他们主动交出来，不交的就算了，不许打骂。到中午，绝大部分空投军饷都收了回来，共有 5 亿多元，正好够全师官兵两个月的薪饷。王家善立即指示军需处，全师官兵 2 月份发双饷，限于翌日午前全部发到每个官兵手里。王家善希望借此笼络军心，促使全师官兵服从他的命令，推动起义顺利、成功。

24 日下午 4 时，王家善以过生日请客为名，秘密宴请第五十八师副师长、参谋长、团长、师部处长、参谋等军官。在这次秘密宴会上，王家善让参谋处长梁启章向所有参会人员介绍了关于准备在营口起义及与解放军代表会谈的经过和主要内容。全体参会人员均表示同意起义条件并支持起义。于是，在会上又研究了起义行动计划以及执行"东总"关于逮捕国民党营口市党、政、军要员的指示，并进行了具体部署。经过紧张工作，至 24 日午夜，起义的一切准备完全就绪，可以说，万事俱备，只待天明。

走向光明

1948 年 2 月 25 日清晨 5 时，王家善秘密召来副官韩光、特务连连长李殿儒，向他们布置利用当天开会机会逮捕国民党营口市党、政、军要员的任务。早饭后，王家善按计划打电话邀请第五十二军副军长郑明新察看防御工事和阵地，郑明新应允。9 时许，王家善陪同郑明新一起来到约定地点，一边谈论营口的局势一边察看防御工事和阵地。王家善借机说道："解放军攻城在即，军座对守营口有何指示？"郑明新说："这可就要看你的啦！"王家善说："这次不如前两次有信心。"王家善建议在解放军攻城之前召开一次营口紧急城防会议，共同研究守城方案，同时也应考虑万一守不住如何撤退等问题，做好两手准备。郑明新表示同意。王家善乘机试探性地问道："开会地点在哪里合适，是否在你的指挥部？"郑明新说："我那里不宽敞，还是在你们师部吧！"这恰中王家善的心思。王家善立即说："也好！我马上回去布置。"他们决定下午 2 点开会。交警第三总队由郑明新通知，其他各参会单位和人员由第五十八师负责通知。王家善与郑明新又察看了一段工事，便各自离去。

王家善回到师部后，马上布置召开营口紧急城防会议和暂编第五十八师军官会议等事宜，命令做好一切准备工作。2 月 25 日 11 时，暂编第五十八师召开营长以上军官会议，王家善首先介绍了营口战防情况并作出分析，然后提出应对当前局势的措施，要求各军官认真讨论。会上，有人主张坚守待援；有人主张与营口共存亡；有人提出脱离国民党，起义参加解放军；也有人主张能守则守，守不住再走。围绕这些问题，部分军官展开激烈争论。由于王家善事先已做通一些骨干军官的思想工作，这些军官也明了王家善的意图，就抢先发言，表示赞同起义，并且这些人多是团、营职军官，较有影响和带动作用，这样一来，赞成起义的人越来越多。王家善趁热打铁，提议表决。经过举手表决，绝大多数军官都表示赞成起义，就连副师长唐仕林和参谋长张翮也都举手同意，于是王家善当场宣布第五十八师准备起义。这时，会场气氛仍很紧张，为避免发生意外，王家善又把东北战场形势及第五十八师的困境作了简要介绍和判断，把起义的利害作了全面、透彻的分析。经过王家善一番耐心说服工作，会场的紧张气氛逐渐缓和下来。王家善见起义条件成熟，当机立断，宣布了第五十八师起义的行动命令：

（一）国内形势和国共战场情况已经发生了深刻变化，共产党已由内线作战转入外线全面进攻，国民党已被迫改为重点防御，完全处于被动，国民党必败、共产党必胜已成定局；

（二）第五十八师决定脱离国民党，即日起义参加人民解放军；

（三）第一团2月25日下午7时撤出阵地，在东卡子门附近集结后向大石桥前进；

（四）师司令部及直属部队由参谋处长梁启章指挥，随第一团后向大石桥转移；

（五）第二团负责解除驻营口所有非第五十八师部队的武装（交警第三总队除外），任务完成后，继师直属部队后向大石桥转移；

（六）第三团协同人民解放军解除交警第三总队武装，任务完成后，继第二团后向大石桥转移；

（七）各部队要严守纪律，维持地方秩序，违者严惩。起义行动信号为3颗绿色信号弹；

（八）师长王家善预定25日夜10时离开营口到大石桥。

王家善发布起义命令后，参谋处长梁启章宣布行动计划，要求散会后立即分头行动，做好准备。

散会后，王家善又把负责逮捕国民党营口市党、政、军要员的副官韩光和特务连连长李殿儒找来，听取他们二人准备情况的汇报，然后带领韩光和李殿儒仔细检查了会场的布置和准备工作，要求准备周密、充分，做到万无一失。

2月25日下午1时半左右，因为战况紧急，都想了解营口战防情况，所有参会要员均提前来到会场。2时，准时开会。会议由王家善主持，他首先请第五十二军副军长郑明新讲话。

郑明新讲了一番冠冕堂皇的官话,继之王家善讲话,表示要坚守营口,同时也要防备万一,做好撤退的准备。王家善讲话后,就请参会各要员发言表态,又讨论了一番组织慰问团慰劳前沿官兵等话题。这时,副官赵玉珊走进会场,向王家善报告:"东北行辕董彦平副参谋长来电话,请师长去接。"王家善故意说:"让梁处长去接吧!"赵玉珊说:"董副参谋长请您亲自接。"就这样,王家善由赵玉珊陪同,从容走出会场。

王家善一离开会场,早已布置好的卫士陆续进入会场,倒水点烟,假献殷勤,重点盯住郑明新、李安、袁鸿逵及警察局长等几个关键人物。另外几个卫士也都按计划进入指定位置,一排机枪、冲锋枪都对准了会议室。一切准备就绪,副官韩光持手枪迅速冲进会议室,大喝一声:"不许动!把手举起来!"会场里的卫士也立即掏出手枪,对准郑明新、李安、袁鸿逵等几个携带武器的人。参加会议的人都把手举了起来,被解除了武器,只有交警第三总队队长李安企图顽抗,想要掏枪,但是眼明手快的卫士毕树文一把抓住李安的手,并将枪口对准他的脑袋喝道:"再动就毙了你!"立即缴了李安的手枪。这时,会场里鸦雀无声,只有郑明新、袁鸿逵挣扎着说了一句:"你们要造反吗?"韩光说:"就是要反!"郑明新又说:"找你们师长来。"韩光说:"师长早已被我们扣起来了,你们俩向后转!"郑明新、李安、袁鸿逵等人看到一排机枪、冲锋枪的枪口正对准会场,无可奈何,只好一个一个老老实实地走出会场,被押进了第五十八师师部院内的地下指挥所。与此同时,他们的警卫、司机共21人也都被缴械并关押起来。

紧急城防会议上被当场逮捕的国民党营口市党、政、军要员共 17 人，他们分别是：国民党营口市党部书记长王惠久，营口市市长袁鸿逵，营口市三青团主任陈修实，第五十二军副军长兼营口前进指挥所主任郑明新，交警第三总队队长李安，营口市警察局局长曹起麟，商务会副会长卢芳圃，医师会会长王化南，税务局局长吴融春，海关司司长司学斌，中国银行营口支行行长顾鸿渐，营口法院审判官寇锡侯，营口盐场场长姜子云，营口市参议会代理议长魏鸿文，营口市纺织厂厂长任永吉，营口造纸厂厂长曹理卿，营口检察厅检察官赵××。

紧急城防会议成功扣押国民党营口市党、政、军要员，为第五十八师起义扫清了主要障碍，为解放营口创造了十分有利的条件。这是王家善和第五十八师起义官兵为解放营口立下的第一功。

会后，王家善立即派人联络辽南独立第一师秘密进入营口，直插第五十八师与交警第三总队接合部，准备消灭交警第三总队。25 日晚 7 时，营口城区上空升起 3 颗绿色信号弹，这是王家善率暂编第五十八师起义的信号。

为安全起见和顺利起义，正式起义前的晚 6 时半，暂编第五十八师司令部（除电台外）和直属部队及家属、车辆，由参谋处长梁启章指挥，向大石桥转移。晚 7 时正式起义后，暂编第五十八师第一、二、三团立即按照起义计划开始行动。第一团全部撤出阵地，开始向大石桥转移。第二团负责解除团管区、宪兵队（一个连的兵力）、野炮连、化学迫击炮连、盐警队、警察局、水上警察局的武装，唯有宪兵队凭借高大坚固的建筑物进行顽抗。后将战防炮连调来，迫使宪兵队于晚7时半竖起白旗。第二团除留一个连看守俘房和弹药仓库外，全团于晚9时出发，向指定地点前进。第三团积极配合辽南独立第一师苏克之团，于晚7时向交警第三总队、第五十二军前进指挥所发起进攻。第五十八师第三团配合辽南独立第一师从东向西，夹攻交警第三总队。交警第三总队被打得节节败退，撤至营口市区西部辽河南岸一带，与第五十二军前进指挥所一个警卫排龟缩于瑞昌成等几座高大坚固的楼房中，负隅顽抗。攻击部队为保护营口重要建筑物不被破坏，没有使用破坏力大的野炮、重炮等，也没有使用爆破力强的炸药包，因此战斗持续到深夜尚未解决。后经苏克之与第五十八师第三团商议，将郑明新、李安押到前线喊话，取得良好效果。前进指挥所警卫排首先停火并交出武器，交警第三总队一部被消灭，一部向辽河北岸逃窜。至此，解放营口的战斗基本结束。国民党暂编第五十八师起义和解放营口的战斗取得了最后胜利。

2月25日深夜，第五十八师将已逮捕的国民党营口市党、政、军要员及其警卫人员、司机等人全部移交给辽南军区。王家善在石迪等人的陪同下离开营口赶到老边。王家善和夫人与副师长唐仕林受到辽南军区参谋长金振钟、政治部主任张秀川等人的热烈欢迎。金振钟代表辽南军区司令员吴瑞林欢迎光荣起义的第五十八师师长王家善、副师长唐仕林及全体官兵。王家善激动地说："五十八师这次能脱离国民党，转向人民解放军，多赖辽南军区各位首长以及石迪的大力支持和热情帮助。我谨以我个人的名义并代表五十八师全体官兵，向中国共产党、中国人民解放军、辽南军区吴瑞林司令员、金参谋长、张主任以及辽南军区全体指战员表示诚挚的谢意。"

2月26日凌晨，第五十八师参谋长张翮来到老边，向王家善报告说："下半夜交警第三总队大部分被消灭，营口市内已无战事；三团于2时开始向大石桥行动；俘虏和各仓库也都交给解放军接管了；营口市秩序还好，没有发生意外事件。"听完汇报后，王家善十分高兴，随即向金振钟、张秀川建议说：营口市内仓库还有各种炮弹40多万发，各种子弹300多万发，要赶快抢运出来，天明后国民党发现第五十八师起义，一定会派飞机轰炸，不仅弹药要受损失，也会给营口市人民造成灾难。金振钟说，已经备好300辆大车和20多辆卡车，连夜抢运疏散。

2月26日晨，第五十八师向大石桥转移。中午，第五十八师各部已全部到达指定地点，只有第三团在途中曾遭国民党飞机空袭，幸无大的伤亡。这说明国民党已发现第五十八师起义。王家善立即传令，加强掌握部队，注意军民关系，注意防空，严守纪律，师直和各团选择可靠的连队组织纠察队，维持军纪，防止意外。

第五十八师成功起义后，2月26日，王家善暨第五十八师全体官兵通电全国："毛主席、朱总司令、彭副总司令并转全国人民解放军、国民党一切军队及全国同胞公鉴：民国三十七年二月二十五日午后七时，我们暂五十八师官兵已于营口驻地毅然脱离国民党反动集团，正式参加人民解放军。这里我们首先感谢人民解放军各首长及全体同志对我们热烈欢迎的兄弟之友谊，我们庆祝这个光荣起义的日子，并愿将此次起义的始末昭告国人……我们这次的义举是为中国人民服务的开始，同时也就是和压迫人民出卖中国的反动派宣战。我们坚决地在中国共产党领导下，誓与国民党反动派斗争到底。我们愿意学习解放军的一切优良革命传统，把我们改造为人民的军队。我们坚决拥护土地法大纲，遵守民主政府的一切法令，以表示我们效忠人民的真诚。"

同日，王家善率第五十八师全师官兵致电东北人民解放军总司令部首长："家善等痛感蒋介石独裁卖国，制造内乱，反对民意，消灭异己，素怀参加革命阵营，苦无良机，兹于 2 月 25 日下午 7 时毅然率部万人起义，同时逮捕营口市之军、政、党、团首脑郑明新、袁鸿逵等 30 余名，并参加解除反动武装而解放营口重港。今后誓在钧座领导下，打倒蒋介石，拥护中共土地改革等主张，为人民解放而奋斗到底，并祈格外指导训诲。至祷，谨电奉闻。"

东北人民解放军总司令部首长随即复电嘉勉"营口起义之暂五十八师师长王家善将军暨全体官兵：欣接来电，贵部光荣起义，参加革命阵营，共讨蒋贼，义正词严，甚为钦佩。蒋贼卖国独裁，发动内战，残害人民，凡膺血气之伦，莫不发指！方今全国反攻之局已成，人民反抗之怒潮高涨，行见千夫所指，蒋贼之反动统治灭亡有期。贵部将士深明大义，挥戈反击，与人民军队携手前进，实为全国各战场被蒋贼驱使进行内战之匪军官兵指出一条光明大道。本军对于贵部此次光荣义举，表示热烈欢迎。尚希激励全军，努力改造部队，全心全意为人民服务，并共为彻底消灭蒋匪，解放东北、全中国而奋斗"①。

2月27日下午，辽南军区司令员吴瑞林在大石桥设宴招待起义军官。吴瑞林在致欢迎词中阐述了中国共产党和人民军队对起义人员的政策，并勉励全体军官努力学习，争取早日参加人民解放战争，为人民再立新功。吴瑞林的讲话对第五十八师起义部队产生了显著的教育引导作用。

2月27日夜，王家善率部移驻盖平县团甸、汤池一带，受到当地群众热烈欢迎。大量慰问品、补给品源源不断送到第五十八师，秧歌队天天进行文艺表演。第五十八师官兵深受感动。这一切，使王家善及全师官兵更加认识到起义是完全正确的。他们加紧学习，提高思想政治水平，努力成为真正的革命战士，为人民的解放事业做出更大贡献。

2月28日，辽南军区召开"五十八师光荣起义祝捷大会"。第五十八师加入东北人民解放军序列，番号为辽东军区独立第五师。3月初，王家善率全师向辽东地区和吉林省金川、延边一带转移，沿途受到热烈欢迎，增强了部队积极向上精神。经过一年多的政治、军事整训，独立第五师改番号为中国人民解放军第五十军第一五〇师，1949年6月，入关南下，参加解放四川的战役。1949年底，四川全境解放。1950年2月，第一五〇师转移至湖北休整。1950年10月，第一五〇师参加抗美援朝战争，经过第一、二、三、四次战役的洗礼，得到了爱国主义、国际主义教育和锻炼。抗美援朝战争结束后，第一五

① 三则电文引自中共营口市委党史研究室编：《黎明鏖战——解放营口之战》，中共党史出版社1994年版，第88—89、90、91页。

○师奉命回国。这支光荣起义的部队在中国共产党的教育、引导下，在广大人民群众的关心、支持下，在人民解放战争和抗美援朝战争中，胜利完成了解放祖国、保卫祖国的光荣任务。

履职建言

1952 年以后，王家善历任黑龙江省军区军事部副部长、热河省军区副司令员。1955 年，王家善转业到地方工作，任热河省体委主任。被选为热河省人民代表、热河省人民委员会委员。

1956 年 2 月 25 日，辽宁省人民委员会决定任命王家善为省体育运动委员会副主任，在国务院批准任命前先行到职工作①。1957 年 4 月，在政协辽宁省第一届委员会第三次会议上，王家善当选为副主席。此后，历任第二、三、四届政协辽宁省委员会副主席，第五届全国政协委员。

1959 年 10 月，辽宁省人民委员会、省政协发出《关于组织省人民代表和省政协委员视察工作的通知》。按照《通知》精神，省政协副主席王家善于 11 月到朝阳视察，历时 13 天。王家善先后视察了朝阳市朝阳县、北票县、双塔区及 4 个公社、5 个生产大队。王家善在视察中，十分关注人民生活、农业生产、多种经营、地下资源等问题，赞扬农村商业网点如同城市，人民群众的精神面貌和生活焕然一新，干劲十足。王家善提出建议：要深入宣传人民公社的优越性，进行社会主义教育，深入

①《辽宁省人民委员会任命王家善为省体委副主任的命令》〔辽（56）人〕，存辽宁省档案馆。

开展反右倾思想，大搞治山治水；在劳力分配上，三条战线要合理安排，防止窝工浪费；山区开展多种经营的便利条件很多，目前猪、鸡养得不多，应提倡户户养猪，人人养鸡。在参观敬老院时，王家善建议对敬老院的老人进行共产党关心人民群众、进行国家方针政策的教育，不能忘记旧中国人民的苦难①。

1966 年"文化大革命"开始后，王家善受到冲击，被揪斗。在被批斗时，王家善曾被辽宁省体委个别工作人员动手打过②。王家善的身心受到严重伤害，陷入巨大的困惑和痛苦之中。经过几次冲击和批斗，王家善的所谓"问题"查无实证。王家善既无法继续工作，又因身体多病，经请示批准后到北京治病。此后王家善长期处于治病休养状态。

尽管王家善本人身处困境，但他仍然竭尽全力帮助他能够帮助的人，特别是当年跟随他一起起义的老部下、老战友、老同事。凡是涉及当年的老部下、老战友、老同事的外调和证明，只要找到王家善，或者王家善有所耳闻，他总是在实事求是的基础上竭力为人说项，无论起不起作用、起多大作用，他都热心、倾力而为。所幸，由于他的关心和帮助，有的人避免受到更大的冲击，有的人处境有所改善。每念于此，王家善的心中都获得一丝由衷的安慰。

"文化大革命"结束后，王家善恢复了名誉，重新工作，继续担任辽宁省政协副主席。1977 年 12 月 23 日至 28 日，辽

①《关于辽宁省政协副主席王家善视察工作情况的报告》，存辽宁省档案馆。
②孟祥卫：对原辽宁省体委退休干部于吉辰的电话采访记录，2012 年 9 月 12 日，存营口市史志办公室。

宁省第五届人民代表大会第一次会议召开，王家善作为营口代表团 6 名代表（王武臣、王家善、朱川、张延杰、李汉英、胡亦民）之一，参加了会议，并当选主席团成员。12 月 24 日，王家善在分组会议上发言。他说："辽宁省第五届人民代表大会第一次会议胜利召开了，这是全省人民政治生活中的一件大事……是粉碎'四人帮'反党集团的重要成果。我今天参加这个大会，心潮澎湃，感慨万千，抚今思昔，悲喜交加。""我作为辽宁省的人民代表参加这个会议，共议国家大事和我省大事，深感使命光荣，责任重大。""我省是全国重工业基地之一，是战略要地，地处国防前哨，担负着实现四个现代化和保卫祖国的重大任务，我们要……争时间、抢速度、开足马力、大干快上，为高速度、高质量完成党的十一大提出的各项战斗任务而奋斗。""读叶副主席八十抒怀'老夫喜作黄昏颂，满目青山夕照明'，很受启发和鼓舞。我虽年逾古稀，惟愿有一度热发一度光，愿作'烈士暮年，壮心不已'，活到老，工作到老，学到老，改造到老，为把伟大的祖国在本世纪内建设成为社会主义现代化强国，为解放台湾，为把毛主席开创的无产阶级革命事业进行到底贡献力量，呼吸不止，战斗不已。"①

1979 年 1 月 15 日，王家善在北京病逝，终年 75 岁。

1 月 23 日，王家善追悼会在沈阳隆重举行。中共中央统战部、政协全国委员会、国家体委，中共辽宁省委、辽宁省革委会、政协辽宁省委员会、沈阳军区、辽宁省军区及省直各部门，

---

① 《王家善同志在辽宁省第五届人民代表大会第一次会议的发言》，存辽宁省档案馆。

中共巴彦县委、巴彦县革委会，营口市革委会、营口市政协等单位，王家善生前好友和家属共 300 余人参加了追悼会。追悼会由中共辽宁省委第二书记、省政协主席黄欧东主持，省委统战部部长、省政协副主席章岩致悼词。悼词评价王家善："是一位在东北比较早的起义将领。三十年来，他热爱伟大领袖毛主席和老一辈无产阶级革命家，拥护中国共产党，热爱社会主义祖国，拥护党的方针、政策，响应党的号召，接受党的领导，积极热情地参加党领导的历次政治运动，努力学习马列主义和毛主席著作，关心国家大事，接受新事物，注意世界观的改造，为社会主义革命和社会主义建设事业贡献了自己应有的力量。在解放战争和抗美援朝战争中，他认真执行党中央指示，发扬了爱国主义和国际主义精神，为人民立下了功劳。他热心参加和开展政协工作，热爱新中国的体育事业。"粉碎"四人帮"以后，"他振作革命精神，满腔热情地参加学习和工作。十分关心台湾回归祖国，在对台宣传方面做了许多工作，热切希望早日完成统一祖国的大业。"① 这些对王家善的评价是中肯的、恰如其分的。王家善为人民和国家做出的历史贡献永远值得怀念。

①《辽宁日报》，1979 年 2 月 3 日第 3 版。

李 荒

王恩宝　王惠宇

　　李荒，辽宁营口人。1935 年参加"一二·九"学生运动，1936 年 5 月加入中国共产党。抗日战争时期，先后任北平东北大学抗日民族先锋队队员，八路军晋察冀军区第三军分区政治部宣传部科长、组织部长，《晋察冀日报》编委、时事主编，热辽区党委宣传部副部长。1945—1952 年，任东北日报社总编辑、社长。后任中共辽西省委副书记，中共辽宁省委书记处书记，大连工学院（今大连理工大学）党委副书记，中共旅大市委第二书记、市革命委员会第一副主任，中共辽宁省委书记兼旅大市委第一书记，中共辽宁省委"两案"清查领导小组组长，中共辽宁省委常务书记，辽宁省第四届政协主席，中共中央党校副校长。1983 年，离职休养。曾当选为中共十三大、十四大代表。2014 年 12 月 4 日，因病医治无效，在沈阳逝世。

辽南农村一少年

　　李荒，原名李枝伟，1916 年 5 月 22 日出生于辽宁省营口市老边区路南乡白庙子村魏家屯的一个破落地主家庭。兄弟姊妹共 8 人，他排行最小。

李荒出生时，父亲李际云（李会卿）40岁，母亲42岁。"老年得子"，又是最小的一个，而且天资聪颖，李荒深得父母疼爱。

李荒受母亲的影响很深，也特别爱他的母亲。他曾回忆他的母亲："她对我的教育主要有两点：一、要好好念书成人，出人头地以便学成宦显，为我母亲争口气，得到亲友邻里赞扬，不能胡闹乱干。二、我在这个教导之下，养成了一些少年老成的习性，但好玩贪耍的性情也非完全没有，不过要背着母亲去干而已。"①

1922年，李荒入小学读书；1924年，入本村私塾，读书半年；1925年，入村立小学三年级读书。1926年，李荒入营口市私立崇德高级小学二年级读书。

1929年上半年，李荒考入营口县立高级商业中学读书。因为这所学校校风不好，下半年，李荒即转学到沈阳，考入东北大学附中初中一年级读书。

李荒的少年时代，正是日本帝国主义加紧对中国东北进行武装侵略的时期。从1929年夏开始，日本帝国主义在经济掠夺的同时，不断增兵东北。进入东北大学附中后，李荒接触到许多具有新思想的书报杂志，他自己订阅了邹韬奋主编的《生活》周刊。这一时期，他读了蒋光慈的《鸭绿江上》《黑貌》，郁达夫的《灰色鸟》，郭沫若的《女神》以及鲁迅的杂文等"左翼"文学作品，大大开阔了眼界，形成了勤奋好学、追求真理

---

① 李荒：《自传》，存辽宁省档案馆。

的精神，这对他后来走上革命道路起到重要启蒙作用。

就在李荒如饥似渴地吸收新知识、新思想的时候，由于家乡发生水患，颗粒无收，家庭无力支持他继续读书。但李荒没有气馁，毅然选择了自强求学之路。他于 1931 年 9 月考入东北兵工厂附设的兵工学校，半工半读。就在他考入兵工学校的第 18 天，震惊中外的九一八事变爆发。一夜之间，沈阳城被日军占领。由于受蒋介石不抵抗主义政策的深刻影响，东北大好河山迅速沦陷。年仅 15 岁的李荒亲眼目睹日本侵略者在自己的家园烧杀劫掠行径，强烈地激发了民族觉悟和爱国热情。他在心中树立起一个坚定的信念：走抗日救国之路，决不能坐当亡国奴！

东北大学岁月

日本帝国主义的武装入侵使无数东北人背井离乡，流亡关内。李荒同大多数流亡学生一起来到北平（今北京）。张学良为了将流亡到北平一带的东北各省中学生收容到一起，使之得以继续求学，创办了东北学院，后改名为东北中学。学校不收学费，免费供应食宿。李荒进入北平的东北中学后，经常和进步同学一起阅读鲁迅和苏联作家的作品，初步接触到马克思主义和革命思想。

日本帝国主义侵占东北后，扶植伪满洲国傀儡政权，对东北人民进行残酷的殖民统治。后又在上海、华北等地不断挑起事端，进一步扩大侵华战争。严酷的现实，对东北流亡学生产生了巨大冲击。他们怀着满腔的爱国热情和复土还乡的强烈愿望，一边学习，一边从事抗日救亡运动。流亡到北平的东北大学成为"当年北平学生运动中反蒋、抗日、救亡的堡垒"①。

1933年，李荒从东北中学毕业，考入东北大学文学院国文系。他入学后不久，国文系学生就发起"风潮"，向校方提出换掉不负责任教授的要求。李荒积极参加了这次活动，被校方视为"不老实学生"。当年冬，李荒等人被送到中央军第二十五师受训。集训的第一天晚上，他首先向教官提出并非自愿受训，希望回校的要求。接着，学校又送第二批"不老实学生"到第二十五师受训，也遭到同学们的抵制。校方以停止伙食相威胁，但没有改变学生们的坚定意志。最后，这场斗争以校方的妥协而结束。

东北沦陷后，日本帝国主义的侵略矛头指向华北。从1933年1月始，日军相继侵占山海关、热河、长城各口。1933年5月《塘沽协定》的签订，使日本侵略者打开了华北的门户。1935年夏，《秦土协定》和《何梅协定》的签订，使包括平津在内的河北、察哈尔两省大部分主权被日本帝国主义所攫取。同年11月，日本帝国主义扶植汉奸殷汝耕在河北通县成立"冀东防共自治政府"，控制冀东22县。12月，南京国民政府准备在北平成立"冀察政务委员会"，作为日本要求"华北自治"的妥协办法。华北危急，全国震动！密切关注时局演变的北平学生深感"华北之大，已安放不下一张平静的书桌了"②。为了抗议日本帝国主义的侵略和国民党反动派的卖国罪行，中共北平临时工作委员会和北平学联决定在12月

① 曹靖华：《往事漫忆——"电工"鲁迅》，中共吉林省委党史工作委员会编：《于毅夫文集》，吉林省工商联印刷厂1987年印刷，第454页。
② 《清华救国会一二·九告全国民众书》，《清华周刊》第45卷，第8、9期合刊。

9日举行全市学生请愿游行，抗议南京国民政府对日投降妥协政策，挽救民族危机。

12月9日清晨，来自北平各大、中学校的数千名学生陆续汇集到新华门前，向南京国民政府当局请愿。他们提出反对"防共自治运动"，要公开宣布中日交涉经过，不得任意捕人，保障地方领土安全，停止一切内战，给予言论、集会、结社、出版自由等六项抗日民主要求，却遭到完全拒绝。学生随即举行示威游行。东北大学的学生队伍走在游行队伍的最前面。他们高举大旗，"打倒日本帝国主义！""反对冀察政务委员会的成立！""反对华北自治！""停止内战，一致对外！"的口号声此起彼伏。李荒积极地投入这场轰轰烈烈的革命运动。

"一二·九"运动之后，中国共产党领导下的北平学联决定在原定12月16日"冀察政务委员会"成立这一天，再次举行示威游行，抗议南京国民政府的卖国行径。在这次游行中，李荒担任交通员，往返穿行于队伍中间，负责前后联络，维持秩序。在学生爱国运动的压力下，南京国民政府当局被迫宣布"冀察政务委员会"延期成立。

李荒在积极参加"一二·九"和"一二·一六"游行示威的同时，还以笔作刀枪进行斗争，为《学运通讯》（生活周刊）写通讯文章，报道学生英勇斗争的情况。

"一二·一六"大游行后，北平地下党组织认识到：知识分子必须和工人、农民，特别是抗日武装力量相结合，才能壮大全国各阶层的抗日力量，迫使国民党停止内战，一致对外，收复东北。1936年1月，平津学生联合会组织了500人左右的"南下扩大宣传团"。抗日救亡的学生运动发展成为广泛的群众浪潮。在南下宣传过程中，李荒亲眼看到广大贫苦农民受剥削、受压迫的悲惨生活，同时，艰苦的环境也使他的身心得到了锻炼。南下宣传中，学生们经常睡冷炕，吃黑面烙的大饼和咸菜。困难使这些热血青年的救国意志更加坚定，他们坚持将抗日救亡的火种撒向燕赵大地。2月，宣传团回到北平后不久，北平军政负责人宋哲元向东北大学校方施加压力，要求约束学生，并出动警力，到校内逮捕进步学生。李荒的名字也上了黑名单，由于他当时生病没在学校而幸免被捕。

"一二·九"运动以来的革命活动提高了李荒的政治觉悟和思想觉悟，使他逐步认识到只有在中国共产党的领导下，才能打败日本侵略者，实现民族解放、国家独立。

1936年2月1日，"中华民族解放先锋队"（简称"民先"）在北平成立。东北大学成立了民先大队部，关山复为东北大学民先分队长。李荒成为第一批民先队员，不久，又担任东北大学南校民先分队长。从此，他正式走上了革命道路。同年春，李荒加入中国共产主义青年团。5月，转为中国共产党党员。

1936年3月底，为加强对北方工作的领导，中共中央派刘少奇任中共北方局书记。北方局为大力肃清党内"左"倾错误影响，正确地贯彻执行了抗日民族统一战线政策。东北大学党组织积极贯彻党的统一战线政策，团结东北上层人物，有效地开展反蒋抗日、复土还乡的斗争。李荒对张学良在九一八事变后执行不抵抗主义政策的行为一直想不通，从感情上不能接受同张学良的联合。在东北大学党组织的帮助下，他从思想上、策略上认识到统一战线工作的正确性和重要性，认识到只有团结各阶层共同抗日才能打败日本帝国主义。

1936 年 12 月，张学良、杨虎城二将军发动了西安事变。在中国共产党的努力下，西安事变得以和平解决。由于蒋介石背信弃义，扣押了张学良，国民党反动当局趁机下令接收东北大学，派臧启芳为校长，并要迁校西安，这一旨在破坏学生运动的行径激起东北大学学生的极大愤怒，他们行动起来，展开了护校运动，抵制国民党当局的接收。

1937 年 5 月 18 日，东北大学学生会组织 600 余名学生组成"南下护校请愿团"去南京请愿，向南京国民政府提出由张学良继续任校长、统一东北大学于北平、恢复政府对东北大学补助费等要求。在学生的坚决斗争下，请愿取得了一定胜利。南京国民政府当局答应了在张学良任校长的原则下，重新决定代理人选；继续拨发补助费；在接受改组东北大学的原则下，学生仍留北平学习等修改后的要求。这次东北大学学生的请愿运动向全国人民显示了东北人民抗日复土的决心，就像他们高举的旗帜上写着的口号一样："东大存在，东北不亡！"①

南下请愿回来后，在东北大学地下党支部书记关山复安排下，李荒、林火（韩冰野，学名韩国儒）合写了《东大赴京请愿记》，记述了东北沦陷后，东北大学师生如何艰苦抗争的战斗历程，揭露了国民党反动当局"改组"东北大学、欺骗学生的阴谋，引起较大反响。社会各界纷纷谴责国民党反动派，支

---

① 李荒、林火：《东大赴京请愿记》，《我们走过的路》，今日中国出版社 1993 年版，第 46 页。

持东北大学爱国师生的斗争。

战斗在晋察冀

1937年7月7日，卢沟桥事变爆发，中国全面抗战开始。7月8日，中共中央发出《为日军进攻卢沟桥通电》，指出：只有全民族实行抗战，才是中国的出路！在中国共产党的号召和地下党组织的领导下，大批东北大学学生奔赴抗日前线，李荒也汇入这股洪流中。

7月29日，北平沦陷。8月15日，李荒启程去天津，被日本宪兵扣押。被提审时，他机智地编造了一番身世，说是到天津租界找姑妈。日本宪兵发现问不出什么来，将他关了二十余日后释放。获释后，李荒乘英轮到烟台，转道去济南。在济南，他遇到了支部书记景全丰，恢复了组织关系①。

9月中旬，李荒与同学佟磊、王肃、佟质忠、张有芳等人离开济南，前往太原。在太原，经东北救亡总会介绍，他们来到八路军太原办事处，向办事处主任南汉宸表达了渴望参加八路军抗日杀敌的迫切心情。在南汉宸的安排下，李荒等人随一支卫生队前往五台山八路军总部。

当时八路军总部设有一个随营学校，对从平津来的青年学生进行培训。李荒等人遂进入随营学校学习。在这里，他改名为李荒，表示"荒山埋白骨"的决心。在随营学校学习期间，李荒担任学兵队党支部书记。他有幸听到朱德总司令关于抗日

---

① 访李荒谈话记录，1996年12月，存作者处。

斗争的形势和任务的报告，进一步坚定了抗战的决心。

11 月，从随营学校结业后，李荒被分配到晋察冀军区三分区。三分区是在以王平为首的地方党政工作团和第一一五师骑兵营的基础上，以阜平为中心成立的。李荒以极大的热情投入工作中，他初任行唐口头区动员委员会主任，后任区长。在担任区长期间，积极发动群众，组织和支援义勇军和游击队抗日。

1938 年 4 月，李荒被调到晋察冀军区三分区政治部任宣传科长。他组建了一支宣传队（后改名为冲锋剧社），把三分区的宣传活动搞得有声有色。他们以各种形式宣传党的抗日政策，揭露日本帝国主义的暴行，动员群众参军参战。他们创作了许多抗日救亡的剧目、歌曲和舞蹈，不仅在部队表演，还到农村老百姓中去表演。当时演出的代表作有《无名小卒》，反映了抗战到底的决心。他们自己创作的《送郎上前线》《汉奸的末路》等剧目，深受广大军民欢迎。1939 年 10 月，晋察冀军区成立两周年时，各军分区剧社举行比赛，冲锋剧社取得了政治、舞蹈第一名，戏剧第二名，总分第一名的好成绩。

1939 年 12 月 1 日，中共中央发出《大量吸收知识分子的决定》，肯定了抗日三年以来吸收革命知识分子取得的成绩，指出应进一步团结和吸收知识分子加入到革命队伍中来，尤其要起用进步快的知识分子干部。1940 年春，李荒调到晋察冀军区政治部任宣传科长。当时的宣传部长潘自力，以他的模范行动给李荒以深刻的影响，无论是在党性锻炼上，还是在工作作风和生活作风的提高上，都留下鲜明的烙印。从那时起，李荒就将潘自力当作自己永志不忘的前辈。不久，因工作需要，李荒被任命为军区政治部组织部长。

调到军区以后，李荒经常深入基层，针对部队的实际情况开展工作。1942年3月，李荒带工作组爬山越岭，穿过敌人的层层封锁线到一分区直属队了解干部情况，接着，又到平西检查工作。到平西后，他在十一军分区连续蹲点3个月，了解干部，开展党员教育工作，做了大量深入调查，为军区任免干部提供了可靠依据。李荒做工作细致认真，能够及时发现问题，并给予纠正、指导。一次，他在审阅组织科送来的工作总结时，发现没有党员变化情况，就向组织科的干部提出：党员变化数量有和没有，大不一样；机关和基层党员的分布情况、战斗中党员牺牲的情况都应有统计，以便为领导提供准确的情况，做到心中有数，更好地发挥党员的先锋模范作用。组织科根据他的意见对工作总结做了修改，而且从此立下规矩，照此办理，受到好评。

李荒常讲，"共产党员要加强党性修养，最重要的是要个人服从集体"。他是这样说的，也是这样做的。1942年，全党开始进行党的历史上第一次大规模的整风运动。7月1日，《晋察冀日报》发表了聂荣臻的文章，并发表社论，阐述了整风的重要意义。整风运动在晋察冀边区逐步展开。全党整风运动的内容是反对主观主义、宗派主义、党八股，树立马克思主义的文风、学风和党风。这是一次普遍的马克思主义教育运动。但整风运动中，一度出现了"左"的错误，轻易怀疑干部，甚至制造了一些冤假错案。运动中，李荒也受到影响。

1944年夏，李荒被调到晋察冀日报社任编委。从此离开部队，做地方工作。由军区政治部组织部长到报社的编委，实际上是降级使用，但李荒服从组织决定，以饱满的热情和精力投入新的工作中去。

《晋察冀日报》创办于 1937 年 12 月，是中国共产党在敌后根据地创办最早的大区党报之一。晋察冀军区司令员兼政委、共和国元帅聂荣臻曾评价《晋察冀日报》说："这个报，反映了晋察冀边区的现实，促进了根据地的建设，成为晋察冀党政军光辉历史的见证。面对日本侵略军的残酷频繁扫荡、封锁围攻、轰炸破坏，在舒同、邓拓、刘平、胡锡奎、张致祥、吴砚农、胡开明等带领下，报社精干的新闻队伍'一手拿笔，一手拿枪'，……有诗赞颂：'新报犹然排日来，可怜鬼子妄相摧！'"

在军区工作时，李荒就对办刊物表现出很大的积极性。他经常为《子弟兵报》和《熔炉》杂志写稿、修改文章。《熔炉》是军区政治思想工作的一块阵地，王平、杨成武、朱良才、潘自力、刘道生等人都在《熔炉》上发表过文章。李荒被调入晋察冀日报社编委会时，晋察冀边区正处于从局部反攻到大反攻时期。中共中央和北方局指示，1944 年的方针是"坚持抗日根据地，积蓄力量，准备反攻，迎接胜利"，以"强化对敌斗争，开展大生产运动，贯彻完成整风，强化时事教育"作为中心任务。面对新的形势和任务，《晋察冀日报》在"全党办报"方针的指导下，在实践中不断充实。1944 年 2 月，边区召开群英大会。《晋察冀日报》进行连续的新闻报道，开辟了《英雄人物介绍栏》。李荒此时还未到报社，但他撰写的反映 17 位战斗英雄光荣事迹的通讯《子弟兵战斗英雄》，在2月23日至25日的《晋察冀日报》上连续发表，在边区军民中引起极大反响。同年12月，晋察冀边区召开第二届群英会时，《晋察冀日报》有计划、有组织地进行了宣传报道。1945年1月12日到3月14日，连续发表59位记者、通讯员写的74位英模人物的通讯报道①。这样大规模的新闻报道在边区历史上是空前的。李荒以极大的热情投入到这项工作中。当时有一位拥军模范、子弟兵母亲戎冠秀，记者羽山写了《平山劳动英雄戎冠秀》的通讯，李荒对这篇稿子提出许多具体的建议和意见。经过修改，这篇通讯成功地反映了戎冠秀的模范事迹，激励着边区军民坚持斗争。

李荒在担任《晋察冀日报》编委时，负责报纸国际版的编辑工作。中国抗日战争是世界反法西斯战争的一个重要组成部分。《晋察冀日报》注意向军民宣传国际形势。1944年，世界反法西斯战争出现大好形势。6月，盟军诺曼底登陆成功，开辟了第二战场。《晋察冀日报》国际版就此作了系列报道。6月10日，编委会向各地记者、通讯员发出通知，要求马上搜集群众对第二战场的反应，及时迅速地报道。11月，围绕庆祝俄国十月革命胜利纪念日，《晋察冀日报》编辑部编发了《苏德战争参考资料》《苏德战争以来国际大事志略》两个长篇资料，说明苏联红军在东线的胜利和英美联军在西线的胜利注定了德军的失败。1945年4、5月份，苏军攻克柏林，欧洲战事结束，对此，《晋察冀日报》及时作了报道。李荒在负责

① 晋察冀日报史研究会编：《晋察冀日报史》，人民出版社1993年版，第232页。

《晋察冀日报》国际版的工作中，对国际形势的变化能准确把握，正确反映。当时兼任报社社长的晋察冀分局宣传部长胡锡奎说："李荒能把握大的原则，细心，让他负责比较放心。"①

创办《东北日报》

1945年7月，李荒奉调到冀东任热辽区党委宣传部副部长。此时，正处于抗日战争胜利前夜。8月8日，苏联对日宣战，出兵中国东北。9日，毛泽东主席发出《对日寇的最后一战》声明。11日，朱德总司令发布第二号命令，令吕正操、张学思、万毅、李运昌部挺进东北，配合苏军作战。同时，中共中央抽调大批干部去东北，以建立巩固的根据地。冀热辽区党委、军区接到命令后，立即召开紧急会议，李运昌、朱其文、焦若愚、李荒、王元等人组成"东进工作委员会"和指挥部，抽调8个团、1个营、2个支队，共13000余人，4个军分区司令员和政委及2500名地方干部，挺进东北热河②。李荒任教导队政委，9月，回到了阔别14年的沈阳。

抗战胜利后，中共中央已先后从晋察冀、山东、热河、苏北解放区派遣十万军队和两万干部开进东北。9月，以彭真为首的中共中央东北局成立。中共中央指示东北局尽快建立自己的"喉舌"，加强革命舆论，使东北人民及时了解党的方针政策和全国的革命形势。当时的口号是靠"两万干部、十万兵、

---

① 访问宋汀谈话记录，1996年11月，存作者处。
② 李运昌：《冀热辽部队挺进东北配合苏军作战回忆》，《辽宁解放纪实》，辽宁人民出版社1988年版，第23页。

一张报纸"来开辟工作①。11月1日，《东北日报》在沈阳正式创刊。李常青任社长，李荒任总编辑。

《东北日报》初创刊时，面临的形势十分严峻。首先，国民党反动派的破坏。国民党对中共创办的反映东北人民心声的第一张报纸视为眼中钉。特务向报社打黑枪，撕毁报社张贴的标语。因此，报社实际上处于半地下状态，对外悬挂"文化社""辽宁教材编审处"的牌子。其次，印刷困难。由于没有固定的印刷地点，报纸先后在伪满洲日报社的印刷厂、原《盛京日报》印刷厂印刷，甚至到一百里外的本溪去印。再次，环境艰苦。报社创办时正值寒冬，屋内无取暖设备，工作人员在冰冷的条件下坚持工作、生活，记者出门采访都要辗转求借大衣。由于是在战争期间办报纸，战局的进展时刻影响着报纸的命运。《东北日报》创办初期，报社就经历了四次转移。1945年11月，东北日报社随东北局撤出沈阳，前往本溪。1946年1月下旬，国民党军队逼近沈阳，图谋进犯本溪，报社不得不迁到吉林省海龙县（今梅河口市）。4月，长春解放，报社随东北局迁往长春。在长春办报不到一个月，敌人来犯，报社又被迫转移到哈尔滨。在这样艰苦的条件下，李荒组织编采人员坚持及时出报，揭露国民党反动派发动内战的阴谋，进行争取和平民主的斗争。

《东北日报》在《发刊辞》中明确表明："本报是东北人民的喉舌，它以东北人民的意志为意志，反映人民的要求，表达人民的呼声……最近中国共产党中央委员会所提出的和平民

---

① 辽宁日报社编：《东北日报简史》，1988年内部版，第2页。

主团结的建国方针，也就是本报今后努力的方向。"东北三年解放战争期间，《东北日报》主要进行解放战争和土地改革的宣传。报纸始终紧跟斗争形势，把军事报道放在最重要的地位。解放战争初期，李荒组织并亲自撰写一系列社论、文章来揭露国民党发动内战的罪恶，号召人民保卫抗战胜利果实，指出反动派必败、人民军队必胜的光明前途。1946 年 5、6 月间，《东北日报》陆续发表《以坚决的自卫战争粉碎国民党军队的进攻》《庆祝胜利争取新胜利》《用自卫战争争取和平民主》等社论，对东北人民破除和平幻想、正确认识中国共产党及其政策起到重要作用。全面内战爆发后，李荒组织记者随军采访，深入战争实际，写出许多优秀的战地新闻和通讯，生动反映了东北人民解放战争的胜利进程。1947 年 1 至 3 月，东北民主联军取得"三下江南""四保临江"两大战役的辉煌胜利，在东北战场上由防御转为进攻。《东北日报》投入相当大的力量组织对这两大战役的采访、报道。两个多月里，共发表了 110 多篇消息、22 篇通讯、4 篇社论，充分展现了人民战争的雄伟场面[1]。

1946 年 7 月 7 日，中共中央东北局发布《关于形势和任务的决议》（即"七七"决议），动员 12000 名干部下乡开展土地改革运动。发动农民进行土地改革是建立东北根据地的关键，是东北解放战争胜利的保障。李荒衷心拥护这一决定，并组织采编人员在《东北日报》上以主要版面对土改进行大力宣传，"反映与指导"土地改革运动[2]，基本上与实际斗争"脉搏一致，

---

[1] 辽宁日报社编：《东北日报简史》，1988 年内部版，第 15 页。
[2] 辽宁日报社编：《东北日报简史》，1988 年内部版，第 23 页。

密切配合"。7月11日，报纸发表社论《到农村中去，到群众中去》，宣传"七七"决议。动员广大干部下乡苦干，坚持长期斗争，依靠和组织贫雇农同地主和敌伪残余作斗争。抽出一批记者专门采访土改消息，大力组织通讯员投稿，连续报道各地由领导带领干部下乡的消息，大造声势。土改前期，报纸把坚持群众路线作为指导思想，反复报道放手发动群众、坚持群众路线的新闻和事例。在长时期内，《东北日报》每天都在第二版用整版篇幅发表土改消息，从各个方面及时报道土改情况和经验。第一版也发表不少有关土改的头题和重要文章。土改后期，随着指导思想的失误和实际斗争中出现"左"倾思潮和做法，报纸在宣传报道上也出现"左"的倾向，强调贫雇农路线，传播"大胆放手就是政策""贫下中农坐江山"等口号。尤其是1947年12月到1948年2月上旬，出现了报纸用较多的篇幅报道"打破村屯界限挖浮财""反复扫荡""联合扫堂子"等错误做法。如在《呼兰长岭区深入斗争经验介绍》的报道中，错误地把"扫堂子"当作经验加以宣传。《东北日报》作为东北局的机关报，它的这些报道自然会给工作带来不良影响和干扰。1948年2月，中共中央发出《关于纠正土地改革宣传中的左倾错误》的指示。东北地区全党开始扭转土改中"左"的倾向。李荒多次组织编辑部学习中共中央指示的讨论会，并认真检讨报纸宣传中所犯的"左"的错误。2月15日，《东北日报》发表社论《高潮与领导》，提出加强土改运动的领导，纠正"左"的错误，要正确估计形势，"划清正确领导与包办代替的区别"，要敢于向群众解释党的政策。40年后，李荒在谈到土改宣传中

"左"的错误时，仍主动承担责任，认为自己作为报纸的主要领导是难辞其咎的①，表现出他谦虚谨慎的作风。

1948 年 11 月，辽沈战役胜利，东北全境彻底解放。12 月，东北日报社随东北局由哈尔滨迁回沈阳，东北日报社与辽东日报社合并为新的东北日报社。次年 4 月，社长廖井丹和副社长陈楚率报社一批干部南下开辟新解放区的新闻工作②。李荒被任命为东北日报社社长，王揖为总编辑。1952 年 9 月，李荒当选为中华全国新闻工作者协会筹备会沈阳分会主任。

东北全境解放后，党的工作重心由战争转向生产建设，由乡村转向城市。这是历史性转变。这一重大转变给《东北日报》提出了新的任务和要求。"在今后的新闻报道里，经济建设应成为主要的中心，……报道必须以重要篇幅反映和宣传经济建设。"③李荒认为，完成新的任务，说来容易，做起来很不容易。主要困难是报社领导的思想水平跟不上，城市工业建设知识水平跟不上。报纸一定要发挥应有的作用。这就要求编辑、记者从头学习。李荒与报社领导班子首先要抓好对干部的培养。报社每周末都召开例会，就如何理解党的政策进行学习、讨论，努力领会中共中央和东北局的精神和指示。

"《东北日报》是第一个报道经济建设的。"经济建设报道，既要有新闻，又要有言论。社论是报纸的旗帜，是言论中的"重

---

① 李荒：《写在前面的话》，辽宁日报社编：《东北日报简史》，1988 年内部版，第 2 页。
② 辽东日报社与东北日报社合并后，社长廖井丹，副社长李荒（兼总编辑）、陈楚（原辽东日报社长）。
③《本报迁沈出版》，《东北日报》，1948 年 12 月 12 日。

型武器"。《东北日报》当时把精心组织撰写社论，当作一项极其重要的任务，经常发表针对性、指导性、时效性很强的社论或专论。李荒认为，"党的机关报必须坚持党性原则。这是办好党报的必由之路"①。李荒强调新闻报道的时效性，要求"执行党的方针政策不过夜"。接收工厂以后，报社立刻派出记者，早出晚归，夜里组织发稿。李荒和普通编辑一样上夜班，亲自组织记者汇报、谈稿。这一段时间，报纸用大量篇幅报道了工人献纳器材、工矿抢修开工的情况。1949 年 1 月 24 日，沈阳冶炼厂正式开工，《东北日报》在头题发了消息，并配发通讯《冶炼厂复活了》。接着，又发表一系列各地工矿企业恢复生产的报道，有力地宣传党的方针政策，鼓舞了东北人民建设新家园的信心。在东北工业恢复时期，在工人中出现了创造生产新纪录的事迹，并由此掀起创生产新纪录运动。《东北日报》立即抓住这一题目，进行集中、连续宣传。报纸宣传了一些创纪录的先进典型。如工人赵国有以国家主人翁的劳动积极性和创造性，打破了伪满的定额标准。报纸对他事迹的宣传，破除了"伪满标准不能打破"的思想，调动了广大群众的生产积极性。《东北日报》还针对运动中的"单纯追求纪录，忽视产品质量"等问题作了批评报道，并从思想政策上为解决问题作出指导，保证了运动的健康发展。1952 年，在东北局作出加强基本建设工作的决定后，《东北日报》立即把工业宣传的重点转向基本建设，从人力安排到报道比重，都做出相应调整。3 月 20 日，发表社论《必须把国营工业的领导重心转到基本建设方面》，明确提出，为了给即将到来的全国大规模的建设高涨准备条件，东北今年将开始有重点的大规模建设，完成把基本建设提到基础工业部门中的首要位置上来这一重大转变。

《东北日报》是一张党性原则很强，很有特色的报纸，其影响远超东北。李荒在编务工作中努力遵照毛泽东、中共中央和东北局的指示去办好《东北日报》。毛泽东在《对晋绥日报编辑人员的谈话》中曾说：报纸"要尖锐、泼辣、鲜明，要认真地办。我们必须坚持真理，而真理必须旗帜鲜明"[①]。《东北日报》正是这样办的。特点是尖锐、泼辣、鲜明，勇于开展批评与自我批评。1947 年 10 月 13 日，《东北日报》发表征求批评的启事："凡所见不真实以及丧失立场的新闻，均希望予以彻底揭发，帮助我们检查得以深入全面。此外，对报纸的编辑发行方面，各种缺点和错误，亦希望尽量给以批评。"1948年 8 月 6 日，《东北日报》发表《批评与自我批评是共产党员必备的品质》的社论。1949 年 2 月 7 日，又发表《为什么我们必须实行批评与自我批评》的社论，阐明了在全东北解放的新形势下，坚持开展批评与自我批评的重大意义。

对于编辑人员，李荒严格要求、一丝不苟、坚持原则、不徇私情、勇于开展批评。1948 年，有一位见习记者将松江农具厂产品粗制滥造，发稿时标成"松江省农具厂"。事件发生后，李荒遵照毛泽东在《对晋绥日报编辑人员的谈话》中指示

---

①《毛泽东选集》第四卷，人民出版社 1991 年版，第 1322 页。

的办法，召集编辑人员大会，首先作自我批评，然后在《东北日报》第一版发表编辑部的《郑重声明》。后来，那位见习记者回忆此事，感慨地说："那时办报多认真啊！现在的报纸能做到这样吗？"在哈尔滨时，有一位记者在采访商店营业员过程中，与其发生争执，记者用脚踢了商店的门。事情反映到报社，李荒在全社大会上对那位记者进行批评，说："新闻记者，不是'无冕之王'。新闻记者，是党的记者，人民的记者，不能摆'记者架子'，要正确地对待群众。"这种对党、对人民高度负责的精神和优良传统作风对编采人员教育很大。

　　1950年，一位记者报道一个部门的会议，由于领会精神不到位，写的消息失实。结果是，李荒不但在会上进行了批评，还把记者的检讨公开登在报纸上。1953年，有一次，一位编辑在编稿时，笔下不慎，在"拉木县公安局"的署名前面信手加上"中共"二字。仅仅两个字的笔误，除了登出更正，从编稿的编辑、发稿的业务组长、经手检查的检查组长、看小样的总编室秘书，一直到看大样的总编辑，层层作了检讨，并把他们的检讨书分三期登在《业务简报》上。这种批评与自我批评的优良作风，直到终刊①。

　　作为报社的主要领导，李荒坚持"真实性是新闻的生命"的原则，并注重报纸的文风。在报道解放战争的消息时，李荒严格执行每个战况必须如实报道，缴获多少枪支，俘虏多少人，绝不允许有任何夸张虚假。在社会主义建设时期，《东北日报》

① 田大钧：《难忘啊，东北日报》，《记者摇篮》，1995年第12期，第7页。

仍然坚持这一原则,在东北人民心中树立起威信。一次,一名驻黑龙江的记者采访伊春林区后,写了一篇《狗皮帽子过时了》的报道。李荒看后觉得不可信,经过核实,发现报道失实。于是召开编辑部全体人员大会,对这位记者进行批评教育,并给予处分。又有一次,李荒到教育部门办事,听说一位小学教师以《东北日报》的标点符号为标准批改学生作业。回到报社后,他以此教育大家,"你们不要觉得写文章,点个点、画个圈,可以随随便便的。在小学里,人家拿我们当典范,做标准。一字一句、一个标点符号的对错,影响都是相当大的,不是你一个人的问题"。这件事发生以后,编辑部上下增强了对读者负责、对人民负责的观念。

李荒提倡质朴简洁的文风。一次,财经组的一位编辑编了一篇千余字的稿子,还没有排成大样送总编审稿,李荒就提前检查了小样,他亲自动手将这篇稿子缩减为三四百字。1948年4月16日至21日,李荒以郑言为笔名在《东北日报》上发表了《请写短点》等5篇短论。这组文章针对报纸上动辄"洋洋几千字,以至上万字以上的大文章",提出"短些,短些,再短些"的呼声,提出"写文章的目的是为工农兵服务",要有群众观点,反对"又臭又长""无病呻吟""废话连篇"的文章。文章写得精练易懂,为报社工作人员提高业务能力、写出更受读者欢迎的文章起到很大作用。1951年2月,编辑部出版了内部刊物《新闻业务》,创刊辞中说:"要使东北日报在现有水平上提高一步,主要是加强报纸的思想性和群众性。《新闻业务》的出版,目的就在于以此作为提高我们的工作水平，提高业务思想的一个工具。"①3月1日，李荒在《新闻业务》上发表《从每个细小地方上表现党报的严肃性》一文，指出："严肃性是我们党报的根本特点，而严肃性不够，就说明党报的党性不够。这是个十分值得注意的重要问题。"而严肃性不仅表现在内容上，也表现在报纸的"技术"问题上②。针对报纸上经常出现的刊登更正，对稿件中数字不作校订等问题对编辑、记者提出要求。3月5日，经李荒提议，在编辑部建立"第一读者"制度，检查报纸的事实、标题、照片说明、刊头、语法问题和违反政策与泄密之处。3月11日，编辑部组织以"改正新闻写作文字的缺点"为内容的业务学习，结合稿件学习文法修辞，提高编辑记者的文字水平。

李荒严于律己。1953年，李荒在作"三反"动员报告时，把手上戴的一只欧米茄手表摘下，说："这表是组织上拿钱给我买的，一般的同志都没有啊！应当退还给组织！"听报告的干部为之一震："李荒对自己要求太严格了！"

李荒与领导班子成员打成一片，讲友谊，调动大家的积极性，共同办好报纸。殷参称李荒是"良师益友"。殷参说："1952年夏天，我从黑龙江调到《东北日报》工作。车到沈阳，李荒和总编辑张沛、副总编林枚时等来接站，我受宠若惊，心里想，三位主要领导同志都来接站，叫我实在不敢当。第二天，李荒找我谈话，宣布我的职务是第二总编辑。我感到责任重，脱口

---

① 辽宁日报社编：《东北日报简史》，1988年内部版，第162—167页。
② 辽宁日报社编：《东北日报简史》，1988年内部版，第187页。

说了一句：'怕干不好！'他说：'你能干好的！'"①

李荒而立之年到《东北日报》。他年富力强，喜欢打球。他与报社青年干部说到一块儿，玩到一块儿。在工作岗位上，他是总编、社长，但在球场上，他是一个"队员"，他奔跑着汗流浃背地与青年人争球，毫无领导的样子。按标准，李荒外出可以坐小车，但到东北局礼堂听报告，他放着小车不坐，硬是和大家挤到一块儿坐大汽车。

李荒在工作上要求很严，批评起人来十分严厉，以致大家都有些"怕"他。一次，一个记者抱怨下乡采访条件艰苦。李荒听到后，对他进行了批评教育。还有一次，新华社当天发来的一份重要电稿因时间太晚，当班编辑没有及时排发。第二天一早，李荒发现这一情况后，召集编辑部全体大会，当班编辑做了检查。尽管如此，但大家都心服口服地接受李荒的批评。生活中的李荒十分平易近人，关心同志。对记者采访中的困难和问题总是给予及时的帮助和解决。解放战争期间，华山等人在前线采访，因电信不通，稿子无法及时送回，他便专门派两名通讯员到部队取稿。有一次，报社里两位女同志生病了，李荒得知后，就安排厨房给她们"吃小灶"。20世纪50年代，实行供给制，伙食限量，李荒经常把自己的夜餐让给年轻人。平时，他穿着简单，爱讲笑话，没有架子。业余时间，经常和报社的同志一起打篮球。大家都说他"不像个总编辑，倒像个老农民"②。

---

① 郑奇志：《报业元老良师益友——李荒与殷参的革命友谊》，政协辽宁省委员会文化和文史资料委员会编：《忠诚典范：纪念李荒同志》，辽宁人民出版社2016年版，第228页。

② 访问穆青谈话记录，1996年11月，存作者处。

当时，东北日报社的人员都很年轻，大部分不是党员。不管是党员还是非党员，李荒在工作中都信任他们，并大胆使用。记者刘仲平，写作才能比较好，但不是党员。报社派他到五三工厂采访，因不是党员，对方不准采访。为此，李荒给五三工厂党委写信，说明情况，让工厂接待他采访。这件事，使刘仲平本人和非党干部很受鼓舞。

东北日报社造就出一支能力强、训练有素的新闻队伍，培养了一大批党的新闻工作者。在一定意义上可以说是"东北新闻干部的摇篮"。当时吸收一批拥护共产党的文化水平较低的知识青年，在报社从事新闻工作，通过工作实践，老干部的言传身教，使他们受到锻炼，得到培养。这些人，多数后来成长为新闻战线的骨干，有些走向全国各地，有些留在东北或辽宁担任党政或新闻部门的领导职务。很多年过去后，许多人回忆起在东北日报社的岁月，还念念不忘《东北日报》的好传统、好作风。辽宁社科院原副院长、东北大学文学院原院长彭定安说："对于我，最早的人生观教育、最早的革命教育、最早的新闻教育，都是在《东北日报》得到的。我在《东北日报》度过了自己最美好的青春时光。"[1]田大钧激情地说："难忘啊！《东北日报》！"[2]

《东北日报》是创建东北解放区和解放全东北的一支方面军。毛泽东曾说："报纸的作用和力量，就在它能使党的纲领路线，方针政策，工作任务和工作方法，最迅速最广泛地同群

① 郑奇志：《李荒传略》，辽宁人民出版社2007年版，第38页。
② 郑奇志：《李荒传略》，辽宁人民出版社2007年版，第38页。

众见面。"①《东北日报》是中国共产党在东北的一面旗帜，它向东北 4000 万群众宣传共产党的主张、路线、政策，发动群众、组织群众、武装群众，斗地主、闹土改、参军参战，配合东北人民解放军，建立巩固的东北根据地，最后取得辽沈战役的伟大胜利。李荒回忆说："中共中央东北局的机关报《东北日报》，从出版到终刊，先后经历了近 9 年时间。这 9 年正是东北历史发生翻天覆地变化的时候——人民解放战争，土地改革，恢复国民经济，进行社会主义经济建设。对这些历史性的巨大变化，《东北日报》作了真实的记载，成为东北人民翻身作主人的记录。"②

"《东北日报》的 9 年工作，是有很大成绩的。发挥了党报的集体宣传者和集体组织者的作用，对东北解放区的开辟和建设，作出了贡献，有些文章在全国也发生了相当的影响。"③

关于《东北日报》取得成绩的原因，李荒说："它取得成绩的原因，从根本上讲，是报社全体同志保持和发扬了我们党多年创建起来的党报的光荣传统。""党报的光荣传统很多，《东北日报》主要是坚持了这样三条：一是严格服从党的领导，听党的话，贯彻执行党的方针政策，用执行党的指示如何，作为衡量报纸工作的标准。党报如果脱离了党的领导，就失掉了党报的性质，而变成了同人报。党报必须服从党的领导。这一

---

① 《毛泽东选集》第四卷，人民出版社 1991 年版，第 1318 页。

② 李荒：《写在前面的话》，辽宁日报社编：《东北日报简史》，1988 年内部版，第 2 页。

③ 李荒：《写在前面的话》，辽宁日报社编：《东北日报简史》，1988 年内部版，第 2 页。

原则将永放光芒。二是贯彻执行全党办报的方针，也就是坚持办报的群众路线，依靠各级党组织，依靠工人阶级和广大人民群众来办好报纸。报纸必须时刻密切联系群众，丝毫不能脱离群众，如果脱离了群众，报纸就要发生这样或那样的错误。三是全体工作人员，上下左右，亲密团结，群策群力，共同为办好报纸而艰苦奋斗。"①

　　《东北日报》的经验和影响，远远超过东北。事实上，《东北日报》是中国共产党在新开辟的东北解放区办起来的第一张大区报纸，在中国共产党和中华人民共和国的新闻发展史上，占有相当重要地位。《辽宁日报》原社长谢正谦说："《东北日报》在办报过程中积累了许多宝贵的经验，留下了光荣的传统：《东北日报》培养了一支训练有素的新闻工作队伍，产生了一大批新闻领导干部，一批名记者、名编辑，一批印刷骨干和经营管理骨干，其中许多人成为全省乃至全国新闻出版界的骨干，东北日报形成了一套好传统、好作风：如严格要求，一丝不苟；坚持原则，讲友情不徇私情等，这些传统和作风代代相传，至今仍在《辽宁日报》老同志身上体现出来，使我们多受教益。《东北日报》的办报经验也是相当可贵的。如严格服从党的领导，听党的话，坚持党报的党性原则；坚持全党办报，群众办报，依靠广大群众办报，为广大群众办报；全报社职工同心协力，群策群力，艰苦奋斗等等。"②

---

① 李荒：《写在前面的话》，辽宁日报社编：《东北日报简史》，1988年内部版，第2页。
② 谢正谦：《让党报传统代代相传》，《记者摇篮》，1995年第12期，第5页。

曾经在东北日报社工作过的许多老干部都一致认为，当年由李荒领导和主持下的《东北日报》在历史上功不可没。因此，他们对李荒都十分敬重。

辽宁省委十三年

1953年11月，东北局任命李荒为中共辽西省委副书记，主管工业。1954年8月，东北大区撤销，辽西、辽东两省合并为辽宁省，中共中央任命李荒为中共辽宁省委副书记、书记处书记。

从1954年8月到1966年9月，李荒任辽宁省委书记13年。他负责省委书记处的常务工作，并分管文化（20世纪60年代后期，由周桓分管）、宣传、教育、政法、党校、报社等工作。20世纪60年代，曾任省委常务书记。这个时期正是我国进行全面建设社会主义时期。中国共产党领导全国各族人民开始转入全面的大规模的社会主义建设，取得了很大成就，积累了领导社会主义建设的重要经验。其间，党的工作经历了曲折的发展过程。

在工作中，李荒坚决贯彻执行党的各项方针政策，全局观念强。他在部署工作、处理问题时，总是按照省委集体领导的意志去做，遇有较重大问题时，及时主动地向省委第一书记请示和汇报。李荒在领导方法上，坚持毛泽东"弹钢琴"的方法。他对分管的部门负责人很尊重、很信任、很放心。但是，定期"弹"一下，找负责人来汇报工作。

在领导政法工作时，他十分强调政法工作一定要合乎党的政策和整体利益，力求避免单纯的业务观点。新中国成立初期，由于历史原因，公安部门中，一部分执法者有"老大"思想、特权思想。李荒时常提醒公安部门摆正自己的位置，协调好同检察、司法部门的关系，正确使用党和国家交给他们的权力。

1958年开始的三年"大跃进"中，辽宁省中、高等教育出现了盲目扩大办学规模的倾向。1960年，全省中专达333所，高校达90所，盲目上马、办学条件差，严重脱离了客观实际的需要，导致教学质量降低，同时，给国家财政带来很重的负担。1961年，根据中共中央"调整、巩固、充实、提高"的方针和东北局关于文教战线压缩精简精神，辽宁省委讨论文教战线的压缩精简的精神。李荒遵照省委的统一部署对大专院校进行必要的调整和压缩，并成立专门领导小组，他亲任组长。但想裁掉已经建立起来的学校并不是一件容易的事。当时有许多院校是中央各部所属，各部不同意撤销、合并；已经入学的学生不愿转学、退学。面对重重阻力，李荒摆事实、讲道理，做各方面的思想政治工作，让大家明白教育必须为经济建设服务，必须与经济发展相适应的道理。他亲自与各部沟通、协商，依靠各市、各校党委，谨慎地处理问题。经过两年多的努力，完成了大中专院校调整合并的工作。1963年，高等院校缩减到25所，在校学生比1960年减少了30%，中专只保留了64所①。这大大减轻了国家财政负担，使教育和经济发展相适应，也保证了中、高等教育的质量。

李荒十分重视干部队伍的建设。他认为在各项工作中，只

---

① 《当代中国的辽宁》编写组编：《当代中国的辽宁》（上），当代中国出版社1994年版，第775、758页。

有领导有力才能取得成绩。干部自身必须具备高素质、高水平、德才兼备。他对各级文教干部队伍的建设，尤其是高等学校的领导班子的配备十分重视，深入各校，亲自部署。1956 年 3 月，辽宁省成立全国最早的教育行政干部学校，对初中以上学校的校长和校长后备干部进行培养、训练。1958 年，辽宁省委文教部先后向锦州、大连、鞍山、抚顺等地派出一批机关干部。这批干部在基层从事领导工作，得到了锻炼，增长了工作能力，树立了威信。后来陆续调回省里，充实到文教部机关，起到骨干作用。这种做法既有利于干部的成长，又为进一步做好文教工作奠定了基础。在使用干部问题上，他主张任人唯贤，反对任人唯亲，坚持任用干部严格按组织程序办理，从不按个人意愿随便提拔干部。

李荒既重视省委机关干部能力素质的提高，更重视通过党校教育提高全省干部能力素质。李荒是 1954 年中共辽宁省委、辽宁省委党校成立时就兼任校长的。说是"兼"，其实他抓得很"实"。

新中国成立后，撤销东北局，恢复辽吉黑东三省。辽东、辽西两个省和沈阳、旅大、鞍山、抚顺、本溪 5 个中央直辖市划为辽宁省。党校也随之变化，5 个直辖市党校保留，两个省党校合并为辽宁省委党校。李荒一手创办辽宁省委党校。党校成立时，本来应该随着省委一起搬到沈阳，因为没有房子，辽宁省委党校留在安东（今丹东），从七道沟搬到八道沟（辽东省的一处地名），这是李荒安排的。1954 年辽宁党校成立就在八道沟。这样，干部搬家很苦，包括原辽西党校人员从锦州搬往安东。

党校每次开学和结业，李荒都要去作报告，而且不用别人为之起草讲话稿。讲话之前，他把第一副校长苗宝泰等人找来了解情况，甚至同学员进行座谈。他讲话针对性强。第一，先强调中共中央精神、当时的形势；第二，学员来学什么——马列主义、党性修养；第三，讲要理论联系实际，回到实践去。原则是这个。具体根据形势和问题。通俗易懂，不空洞，讲得深刻，深受学员欢迎。李荒在党校讲话，讲党校老同志有的眼高手低，不讲课、不写文章。党校养不了知识分子，这不对。老同志应该向青年同志学习（一些青年刚到党校就写了几篇有影响的文章）。曾任辽宁省委党校副校长的张堃生说："兼职校长，是名誉校长。一般的人都不大管事，开学、毕业给整稿念念。可李荒不同，他尽职尽责，大事他管。开学讲话、毕业讲话，都是自己准备稿。这很不容易啊！"他又说："报告完了，走人。吃喝没有他的事。不占公家一丝一毫的便宜。廉洁作风，异乎常人，一般人做不到。"

1954年，辽宁省委党校成立后，很快就开学了。开学典礼在党校的大礼堂（即原来的食堂）举行，李荒风尘仆仆从沈阳赶到安东。他讲话很简练。他讲道：党校成立，我代表省委向党校祝贺。对同志们表示感谢，这些同志出了很多力，大家很辛苦（搬家纯靠体力）。党校是什么性质的学校——大学、高等院校，但不同于其他一般的高等院校，党校是马列主义最高学府，也是省委培训干部的大学（性质和地位）。大家在党校工作要艰苦奋斗，大家的工作是光荣的。党校学什么？从学习党史开始。几十年中共党史是艰苦奋斗来的。学马列主义，要学毛泽东思想；学毛泽东思想，要学毛主席著作。具体要学"一化三改"、党在过渡时期总路线，学习党的方针、政策。同时党校要参加社会活动（实际上，后来党校有时事政治这一课，工作人员与学员参加了"一化三改"、欢迎"抗美援朝"回国人员、欢送国际友人等活动）。党校学习理论要联系实际。

辽宁省委党校在安东办到 1957 年。经李荒批钱，1956 年开始在沈阳建党校新校舍，1957 年冬建成（1957 年 11 月，一、二、三号楼，高干进修班，食堂，大礼堂建成）。

李荒曾经说过，我这个校长是虚的，讲实事求是，王始庚（时任副校长）他们是实的、有经验。

办好党校，班子是关键。李荒非常重视、关心辽宁省委党校领导班子的建设。还是在中共中央第一中级党校时，领导班子内部存在一些是是非非的问题。虽说都是很老的同志，但"公说公有理，婆说婆有理"。李荒最后着手处理这样棘手问题时，既坚持原则，又很宽厚，妥善地解决了这场争论。在以后的工作中，他特别强调班子的思想和作风建设。

1961 年，中共中央发出关于轮训县以上干部的决定。李荒积极贯彻中共中央这一《决定》。开班时，他到党校作动员报告，宣布"三不主义"（不打棍子、不戴帽子、不装袋子）。由于认真贯彻执行中共中央《决定》精神，实行"三不主义"，解除了干部的思想顾虑，轮训达到了预期目的。轮训干部反映说："闷在心里的话倒出来了"，"上下通气了"，"党的优良传统回来了！"

1964 年，中共中央发出《通知》，要求地方党委注意在社会主义教育运动中培养新生力量。李荒积极地贯彻执行这一指示。自 1964 年开始，从每年应届大学生中选调一部分政治思想好、学习好、身体好、历史清楚、有培养前途的党团员，经过党校短期学习，放到社教运动中锻炼，再分配到基层任职。辽宁省委党校举办了两期"青训班"，共培训 157 人。后来，这批干部大部分走上厅局级领导岗位（个别人是副省级），为新老干部接替准备了接班人。多年来，李荒为辽宁省委党校建设倾注了心血，培训了一批又一批干部。党校副校长王仑曾说："李荒一直是与党校联系在一起的！"①

对于党校干部，李荒非常爱护。1958 年反右派、整风时，上面要求辽宁省委党校按 5% 的比例抓"右派"。李荒表示，要实事求是（当时有两种意见：一是按 5% 抓；一是实事求是）。不要按社会上高校的一般标准，党校干部大多是从基层上来的工农出身，有就反，没有不能勉强，要实事求是。辽宁省委党校反右派没超过 5%，很掌握政策。党校反右派时，5% 的指标始终未达到。未达到的责任，李荒承担了。他说，党校与其他单位不一样。就是定右派时，原来想定为极右的（张一波）最后定为右派，这是李荒争取的结果。辽宁省委党校当时定了 3 个右派，马云、周延平、张一波。为了保护起来，在李荒的安排下，把马云、周延平调出辽宁省委党校。这个事情比较突出。

1958 年整风，大字报先行。有人写了大字报《重东轻西

---

① 郑奇志著：《李荒传略》，辽宁人民出版社 2007 年版，第 51—52 页。

为某人鸣不平》贴到办公楼，一石激起千层浪。原来辽宁省委党校是一个团结集体，但这样分为一东（原辽东党校）一西（原辽西党校）两派，后来又发展为东南西北，帮帮伙伙纷纷出现，什么"红干部""待遇低""受苦受压"等问题全部暴露。

这时，辽宁省委党校请李荒来看大字报。李荒看得很快，用了半天时间看了一遍。看完后，李荒让党委委员坐下谈认识。大家看李荒来了，就稳当了。

李荒说：没有什么重东轻西，这纯粹是没有的事，刮了一阵风。如果这张大字报能站住，那么省委也是"重东轻西"。这是历史上的情况，要好好讨论。

辽宁省委党校经过1个月的大辩论。这次教育非常大。到1958年毛泽东视察高坎公社时，大家去见毛主席。后来王始庚总结很好，用辩证唯物主义分析问题，归结为"个人主义是万恶之源"。

1959年，中级、初级党校合并（原中级党校是东北局党校，东北局撤销后，中共成立几个地区党校，之后地区党校变为中级党校；后来中级党校下放到辽宁省，与原来辽宁省党校（初级）合并）。李荒去作报告：合校之后，要增强团结；要以中级党校机构、框架来安排初级党校的人。这个指导思想，特别明确。党校贯彻得比较好，确实是按这个指示去做的。当时，机构主要参照中级党校框架，成立哲学、政治经济学、科学社会主义、党史、党建5个教研室，党办、组织处、教务处、行政处4大处。这样党校机构基本固定下来。后来，为加强党的领导，将组织人事处合并到党办，一块牌子、一套人马、多项任务。李荒兼任校长，第一副校长是苗宝泰，副校长还有叶方、鲁森、王始庚。后来，过了很长时间，还有一些人任副校长。这个机构合并，确实解决得比较好。合校后，经过李荒疏通，辽宁省委党校从南五马路之处，换到五里河这个地方（原是沈阳市工人干校）。

"文革"时，辽宁省委党校内部批王始庚（从营口调回）"给刘少奇编党史"。校内"造反派"要抓李荒（李荒批准编写地方党史）。这件事，王始庚首先给挡了，说这件事是我搞的。保了李荒、苗宝泰。当时，中央党校被康生扣上"反毛泽东思想顽固堡垒""修正主义大染缸"的帽子。这样，党校就垮了。之后，辽宁省委党校又搬回南五马路。

"文革"时，李荒被批斗。"造反派"问李荒叫什么名字，为什么叫"李海"，李荒解释，李海是笔名，海：海阔天空、海纳百川。"造反派"说，什么叫大海，是看中海瑞罢官了（实际上，李荒之前并不知道海瑞这个人）。"造反派"问李荒，你在党校有什么罪恶？李荒讲，党校"反毛泽东思想顽固堡垒"都是我负责。

李荒时刻不忘党校。粉碎"四人帮"之后，辽宁省委党校曹世海等两人去辽宁省委汇报工作。李荒讲道，建文明单位，党的工作要解决脏乱差的问题。要加强党的领导，要发挥党支部的战斗堡垒作用、党小组的监督保证作用、党员的先锋模范作用。他又讲："文革"时，党校是重灾区，现在情况比较复杂。党的工作要好好抓，为整党打下一个基础。"五七干校""工农干校"是受毛远新影响，党校干部受了不少苦，现在到一起，要好好团结。

后来，因为党的建设工作抓得好，辽宁省委党校被评为第一批省直机关文明单位（数量仅几个）。

真理标准问题大讨论开展后，辽宁省委党校不少人认为对形势把握不准。于是，李荒把省委常委看的文件批给党校看，使党校提高了认识，相应工作有效开展起来。

1982 年整党时，辽宁省委党校班子成员做了调整，想让苗宝泰再干一任。但一宣布，苗就生病住院。于是，又调整班子，请示李荒。李荒推荐了曹原，因为他有资历、有经验，能联系群众，在"文革"中没有什么牵连。

之后，1983 年秋辽宁省委党校整党被列为省直机关第一批。两重任务：机关整党和学员整党。

1984 年 5 月，辽宁省委党校开始"三否定"——"文革"、"两校"（"工农干校"、"五七干校"）、"三大派"，"三统一"——十一届三中全会、"四化建设"、"党校正规化"。这个做法受到李荒、郭峰表扬。

李荒离开辽宁省委党校后去了中共中央党校。尽管如此，李荒仍然继续关怀辽宁省委党校。曹原去中共中央党校开党校工作会议见李荒时，李荒让他给"二王"（王伦，李荒讲教学要依靠他；王成吾，"文革"中是"逍遥派"，曾给李荒通风报信，李荒很感激王，让他来中央党校）带好。曹明远任辽宁省委党校校长后，他和曹世海春节去给李荒拜年。李荒说，不是规定不允许拜年，你们怎么来了（当时中央通知不许春节拜访）？曹明远说，是来看老校长。李荒说，实实在在讲王始庚和苗宝泰才是老校长。他们都不在了，他们的老伴应该去看一看（曹明远讲，我们得去看看）。

"李荒当辽宁省委党校校长，文化程度高，长期做宣传、文化工作。这人很严肃，批评人很厉害，但关键时刻，他保护人。李荒领导力强，工作深入；敢于担当；保护干部。李荒在党校的工作值得大书特书。"[1]

李荒重视对各类业务工作人员素质的培养提高。1957年6月，辽宁省教师进修学院成立，省委文教部抽调一批既有理论水平，又有实际经验的专家担任指导教师，对全省从幼儿到高中教育的各级各类教师进行培训，提高教师的教研水平。1962年6月，又成立了辽宁教育函授学院，以青年骨干教师为培养对象，进行学历教育，受到教师的普遍欢迎，培养了一批人才。辽宁教育当时不仅在全国处于领先地位，而且正是由于这一时期打下的基础，"文革"以后，辽宁教育事业得到了迅速的恢复和发展。

李荒注意抓住典型，树立典型，使典型发挥广泛而深远的影响。1958年，辽宁小学教育改革实验中，锦州市黑山县北关小学语文教学集中识字实验取得突破性进展。为了使这一典型经验发挥更大作用，1960年，李荒亲自主持召开全省文教群英会，在黑山召开现场会，中共中央宣传部、教育部领导出席指导，向全国介绍了北关小学集中识字的教改经验。后来，该经验在全国推广开来。"学雷锋"活动开展就更为明显。从

---

① 访问曹世海、常如龄、刘先涛记录，2019年8月20日，存作者处。

1960 年起，《辽宁日报》就对雷锋的模范事迹进行连续宣传报道。1962 年 8 月 15 日，雷锋不幸因公殉职，抚顺市掀起学习雷锋的热潮。李荒对此事高度重视，及时指示《辽宁日报》把雷锋全心全意为人民服务，不计较个人得失的共产主义精神作为一个中心内容来宣传。仅 1963 年 1 月，《辽宁日报》就用 9 个版面刊登了雷锋的事迹、雷锋日记，并配发社论和学习活动的消息，推动各地开展学雷锋活动，从青少年扩展到广大群众，从城市扩展到农村，在全省掀起了学习雷锋的高潮。1963 年 3 月 5 日，毛泽东等老一辈无产阶级革命家为雷锋的题词发表后，在全国上下进一步掀起了学雷锋的高潮。雷锋这个典型所产生的影响是极其深远的。

在领导文艺工作时，李荒认真贯彻执行毛泽东《在延安文艺座谈会上的讲话》精神和党的"双百"方针，发动辽宁广大文艺工作者深入生活，创作出大量优秀作品。如草明的《原动力》、马加的《江山村十日》等。

李荒工作作风认真细致，并十分注意工作方法。对各部门汇报、请示工作，他随时随地都给予热情接待，从不拒绝。在参加每一个会议之前，他都认真研究会议内容，做充分的准备。即使是批评人，李荒也是摆事实、讲道理，而不是板起面孔教训人。一次，他到辽宁人民艺术剧院看演出。当时演的是一部反映苏联在旅顺反特的剧。李荒看后，对剧院的人讲，"为什么演旅顺的事不演中国人（好）？非把中国人演成坏人呢？"他简单的观后感给大家留下了深刻印象，让文艺工作者懂得怎样对待作品，怎样才能使文艺更好地为国家、为人民服务。

李荒提倡真抓实干，反对夸夸其谈，认为共产党员的形象应该是在实际行动中树立起来的。他一贯主张讲短话，写短文章。当时流行着"常委会，长尾会"的说法，但李荒主持常委会总是简单明了，不讲长话。1965年，辽宁省委召开工作会议，宣传部写了份3万字的报告，李荒看后认为过长，要求宣传部修改，经几个人改过，仍有1.8万字，李荒亲自动手，将稿子压缩到1.2万字。

李荒以普通劳动者的身份与干部、群众相处，平易近人。他注重发挥知识分子的作用，耐心细致地对待知识分子的思想和作风问题。许多文艺工作者都成为他的知心朋友。著名话剧演员李默然自1947年参加工作以来，在艺术上取得很大成绩，在政治上积极要求入党。但由于种种原因，竟一直没能如愿。1956年，李荒得知此事后，亲自找李默然谈话。在耐心地倾听了李默然的诉说后，他没有长篇大论地谈空泛的道理，而是以简朴的语言对李默然讲，一个人要想参加到党的队伍里来，在任何关键时刻，他都要想着作为一名共产党员此时此刻应该怎么做！[1]并帮助他分析了自身的不足之处。在李荒的关怀下，李默然很快加入了中国共产党。

1959年，中共中央发出关于干部参加劳动的指示，明确规定领导干部每年要到工厂或农村劳动一个月。为了亲自体验工人的辛苦，感受劳动人民的生活，李荒响应党的号召，来到安东农业机械厂（今丹东518拖拉机配件总厂）参加劳动。这

---

[1] 访问李默然记录，1997年5月，存作者处。

个厂是一个有着光荣历史的工厂。该厂工人自力更生、艰苦奋斗，制造出中国第一台轮式拖拉机"鸭绿江 1 号"，并披红挂彩由工人师傅开到天安门广场，接受党和国家领导人的检阅。毛泽东 1958 年 5 月 18 日在关于这个厂制造拖拉机报告的材料上批示："卑贱者最聪明！高贵者最愚蠢。"李荒到工厂后，同厂党委"约法三章"：第一，不公开身份；第二，不要做安全保护工作；第三，拜工人师傅为师，学习技术。他和工人师傅同吃同住同劳动，没有人知道他是省委书记，都以为"新来了个老工人"。李荒在厂劳动，非常认真。首先是"同吃"，在职工食堂站排买饭。那时饭票还分粗粮、细粮，粗粮多、细粮少，他几乎经常"啃"苞米面窝窝头。"同住"，他的宿舍分里外屋，共住 4 名职工。"同劳动"，李荒和工人一样，一天坚持 8 小时劳动，毫不含糊。李荒的师傅曲道仁只有 31 岁，比他小 13 岁，车工，非党积极分子，技术好，为人老实正派。曲道仁后来回忆说："在刨床上，开始我上好刀，他看着。他学得很快，不多日子自己就能掌握了。有空，他就和我谈论国际形势，哪个国家的事他都知道。他的知识太丰富了。"

关心群众疾苦是李荒的一个显著特点。他刚到厂里时，一个新来的 19 岁女工夏淑贤脸部生了一个疔毒，住在医院治疗无效，病情日趋严重。厂党委会研究，两种意见：一种意见认为，应当将夏淑贤接出来治。理由是裤裆街一家皮铺有一个老头能治疗疔毒，厂内有一个工人患疔毒是经他治好的。另一种意见认为，千万不能接出来治，就是死，也应死在医院里。这样，厂里好交代，接出来万一出了事，厂里要担责任。两种意见，相持不下，难以决断。厂党委副书记、第一副厂长姜代清把夏淑贤的情况向李荒做了介绍，请他帮助下决心。李荒说："既然有人治好过，小夏还是应该接出来治。"又说："当然，这件事有风险。但是，我们共产党员是对人民负责的，不要怕担风险！"李荒一席话，使姜代清下了决心。立即指示厂保健站人员到医院把夏淑贤接出来治。治疗效果明显，没几天夏淑贤就上班了，还用红纸写了张感谢信，感谢党委救了她的命！知道内情的曲道仁说："还是李荒书记一句话，不然夏淑贤住在医院就没命了。"

李荒劳动一个月，即将离厂回省里。姜代清问李荒："曲道仁够不够党员条件？能不能发展？"李荒说："曲道仁朴实，老工人作风。我认为符合党员条件，可以发展。"姜代清又问："你对工厂怎样评价？"李荒说："你们厂工人干劲挺足，任务完成挺好！"又说："你们关心群众挺好，要提倡，一个工人有病，拿到党委会讨论，这很好。应当关心工人的疾苦。"师徒分别时，互赠礼品。李荒赠曲道仁一支自来水钢笔；曲道仁赠李荒一个笔记本。李荒还向市领导宋克难、蒋云吾、王鹤、尚逊等介绍曲道仁，说："这是我的师傅！"

李荒离厂回省之后，工人们纷纷来找曲道仁，责怪他说："你早说他是省委书记多好，我们好好看看啊！"曲道仁解释说："工人们为什么不知道他是省委书记？因为他没有特殊化！"

李荒到安东工厂参加劳动，在安东市引起一定反响。安东市委根据中共中央和辽宁省委的指示精神，作出干部参加劳动的规定。一些领导干部也纷纷走进工厂进行劳动。当时安东市委常委、工业部部长刘仲文说:"一看省委书记李荒都到安东来劳动,我们安东的领导干部还不劳动吗?"多年后,"拜工人为师"的情景,李荒记忆犹新。李荒说:"在辽宁,省委书记参加劳动,我是第一个。"①

李荒在工作中密切联系群众,并十分注意群众的生活问题。1959 年到 1961 年,我国处于三年困难时期。困难的表现,就是粮食普遍供应减少,一天一人三两粮,浮肿病盛行。对于出现的困难,李荒心急如焚,深为忧虑。他相约主管农业的辽宁省委书记王良到辽东、辽北农村考察。有一次,他们两人乘火车来到本溪,再由本溪铁路分局提供一节轻油车沿本溪—田师傅一线农村考察。这一带是山区,困难比较大。轻油车走一段,李荒与王良就下车察看。采用看、听、问的方法了解灾情全面情况。"看"就是走一处看一看;"听"就是听基层干部汇报灾情情况;"问"就是询问群众如何渡过暂时困难。李荒和王良亲眼看到饥饿的群众,他们用苞米棒子或柞树叶子做成代食品充饥。尽管这样,群众对共产党、人民政府没有怨言。我们的群众多好啊!但是,有的基层干部,利用职权管理食堂之便,自己吃得饱,不关心群众疾苦。李荒认为,越是困难,越要关心群众。他从农村考察回来,给《辽宁日报》总编辑殷参打电话,让报社重新刊登毛泽东主席《关心群众生活,注意工作方法》的文章,以教育干部,克服官僚主义作风,团结领导群众,

---

① 郑奇志著:《李荒传略》,辽宁人民出版社 2007 年版,第 57—59 页。

战胜困难。突如其来的经济困难对高等学校的正常教学和生活秩序产生了很大影响，教师和学生都饿着肚子上课。李荒亲自召开会议部署高校进行农场建设，号召大家自力更生，想办法。不久，各高校根据当地实际情况，陆续办起农场、渔场，改善了师生们的生活问题。

李荒注重调查研究，坚持实事求是对待问题。在进行全面社会主义建设的过程中，党在指导方针上曾发生过"左"的倾向。在全国"左"的思潮泛滥的情况下，李荒不可避免地也要犯一些"左"的错误。但他总是尽可能实事求是地处理问题。1956年7月11日，在中国共产党辽宁省第一届代表大会上，李荒在代表大会主席团所作的闭幕词中讲道：在进行这种两条路线斗争的时候，必须实事求是，具体分析，有右倾保守思想就反对右倾保守思想，有急躁冒进就反对急躁冒进。1957年开展反右派斗争时，李荒任辽宁省委整风领导小组副组长。他敢于讲政策。1957年8月28日，中共辽宁省委宣传部召开文艺界反右派斗争大会，李荒在会上最后讲话说："可能有这样的同志，在前一时期向党提出善意批评的时候，有些话说得过火了，有些态度欠妥当，有些意见不正确，因而情绪不安，有些沉重。希望他们放下包袱，勇敢地坚决地投入反右派斗争中来，党绝不会把这些意见和右派分子的反动言行混淆在一起的，党的态度就是这样明朗，一切右派言行必须反击，一切善意批评一定热诚欢迎。"李荒作出这样的"区别"，使那些提出善意批评，怕当右派而背上思想包袱的人解除了思想顾虑①。反右派斗争一开始，许多省都召开宣传会议，"大鸣大放"。李荒采取了较为谨慎的态度，没有召开宣传会议，因此，辽宁省"鸣放"得不严重，这就使许多人免于成为"右派分子"。大连文化局的一位领导同志在调到省里搞创作后，原单位群众要求将其划为右派，李荒指示省作协召开党组会，经讨论，没有把这位作家打成右派。反右派斗争中，像这样被李荒保护下来的人还有一些。但他对自己历来采取严肃的和实事求是的态度，他认为反右派斗争本身就犯了严重扩大化错误，至于个人在这场运动中干了几件好事，不足挂齿。

1959 年，在反右倾机会主义的斗争中，李荒实事求是地处理问题，尽可能地缩小打击面，保护了一些人。当时辽宁省委宣传部的一位副部长在中宣部举办的学习苏联政治经济学教科书的学习班上做的一次发言，受到点名批评，中央并指示辽宁省委组织批判。李荒接到中宣部转回的材料后，仔细分析了这份发言。他发现这位副部长在发言中首先肯定了成绩；接着又对深翻地、浮夸风等现象进行了批评，并指出其原因在于我们党还缺少领导经济建设的经验和科学技术的知识不足。李荒认为不应依据这次发言就给人家戴上右倾机会主义的大帽子，便指示只在宣传部内部做检查，而没有拿到宣传部门、省直机关进行大批判。1962 年，辽宁进行落后地区改造，工作队到达辽阳后不久，即将辽阳区以上干部大部分打倒。李荒在辽宁

① 郑奇志著：《李荒传略》，辽宁人民出版社 2007 年版，第 53—54 页。

省委常委会上几次表示坚决反对这种"打倒一切"的做法。

1963—1964 年，李荒到中共中央党校高级干部读书班学习一年。回省之后，便参加了社会主义教育运动（简称"四清"运动）。当时，辽宁全省组建两个"四清"工作团，即金县工作团、开原工作团。李荒同沈阳地委书记申东黎一道住在开原县清河大队，领导开原"四清"工作团。开原工作团，有正式工作队员 11280 名。这样庞大的工作团，素质参差不齐，领导是一个极大的问题。李荒来到开原，发现了工作队员中的问题。突出地反映出两个问题：一个是工作队作风问题。辽北当时南北大炕。有一个工作队员住南炕，年轻农民夫妇住北炕。一来二往，这个年轻工作队员看中人家妻子，和那女人搞不正当关系。在群众中造成很坏影响。这个工作队员当即被开除工作团，遣送回原单位。另一个是，少数工作队员不安心搞"四清"，怕苦、怕难，工作没有信心。如放牛沟一个工作队员在"打油诗"中写道："走进放牛沟，真使人发愁。上下十里路，到处是石头。晚上没有电，点的是煤油。睡觉对面炕，吃的是稀粥。社教才开始，何时熬出头？""打油诗"中反映的情绪，带有一定的普遍性。为了搞好"四清"，李荒同申东黎一道主持开原工作团开会，让工作团成员汇报并研究工作团建设的具体措施。几经研究、讨论，决定采取三条措施加强工作队员的革命化建设：一是工作团上下大学毛主席著作。"四清"运动，就是用毛泽东思想教育农民的运动。而要教育好农民，首先要用毛泽东思想教育好"四清"干部。工作团各级领导要带头学。二是加强工作队员思想政治工作。思想政治工作，是党的优势和优良传统。加强"四清"工作团建设,当然必须加强强有力的思想政治工作。通过"谈""摆""查""学"等有效形式,解决了工作队员不安心情绪、畏难情绪、无所作为情绪,振奋了精神,增强了信心。三是实行严格的《工作队员十项守则》。特别是彻底的"三同"(同吃,不得吃鱼、肉、蛋;同住,吸取教训,至少两人住一户;同劳动,规定劳动天数)。由于李荒抓工作团的革命化建设,保证了"四清"工作的顺利进行。贫下中农高兴地说:"这次工作队不吃好的,专住贫下中农家里,处处关心我们的生活,真是毛主席教育出来的好干部啊!"

在"四清"运动中,李荒牢记毛泽东"没有调查研究,就没有发言权"的教导,注意深入社队调查研究和指导工作,提出搞清查"一定要掌握第一手材料,实事求是"。李荒除了到省委和工作团开会之外,一有时间就深入社队,听取工作队汇报,进行调查研究。当时,参加"四清"的还有知识分子,不但有大学生、讲师,也有著名教授。李荒分别召开座谈会,请他们谈意见和感受。有一次,召开有辽宁大学著名教授宋则行参加的座谈会,宋则行教授说:"知识分子参加'四清',接触农民,对知识分子思想改造很有好处。"宋则行教授还说:"当地老乡不设厕所,没有地方解手,只得找方便的地方。可一蹲下,猪就跑来在屁股后面等着吃屎。不得不拿秫秸棍赶猪。"说得大家都笑起来。李荒笑着说:"知识分子,就是要接近工农改造思想。"他接着说:"开原农村没有建厕所的习惯。能不能通过'四清',把农村厕所建起来,既卫生,又积肥嘛!"

　　"四清"运动中查漏网地主，查出一位革命烈士是地主子弟，要划他为漏网地主。李荒通过调查研究，掌握了第一手材料。他不同意这种定性。他说："查漏网地主，要实事求是，有就有，没有就没有，不能勉强。"这位革命烈士就是安业民，开原县人。1956年加入共青团。1957年入伍，编入中国人民解放军海岸炮兵。在部队，他刻苦学习杀敌本领，热爱集体，关心同志，生活俭朴，严格要求自己。1958年8月23日，在与盘踞在金门的国民党军队炮战中，我方阵地起火，他为了隐蔽火炮，全身严重烧伤面积达百分之七十以上，经医治无效，于9月9日牺牲，年仅20岁。中国人民解放军海军党委根据安业民生前的愿望，追认他为中国共产党党员，并授予"模范团员"称号。朱德元帅亲笔为他题词："共产主义战士安业民永垂不朽"。1959年5月19日，辽宁省委宣传部、团省委曾召开会议，部署纪念、宣传、学习安业民烈士的事迹。团省委作出《关于学习安业民同志崇高的共产主义思想品德和英雄行为的决定》，并追授安业民烈士为"辽宁省模范团员"，号召全省青少年向安业民学习。当时，原辽宁大学校长冯玉忠作为辽宁大学校长邵凯的秘书参加了开原"四清"。冯玉忠说："1964年12月开原社教工作团开会，其中一项议程是讨论炮兵英雄安业民家漏划地主问题。工作团长、沈阳地委书记申东黎主持会议。李荒、邵凯都参加了会议。会议经过讨论，一致同意'照划'。李荒同志始终一言未发。但当就要通过即将散会时，他开口了，说：'等一等，先别散会，我想提个问题。大家再想一想，事到如今啦，还给这样一位战斗英雄家划个地主，有什么实际意义？'

他这么一说，大家恍然大悟，与会者异口同声地说：'可不是吗？给战斗英雄家划漏划地主有什么意义！'就这样，又把刚刚通过的决议撤销了。我见此情此景，十分惊讶！我当时只有31 岁，此前我在辽大历经十余次政治运动，从来没有见过'这样的'人敢于在'这样的，气氛下讲'这样的'意见。一种热烈的敬意油然而生！"①

"文革"时期遭难

1966 年 6 月，中共辽宁省委召开三届五次全会（扩大），传达关于"无产阶级文化大革命"的指示，对辽宁"无产阶级文化大革命运动"作了研究部署。李荒从"文革"一开始就保持着较为清醒的头脑，采取谨慎态度。早在各省市报纸争相转载姚文元的《评新编历史剧〈海瑞罢官〉》时，他就感到其中有问题，指示《辽宁日报》暂时不要刊登。他因此受到来自上边的很大压力。

"文化大革命"开始后不久，主管文教宣传的李荒就被揪出批斗，后又到盘锦"五七"干校劳动，受到严重迫害。即使身处逆境，李荒仍一如既往地"以党的利益为重"②，以大局为重。"文革"前，辽宁省曾因出版质量差，销毁毛泽东著作800 万册。"文革"中，造反派追查此事。为了不使辽宁省委受到影响，李荒主动将责任揽到自己身上。20 多年之后，当时的中共辽宁省委第一书记黄火青回忆起来，深情地说："李荒党性强，能顾全大局，以党的利益为重。""是个好党员，

---

① 郑奇志著：《李荒传略》，辽宁人民出版社 2007 年版，第 52—66 页。
② 黄火青著：《一个平凡共产党员的经历》，人民出版社 1995 年版，第 224 页。

好同志啊！"[1] 在省革委会对他的问题作出的《审查结论》中，硬给他扣上"执行反革命修正主义路线"的帽子，说他"反对教育革命"，"提倡'智育第一''专家治校'"。其实李荒在教育战线执行的政策、采取的措施已为历史所证明是正确的。

在那些黑白颠倒的日子里，李荒没有气馁，没有自暴自弃，而是坚定乐观地坚持共产主义信念，踏踏实实、兢兢业业地为党和人民工作。1973 年 6 月，李荒被任命为中共大连工学院委员会副书记、革委会副主任。他没有计较个人得失，为能重新为党工作而感到由衷的高兴。

"文革"期间，学生停课"闹革命"，许多教师被下放到庄河农场劳动。李荒针对这种情况提出将下放的教师抽回学校的合理建议，努力恢复正常的教学秩序。在具体工作中，他既坚持原则，又注意方法，耐心地做工宣队的工作，说明学校没有教师的危害性。他说："学校应该有教师，让教授、讲师去种水稻，是最大的浪费。"最后，绝大多数下放教师都调了回来。

李荒关心教师疾苦，和知识分子交朋友，实实在在地落实党的知识分子政策。并以自己的行动，在力所能及的范围内，关心人帮助人。中国科学院学部委员、一级教授钱令希，当时被打成"反动学术权威"，没人理睬。李荒主动和他接近。李荒和钱令希，两颗心在"碰撞"。钱令希笑着说："李荒知道知识分子心理。我们有共同语言。"李荒的住处与钱令希住处相距不远，到大连工学院上班一块"挤"公共汽车。

---

① 黄火青著：《一个平凡共产党员的经历》，人民出版社 1995 年版，第 236—237 页。

在"挤"车的朝朝暮暮，两人感情日益密切，由谈话到谈心。钱令希和李荒的办公室中间隔着军代表的办公室。但办公室"隔"不住两个人交往。每到中午，吃完中午饭，两人相约打乒乓球。李荒的球艺比钱令希"略高一筹"。钱令希说："我总打不过他。"表面上他们打的是乒乓球，实际上，他们是让大连工学院的干部看看李荒在与钱令希"打交道"，给高级知识分子传递信息。"人熟为宝"。钱令希与李荒"熟"了，一有时间，就到李荒办公室走走。两人见面，无话不谈。或相互劝慰，或探讨学问。钱令希说："李荒是搞学问的。有时一个词和我讨论很久，怎样解释。"李荒对钱令希说："读书要读马列原著，不要只看别人的体会。"在后来的教学和科研工作中，钱令希都发挥了重要作用。钱令希回忆说："李荒使我能正确对待很多问题。""党的干部都能像李荒这样，就好了！"

赵艳霞是大连工学院党办杨金峰的爱人。不幸的是，"不惑之年"由肝癌转为乳腺癌。她虽是家属，但李荒很关心，几次到医院看望。李荒对杨金峰说："你要有精神准备，这种病到时候疼得很厉害。因此，你要想办法准备点杜冷丁。"李荒看到杨金峰经济上有困难，赞助 100 元。赵艳霞在临终前，断断续续地对亲人说："我是平民百姓，李荒书记几次来看我。我好多事可以忘，这件事我不能忘，到阴曹地府我也要记着。"赵艳霞在弥留之际，一片肺腑之言，听来感人至深。多少个寒来暑往，但是作为大连工学院教授的杨金峰仍记忆犹新。杨金峰说："李荒不但几次到医院看我爱人，而且交给我 100 元。

当时我挣 56 元，爱人挣 40 元。我确实很感动！"

更为难能可贵的是，李荒在自己身处逆境时，还以一个老共产党员的崇高美德关心他人。这些人，时隔多年还念念不忘李荒的帮助之情。当时，辽宁省委政策研究室有一位领导被诬为"特务"，因受不了批斗而自杀。李荒得知这一情况，对被关在一个房间的宣传部干部说："形势挺严重，你自己要注意好好活着。"这对这位干部坚定生存信心起到很大作用。原辽宁省委农村工作部处长林承栋，和李荒"关"在一屋。一天夜里，"造反派"突然提审林承栋。林承栋回屋子后，李荒关心地问："挨打了没有？……"沈阳师范学院（今沈阳师范大学）原党委书记鲁振昌曾回忆："我非常敬佩李荒书记。在批斗时，有人把责任往下'推'。他却往自己身上'揽'，说：'这件事，我负责。'甚至白潜书记的事，他也往身上'揽'。令人敬佩啊！"

在艰难的处境中，李荒也没有放弃理论学习。在"五七"干校劳动期间，他一边喂猪，一边研读马克思主义著作。到大连工学院后，他每天都是第一个来到学校，打过开水，就开始读书。在这里，他读完了《列宁全集》。他想从革命导师的著作中找出答案："文化大革命"这场动乱到底是怎样发生的？应该汲取怎样的经验教训？与此同时，李荒不忘保护、锻炼身体。他意识到，不很好保护、锻炼身体，不但"挺不住折腾"，而且再工作也得有个好身体。他牢记列宁的话："身体是革命本钱。"因此，他锲而不舍，甚至利用"放风"时间锻炼身体①。

---

① 郑奇志著：《李荒传略》，辽宁人民出版社 2007 年版，第 73—76 页。

在"文革"中，李荒逐渐认识到"文革"造成灾难的严重性，对林彪和"四人帮"篡党夺权的罪行深恶痛绝，对什么是正确路线和共产党员的真正党性，有了深刻体会。他坚信，乌云遮不住太阳，总会有云开日出的那一天。

恢复工作以后

1976 年 10 月，中共中央粉碎了"四人帮"反革命集团，结束了"文化大革命"这场灾难。12 月以后，中共中央要求各级党组织发动群众，组织三个"战役"，打一场大揭发、大批判、大清查"四人帮"罪行的人民战争。在这种形势下，李荒以高昂的革命热情投入新的斗争中。在中共旅大市委（今中共大连市委）传达中共中央文件的扩大会议上，李荒根据自己对"文化大革命"这场运动在理论上的长期思考，做了长篇发言，对"四人帮"及当时在大连的"四人帮"爪牙进行了深刻而尖锐的批判。

1977 年 4 月，李荒被任命为中共旅大市委第二书记、革委会第一副主任。李荒上任后，根据中共中央和辽宁省委指示，首先抓了"揭、批、查"工作。

辽宁省是遭受"四人帮"破坏的"重灾区"。旅大又是"四人帮"、毛远新插手最多的地方，内伤外伤都很严重。粉碎"四人帮"后，旅大市委没能很好地执行党的方针路线，旅大的"揭、批、查"运动冷冷清清，成为辽宁的落后地区。当时旅大的情况是各种矛盾交织在一起：既有新与旧的问题，又有历史与现实的问题，还有军队与地方的问题。因此，旅大揭批和清查"四人帮"的任务是严峻的。李荒从"揭、批、查"一开始，就运用毛泽东的策略思想教育干部，分清矛盾，注意政策，而且首先从市委做起。1977年5月19日，李荒在全市干部党员大会上说："要认真学习领会和运用毛主席的政策和策略思想，严格区分和正确处理两类不同性质的矛盾，要对不同情况进行分析，区别对待，没有区别就没有政策。不懂得区别对待，就不善于斗争。就难以保证斗争顺利健康地进行到底。"李荒是怎样"区别对待"的呢？他说："对于那些受'四人帮'影响的，要和参加阴谋活动的严加区别；对于犯有思想作风上毛病而和'四人帮'篡党阴谋没有牵连的人，要和有牵连的人严加区别；对陷得深浅不同的人要加以区别；对陷得深而态度好坏不同的也要加以区别。"7月1日，李荒讲话，再度重申政策界限。又讲了"三个区别"："把少数跟着'四人帮'及其死党毛远新干坏事陷得很深的人，同受'四人帮'和毛远新影响而说了错话、办了错事的人区别开来；把正常的工作关系，同搞阴谋诡计的区别开来；把粉碎'四人帮'以前上当受骗而犯了错误的人，同粉碎'四人帮'之后坚持反动立场、负隅顽抗的人区别开来。"

李荒联系旅大实际，采取一系列措施，同"四人帮"的爪牙进行斗争。对部分单位采取必要的组织措施，夺回被篡夺的领导权；对问题严重或领导不力的基层单位，派工作组、联络员进行帮助；组织对"四人帮"和以毛远新为首的反党帮派罪行的揭发批判；妥善处理军政关系，较好地维护了人民解放军的威信和声誉。他还从理论上进行探讨，肃清"四人帮"遗毒，在斗争中加强党的思想建设和组织建设。他在辽宁省委主办的刊物《理论与实践》上发表多篇文章，如《坚持党的民主集中制》《坚持唯物主义的思想路线》《要像爱护眼睛一样爱护党的团结》等，强调加强党的集体领导，加强党的民主集中制，以肃清"四人帮"的毒害和影响。

李荒把落实党的各项政策，平反冤假错案当作市委的一项重大工作来抓。对"文革"前和"文革"中的冤假错案都深入调查，认真甄别，按党的政策实事求是地予以平反纠正。1978年5月23日，李荒主持召开旅大市冤假错案平反处理大会，对原旅大市委书记宋黎等5个受害较大的冤假错案彻底平反，为受迫害的干部恢复名誉。原旅大市委候补书记、副市长陈少景是20世纪30年代初期入党的老党员，曾被国民党逮捕过。"文革"前，被强加以投敌自首的罪名作为重大历史问题审查。"文革"中，又被罗织罪名投监。粉碎"四人帮"之后，陈少景保外就医，他找到市委，要求平反。李荒十分重视，亲自阅卷，听取汇报，将问题拿到常委会上讨论。经严肃认真地调查审理，1979年3月，中共旅大市委四届八次全体会议作出《关于撤销市委二届八次和十七次全体（扩大）会议有关文件的决议》，《决议》指出："这两次会议所形成的陈少景案件和郭述申、付忠海案件都是错案，受这两个案件株连的其他案件，也都是错案。陈少景案件业经中央组织部批准予以彻底平反……"3月16日至19日，中共旅大市第五次代表大会召开，市委第一书记李荒代表第四届委员会作《全党团结起来，为实现工作重点转移，加速我市社会主义现代化建设而斗争》的工作报告。

会上，陈少景被选为市委书记，主管政法工作。为陈少景平反的意义是重大的。中共旅大市委原书记曾宇回忆说："李荒为陈少景平反是有功的。不仅为陈少景雪洗冤案，而且对团结大连干部，起了积极的作用。"①

李荒在"揭、批、查"斗争中，一个明确的指导思想就是把各级班子整顿和建设好。他说："整顿和建设各级领导班子，这是在揭批'四人帮'斗争中所要取得的一个重要成果。"根据这一指导思想，对各级领导班子的不同情况采取不同的措施：（一）对薄弱的班子，解放干部，充实各级"革委会"。第一批就解放38名部局级干部，并把他们充实到急需加强的化物所、造船厂、机车车辆厂等部门。旅大市委组织部原副部长顾宁说："我就被派到化物所任书记兼'革委会'主任。"（二）对问题严重的领导班子，看准了的就坚决采取组织措施，首先配好一、二把手。1977年4月1日，旅大市委就对市委组织部、公安局、计委、团市委，采取了组织措施。（三）对混进领导班子的坏人，坚决清除出去，该法办的就法办。1978年11月，对旅大市公安局副局长兼长山要塞獐子守备区政委黄吉增、旅大市油脂化学厂党委书记高万友、旅大市玻璃制品厂党委书记李福俭，撤销其党内外一切职务，开除党籍，依法逮捕惩办。（四）对问题严重，立场没有转过来，群众不信任的领导成员，采取多种方式，让他们离开领导岗位。到1977年7月底，采取停职反省和不参加工作等组织措施或虽未采取组织措施但实际上不能

---

① 郑奇志：《访问曾宇谈话记录》，1994年，大连。

092 ·辽宁党史人物传·第 18 卷·

工作的共 170 多人。李荒针对这一情况，采取措施，解脱干部。

在"揭、批、查"中，李荒注意保护军宣队。旅大地区的军宣队撤离得比较晚。李荒敏感地认识到，旅大是国防前哨，保护军宣队极为重要。因此，他在干部会议上宣布两条保护军宣队措施："第一，凡'军宣队'未撤离的地方，赶紧撤出去回原来的部队。第二，'揭、批、查'涉及个别军宣队成员的，地方不准到部队揪人，一切材料经由市委转达。"1977 年 5 月 19 日，在全市揭批"四人帮"经验交流会上的讲话中，李荒说："对犯有错误的军代表，一定要贯彻执行市委的规定：已返回部队的不要找回作检查，各单位不要自行向部队要材料。对军代表中属于同'四人帮'搞阴谋活动有牵连的人和事，一定要彻底揭发出来，把材料交由市委清查办统一转递给所在部队党委。我们完全相信部队一定会严肃处理的。"旅大市原市委书记任国栋说："斗批改，李荒掌握政策比较稳。所以，大连局面比较稳当，未出现反复。处理问题，比较实事求是。"

"文化大革命"对社会经济和人民的生活造成了严重破坏。人民群众的生活水平很低，每人每月只有三两油，许多地区吃不到细粮。李荒以"揭、批、查"为动力，注意抓工农业生产和群众生活。李荒在每一次"揭、批、查"会上的讲话中，都注意把"揭、批、查"焕发出来的群众积极性引导到促进工农业生产上来。1977 年 11 月 2 日，他在全市党员干部会议上说："7 个月的斗争实践充分证明，凡是揭批'四人帮'斗争搞得好的单位，革命和生产形势就很好；反之，革命和生产就上不来。四八一〇厂过去由于资产阶级帮派体系的破坏，成了全市的老大难单位，年年完不成国家计划。在揭批'四人帮'的斗争中，他们立场坚定，旗帜鲜明，放手发动群众，摧毁了资产阶级帮派体系，群众扬眉吐气，干劲倍增，原计划14个月修好的一条舰艇，现在9个月就能完成，创造了历史最好水平。油脂总厂过去由于高万友用日寇统治时代粉碎饲料的机器加工苞米面，温度高达70℃，基本上是半熟了的，使人吃起来又黏又苦。现在他们端正了路线，用粉碎面粉的机器加工苞米，质量有很大改善。玻璃制品厂由于挖出了宣、许、孙的小兄弟李福金等人，群众的积极性空前高涨，当年头十个月的产值达到1370万元，比去年同期增长了6.2%。"

李荒下决心恢复经济，解决人民群众的生活问题。"文革"后，与旅大隔海相望的山东半岛经济迅速发展起来。李荒亲自去山东烟台、青岛、淄博、潍坊四个地区考察。他不仅去工厂、商店，还深入农村，尤其重视乡镇企业的情况。他到农民家中，了解如何用麦秸秆编草帽辫，一天能编多少根。经过深入考察，李荒认识到山东半岛经济迅速恢复和发展的主要原因在于人民有良好的精神风貌，敢于走新路子。考察回来后，他又亲自到各县区考察，如到长海县了解资源的破坏和渔民的生产情况，并针对实际问题采取相应的措施解决。

一度市民反映煤气供应不足，李荒极为关注，指示城建等有关部门迅速改善煤气供应状况。

李荒历来生活俭朴、严于律己。在外奔波，从来都是轻车简从，只带一个秘书。无论到哪里，伙食标准一律是一菜一汤，有时甚至啃苞米饼子。他对部下也严格要求。1977 年 7 月 1 日，经过市委常委会的充分讨论，李荒在庆祝中国共产党成立 56 周年大会上，郑重宣布对市委常委的"约法五章"：第一，市委同志到下面去，不要当作客人招待；第二，市委的同志不接受下面送来的任何礼物，不用试用试尝的名义占用任何工农业产品；第三，不搞脱离群众的特殊化；第四，把上照片、电视的镜头减少到最低限度；第五，遵照毛主席的指示，党内同志之间互相称呼同志，不称呼职衔①。这五条的核心，就是严于自律，不搞特殊化。李荒以身作则，带头执行。

李荒家住在南山秀月街，房子上的瓦都有些脱落了。市委常委、副市长史屏说："李荒同志，把你房子修修吧？瓦都掉了！"李荒回答说："行啊！有房子住就蛮不错，能将就就将就。"史屏在电子局工作过，那里有个工程队，便说："不行，让电子局工程队来鼓捣鼓捣？"李荒说："不用。不修也比老百姓住得强。"曾任旅大市委秘书长的孙峰说："有一次，李荒病了。当时旅大物资供应还很困难，市委送给他几斤白糖，他谢绝了。但给我的白糖，我收下了。"

李荒一向勤政，亲自动手写东西。即使大的材料，别人起草，他也要详加修改，字斟句酌。大连市委副秘书长潘洪杰，用他的话说"搞材料，头发都搞白了"。他说："李荒改的稿子，简直是'艺术品'，真是大手笔。有一次，李荒早上四点钟起来改稿子，改得合理、高明、有高度。"

---

① 李荒在大连市党员干部会议上的讲话，1977 年 7 月 1 日。

　　李荒一直念念不忘"约法五章"。他回到省里，有一次和夫人金中去大连，住桃园街省委老干局干休所。大连市委副书记于学祥去看望他，对身边的工作人员说："李荒书记来，联系点儿水产品。"李荒立刻予以制止，说："于学祥，你别干这事！"1979年8月9日，李荒在全省纪律检查工作会议上说："我昨天听汇报，据说大连电视机厂，旅大市试看有多少台？（答40多台吧）这个事情我作检讨，我们明确宣布这么一条，我们新市委不搞试看、试听、品尝。'四人帮'时候的恶习我们坚决把它去掉。据我知道，旅大市委书记中，没有人试看电视机的，常委我没有了解，现在说有40多台已经都拿出去了。这条是扩大会议上郑重其事宣布的，而且是得到群众拥护的。"他明确表示要查明此事，"不会因为涉及谁了就不去查"①。

　　1979年4月，辽宁省委决定，李荒任省委书记兼旅大市委第一书记。在新的岗位上，李荒强调端正党风的重要性、继续学雷锋、为党校恢复名誉、积极落实知识分子政策，取得了扎实工作成效。

　　1979年8月9日，李荒在全省纪律检查工作会议上，指出端正党风的重要性。他说："党风是好是坏，关系我们党的事业的成败。"他问道："我们的党风被破坏到什么严重程度？有的同志讲从我们党1921年建党起50多年来，党的威信从来没像'四人帮'横行时这样低。""低"到什么程度？李荒指出："我在旅大，就碰到老贫农、老工人不愿入党，为什么呢？

---

① 李荒在辽宁省纪律检查工作会议上的讲话，1979年8月9日。

他说过去那共产党，我是一心向往，要积极努力争取加入中国共产党，现在的共产党，不像过去啦，我和这些人在一起脸上不光彩。用一句文言文来讲，就是'耻于为伍'嘛！恐怕这个事情不只是旅大有，其他地方也可能有。可见党在群众中没有威信，脱离群众已经到了十分严重的程度。"怎样搞好党风？李荒指出两条："一是表扬树立先进；二是批评纠正错误的东西，严肃党的纪律。"

1980 年 1 月 13 日，辽宁省委召开青年工作座谈会。李荒在会上讲话指出，青少年应向雷锋学习。他说："'文化大革命'前，《辽宁日报》登了雷锋的事迹，结果挨批，把我也整了一顿。'四人帮'说什么学雷锋做好事没有阶级性，这是胡扯嘛。雷锋是榜样嘛，我们应该很好地学习。"雷锋精神，是共产主义精神与中华民族美德最完美的结合。辽宁是雷锋精神发祥地。雷锋精神教育了一代又一代青年人。但是，"文革"对学雷锋活动造成严重破坏。粉碎"四人帮"后，还学不学雷锋，一时还没有一个准确的说法。在这种情况下，李荒提出"雷锋是榜样"，青少年"应该很好地学习"。这就指明了方向，说明他在政治上的坚定性和远见性。

1980 年 2 月 9 日，李荒在辽宁省党校工作会议上，为党校恢复名誉。"文革"中，辽宁各级党校遭到毁灭性破坏。林彪、"四人帮"及其在辽宁的代理人，迫使全省上百所党校关门，把教职员工扫地出门，横加迫害，并散布很多诬陷不实之词。他们把所有党校都称为"旧党校"，说什么党校是所谓推行反革命修正主义路线的，是"反毛泽东思想的顽固堡垒""修正主义大染缸"等等。李荒严正地指出："这里，我们应该严正重申，林彪、'四人帮'及其死党一伙强加给我省各级党校的一切诬陷不实之词，必须统统推倒，党校的名誉必须恢复。"在这次会议上，李荒还指出，要统筹兼顾，积极地、有计划地搞好干部轮训。他说："就全省来说，轮训重点是县团级以上领导干部，在这级干部中又要强调一、二把手。"但是，有的人对轮训认识不够，说"离不开"云云，李荒说："说什么一、二把手工作离不开，实际并非如此。这个事情也得有个长远打算，从眼前看，一、二把手离开了，工作多少会受点儿影响，但是从长远看，你给他一两个月的学习时间，他回来思想理论水平、政策水平提高了以后，对工作会大起作用。"李荒强调，各级党委要切实加强对党校工作的领导；党校要搞好自身建设，不断提高教学质量。

在辽宁省委，李荒主要负责教育和知识分子工作。由于"左"的遗毒没有立即肃清，省内派性思想仍相当严重。李荒反对搞派性，主张按党的原则和干部标准来正确对待干部。在教育系统里发生了这样的事情，因为张铁生①说了某位干部的好话，有人就认为这个干部是"四人帮"的部下。李荒为这样的人主持公道，保护了一些人。对那些在"文革"中犯了错误的人，李荒坚决贯彻"惩前毖后、治病救人"的方针，主张给他们出路，使他们能为党做更多的工作。1979—1980年间，他多次在教育工作会议上作报告，针对社会主义现代化建设对人才的

---

①张铁生，辽宁兴城人。"文革"期间，因交"白卷"而被"四人帮"利用，被吹捧为"反潮流"的"英雄"。

需求和辽宁省教育现状及存在的问题，提出具体的要求和解决问题的办法。他一贯将党的知识分子问题放在重要位置。要真正把广大知识分子当作工人阶级自己的一部分，切实解决和改善知识分子的工作、生活条件，充分发挥他们在社会主义现代化建设中的重要作用。

1980 年 6 月，中共辽宁省委召开知识分子工作会议。李荒在会上作工作报告，他开宗明义地讲："省委决定召开全省知识分子工作会议，目的是要进一步贯彻落实对知识分子政策，加强和改进各级党组织对知识分子工作的领导，充分发挥知识分子在社会主义现代化建设中的巨大作用。"

我们党一贯重视知识分子工作，对待知识分子历来都有一条马克思主义的正确方针。早在 1939 年，中共中央就发出《大量吸收知识分子的决定》，提出："没有知识分子的参加，革命的胜利是不可能的。"1956 年，中共中央根据我国知识分子队伍发生的根本变化，发出《关于知识分子问题的指示》，周恩来总理在关于知识分子问题的报告中非常明确地宣布：知识分子绝大部分"已经是工人阶级的一部分"。1978 年 3 月，在中共中央召开的全国科学大会上，邓小平代表中共中央明确重申："我国绝大多数知识分子是工人阶级自己的一部分，这样的革命知识分子，是我们党的一支依靠力量。"但是，对知识分子是工人阶级的一部分的认识问题，包括若干领导干部，并未完全解决。李荒说："他们总以为知识分子'政治上不可靠'，不把知识分子看成自己人，而看作是异己力量。有人问'知识分子历来都是教育、改造对象，怎么突然变成工人阶级一部分了呢？'怀疑中央的政策是不是'右'了。思想落后于实际，工作中自然是徘徊、观望，甚至顶牛。"他说："我们必须充分认识：搞四个现代化建设要靠工人、农民和知识分子的共同努力。从我们工作中的实际情况来看：凡是对知识分子问题的认识解决得好，把他们真正当作工人阶级自己的一部分，工作中依靠他们、信任他们、支持他们，工作就做得好，建设事业就发展；反之，就做得不好，建设事业就受阻碍。所以在这次会议上，我们要把解决对知识分子的认识问题放在首要地位，认真地进行讨论，切实地加以解决。"李荒在会上呼吁要充分发挥知识分子在四个现代化中的重要作用。怎样发挥知识分子的作用？李荒指出：第一，要认真选拔那些有专业知识和能力，又有一定组织领导经验，懂得党的政策的优秀知识分子担任各级领导职务；第二，要善于发现人才，破除论资排辈观念，不拘一格地选拔人才，并采取切实可行的措施，加速培养人才；第三，要充分发挥知识分子的业务专长，让他们在各自的工作岗位上有职、有责、有权。李荒还要求各地党委，"要切实解决和改善知识分子的生活条件。"对于辽宁省委召开知识分子会议，知识分子是高兴的，他们奔走相告。有的知识分子深情地说："生活艰苦一点儿，我们不怕，怕的是无所作为，浪费生命。我们希望党为我们创造条件，让我们把'四人帮'耽误的时间夺回来！"李荒引述了上边的话，并激情地说："听到这样一些呼声，我们不能不为我们的知识分子表现出来的高度觉悟而由衷地喜悦，为他们这种革命热情所感动。"①

李荒亲自落实知识分子政策。一个突出的事例，就是他亲自处理李仲江出国问题。李仲江，沈阳市机械专科学校数学教师，广州人。1951 年大学毕业后，他排除家庭阻挠，服从国家分配到沈阳市机械专科学校任教。1956 年，被选为沈阳市数学理事会理事。但不幸的是，1957 年，他被定为右派，"文革"中又被专政。1979 年，李仲江提出要求出国。这是为什么呢？原因有两条：一是领导上的原因。他被错划右派得到改正，心情愉快，要求与领导谈谈话。但领导迟迟不找他谈话。1977 年评工资，群众评议给李提级，但到领导那里就给否了。对此，李仲江非常伤心和失望。他说："不是几个钱的问题，而是表明我再努力也得不到一个'好'字，也改变不了领导对我的看法和态度。"二是家庭原因。他的高堂老母身居海外而且年事已高（75 岁），希望儿子与她团聚，甚至"以死相逼"。在这种情况下，李荒找李仲江谈话。首先，对他出国探亲表示充分的理解。其次，对他近三十年来的工作给予"三个肯定"：一是肯定他在新中国建立初期，生活艰难的条件下，服从国家分配，坚持至今，应当受到赞扬；二是肯定他这些年来在困难情况下，兢兢业业为祖国培养人才，很有成绩；三是肯定他在蒙受不白之冤之后，对党对社会主义的忠诚热爱不动摇，经受了严峻的考验，这种精神是难能可贵的。李仲江夫妇和姐姐听了李荒的话，都很感动。他的夫人感动得热泪盈眶。李仲江也

---

① 郑奇志著：《李荒传略》，辽宁人民出版社 2007 年版，第 102—115 页。

激动地说："听了这番话，我心里热乎乎的。我来东北近三十年，今天得到公正的评价，死也心甘。我只要有一颗心，永远向着祖国，向着祖国的四个现代化，过去这样讲，今后还是这样讲。我一定会回来的……"[1]

李仲江出国问题的妥善解决，对进一步肃清林彪、"四人帮"极左路线对党的组织工作的影响起到了积极作用。中组部《组工通讯》刊登了李荒就此事给宋任穷的信，并配发了《积极做好工作，避免人才外流》的评论[2]。

李荒亲自处理李仲江出国问题，一位省委书记工作如此事必躬亲，受到李仲江及其家属、中央领导的赞扬。

1981 年 4 月，中共中央调李荒到中央党校工作，先是负责人，半年以后任命为副校长。李荒到中央党校，正是换届的关键时刻，他去是做主持常务的副校长。中共中央调李荒到中央党校工作是有原因的。因为李荒从 1954 年开始，先后任中共中央第一中级党校校长、省委初级党校校长。这次到中央党校，就是说，初级、中级、高级党校校长，他都做过，这在全国是不多见的。对于李荒到中央党校工作，中共辽宁省委原第一书记郭峰是这样评论的："他到中央党校，对党校工作有经验，中央认为是合适的。中央一再要。我考虑省里书记不少，发挥特长也很好，我同意。"在第一次干部见面会上，副校长兼中共中央办公厅副主任冯文彬说："中央决定李荒到中央党

---

①《辽宁省委书记李荒同志关于处理李仲江出国问题的来信》，中组部《组工通讯》，1978 年第 6 期—1979 年第 12 期合订本，第 342 页。

②《辽宁省委书记李荒同志关于处理李仲江出国问题的来信》，中组部《组工通讯》，1978 年第 6 期—1979 年第 12 期合订本，第 342 页。

校任常务副校长。他比我年轻，身体好，阅历多，经验丰富，做过报纸工作，省里工作，能力比我强，完全胜任。大家要支持他的工作。"李荒在干部见面会上也讲了话。他说："中央决定我到中央党校工作。我将在……文彬领导下做好工作。党校我是生疏的，希望大家支持。"

李荒到中央党校后，始终抱着学习的态度。他带着秘书深入学校各个部门调查研究，找各部门领导干部谈话，了解情况，听取建议、意见和要求。他这种作风在中央党校得到好评。干部们反映："像这样的干部很少见。"

李荒很重视领导班子之间的团结。有一位机要科长被调动工作，本人不满意，发牢骚："我有什么错误？为什么调动我的工作？我要到中组部去告状。"有人问李荒："调动的事，你知道不知道？"李荒说："不知道。但是，调动就调动了，不要再过问。"

李荒坚持党校教育应当改革。怎样改革？就是要把马克思主义、毛泽东思想教育与现实问题相结合，学习理论要与改造思想相结合——要落实到改造思想，改造世界观——立场、观点、方法上去。每个学员都要用学到的东西总结自己的工作和思想，达到改造思想的目的。

全党以经济建设为中心，党校工作以什么为中心？李荒坚持要以教学为中心，其他方面的工作，都要配合教学，为教学服务。他几乎每周都要深入教研室或学员中去，和大家一道研究改进教学工作。李荒强调，学习马列主义和毛主席著作要学原著，坚持理论联系实际，反对教条主义。

中央党校理论部主任叶方对李荒在中央党校一年来的工作，作出总的积极的评价。叶方说："他在这一段工作中，总的说来是，继续'文革'以后重新恢复中央党校以来所坚持的延安时期的理论联系实际的方针，即'学习理论，提高认识，联系实际，改造思想'的十六字方针。（一）他抓党校工作主要抓教学，强调整个党校工作要以教学为中心，其他方面的工作都要配合教学，为教学服务。他每个礼拜都深入到教学单位教研室和学员中去，和大家一起研究工作。（二）在学习理论方面，他强调学马列主义、毛泽东思想。强调读原著，强调理论联系实际，反对教条主义的学习。（三）他提出教学中要改造思想，强调学习理论要与改造思想结合，要落实到改造思想、改造世界观——立场、观点、方法上去。每个学期之后，学员都要应用学到的东西总结自己的工作和思想，达到改造思想的目的。（四）他继续坚持学员在入学以前不论职位高低，入学以后，在遵守校规和要求上一律平等，谁也不准搞特殊。"

在中央党校期间，李荒仍然严格要求自己，虽已是60多岁的老人，一日三餐都到食堂去吃……虽然李荒在中央党校工作只有一年，但给党校的干部学员留下了深刻印象。

1982年，因工作需要，李荒调回辽宁工作。李荒在告别会上作了简短而富有情感的讲话："我这个人到中央党校，来也匆匆，去也匆匆。中央决定我到党校工作，我服从中央决定。到这里工作了一年。没有做多少工作，好在没出大问题，我就心安了。工作得到大家支持，我很高兴，表示感谢！"中央党校的教职员工对李荒恋恋不舍，说："李荒民主作风好，群众关系好。"①

　　由于中共辽宁省委第一书记郭峰因病休养,根据郭峰建议,经中共中央批准,1982年4月2日,李荒调任中共辽宁省委常务书记,主持省委工作。

　　显然,这与李荒在20世纪60年代一度任省委常务书记是不同的。那是有第一书记黄火青、第二书记黄欧东情况下的省委常务书记。这次省委常务书记,也可以说不是第一书记的第一书记。郭峰为什么建议中共中央调李荒回来主持省委工作?他解释说:"我病了,陈璞如(原省委副书记、省长)又到铁道部。谁最熟悉辽宁? 李荒最熟悉了。别人未主持过常务,李荒曾经搞过常务书记。'文革'中,他挨批挨斗,但没有什么错误。李荒牵头,大家不会有多少意见,因为地位、威望在那里。另外一点,党性修养,清正廉洁,是表率。再一点,识大局,顾整体。他主管意识形态,考虑到辽宁穷,在经费上他不争。当然,经济不熟,但能驾驭这个班子。中央同意,就回来了。"

　　李荒回到辽宁省委,第一件事就是召开省委常委会议,传达中共中央领导对辽宁工作的指示和郭峰的一些意见,作为今后辽宁省委工作的指导思想,统一认识。在此基础上,研究确定1982年工作要点。在他主持辽宁工作期间,能从全局出发来部署工作和处理问题,认真贯彻执行党的十一届三中全会以来的方针政策和十二大精神,集中力量抓好辽宁经济建设,坚持推进改革开放,并切实安排好人民生活;多次深入基层了解

---

① 郑奇志著:《李荒传略》,辽宁人民出版社2007年版,第116—120页。

情况，虚心听取群众意见，不断改进工作。

为了进一步加强领导，集中精力，努力抓好全省社会主义物质文明建设和精神文明建设，1982 年 7 月 2 日，辽宁省委召开市、地委书记会议。在会上，李荒作《振奋革命精神，加强党的领导，努力实现我省"两个文明"建设的更大进展》的报告。确定了辽宁省全年的工作方针是：解放思想，振奋精神，坚定不移地贯彻发展国民经济的十条方针，坚持两手抓，一手抓社会主义物质文明建设，一手抓社会主义精神文明建设，努力打开辽宁工作的新局面。仅仅经过半年的实践，就显现成效，全省的政治经济形势发展良好，农业战线战胜了严重干旱，较好地完成了春耕春种和植林造林任务。工业总产值比上一年同期增长 8.3%，上缴利润增长 7.1%，实现了增产增收。重工业出现了逐步回升的势头，比去年同期增长 6.3%。

李荒指出，虽然有成绩，但总的来说，还不够理想，由于过去是长期受"左"的错误思想影响，要改变忽视经济效益的状况，还要做艰苦的努力。为此必须做到：（一）工业生产要紧紧围绕提高经济效益这个中心，集中精力搞好企业整顿和技术改造。（二）农业生产在抓好粮食生产的同时，大力发展多种经营，办好社队企业，进一步搞好农村经济。（三）狠抓流通环节，促进工农业的发展。（四）积极发展科学技术和文教卫生等各项事业。（五）加强思想政治工作，进行共产主义思想教育。我们的旗帜是共产主义，要时刻不忘共产主义伟大目标，发扬共产主义精神，从事社会主义建设事业；开展"五讲四美"活动，发扬共产主义的道德风尚；加强文化和思想理论战线工作，更好地为社会主义文明建设服务。

报告的最后一部分，李荒讲了精神状态问题。他为什么讲这个问题？是有针对性的。在面临机构改革的新形势下，有些人产生了"消极情绪"；有的人一味想个人去向，着手安排"后事"，"打小算盘"；有的人意志消沉，遇到矛盾绕道走，该管的不管，怕得罪人等等。李荒指出："领导同志的精神状态如何，对一个地区、一个部门的工作影响极大。时刻保持旺盛的革命精神和革命斗志，是我党特有的风格，也是我们做好各项工作的先决条件。"

李荒还分别对老干部和中青年干部提出具体要求："老同志过去有功劳，现在仍在为四化作贡献，还要为党选拔人才，使革命事业世代延续下去。我们必须以高度的革命责任感，认真完成这项任务。人老志不衰、站好最后一班岗、做后代的楷模，这也是最好的传帮带。""中青年干部，更要从严要求自己，虚心学习，大胆工作，真正担负起老一代交给的事业。"

时刻保持清廉是李荒的一贯作风。辽宁省人大常委会原副主任（曾任省委办公厅主任，省委常委、秘书长）于希岭回忆说："李老任常务书记期间，有一件事我印象很深，就是处理阜新市委给省委领导送西瓜尝鲜的问题。1982 年 5 月，阜新市委书记邱新野同志派人给省委领导送来一小汽车西瓜，说是阜新矿务局农场在矸石山上种的。因为煤矸石含有潜在的热量，所以西瓜早熟且甜，送一点儿给省委领导同志尝鲜。当然，也有向省委'报喜'的意思。这件事，我当时看来，问题不大，也在情理之中。可是，李荒书记却把问题看得很重，立即打电话把我叫到他的办公室（我当时任省委办公厅主任），说：'请你们办公厅给阜新市委写封回信，批评他们这种送礼的不正之风，把西瓜原封退回，然后再发一个通报。'说真的，当时真有点儿不理解，觉得有点儿'小题大做'了。因为我知道，阜新市委书记邱新野同志是位老同志，出于对老领导的关心和爱护，送一点儿当地产的西瓜，完全是一片好意，即使这种做法不对，'下不为例'也就行了。所以，我当即建议：是不是不要写信批评，西瓜也不要退回，由机关付钱。告诉来人以后不要这样做。李荒书记听完我的意见后，非常严肃地说：'不能搞下不为例'，更不能由机关出钱给领导买西瓜尝鲜，'这件事虽然不大，动机也是好的，但它却反映了一种非常不好的作风'，'我们党的许多优良传统作风被"四人帮"破坏了，那时他们为了篡党夺权，拉帮结派，互相吹吹拍拍，请客送礼，大肆挥霍人民财产，上下级之间，互相创造条件搞不正之风'，'对这种坏作风，我们要用实际行动去批判，而且要从领导机关、领导同志做起。'这一席话，使我认识提高了。所以，我又提出：是不是西瓜不要拉回去，让省水果公司按合理的价格收购，然后以省委办公厅名义写一封信，严肃提出这种做法的危害，通报就不要发了。李荒听了我的反复陈述，勉强接受了。"于希岭深有感触地说："这件事，虽然过去 20 多年了，但当时情景一直留在我的脑海里，深深感到李荒书记作为一位老共产党员、一位党的高级干部，是何等关心改善党的作风！""1959 年在安东拖拉机厂劳动时，市轻工局长李日升送几盒长白牙膏，都让秘书'退回去！'送一小汽车西瓜，他能接受吗？"

李荒拒收阜新市委书记邱新野送的西瓜，就是以实际行动端正党风。可以想见，省委如果"收礼"口子一开，这个送西瓜，那个送南果梨，那还得了吗？历史证明，李荒拒收西瓜是正确的。

犹有黄花晚节香

1982年10月，李荒在辽宁省委五届六次全体（扩大）会议上作报告时，谈到搞好机构改革和领导班子建设问题，他说："我们必须从党的事业的大局出发，在机构改革和领导班子中认真解决好领导干部的'进'和'退'的问题。'退'就是要按照中央关于建立老干部退休离休制度的决定和国务院的有关规定，妥善处理好一批老干部退出领导班子……让年轻同志早些到领导岗位上锻炼……"一贯淡泊名利，不计个人得失的李荒在贯彻执行中共中央关于离退休制度的决定时又起了带头作用。

1983年，辽宁省委换届。有几个职务，李荒是可以选择的。但是，李荒一退到底。中共中央组织部《他们出色地履行着历史责任——关于辽宁省一些老干部促进新老干部合作交替的调查》中说："1983年，李荒同志从省委领导岗位上退下来时，身体还好，本可以安排做些工作，但他提出一退到底——离休。"①熟人问李荒："你怎么不再干？"他爽朗地回答说："中央有规定，不搞终身制嘛！"当然，在离休问题上，他也作过慎重的考虑。事前，曾给中组部部长宋任穷写过信。宋任穷的回信如下：

①《他们出色地履行着历史责任——关于辽宁省一些老干部促进新老干部合作交替的调查》，中共中央组织部编：《组工通讯》，1988年，第303页。

李荒同志：

　　来信敬悉。

　　信中所提意见很好。你根据五中全会精神，主动要求当顾问，退居第二线，也很好。但是，根据辽宁的情况，我个人认为，你目前还离不开现在的工作岗位。希望你在现有的岗位上，同省委其他领导同志一起共同努力，把辽宁的工作进一步搞上去，同时搞好传帮带，切实抓好选拔和培养优秀中青年干部的工作。

　　以上意见供考虑。敬礼！

宋任穷
1980 年 4 月 4 日

　　从宋任穷回信的时间上看，李荒对离休问题酝酿的时间是比较早的，在"进"与"退"的问题上，李荒是急流勇退，而且是一退到底。为什么这样做呢？李荒认为，自己年迈力衰，理应退出第一线，让年轻有为的干部放开手脚地干工作。至于退到第二线还是退到三线，李荒坚持退到三线。他说："省直有 1000 多位老同志离休，而省委常委如果没有一个离休的，省委就没起到带头作用。我愿带这个离休的头。"他认为，这对党的事业有好处。李荒急流勇退，在党内外引起强烈震动。消息传到大连工学院，钱令希教授说："李荒是个明白人！"1983 年底，辽宁省委原常委、宣传部长，辽宁省政协副主席沈显惠到中宣部开会。中宣部有人问他："你们省换届怎么样？"沈显惠说："越是明白的，还能干事的，还一退到底……正因为他明白，他才退。"

1983 年 3 月，李荒正式离休，时年 67 岁。李荒虽然离开了辽宁省委领导岗位，但他人退心未退。对于他来说，离休只不过是"一个革命的新阶段"的开始，他仍在自己"力所能及的范围内，为社会主义事业继续努力，鞠躬尽瘁，死而后已"①。

陈云曾说："在以身作则、关心党风党纪发挥监督作用上，没有退居二线和离退休的问题，只要是党员，活着，就永远在第一线。"李荒正是这样的一个人。李荒退到三线，但反腐倡廉上一线。

党的十一届三中全会以后，党和政府的各项工作已基本恢复，走上正轨。但"文化大革命"的遗毒并非在朝夕之间就能肃清。在党和政府的各级机关里，领导干部的家属吹"枕边风"，为领导争名夺利，搞特殊化的现象较普遍地存在着。1983 年 4 月 17 日，在中共辽宁省委召开的扩大会议上，李荒在《离休演说》中向不正之风开炮。他说："'夫人参政'或'家属参政'的现象，在辽宁省党组织里面也是存在的。"他大声疾呼："'夫人参政'之风是一种不健康的现象，虽说是个别的，但必须引起注意，迅速纠正。"李荒指出这种不健康现象给党带来极大的损害，降低了党在群众中的威望，破坏了党和群众的血肉联系。因为针对性强，问题指出得一针见血，他的讲话在辽宁省委产生很大反响。李荒的讲话，博得热烈的掌声。为什么？因为他说出别人想说而未说出的话。当然，也有人责难。有人甚至打电话问李荒："李荒同志吗？你说的'夫人参政'

① 李荒同志在省委常委扩大会议上的讲话，1983 年 4 月 17 日。

指的是谁啊？"李荒回答说："我是泛指的，不是指的哪个人。我并未举例子嘛！但党内确有这种现象。"

中共中央组织部《他们出色地履行着历史责任——关于辽宁省一些老干部促进新老干部合作交替的调查》中说："李荒同志在发现部分领导干部对自己的亲属要求不严，有'夫人参政'的现象，便在常委扩大会上对此作了剖析，进行了批评，使年轻干部受到了教育，也得到了中央领导同志的肯定。"①

"正人先正己"。李荒之所以敢于批"夫人参政"，是因自己没有此类现象。沈显惠说："1983年，李荒讲夫人不要参政。他夫人从不参政。金中，'文化大革命'前担任省电台的副台长，在宣传口开会时，从没有传达李荒有什么意见。"1983年6月4日，中组部部长宋任穷看到李荒批"夫人参政"问题的材料后，即嘱中组部研究室加个按语登《组工通讯》。发前送中共中央领导过目。6月8日，中共中央领导在《组工通讯》送审稿上写了如下批语："完全赞成登。党内不正之风，形态多种多样，到处都有。发动各省市委、各部委同志就某一个问题说点话，并且刊登出来，这个做法好，也为整党造了一点舆论。"

多年以后，当初参加会议的领导回忆起来仍记忆犹新，许多人都说：李荒同志批"夫人参政"，思想性和针对性都很强，使大家很受教育。他批的是领导干部，别人谁敢批？这才是真正的共产党员！

李荒离休以后，仍然十分关心党的建设，特别是辽宁省委

①《他们出色地履行着历史责任——关于辽宁省一些老干部促进新老干部合作交替的调查》，中共中央组织部编：《组工通讯》，1988年，第305页。

领导班子的建设。

"老同志在关键时刻支持新班子的事例很多,比如 1986 年末 1987 年初,辽宁有的大学出现一些问题,郭峰、李荒等同志就来到省委,帮助分析当时的形势,研究如何处理好问题。"①

1983 年 11 月,辽宁省委召开扩大会议,传达中共中央关于开展整党的决定。1984 年 6 月上旬,辽宁省委邀请退出第一线老干部座谈如何做好省委整党问题。李荒在座谈会上发言说:"对照检查,没有老同志积极参加是做不好的。因为过去工作的好或坏,都与我们有直接关系。老同志积极参加是做好对照检查的一个带有决定作用的因素。"他号召老同志"都用最大的热情,以实际行动来参加这次整党"②。

1985 年 1 月 15 日,李荒在《整党小结》中说:"我参加了第一期整党,现在即将结束。回头来看,经过整党,确实有很多收获。首先,对中央提出整党的重要性和紧迫性,有了进一步理解。'文化大革命'从思想上、政治上、组织上和作风上,把我们党破坏到极点。如果不进行整党,沿着'文化大革命'那种错误道路继续下去,党就要变质,由工人阶级先锋队变为法西斯党。经过整党,去掉沾染在党的肌体上各种灰尘和病菌,使党又按照马克思主义的道路健康地发展,我党一定能领导四化建设,实现社会主义的繁荣富强……20 世纪 50 年代以来,我是连续犯过'左'的错误的。在'反右'斗争中,我是省委

---

① 《他们出色地履行着历史责任——关于辽宁省一些老干部促进新老干部合作交替的调查》,中共中央组织部编:《组工通讯》,1988 年,第 303—304 页。
② 李荒同志在省委老干部座谈会上的发言,1984 年 6 月。

的领导小组副组长，伤害了不少好同志。1958年省委扩大会议，反对王、杜、李斗争中，我站在他们的对立面，使他们受了多年的委屈。这些历史教训，是永远不该忘记的。在'文化大革命'中，我是受迫害的人。但是，我也有'左'的思想和随之而来的错误。'文化大革命'一开始，我被打了一闷棍，不知所措。但是，我内心是诚恳地检讨自己是'很不理解、很不认真、很不得力'。'文化大革命'延续十年，我在后期才逐渐认识到这是党和国家的一场灾难……对照检查中，我对自己的一生，作了一个简要的总结，就是一生忙忙碌碌，能力上没什么专长，事业上没什么建树，是一个平平常常的共产党员。今后的打算：保持晚节，关心党的事业，在力所能及的范围内继续努力为党工作，直到失掉工作能力的时候……"对照检查要求准、像、实。李荒的对照检查，恰恰是准、像、实，而且很深刻。他说的"王、杜、李"，是1958年辽宁省委扩大会议搞出一个所谓王铮（省委原第二书记）、杜者蘅（省委原副书记、省长）、李涛（省委原副书记）反党集团。这是一个错案，已经中共中央批准平反。粉碎"四人帮"后，1979年4月，中共中央任命王铮为河北省委书记。王铮临行前去了大连，李荒请他吃饭，当面赔礼道歉。他端起酒杯说："1958年扩大会议，对你不起，搞得过火了。"1986年，王铮回辽宁访问，胡陶唐（他原来的秘书）去看望他。王铮高兴地说："李荒同志向我赔礼道歉了！"郭峰评论说："1983年整党，主要讲'文革'前后的事。他已退下来了，可以不参加了。但李荒写了书面检讨，主要是王、杜、李案子问题，主动检查，感觉李荒的态度挺好。"

　　辽宁省委常委整党期间，凡是通知李荒参加的会议，他都按时到会，坚持始终，并且认真地开展批评和自我批评。为了搞好省委常委的整党，李荒认真地当"参谋"。省委常委对照检查时，省委书记全树仁找李荒征求对集体和个人对照检查的意见，他都是认真负责、实事求是地提出自己的意见，满腔热忱地帮助省委把常委班子整党搞好。所以，省委机关干部说："李荒同志对省委整党和省委领导班子建设是有贡献的。"

　　李荒亲自动手写文章，为整党献计献策。1985—1986 年间，李荒先后在《大连日报》发表《说说批评与自我批评》《谈谈团结问题》《谈谈党的优良传统》3 组共 15 篇短论，以及《都来撰写"严"字篇》《踢开低级趣味》等多篇文章，其中《都来撰写"严"字篇》获大连市好新闻一等奖。当时正值大连市召开党风工作会议，提出从严治党，李荒的文章发表后，引起强烈反响，许多读者纷纷来信、打电话给编辑，说这篇文章一语道破了歪风邪气为什么总刹不住的重要原因，切中要害，读后觉得很"过瘾"。

　　李荒当过《晋察冀日报》副总编辑，《东北日报》总编辑、社长，是举国闻名的"老报人"。因而他对报纸有特殊的感情。他离休后，十分关注报纸。他经常看的报纸是《人民日报》《辽宁日报》《沈阳日报》《辽沈晚报》等。1985 年，李荒经过一段时间的观察，认为报纸有"失误"。随后他便以"郑前进"的笔名，写了《正视失误，吸取教训》一文。"我们的报纸刊物，务须严格遵守四项基本原则，才能尽到自己应有的责任，否则，违背了四项基本原则，就是宣传报道上的失误。这是不言自明的道理。以四项基本原则为标准，回头看看去年下半年到今年第一季度的某些报刊的宣传报道工作，应当承认曾经发生过某些失误。这主要表现在：假冒改革的名义，把西方国家的腐朽思想的垃圾奉为瑰宝，加以散布，造成不容忽视的思想污染。比如'一切向钱看'的金钱崇拜思想，是典型的资本主义腐朽思想，跟社会主义是水火不相容的。要搞好四个现代化建设，必须纠正这种错误思想。而令人吃惊的是，有的报刊，不但不反对'一切向钱看'，而且大言不惭地加以提倡，给它制造出荒唐透顶的理论，说什么'钱是衡量人的社会价值和社会贡献的尺度'，'钱是社会的奖章，得到钱，意味着你对社会作出了贡献'。这种谬论，恰似制造假茅台酒的人，在劣质酒中加上几滴敌敌畏。依此逻辑推论下去，则一切诈骗犯、贪污犯、图财害命犯，都是'英雄豪杰'，因为他们能不择手段地搞到大量钱财。而勤勤恳恳、埋头苦干、不求名利的人，倒成了为社会所不需要的人了。这种思想如果泛滥起来，我们的国家会灭亡的。不考虑中国的实际情况，白天说梦话，竟提倡起'高消费'，并且有一套离奇的理论，挂着'满足人民生活需要''美化人民生活'的迷人招牌，搞乱了人们的思想。有人提倡，不但妇女都要打扮得'花枝招展'，而且男人也要佩戴项链、手镯和戒指等首饰，说什么青年应当讲究吃喝玩乐。这在当代中国能做得到吗？谁不知道：我们国家人口多、底子薄、生产落后，根本没有资格讲'高消费'。半年多的宣传上的失误，已经造成了不好的结果，引起某些思想觉悟不高的人对现实生活的不满，并为今后的工资改革和物价改革等设置下无形的障碍。这个教训，应当很好记取。有些自命为青年'知心朋友'的人，竟干着对不起'朋友'的荒唐事，在报刊上向青年灌输'九分无用一分歪曲的知识'，竟将此自诩为是'满足 80 年代新青年的需要'。这类事实是很多的。比如大谈特谈接吻有十几条好处，连篇累牍地报道某某名人就要当新娘；某某名人即将当妈妈；某某歌星年已 34 岁还没找到对象等等。乍一看，这些是'有益无害'的，如果多了，就会从'无害'变成有害，把'一堆无用的垃圾塞满'读者头脑，培养着人们的低级趣味。"关于报刊编辑中的问题，李荒讲道："工作发生失误，并且造成损失，当然是件不愉快的事情。这可以当作我们从实践中学习所付出的学费。付出了'学费'，就应当学到知识。这就是要总结经验教训，'吃一堑、长一智'，以后不要再重复同样的失误……毛泽东同志《对晋绥日报编辑人员的谈话》说到这个问题，今天对我们仍然有用。他说：'如果采取群众路线的方法，报上有了错字，就把全报社的人员集合起来，不讲别的，专讲这件事，讲清楚错误的情况，发生错误的原因，消灭错误的办法，要大家认真注意。这样讲上三次五次，一定能使错误得到纠正。小事如此，大事也是如此。'毫无疑问，报刊宣传上思想政治内容方面的失误，要比报上有了错字严重得多。错字是小事，内容失误是大事。采取群众路线，认真吸取经验教训，一定会使我们今后工作做得更好。肯于不断吸取经验教训的人，一定能开拓前进，永不停步的。"

遗憾的是，这篇文章，报纸未曾予以发表。李荒在《小记》中写道："这是 1985 年写的，不记得是否发表过，可能报纸没用被退回了。1990 年 2 月 23 日记。"李荒这篇文章，虽然未能发表，但今天读起来，仍有现实意义。不是说当时的"失误"，以后解决了。事实上，报刊上连篇累牍地宣传"一切向钱看"有余，而批评"一切向钱看"不足，甚至出现"领导用钱引，群众向钱看，一切向钱看，离钱玩不转"的现象。不错，市场经济要讲钱的正常作用，但是，一个国家、一个民族，仅仅讲钱的作用吗？"一切向钱看"，导致了严重后果，难道不应吸取教训吗？

李荒在离休前主管意识形态，是辽宁意识形态领域的"主帅"；离休以后他仍然是意识形态领域的一名"哨兵"。他这名"哨兵"，是认真的、负责的、警惕性很强的。他通过各种渠道，将了解、观察到的意识形态领域当中的问题，采取两种方法处理：第一，给在职的意识形态领导部门的领导写信或打电话，通报他"发现"了什么。沈显惠说："李荒离休后，我当宣传部部长，他每年都给我打几次电话。""有一次，他把自由化倾向的文章剪了一本送给我。附上信说：'你看看，认为有价值你就用；不能用，给我退回来。'我看有的不属于我省的，所以，在《共产党员》内部版上发了。"第二，有感而发，撰写具有极强针对性、指导性的文章。李荒的文章，往往一经发表，许多报刊转载。1989 年，中共辽宁省委宣传部《宣传动态》第 4 期刊载了他写的《我们的宣传中多了点什么？》，《精神文明建设》1989 年第 9 期予以全文转载，《经济参考》又予以转载。在《我们的宣传中多了点什么？》一文中，李荒说："第一个多了的是'一切向钱看'；第二个是对个人主义鼓吹多了；第三个是现在宣传中形式主义多了；第四个是现在提倡洋货多了；第五个是我们在研讨企业管理经验的时候，'言必称希腊'多了。"1989 年 1 月 29 日，《辽宁日报》发表李荒写的《思想教育中似乎少点什么》。李荒指出："第一，工农群众是国家的主人，这是我们的立国之本，然而最近这几年来很少讲，甚至不讲了。""第二，为人民服务讲得少了，甚至不讲了。""第三，集体主义不讲了，甚至有人写文章用'自我价值观'来批判集体主义。""第四，不讲整体观念，只讲局部利益，把局部利益放在整体利益之上。""第五，最近几年，不大强调思想政治工作，偶尔讲一下，也不大惹人注意。"

作为曾在新闻战线工作过多年，有着丰富新闻工作经验和领导经验的老新闻工作者，李荒密切关注党的新闻事业。他多次发表讲话、写文章谈报纸的党性问题，如《对党和党报关系的几点思考——由一篇新闻报道引起的感想》《论报纸党性及其它》《纪念〈东北日报〉五十周年的讲话》及为《东北日报简史》所写的序言。在这些文章中，李荒反复强调坚持党性是党报的根本性原则，也是党报和"同人报"的根本区别。他每天清晨 5 点准时起床，收听新闻，阅读多种报纸，对近些年来报纸和其他新闻工具出现的一些偏向和缺点，他总是及时地指出、纠正。

随着商品经济的发展，社会上拜金主义之风盛行，资本主义的和平演变在社会上造成了空前的信仰危机。东欧剧变、苏联解体在中国产生了强大的震荡。社会主义的红旗还能打多久？这是许多人心中的疑问。李荒也在思索着。他得出的结论是社会主义战胜资本主义是历史的必然。1992 年 10 月，76 岁的李荒抱病参加了中共第十四次代表大会，看到全党紧密团结在以江泽民同志为核心的党中央周围，他由衷地感到欣慰。有位代表曾散布共产主义虚无缥缈的错误言论。李荒旗帜鲜明地进行批评，并要求将发言整理成简报，报送中共中央。体现了一个老共产党员对党的事业高度负责的精神。

"言为心声，不平则鸣"，这是李荒革命生涯中始终如一的品格。李荒以强烈的责任心和正义感关注着党风和社会风气，只要看到了、想到了，就要说出来、写出来。李荒几十年革命生涯，都没有离开过"笔杆子"。他离休时68岁，正是"人生七十古来稀"的年龄。但他壮心不已，笔耕不辍，一发而不可收。郭峰称赞李荒说："离休后，他的武器——笔，为党的基本路线服务，发挥作用。"他写的文章，一是署名，二是笔名。"古稀叟"是他的笔名。还有德鲁、心声、郑前进、杨清波、龙顺青、张长庚、万德健、庞欢情、阎也善、于德水、程愚言、马奋归、一介等共15个笔名，先后在《人民日报》《经济日报》《辽宁日报》《大连日报》《共产党员》《精神文明建设》《辽宁党政干部学刊》《辽宁工作》《辽宁老年报》《教学研究》等报刊上发表80多篇、约14万多字的文章。他的文章充满理性和正气，引人思考，催人奋进。他以犀利的笔锋直斥党内及社会上各种不正常现象，充分体现了一个老共产党员高尚的情操和敏锐的目光。为我们党的健康发展和社会主义精神文明建设尽到自己的责任。

"学问文章老来醇。"李荒晚年写的文章，更富于哲理性和指导性。1990年11月7日，《人民日报》发表李荒论述延安精神的文章，题目是《实事求是，艰苦奋斗与整体观念》。文章指出："什么是'延安精神'？我认为就是党长期创造和培育起来的革命光荣传统，这种光荣传统，在革命时期保证了中国人民取得胜利。现在我国处于社会主义建设新的历史时期，仍然需要发扬光大'延安精神'，它将保证我国四化建设的不断前进。"中国延安精神研究会顾问、最高人民检察院原检察长、辽宁省委原第一书记黄火青给李荒来信说："你在弘扬延安精神座谈会上的文章发表后，反响很好。彭真同志爱人传达彭真看后甚加赞许。"这篇重要文章，后被中国延安精神研究会收在《延安颂歌》里出版。

李荒写杂文，大多采用笔名。他写杂文有一个特点，就是成组性的杂文。1985 年 6 月，他在《大连日报》上连续发表三组杂文（15 篇）。几乎就在同时，又在《辽宁老年报》上发表一组《老生常谈随想录》杂文 10 篇。《都来撰写"严"字篇》，被"记协"大连市分会、大连市新闻学会评为大连市"1985 年好新闻"一等奖。

李荒知识积累丰厚，有感而发，老而弥坚，笔耕不辍的精神，着实令人折服！为了党和国家的兴旺发达，他是一位不知疲倦、勇于战斗的老者！

改革开放以来，随着人民物质生活水平的提高，人们的道德标准、价值观念，甚至人与人之间的称呼也发生了变化。不知何时，"同志"这一党和人民在几十年的革命过程中形成的亲切称呼已被"小姐""先生"等称谓所取代。"同志"，是个崇高的称呼。在几十年的革命生涯中，李荒对"同志"这一称呼深有感情。因此，当他听到不称"同志"称"先生"，觉得不对劲，有感而发，见诸报端。1990 年 10 月 30 日，《人民日报》发表李荒的佳作《同志颂——一个共产党员的心声》。文章说："在革命队伍里，同志这个称呼，比什么称呼都崇高、尊贵、亲切和友爱，因为彼此是由共同的理想和共同的革命任务联结在一起的。"文章感叹同志称呼的"淡化"，呼吁"为什么我们要把革命先烈用生命换来的同志这个崇高的称呼，淡化它，以致改掉它呢"。

"一石激起千层浪。"《同志颂——一个共产党员的心声》发表后，在全国引起了强烈反响，许多老干部感到李荒说出了他们的心里话。《同志颂——一个共产党员的心声》受到老一辈无产阶级革命家、全国政协原主席李先念的好评。1990 年 11 月 5 日上午，中宣部部长王忍之向人民日报社社长高狄传达李先念秘书许克有转达的李先念的意见："先念同志看了10 月 30 日李荒同志文章《同志颂》，非常高兴，认为写得很好。先念同志早就对把同志改称先生、朋友有看法，不赞成。同志这个称呼，是我们人民在几十年的过程中形成的，为什么一定要改呢？……当然，先念同志并不反对在外交场合称先生、女士、小姐、夫人，这是应该的。所以，转告王忍之同志，希望李荒同志的这篇文章扩大宣传（忍之同志说，打算通知一些报刊转载）。"① 黄火青来信称赞："《同志颂》内容含蓄深刻。革命尚未成功，同志还须努力，发挥余热，吐出最后一段丝吧。"

---

① 人民日报社：《内部情况》第 65 期，1990 年 11 月 5 日。

在《东北日报》时期共事过的老同志回忆起来都说，那时，大家都亲切地称呼他"李荒同志"，而不是"李总编""李社长"。

《同志颂——一个共产党员的心声》在社会上引起了"轰动效应"。11 月 20 日，《人民日报》发表方孜行的《"小姐"辨》——被视为李荒《同志颂——一个共产党员的心声》的续篇。文章说："李荒同志的《同志颂》一文，道出了笔者憋了多年的心里话，读后倍觉痛快！"12 月 14 日，《人民日报》又发表孟尚智的《也谈"称呼"》。

《同志颂——一个共产党员的心声》不仅在国内，在国外也有反响。美国《纽约时报》11 月 18 日转述了文章中的话："同志是革命先烈们用生命和鲜血换来的一个称呼，我们不应因为其他称呼而摒弃它。"11 月 22 日，新华社《参考资料》第 23584 期第 36 页记载："美报文章《中国回到"同志"的时代》评述我电视台用同志称呼。"

因为《同志颂——一个共产党员的心声》发表后，反响强烈，众多读者投书《人民日报》。《人民日报》第 8 版的《反馈短波》作了如下概括："读来发人深省，激人胸怀，令人感动，使人振奋，它不仅表达了广大共产党员的心声，也表达了一切热爱社会主义祖国的亿万人民的心愿。"《光明日报》原总编辑殷参 1990 年 11 月 25 日从北京给李荒写来热情洋溢的信："自从大作《同志颂》10 月 30 日在《人民日报》发表后，至今不到一个月，在我看到的听到的新闻媒介中，可以称得上一石激起千层浪。这对我说来，比看到大作的发表本身更为高兴。你干了一件快事！关键在于，你的心声引发了广大同志积郁了很久的呼声：同志间必须保持正常的感情与称呼。"殷参说："大作发表以后，11月20日，《人民日报》8版发表方孜行的《"小姐"辨》算是续篇。文中提到，读了《同志颂》一文，'道出了笔者憋了多年的心里话，读后倍觉痛快！'我对此很欣赏。本来，我国的人际关系上，称同志，称先生、小姐的界限、习俗十分清楚，不该让资本主义的俗套弄混的。"殷参说："还有一个可喜的现象，最近，中央电视台开播问候语'各位观众，你们好'改为'观众同志们，你们好'，显然是《同志颂》发表后的影响。昨天我收到11月22日新华社《参考资料》23584期，第36页登着美报文章《中国回到'同志'的时代》评述我电视台用同志称呼。我希望你找来一读。《纽约时报》记者颇有政治敏感，他在11月18日就发出报道，虽然没有直接提《同志颂》，却转述了《人民日报》文章：'同志是革命先烈们用生命和鲜血换来的一个称呼，我们不应因为其他称呼而摒弃它。'"在大连，市委组织部副部长顾宁过80岁生日，送来的贺联是"顾宁先生，八十华诞"。顾宁问："怎么叫先生？"顾宁说："我愿叫同志。李荒写的《同志颂》多好啊！为什么一定叫我'先生'？"陈巨昌在《读李荒老〈同志颂〉》诗中曰：

伟岸开基业辉煌，

屡历艰辛治国伤。

青山红叶秋光好，

正气苍松彩霞长。

歌颂同志抒暖意，

健步精神送芳香。

未老金睛识良莠，

劲笔挥度有丹阳。

多少年过去了，李荒仍念念不忘《同志颂——一个共产党员的心声》。他在《评点华君武二三事》中说："几十年以前，在中国解放区流行一首革命歌曲，其中有句歌词是'我们亲爱的称呼是同志'。这句歌词道出了一个时代崇高的风尚。"又说："华君武与人交往就喜欢称同志，不喜欢称先生，认为那样疏远。近年来有人称他为大师，他感到肉麻而不舒服。因为彼此是同志，当然要推心置腹，坦诚相待，所以人们对他感到亲切和表示尊敬。"

从 1980 年开始，李荒领导东北抗日联军斗争史的研究和编写工作。这是根据中共中央的批示，由东北三省共同进行的一项开拓性的工作。李荒作为编写领导小组的主要负责人之一，深刻认识到这项工作的重要性和艰巨性。他在同编写人员的谈话中多次指出，东北抗日义勇军和抗日联军英勇不屈、艰苦卓绝的斗争是可歌可泣的，是中华民族的宝贵精神财富，是进行爱国主义教育的好教材。当辽宁编写工作开始时，他就指示辽宁社会科学院要办好党史研究所，调进一批骨干科研人员；又向省委建议每年拨出专款，妥善地解决科研经费问题。1983 年离休后，辽宁省委仍然委托他继续领导抗联史的编写工作。他参加抗联史领导小组会议，同编写人员一同研究编写工作中遇到的问题。他十分强调编写工作的思想性和严肃性。对于如何解决历史上遗留下来的、有分歧的问题，他指出，要采取实事求是的态度：对于一项政策措施，一个重大历史事件，要弄明白是在什么条件下发生的，它在实践中起了什么作用，进行科学的具体的分析，从而作出正确判断。在他的具体指导和帮助下，辽宁编写小组的科研人员同黑、吉两省的史学工作者密切合作，广泛搜集资料，并在占有翔实史料的基础上进行研究，终于搞清了抗联史历史发展过程中的一些重要问题。1985 年 8 月，在丹东召开的东北抗联老同志座谈会上，对抗联史的几个重要问题进行了讨论，统一了认识。中共中央为此发专门文件通知全党，为抗联史完成编写工作提供了保证。1987 年末，《东北抗日联军斗争史》一书正式定稿。1991 年 2 月，人民出版社出版。在此前后，有关抗联史研究的系列丛书和大量论文相继问世。但李荒并不满足于已有成果，他认为东北抗日斗争中还有许多重要问题需要研究。1991 年，九一八事变六十周年国际学术讨论会在沈阳召开，李荒不但积极参与会议的组织领导工作，而且对会议中提出的一些问题非常重视。会后不久，他在同辽宁抗联史编写组成员谈话时指出，东北抗战史研究的任务是很重的，如东北抗战的作用和意义，它在全国抗战中所占的地位，中国抗日战争究竟始于何时何地，东北抗日斗争的经验教训等问题，都有待于进一步深入研究；应该看到自己研究上的差距，只有拿出有说服力的成果来人家才能接受。为了保持抗战史研究队伍的稳定性，也为了深入研究东北抗战的历史，在李荒的提议下成立了东北抗战史研究会，并担任该会名誉会长。同时，他十分注重科研成果的推广和普及，认为社会科学工作者在搞好研究的基础上，也应做好普及宣传，以便将科研成果转化为社会效益，使我们的研究工作真正发挥作用。

"诸葛一生惟谨慎"。李荒的谦逊谨慎是有名的，但有时似乎有些"过分"。1984 年，中共中央组织部要求辽宁省委报一下李荒离休后的情况。省委办公厅如实地搞了一份材料，题目是《犹有黄花晚节香——记离休干部、原辽宁省委书记李荒》。省委秘书长于希岭看了这个材料，认为可以上报，但需请李荒再看一下，便在材料上批道："同意，可送李荒同志审阅后，报送。"李荒看了这个材料后，做了"大手术"，几乎把赞誉的话都"砍"掉了。把原件退给于希岭秘书长，写道：

希岭同志：

稿子做了很大删改。我认为原稿有些"溢美"之词，令人不安。改了之后，仍有不少赞誉，不过稍微接近实际。因为是写表扬稿，不得不如此。如不是中组部要此材料，我是不愿有这样稿子的。请不要再加赞美的话。

李荒

九月五日

李荒所说的"溢美""赞美"之词，都是李荒离休后所做的实实在在的事。可见，李荒严于律己到了什么程度。2001 年 1 月，辽宁省人大常委会原副主任（曾任省委常委、秘书长）于希岭说："我认为《犹有黄花晚节香》并没有过誉之词，不过李老谦虚罢了。"

2014 年 12 月 4 日 10 时 39 分，李荒因病医治无效在沈阳逝世，享年 98 岁。

李荒逝世后，习近平、李克强、张德江、俞正声、刘云山、王岐山、张高丽、孙春兰、赵乐际、胡锦涛、李鹏、朱镕基、李瑞环、温家宝、贾庆林、曾庆红、李长春、杨晶、王勇、李铁映、李贵鲜、白立忱、张榕明等党和国家领导人，分别以不同形式对李荒的逝世表示深切哀悼，并向其亲属表示亲切慰问。李希、夏德仁、岳福洪、许卫国、李峰、曾维、唐军、周忠轩、辛桂梓、张林、赵国红、林铎、范卫平等辽宁省领导，省老领导闻世震、张文岳、王光中、孙奇、王怀远、肖作福等，分别以不同形式对李荒的逝世表示深切哀悼，并向其亲属表示亲切慰问。中央国家机关和外省市的有关领导、离退休老干部，曾经在辽宁省工作过的中央国家机关和外省市有关领导、离退休老领导，分别以不同形式表示深切哀悼，并向其亲属表示亲切慰问。中共中央组织部，中共中央党校，中共辽宁省委、省人大、省政府、省政协，沈阳军区，辽宁省军区，辽宁省武警总队，辽宁省各市、省（中）直各部门，各民主党派、工商联，各人民团体等单位，分别发来唁电或敬献花圈，对李荒的逝世表示深切哀悼。

李荒是一个从东北流亡青年参加"一二·九"运动开始，在党的领导下，经过晋察冀根据地、东北根据地长期的艰苦环境锻炼，成长起来的坚定马克思主义者、党的高级领导干部。在他身上，虽然看不到南征北战赫赫的战功，但他在平凡的工作中作出了不平凡的业绩。

李荒一生几乎没有什么积蓄。但他"积蓄"了一个老共产党员、老干部最宝贵的东西——崇高的品德。在近 80 年的革命生涯中,李荒始终坚定共产主义理想信念,为了共产主义,"不求闻达,甘愿荒山埋白骨"。他党性强、原则性强、组织观念强,自觉地与中共中央在政治上思想上行动上保持高度一致,立场坚定、旗帜鲜明、顾全大局、重视团结,勇于开展批评与自我批评;他是全国理论界、新闻界的老前辈,马克思主义理论水平、政策思想水平和文字水平高,头脑清醒,思维敏捷,认识问题全面,文章犀利而幽默;他领导能力强,工作兢兢业业、勤勤恳恳、任劳任怨、认真负责;他作风朴实、为人正直、平易近人、办事公道、敢于负责,重视调查研究,处理问题实事求是,关心群众、干部和知识分子的生活和疾苦;他淡泊名利、严于律己、一身正气、两袖清风,严格要求家属、子女和身边工作人员,以身作则践行和弘扬党的优良传统。

李荒的一生,是为共产主义事业奋斗的一生,是全心全意为人民服务的一生,是为党和人民无私奉献的一生,是以笔作刀枪英勇战斗的一生,是清正廉洁、光明磊落的一生。

李汝舟

刘春燕

李汝舟，曾用名李秀岩、李石、韩洪涛。1938年春，参加革命，1938年10月，加入中国共产党。历任河间县二区区长、四区区委书记、县委组织部副部长，台安县委组织部长，辽南一地委组织部组织科科长，海城县县长、县委书记，阜新市委常委、书记处候补书记、书记处书记、市长、市委副书记、市革委会主任、市长、市政协主席、市委顾问等职。1983年5月离休，1995年2月享受副省级待遇。

青少年时代

1915年11月23日，李汝舟出生于河北省河间县城郊小亮甲村。

河间县地处华北平原冀中中心地带，东邻青、沧二县，西连肃宁、高阳，南与献县毗连，北与任邱、大成接壤。河间县在历史上就是附近诸县政治、经济、文化中心和战略要地。公元前3世纪初，西汉始置河间郡，自古河间在军事上具有特殊的战略地位，号称"历来用兵之国，天下必争之地"，历朝历代都把河间作为军事基地和主要战场①。这里水源充足，土质肥沃，民风淳朴，物产丰富，是个盛产鸭梨、小枣和动人传说的地方。小亮甲村村名就有一段传说：不知是哪个朝代的一队常年征战疲惫不堪的大军，来到这一带下马休息，支锅造饭，士兵们脱下沉重的盔甲，或躺或卧，阳光下，漫山遍野的铠甲青光辉映，后人便称这里为小亮甲村，不远处还有个大亮甲村。小亮甲村距县城二三里路，是个只有十五六户人家的小村庄。村里除四户外姓人外，其余都属于李氏家族。据李汝舟祖父李景华讲，他们李氏家族是明朝年间从山西省洪洞县迁徙而来。但是由于年代久远，没有留下详尽、确切的家族史料。李汝舟出生时家境富裕，有近百亩土地，一挂大车，养两头大牲畜，雇两个长工种地，有砖瓦房和土坯房宅院各一处。家里还有祖父母、伯父母、父母，共 7 口人。李汝舟是这个家族的长孙，从小就受到长辈的百般呵护。

　　李汝舟祖父李景华是个勤劳忠厚的农民，性格内向，沉默寡言，不善交际，没有任何不良嗜好，持家有方，很有远见。他不让李汝舟的伯父、父亲在家务农，而是让他们外出经商。李汝舟的伯父李桂荣勤劳、诚实，先后在河间、衡水两地的布店做掌柜，经营有道。李汝舟的父亲李桂贞聪明有才，在县城一家杂货店做二掌柜，染上了吸鸦片烟的坏毛病。在家人的极力劝说下，李汝舟的父亲决心戒毒。1923 年，李汝舟8 岁时，李汝舟的父亲在家戒毒，不幸染上烟后痢突然去世，

① 中共河间县委党史办公室编：《河间党史资料》（第三辑），1990 年内部出版，第 12 页。

时年 30 多岁。1925 年，李汝舟伯父经营的布店亏损负债，打算变卖土地还债。他顾念兄弟情分，不忍连累李汝舟母子便提出分家，以便用他自己分得的家产还债。在祖父的主持下，家产一分为三：祖父母分得几亩地作养老田自己另过；伯父母分得一份家产；李汝舟母子分得土地 40 亩、牲畜一头和伯父照顾他们主动让出的砖瓦房一处。从此，李汝舟和母亲开始独立生活。母亲姓赵，河间县城南刘庄人。她老实厚道，少言寡语，性格内向，因与父亲感情不大好，心情抑郁，逐渐积累成精神病，时好时犯。虽然家里还雇一个长工种地，日子还能维持，但困难还是很多，尤其是没有人帮助母亲管理家务。为此，在 1929 年李汝舟 14 岁时，老人们为他娶了 16 岁名叫白金环的姑娘为妻，以便帮助母亲料理家务。妻子虽然年轻，但懂得操持家务，通情达理、任劳任怨地过日子。当时，中国正在遭受兵燹之苦，军阀连年混战，尤其是直皖战争和两次直奉战争都是在河北大地上进行的，因此社会动荡不宁，民众难以安生，再加上家中出现变故，使李汝舟逐渐懂得生活的艰辛。

1924 年，李汝舟 9 岁时，母亲送他到大亮甲村私塾念书。入学前他伯母给他起了李秀岩这个学名。李汝舟在私塾学了《百家姓》《千字文》《三字经》和"四书""五经"等。母亲认为念私塾不好，便在李汝舟学习 3 年私塾后送他到新兴的学堂读书。在新学堂，李汝舟觉得什么都很新鲜，对学习也比在私塾时有兴趣，除算术和作文学起来有些吃力外，其他课程的学习成绩都比较好。在新学堂学习 3 年后，李汝舟又到附近的果子洼高小学习。这个学校办得较好，在当地很有名气，那年预计招收 40 名学生，而参加报名的就有 2000 多人。1932 年末，李汝舟在果子洼高小学习两年毕业后，又到肃宁韩村高小旁听学习一年。

在高小学习期间，对李汝舟思想影响最大的就是教历史的冉老师。冉老师思想进步，爱国忧民之心不经意间溢于言表。在历史课上，每每讲到清政府腐败无能，屡屡屈服于西方列强，签订了一个又一个丧权辱国的不平等条约，他言辞悲怆，痛心疾首；讲到日本帝国主义发动九一八事变，强行侵入中国东北，屠杀黎民百姓，掠夺财物时，他情绪激昂，义愤填膺。冉老师的讲演有极强的感染力，在学生中产生了强烈的震撼和共鸣，也在李汝舟的心中留下了深刻印象，使他了解了历史，增长了知识，爱国思想逐渐得到升华。在高小学习时，李汝舟和同学曹景山、尹预丰相处得很好，感情很深，经常在一起探讨问题。曹景山和尹预丰思想进步，对当时社会不满，对苏联很是向往，且常常给李汝舟讲一些时事，李汝舟感到他们说得很对，很佩服他们。由于冉老师的影响和曹景山、尹预丰的启发，李汝舟的思想有了进步，爱国思想更加强烈。后来李汝舟才了解到，曹景山和尹预丰在毕业后就参加了共产党。抗战胜利后，李汝舟和他们建立了联系，还见过面，可惜他们在"文化大革命"后不幸相继去世。

投身革命

1933 年末，李汝舟回家乡务农。虽然李汝舟文化水平不高，但在当时的社会条件下，能够读书识字的人不是很多，乡亲们对他很看重，所以在他回到家乡的第二年，在本家几位老人的支持下，他当了老师，用新学堂的方法教村里的孩子们读书识字。家乡的村子小，只有五六个学生，又多是本家后生，平时没有什么报酬，只是在年终时学生家长集点钱给他作为酬劳。1935年，附近几个村联合在东关办了一所规模大一点的学校，有四五十个学生，分年级复式教学，李汝舟教一年级。1936年，河间县城内东街小学缺一名教员，经人推荐，李汝舟转入东街小学教书。在这里，他认识了以教师职业为掩护的中共地下党员李健（原名李俊芳）。

李健，是河间县早期党的活动分子之一，于1932年加入中国共产党[1]，抗日战争期间曾任河间县抗联会主任、县委宣传部长。李健早年丧父，家境贫寒，全家依靠他教书薪水度日，经常断粮，吃不上饭。李汝舟家比他家富裕些，在他家生活有困难时常常给他带来一些钱和粮食帮助他。在李汝舟与李健相处一年多的时间里，耳濡目染，又一次受到革命思想的熏陶，为他日后参加革命工作打下了坚实的思想基础。

1937年7月7日，日本帝国主义发动全面侵华战争。8月下旬，日军左路军沿津浦路、子牙河南侵，一部进入河间县境内部分村庄。国民党军队且战且退，为阻止日军追击，竟将滹阳河大堤和子牙河大堤各扒开一处，使河间大片地区被淹，房倒屋塌，长势良好、丰收在望的大秋作物成为泡影，河间人民陷于水深火热之中。河间县的国民党军政人员，不顾人民死活，乘机敲诈勒索，中饱私囊，携款南逃，河间县处于无政府状态。河间境内土匪、流氓、兵痞、恶棍蜂拥而起，联庄会及各种武装应运而生，有些武装号称抗日，实则打家劫舍，无所不为，人民备遭涂炭 ①。看到这些，李汝舟心情久久不能平静，他更加痛恨日伪的罪行，但又苦于抗敌无路、救国无门。李汝舟所在的东街小学停办后，他只能回家务农。

1938 年 2 月，为开辟河间县抗日根据地，中共顺直省委派河北游击军进驻河间县，稳定局势，并建立河间县民族解放战争战地总动员委员会；是月，河间县民族解放战争战地总动员委员会改建为河间县抗日民主政府 ②。4 月 18 日，日本侵略军第一次占领河间县城，7 天后被河北游击军和河间县军民击退。7 月，中共河间县委正式建立 ③。中共各级组织一方面向人民群众宣传坚决抗日主张，指导和发动民众投入民族解放战争；另一方面，打击危害社会和破坏民族抗战的各种行为，惩除汉奸。共产党的政策深得民心，抗日力量迅速壮大 ④。此间，李健始终战斗在对敌斗争第一线，从 1937 年 11 月起任河间县工商各界抗日救国联合会主任 ⑤。1938 年春，

① 中共河间县委党史办公室编：《河间党史资料》（第三辑），1990 年内部出版，第 41 页。
② 中共河间县委组织部等编：《河间县委组织史资料》，河北人民出版社 1990 年版，第 21 页。
③ 中共河间县委组织部等编：《河间县委组织史资料》，河北人民出版社 1990 年版，第 21、22 页。
④《李汝舟回忆录》，第 5 页。
⑤ 中共河间县委组织部等编：《河间县委组织史资料》，河北人民出版社 1990 年版，第 29 页。

李汝舟经李健介绍，参加河间县工商各界抗日救国联合会工作，任总务干事，从此他投入火热的抗日斗争中，走上了永远跟着共产党为人民谋利益的革命道路。当时工作没有报酬，李汝舟对有无报酬根本没有多想，只是一门心思想尽快把民众团结起来，尽快把日本鬼子从中国赶出去。他经常深入群众之中，宣传抗日救国方针，启发群众的民族觉悟，唤醒工农兵学商一起来救亡，拿起武器，走上民族解放的战场。为阻止敌人再次进攻河间，中共河间县委决定并组织群众把临敌方向的公路层层挖断，并把残缺不全的城墙扒掉。为做好这两项工作，县委抽调一些干部到现场直接组织领导。工作中，李汝舟不辞劳苦，身体力行，指挥得当，得到党组织和同志们的肯定。1938 年 10 月，经李健介绍，通过党组织审查、批准，李汝舟光荣地加入了中国共产党。那一天他万分高兴，激动得一夜无眠。

　　加入党组织后，李汝舟的政治觉悟不断提高，工作中积极肯干。根据他的表现，中共河间县委于 1938 年 10 月派他到四区（兴村一带）任抗联会主任[1]，出面组织该区的抗联会工作。由于李汝舟紧紧依靠基本群众，加之四区工作开辟较早、基础较好，区政府及抗日群众团体很顺利地组建起来[2]，并组建区自卫队（后改为游击小队）开展武装斗争，该区成为全县建立

---

　　① 中共河间县委组织部等编：《河间县委组织史资料》，河北人民出版社 1990 年版，第 40 页。
　　②《李汝舟回忆录》，第 5 页。

专职基干武装最早的区之一①。随着抗日斗争形势的发展，四区于 1939 年初正式建立区委会，李汝舟任组织委员。1939 年 10 月，原区委书记调出，李汝舟接任区委书记②。上任后，李汝舟加强基层党组织建设，经过一年多的努力，全区 40 多个村庄有一半建立了村党支部③。冀中区党委组织部一名干部到四区检查工作，专门了解党组织发展情况，认为该区是全地区党组织发展最早最快的区之一④。

1940 年初，日本侵略军乘冀中军区主力南下之机，纠集日伪军 2000 余人，对冀中地区发动了春季"大扫荡"，使河间县党政机关、武装力量遭到严重破坏，绝大多数区、村党组织陷于瘫痪⑤。敌军前头部队"扫荡"，后头部队便建据点。敌人"扫荡"后在河间县境内增设据点 19 个，加上原来的 10 个，共 29 个⑥，仅李汝舟所在的四区，日军就建了边家庄、李胡村、东王口、二十里铺、三十里铺等据点。小的据点驻日伪军百余人，较大的据点驻日伪军数百人，时常出动进行"扫荡"和"讨伐"⑦。敌人建立集团村 50 多个，几乎村村建立伪组织，

① 中共河间县委党史办公室编：《河间党史资料》（第三辑），1990 年内部出版，第 42 页。

② 中共河间县委组织部等编：《河间县委组织史资料》，河北人民出版社 1990 年版，第 39 页。

③《李汝舟回忆录》，第 5 页

④ 李汝舟口述，存作者处。

⑤ 中共河间县委组织部等编：《河间县委组织史资料》，河北人民出版社 1990 年版，第 22 页。

⑥ 中共河间县委党史办公室编：《河间党史资料》（第三辑），1990 年内部出版，第 45 页。

⑦ 中共河间县委党史办公室编：《河间党史资料》（第三辑），1990 年内部出版，第 107 页。

日伪军的部队经常出动进行"扫荡",汽车在河间县境内横冲直撞,恐怖气氛笼罩全城①。在这种情况下,中共河间县委针锋相对地提出"县干部不离县、区干部不离区"坚持斗争的口号。李汝舟领导区委干部白天四散隐蔽,夜间集中起来开展抗日活动,伺机打击敌人,扰乱敌人的战斗部署,鼓舞群众的抗日斗志。但是由于四区离县城较近,靠近平大公路,敌人活动频繁,区、村干部常常分散隐蔽,一度相互之间曾失去联系。当时在四区坚持工作的中共河间县委书记陈鹤指示李汝舟,斗争方式应根据斗争形势有所变化,特别是要开展对据点里的伪军进行政策攻心工作,了解伪军的思想动态,分化、瓦解伪军,从另一个角度打击敌人,保护自己。

根据中共河间县委的指示,通过对形势的分析,李汝舟决定对边庄据点的伪军司令(本区田家疙瘩村人)开展工作,摸清据点和他以及他周围人的底细。李汝舟通过北辛河口村一个姓白的中共党员与田家疙瘩村干部田中让在该村见面,田介绍可通过原在村公所跑腿送信,投敌后在边庄据点干事,言谈话语之间表示有点后悔的赵传宣了解据点情况。在与赵传宣见面时,赵一进门就痛哭,表示走错了路,愿意悔改。李汝舟对他进行了教育,又侧面核实了据点里的一些情况。因还有很多工作要做,李汝舟轻信了赵的表现,当晚没有及时转移住处,结果没想到第二天,赵传宣就带领伪军将他抓走,

---

① 中共河间县委党史办公室编:《河间党史资料》(第三辑),1990年内部出版,第45页。

投入牢房 ①。敌人在当天晚上就对李汝舟进行了严刑拷打，逼问枪支钱物和区干部隐蔽在何处。敌人反复对他用刑，压杠子，灌凉水，用成把的香火烧他的两肋，直到把他的小腿压断，而李汝舟毫不动摇，始终没有屈服，并做好了牺牲的准备。敌人在李汝舟被捕处找到了他的枪支，但始终没有从他口中得到区里钱物和区干部的下落，看到实在没有办法，只好停止用刑，把他抬回牢房，第二天才找来一位接骨的大夫把他的断腿草草接上。

中共河间县委得知李汝舟被捕的消息后，便指示四区的区、村干部设法进行营救，也就是通过疏通关系，花钱赎人。本来伪军想把李汝舟送到城里宪兵司令部，但田家疙瘩村干部田中让托其父亲找到据点伪军司令说情才没有送去。此时，家里也知道了李汝舟被捕的消息，万分着急，一面急忙变卖30 多亩土地，一面托人找门路赎人。李汝舟在牢里被关押一个多月，敌人没有再审讯他。后来，经区、村干部做工作，伪军才允许花钱赎人。一天，伪军通知李汝舟，说当天晚上要放他出狱，但明着说是拉出去枪毙，并告诉他在伪军打枪时不要害怕。这天夜里，家里来人用门板将他抬走，在抬到村外时，伪军才在后面打了几枪。李汝舟出狱时，正值中共河间县委机关转移无法联系，区干部处于隐蔽状态不便联系，他就只好在家养伤。被敌人压断的腿，由于当时接得不好，又无法重接，只能慢慢调治。李汝舟心里非常着急，想寻找

---

① 中共河间县委党史办公室编：《河间党史资料》（第三辑），1990 年内部出版，第 107 页。

组织重返斗争一线，所以经过一段时间，腿刚有一些好转，他就开始下地锻炼走路。后来，李汝舟与八里庄党支部取得联系，党支部还派人到他家看望。

1940年秋，中共河间县委回到河间县境内恢复工作，重新打开了河间抗日斗争的局面，县委派八里庄党支部负责把他接走。李汝舟的腿伤虽然基本好了，但真正走起路来还很困难，于是几位党员轮流背着他，把他送到八里庄。第二天夜里，几位党员又用毛驴驮着他把他转移到一个比较安全的地方继续养伤，直到李汝舟腿伤痊愈恢复工作。这段被捕入狱的历史，是他心中永远的痛，直到几十年后，他还认为是由于自己缺乏做敌伪工作经验、对这一工作的复杂性认识不足、警惕性不高、麻痹大意造成的，不仅给他及他的家庭带来极大的痛苦，也给党的工作带来很大损失。李汝舟恢复工作后，就自己被捕问题向中共河间县委作了检查，县委经审查并报地委批准，作出"在被捕过程中没有叛党行为，但因枪被敌人起出去，给李汝舟留党察看两个月处分"的结论，后处分按时撤消。

李汝舟参加革命工作后，妻子带着两个孩子和母亲一起生活。由于他常年在外工作，母亲的精神病犯得更加频繁。家里老的老，小的小，病的病，又缺少当家男人的有力支撑，日子过得日渐艰难，家里生活逐渐陷入困境，万不得已时，只好变卖土地维持生活。为营救他出狱，家里把土地卖得只剩下8亩。由于他的被捕又给家人带来了横祸。李汝舟被党组织从家里接走后不久，河间县城里的日伪军察觉到了他的潜逃，随即派伪军到他家把他的母亲、妻子和两个孩子都抓进监狱。在狱中，家里人挨打挨骂，受到非人的待遇。这样做的目的就是把李汝舟家人扣为人质，逼他出来就范，以此瓦解削弱抗日力量。为了不让敌人的阴谋得逞，党组织安排人对外放风说李汝舟已经残废、不能走路，流落到外地去了。不久，敌人就把他已被关押一个多月的家人释放出来。

李汝舟的妻子从监狱里被放回来后，由于长期积劳成疾，再加上饱受牢狱之苦，不久去世。家里只剩下病弱的老母亲和两个幼小的孩子，老的老，小的小，无依无靠，生活过得异常艰辛。1942年，母亲突然病重，在弥留之际，她仍然叨念着李汝舟的名字。而此时的李汝舟正在外地工作，不能回来。母亲和妻子去世后，两个孩子由岳父家收养。1945年6月河间县城解放后，李汝舟回到家中，得知母亲去世时的情景不胜悲伤。当想到母亲生他养他一场，他平时未能在母亲膝前侍奉，反而让母亲为他受尽牵连，甚至还要以半百拖病之躯为他顶牢狱之灾，吃尽苦头，特别是母亲在临终之时他又未能驱前恪尽人子之孝，李汝舟甚感内疚，终生遗憾。但是他认为，自古以来忠孝不能两全。国难当头，大义所趋，热血男儿面对难能两全的抉择，只能忍痛含泪，舍家保国。这是日军侵略中国的又一条罪行，一切仇恨都要记在日本侵略者的头上。

1941年1月，中共河间县委派李汝舟任二区区长 [1]；1942

---

[1] 中共河间县委组织部等编：《河间县委组织史资料》，河北人民出版社1990年版，第42页。

年 4 月，调其到县委敌伪军工作部工作 ①；1943 年 11 月，任县委秘书 ②；1944 年春至 1945 年 8 月，赴东北前夕任县委组织部干事、副部长 ③。在近 5 年的时间里，李汝舟在党的领导下，在广大群众的支持和配合下，同敌人进行了机智顽强的斗争，度过了抗日战争最艰苦的岁月，经受了各种严峻的考验。

从 1942 年 5 月 1 日到 1943 年春，日伪军对冀中根据地进行"拉网式大扫荡"，野蛮地实行烧光、杀光、抢光的"三光"政策 ④。7 月，日伪军集中万余兵力，对河间全境展开"铁壁合围""反复拉网""剔扶围剿"的大规模"扫荡"。敌人推行"以华治华"战略，积极扶持伪保安队、伪军警，河间县伪保安队由 200 多人猛增到 1500 余人，伪军警由 150 人增加到 1300 余人。敌人新建据点 52 个，加上原有的 15 个，共 67 个 ⑤。为便于机械化部队活动，限制抗日武装发展，敌人强迫民工修建大小公路 1300 多华里（1 华里 =0.5 千米），全县公路纵横交错，几乎村村镇镇相通；挖县界封锁沟、公路封锁沟 350 多华里 ⑥。敌组织便衣队、月光突击队、特务网，加岗、设卡预先埋伏、

① 中共河间县委党史办公室编：《河间党史资料》（第三辑），1990 年内部出版，第 61 页；李汝舟填写的个人简历表。
② 中共河间县委组织部等编：《河间县委组织史资料》，河北人民出版社 1990 年版，第 24 页。
③ 李汝舟填写的个人简历表。
④ 中共河间县委组织部等编：《河间县委组织史资料》，河北人民出版社 1990 年版，第 22 页。
⑤ 中共河间县委党史办公室编：《河间党史资料》（第三辑），1990 年内部出版，第 7 页。
⑥ 中共河间县委党史办公室编：《河间党史资料》（第三辑），1990 年内部出版，第 49、50 页。

监视、跟踪堵截捕获抗日工作人员，妄图摧垮抗日组织[①]，河间县抗日斗争形势日趋残酷。

在这种形势下，李汝舟坚信党的领导，坚信最后的胜利属于中国人民。当敌人"扫荡"一到，他领导区、村干部立即转入地下，坚持斗争，坚守工作岗位。虽然敌人的"大扫荡"是灭绝人性的，大量的烧杀抢掠，使人民群众蒙受了很大损失，但党的组织及各抗日组织越来越坚强，对敌斗争越来越活跃[②]。1941年冬，在二区工作时，李汝舟带领群众挖掘交通沟，对敌人展开"交通战"，既有利于打击敌人和掩护群众[③]，也有利于在外活动时隐蔽。一次，李汝舟在中心地区的半截河村和村干部研究工作时，突然发现敌情，李汝舟和一名区干部顺着交通沟安全疏散转移[④]。李汝舟和区、村干部成功地开展地雷战，二区是全县开展地雷战最早的区之一。在与日伪军的斗争中，大家受猫耳洞、夹壁墙藏身的启发，开始利用地洞与敌人斗争。在1942年7月敌人"大扫荡"后，全县开展了挖地道运动，仅半年多的时间，除个别有据点的村外，全县基本上形成了家家相通、环绕各村的地道网，二三户就有一个秘密洞口，设在锅灶、牲口槽、碾磨盘、衣柜之后或炕洞、墙基、井壁，在沿街墙基留有观察孔和射击孔；地道通往村外，在坟地、

---

① 中共河间县委党史办公室编：《河间党史资料》（第三辑），1990年内部出版，第7页。

② 中共河间县委党史办公室编：《河间党史资料》（第三辑），1990年内部出版，第110页。

③ 中共河间县委党史办公室编：《河间党史资料》（第三辑），1990年内部出版，第48页；《李汝舟回忆录》，第11页。

④ 《李汝舟回忆录》，第11页。

树林有秘密出口，以备敌人占领村庄后向外转移；为防止敌人破坏，有的村还挖成双层地道，在地道内修有翻口、陷阱和防水、防烟、防毒设置①。李汝舟积极组织群众白天、黑夜偷偷地挖地道。东西诗经村是个大村，家家户户的地道都通着，进出口选得也很好，有的挖到树林和坟头②。地道战的开展，既有力地打击了敌人，又有效地保护了自己，干部群众开展活动比较安全③。在5年的时间里，李汝舟在工作中多次遇险，而每次最终都化险为夷。这除了得益于他的斗争经验不断增加和人民群众舍生忘死的帮助外，也得益于地道的掩护。1940年底，李汝舟腿伤痊愈后在中共河间县委做了两个月的通信工作。一次，他和两个区干部到南辛河口村工作，住在房东张大娘家。第二天日军"扫荡"袭击这个村时，李汝舟他们向外转移已经来不及，张大娘只好把他们藏在地洞里才安全脱险，而当时日军就在这个院子里休息④。

为搜集情报，分化、瓦解日伪军，惩处汉奸特务，中共河间县委于1942年2月成立敌伪军工作部⑤。同年4月，李汝舟被调到该部门工作。在敌工部，李汝舟根据县委和部里的指示积极努力工作。他认真贯彻党的对敌"两面政策"，对敌伪军警人员及其家属进行爱国教育，持续不断地展开政

① 中共河间县委党史办公室编：《河间党史资料》（第三辑），1990年内部出版，第51页。

② 李汝舟口述，存作者处。

③《李汝舟回忆录》，第10页。

④《李汝舟回忆录》，第11页。

⑤ 中共河间县委组织部等编：《河间县委组织史资料》，河北人民出版社1990年版，第23页。

治攻势，对敌分化瓦解，动摇孤立和削弱其战斗力[1]。李汝舟和大家经常编（翻）印散发宣传品和对敌伪军进行喊话，主要内容是：揭露日本军国主义分子发动侵华战争是非正义战争，是为日本少数大资产阶级服务的，号召广大士兵反战厌战，不要为军国主义分子当炮灰；宣传欧洲战场和太平洋战场苏联红军和盟军的胜利；宣传我军各战场的胜利消息，八路军、新四军是人民的军队，是为广大劳苦人民服务的军队；宣传八路军不搜俘虏腰包，不杀俘虏等优待俘虏政策；号召伪军不做亡国奴，不当卖国贼，不帮助日寇屠杀自己同胞，要"身在曹营心在汉，为抗日立功赎罪"[2]。敌工部从 1943 年至抗战胜利共组织 4 次大规模对敌伪军喊话政治攻势，李汝舟参加了前两次活动，后两次因其调出未能参加。这些政治攻势为我方扩大解放区起了极大作用，至年底通过内线关系，太平庄据点伪军 1 个小队反正投诚，我方攻克敌据点 8 处，逼退敌据点 19 处[3]，仅二区就撤了 5 处，全县恢复到日伪军"五一大扫荡"前的局面[4]。

在抗日战争腥风血雨的日子里，李汝舟深深体会到，革命战争离不开广大人民群众的关心、爱护和支持，群众是真正的铜墙铁壁。他吃住和工作在群众家里，危急时刻是人民群众使

① 李汝舟口述，存作者处。
② 中共河间县委党史办公室编：《河间党史资料》（第三辑），1990 年内部出版，第 69 页。
③ 中共河间县委党史办公室编：《河间党史资料》（第三辑），1990 年内部出版，第 71 页。
④ 中共河间县委党史办公室编：《河间党史资料》（第三辑），1990 年内部出版，第 78 页。

他得救脱险，他同人民群众建立了深厚感情。1942年冬，日伪军凭借据点，经常变换手段偷袭、骚扰附近的村庄，威胁、利诱村民，企图孤立党和群众的联系。敌工部根据县委指示，隐蔽坚持斗争，每个人都建立了自己的堡垒户，但居住地互相保密。李汝舟的堡垒户是一位60多岁的吴大娘。吴大娘是共产党员，待人热诚，办事心细，待他如亲人一般。李汝舟每次到她家，住的是平时没有人住的厢房。每到夜晚，她也不大睡觉，而是到院子里观察情况，为李汝舟放哨，发现敌情立即报告。吴大娘和一名村干部还用了很长时间，在李汝舟住的厢房外面养牛的地方挖了一个地洞，洞口设在牛槽子底下，洞口很隐蔽，外人很难发现。一次，李汝舟因工作住在吴大娘家，天快亮时，吴大娘披衣到院子里察看，发现有几个伪军在往对面人家的房上爬，她立即悄然进屋，把李汝舟推醒送到地洞，又把被子等日用品送进洞里，然后在洞外进行了一番伪装。不久，李汝舟在洞里听见伪军把门踢开进屋，并到处找寻我方工作人员和地道口，因没有收获就离开了。李汝舟这次幸免于难，多亏吴大娘革命警惕性高，机智勇敢，沉着冷静，舍生忘死保护他。这一救命之恩，令李汝舟终生难忘。1957年，吴大娘到沈阳市看望在机车车辆厂工作的孙子，特意到阜新李汝舟家做客。李汝舟及全家人非常高兴，热情款待她，留她多住了几日，临别时还给她买了衣料等礼物。1972年，李汝舟还未被"解放"，吴大娘十分关心惦记着他，便委托同村的在阜新市针织厂当工人的陈久峰到市"五七"干校去看望他，打听他的情况。1973年，李汝舟回河间县省亲，特意拿着礼物到吴大娘家拜访她，再次表达由衷的感激之情①。

1944年春，李汝舟与中共河间县委宣传部的韩逸民结婚。韩逸民，原名韩智仁，河北省饶阳县城关区人。毕业于饶阳县立师范学校，1938年参加革命工作，1940年加入中国共产党。1941年，调入河间县，任县妇联宣传部长、县委宣传部干事，后调县委机关做文秘工作②。韩逸民革命立场坚定，为人热情朴实，作战勇敢。他们在工作中建立了深厚感情，最后结成伴侣，在工作和生活上互相帮助，互相支持，共同打击日本侵略军。

转战东北

1945年8月，在日本侵略者宣布无条件投降的前夕，李汝舟和韩逸民等河间县共9名干部，受党组织派遣到冀中区党委驻地固安县集合，统一到东北工作。他们几个人沿着交通站步行到山海关，在山海关稍事休息后，改乘火车来到锦州。他们本应到沈阳的中共中央东北局报到，但锦州的中共辽西地委急需干部，便将他们留下。不久，台安县有两名党员找到辽西地委，要求党组织派人接收台安县，地委便派郑钧、李汝舟和韩逸民到台安县开辟工作，还抽调20多名党政干部和一个连的新兵，随同他们3人前往台安县。10月，他们到达台安县后成立县民主政府，郑钧任县长，李汝舟任县民运部主任③。

---

①《李汝舟回忆录》，第12页。

②中共鞍山市委党史办公室编：《鞍山英烈》，沈阳出版社1996年版，第203页。

③中共台安县委组织部等编：《台安县组织史资料》，1992年内部出版，第23页。

不久，中共台安县委正式成立，李汝舟任组织部长。县民主政府成立后，随即组建民主妇女联合会，韩逸民任主任。

台安县委、县政府成立后，自上而下建立各级政权组织，向各区派出区长和一部分助理员。同时建立人民武装，积极开展清匪斗争，维护社会治安。县区两级民主政府派出干部深入农村，打开伪满的"积谷仓"，将680多吨粮食分给广大贫苦农民，帮助他们解决饥饿问题。县委、县政府广泛发动群众，对汉奸、地主、恶霸进行斗争，没收了大汉奸、伪满军政部大臣于芷山的全部财产，并处决了民愤极大的汉奸，提高了广大群众的阶级觉悟和政治觉悟，打击了反动派的嚣张气焰。为解决干部严重不足的问题，县委、县政府于1945年11月至12月间，本着"就地培训，就地使用"的原则，选拔小学老师和进步青年进训练班学习，由县委、县政府的主要领导亲自讲课。训练班共培训干部60余人，分别充实到县、区政府机关和区人民武装部门以及教育部门。县委除开展减租和减息等工作外，还着重恢复和发展工农业生产，恢复教育工作。韩逸民组织妇女干部积极配合县民主政府，深入农村，发放积谷仓粮食。同时，县妇联广泛宣传妇女在人民解放战争中的地位和作用，通过召开妇女大会等形式，宣传"男女平等"和废除童养媳、缠足等陈规陋俗。韩逸民经常深入农村开展群众工作，开仓济贫，与劳苦群众打成一片。就在韩逸民积极为党工作之时，一件不幸的事情发生。1945年冬，韩逸民根据县委的指示，在西佛区达牛堡子村给贫苦农民发放积谷仓粮救济群众。一天晚上，她突然遭到土匪袭击，不幸遇难 ①。这是李汝舟在解放战争时期的一次不幸经历，给他带来很大的悲伤和痛苦。韩逸民的遗体安葬在西佛区。解放后，她被追认为革命烈士，灵牌安放在鞍山市革命烈士馆。李汝舟还曾带领全家人专程前往台安县为其扫墓，寄托哀思 ②。

1946 年 2 月，国民党军大举进犯辽南，占领了台安县。在国民党占领区，地主阶级倚仗国民党势力，大肆进行反攻倒算活动。国民党"清剿队"和地主"还乡团"的烧杀抢掠，使广大农民深受其害。国民党在农村征粮、抽丁、拉夫，亦使农村人力物力减少，土地荒芜，生产水平下降，农业经济遭到严重破坏。台安县委根据中共中央和东北局的有关指示，从城市撤向乡村，实现从城市到农村的战略转移。2 月 11 日，台安县党、政、军机关在国民党军进犯县城时，组织县保安团英勇还击，并相继撤出县城向东部农村转移。县委、县政府撤出县城实行战略转移后，与国民党军开展游击战争，后因斗争形势恶化，县党政干部陆续调至其他县区开展工作，台安县委亦于1946 年 2 月底撤销。李汝舟调到辽南一地委工作，任组织部组织科科长。

李汝舟到辽南一地委组织科工作不久，于 1946 年春被地委抽调到土改工作队任副队长，队长是地委委员、民运部长杨克冰，工作队共有 100 多人。土改工作队根据中共辽南省委《关于发动群众反奸清算和减租运动的指示》，领导广大农民开展

① 中共鞍山市委党史办公室编：《鞍山英烈》，沈阳出版社 1996 年版，第 203 页。
② 李汝舟：《我的简史》，第 4 页，存中共阜新市委党史研究室。

减租减息运动。1946 年 5 月 4 日，中共中央发布《关于土地问题的指示》（即《五四》指示），各解放区从减租减息运动发展成为土地制度改革运动。土改工作队在地委的领导下，在开展对敌斗争的同时，进行了"五四"土改斗争。他们深入海城县东部析木、岔沟、牌楼、马凤区和岫岩县等地，帮助各县区进行"五四"土改。工作队广泛发动贫苦农民，在深入调查摸底的基础上，召开斗争地主大会，没收其土地，分配给贫雇农，并根据省委、地委的有关指示，解决了斗争对象、斗争方式、斗争果实处理等方面出现的严重偏向等问题。1946 年 10 月中旬，国民党在"南攻北守，先南后北"作战方针下，集中 8 个师 10 万兵力向辽南各地大举进犯，并于 10 月底占领海城东部山区和岫岩县，"五四"土改被迫中止，土改工作队分散在农村坚持斗争。此时，工作队巧遇南撤的地委军分区，便同军分区一同来到大连市普兰店一带。因为苏联红军还驻在大连，国民党军不敢前去进犯，所以辽南一地委党、政、军机关都撤到普兰店一带。辽南行署还在金县建立了招待所和伤残军人招待所，李汝舟任所长负责全所工作。1947 年 6 月 5 日，岫岩县解放后，李汝舟随辽南一地委撤到岫岩县。

1947 年 8 月 14 日，中共辽南省委决定重新成立中共海城县委，调李汝舟任县委委员，兼任组织部长。在海城，李汝舟工作了 7 年多的时间，他于 1950 年 3 月任县长[1]，1952 年 10

---

① 中共海城县委组织部等编：《海城县委组织史资料》，1992 年内部出版，第 269 页。

月任县委书记[①]，1955年4月调到阜新工作[②]。

1947年10月3日，海城县第三次解放以后，县委根据省、地委的指示精神，立即抽调200余人，组成土改工作队。省委和地委也派去300余名干部密切配合。在地委、县委的领导下，于1947年秋至1948年春耕前，分三批陆续完成全县土改任务，在海城县历史上第一次实现了耕者有其田。县委领导每人都有分工，负责一个地区的土改工作。李汝舟所包的点是马风区王石村。他经常深入群众之中，宣传《中国土地法大纲》，宣传土改的重大意义和党的有关方针、政策。他访贫问苦，发动群众，深挖苦根，在区、村干部的配合下，召开诉苦大会、控诉大会、斗争大会，控诉、斗争地主，启发广大群众的阶级觉悟。同时，成立了贫雇农团，建立起贫苦农民的阶级阵营[③]。李汝舟十分注意掌握土改政策，特别是在划分阶级成分阶段，他认真组织土改工作队员、贫雇农团成员、小组长和农民积极分子，反复学习上级文件精神，并摸清各个家庭生活状况，掌握确凿的土地、人口、劳力等数据。为确实划好阶级成分，进行一次划阶级实际训练。李汝舟和工作队员找出每个阶层的代表户，让大家讨论划定成分。对有剥削关系的、比较难划的拿到大会上评划，从而使广大干部和积极分子准确地掌握了划分阶级成分的政策和方法步骤。海城县土改运动彻底摧毁了封建土地制

---

① 中共海城市委党史资料征集委员会编：《中国共产党海城地方党史大事记》（1942—1990），1991年内部版，第18页。

② 中共阜新市委组织部等编：《中国共产党辽宁省阜新市组织史资料》，1993年内部出版，第103页。

③ 海城市地方志编纂委员会办公室编：《海城县志》，1987年内部出版，第204页。

度，实现了耕者有其田。在这场运动中，全县划出地主、富农7980户，占农村总户数的7.5%；没收、征收地主和富农的土地52万亩，18万翻身农民分得了土地和房屋①，生活上有了保障；推翻地主掌了权，成为国家的主人，他们深深感激中国共产党。

土地改革以后，为进一步发展生产力，解决部分农民因劳力、车马、农具不足，单家独户种地的困难，避免农村中的两极分化，从1949年春开始，海城县委、县政府贯彻中共中央有关农业生产互助合作和发展农业生产合作社等指示，坚持"自愿互利"的原则，利用典型引路、算细账等方法，引导农民组织起互助组，走共同富裕之路，组织全县农业合作化运动由低级向高级逐步发展壮大。到1949年末，海城县组织起互助组4658个，其中常年互助组和三大季互助组有794个，临时插犋组有3864个，参加农户11853户，占农业总户数的12.5%。互助组不仅解决了在生产中部分农户的生产困难，而且也为后来农业合作化运动创造了条件，奠定了一定的基础。到1950年末，海城县各类互助组发展到6613个，参加农户18173户②。1951年9月，中共中央召开第一次互助合作会议，通过了《中共中央关于农业生产互助合作的决议（草案）》，并于12月15日下发各级党委试行。海城县委及时组织学习、宣传和贯彻，并决定从1952年起重点试办农业生

---

① 中共海城市委党史资料征集委员会编：《中国共产党海城地方党史大事记》（1942—1990），1991年内部版，第9页。
② 海城市地方志编纂委员会办公室编：《海城县志》，1987年内部出版，第205页。

产合作社①，1952 年，县委和县政府在全县开展了新旧两条道路的宣传教育和爱国丰产运动。到年末，全县各类互助组达 12121 个，其中常年和三大季互助组 4745 个，插犋组 7376 个；参加农户 44325 户，占农业总户数的 42.4%。同时，还在三大堡、梨树沟、驸马营和鲍沙河试办了 4 个农业生产合作社②。

李汝舟在 1952 年 10 月，担任海城县委书记后不久，便于 12 月 1 日至 5 日召开 500 多人参加的全县互助合作代表会议，县委、县政府领导总结全县互助合作运动的情况和经验，提出以后的方针任务，搞得比较好的农业生产合作社和互助组作典型经验报告，代表们进一步明确了农业生产的发展方向，基本弄通并接受了中共中央关于"积极领导，稳步前进"的方针，明确了互助合作运动中的一些具体做法等③。县政府也在 1952 年冬开办了村生产委员及两期互助组长训练班，共计 800 多人，进行远景教育、新旧两条道路教育和互助合作的方针政策教育，使广大群众组织起来的情绪高涨，积极行动到互助合作运动中④。李汝舟在任县委书记期间多次签发《县委关于明年试办农业生产合作社问题的意见》⑤《县委对当前领导互助合作运动的指示》⑥《县委关于加强党对农业生

① 中共海城市委党史资料征集委员会编：《中国共产党海城地方党史大事记》（1942—1990），1991 年内部版，第 17 页。
② 海城市地方志编纂委员会办公室编：《海城县志》，1987 年内部出版，第 205 页。
③《县委关于召开农业互助合作代表会议情况的报告》，存海城县档案馆。
④《县委对当前领导互助合作运动的指示》，存海城县档案馆。
⑤《县委关于召开农业互助合作代表会议情况的报告》，存海城县档案馆。
⑥《县委对当前领导互助合作运动的指示》，存海城县档案馆。

产合作社领导的决定》①等文件，分析运动开展形势，找出经验教训，并结合全县情况，特别是群众思想情况提出具体措施、办法和意见。

为进一步掌握全县情况，解决运动中出现的问题，县委于1953年初多次派出工作组，分别到不同地区进行调查研究，为县委决策提供正确的依据②。为进一步贯彻技术增产，改善劳动组织，县委于1953年3月12日至14日召开全县农业生产合作社主任及各区领导农业生产合作社干部的座谈会，对建社方面的土地投入问题、投资问题，对技术增产方面如何制定生产计划，对劳动组织方面搞好小包工计件等问题进行充分的讨论，并初步达到一致的意见③。根据中共中央、省委的指示，结合本县的实际情况，县委于1953年3月27日制定《海城县农业生产合作社试办章程（草案）》，共49条。《章程》要求县、区、村党组织有专人负责，不断检查工作，发现问题，解决问题，并加强政治工作④。1953年，对个体农户遵循自愿、互利、典型示范和国家帮助的原则，将临时互助组和常年互助组组成初级农业生产合作社23个。1954年，进入村级试办初级农业合作社阶段，出现初级农业合作化高潮，全县农村共办农业生产合作社107个，参加互助合作运动的农民达到58.2%，有89.3%的生产合作社不同

①《县委对当前领导互助合作运动的指示》，存海城县档案馆。
②《县委对当前领导互助合作运动的指示》，存海城县档案馆。
③《县委关于召开全县农业合作社主任及各区领导农业生产合作社的干部的座谈会情况的报告》，存海城县档案馆。
④中共海城市委党史资料征集委员会编：《中国共产党海城地方党史大事记》（1942—1990），1991年内部版，第19页。

程度增产①。

不论是作为县委副书记、县长，还是作为县委书记，李汝舟在组织领导广大干部群众进行经济建设的同时，还根据中共中央、省委的指示，在全县积极稳妥地开展了镇反、肃反、"三反"、"五反"等政治运动。他十分重视加强党的建设、加强各级领导班子建设，并重点抓了公开建党、整党以及转变领导作风等工作。

土改工作结束后，海城县委于1949年1月开始公开建党试点工作。县委在牌楼区大新屯村和马风区的王石村进行试点。王石村是李汝舟在土改工作时的点。到2月份，王石村建立起全县农村第一个党支部。从3月份开始，全县各区正式公开建党工作。经过夏季建党（又称挂锄建党）和冬季建党（又称60天建党），到1950年1月，全县共发展党员2495名，建立党支部265个。这些党员在土改纠偏、扩军支前、大生产等运动中发挥了先锋模范作用②。

根据中共中央及东北局、省委关于开展整党的指示，海城县委从1952年10月下旬开始到1953年1月下旬，陆续开展了整党工作。全县工矿企业、农村、中等学校共有331个党支部、3347名党员参加整党，占党员总数的89.5%。整党工作，经过整党动员和党员标准教育、检查思想和审查登记、整顿组织和改选支部、组织处理共四个阶段。通过整党教育，使党员

① 中共海城市委党史资料征集委员会编：《中国共产党海城地方党史大事记》（1942—1990），1991年内部版，第20页。
② 中共海城市委党史资料征集委员会编：《中国共产党海城地方党史大事记》（1942—1990），1991年内部版，第12页。

认识到整党的重要性，普遍提高了觉悟；使党员受到了较普遍、较系统的共产党和共产主义教育，树立了共产主义劳动态度，在生产工作上发挥了积极骨干作用；促进各级领导干部转变作风，改进支部工作，健全与严密组织生活和各种制度；清洗坏分子，纯洁组织，提高政治警惕性。全县共清除坏分子16人，开除党籍19人，给予党内各种处分的62人 ①。

在担任海城县党、政主要领导期间，李汝舟按照党的政策原则去处理问题，并且经常和大家反复钻研党的政策。李汝舟有很强的组织能力和独立工作能力，他结合本县的实际情况，适当及时地布置安排全县每个时期的工作。李汝舟特别注重政治理论学习，在县委会的学习中起带头作用，尤其是在个人利用业余时间自学方面比较突出，曾受到省有关部门的表扬。中共七届四中全会召开后，他不仅认真学习会议决议，并能联系自己思想工作实际进行个人检查，找出存在的问题，提出改进意见 ②。李汝舟坚持党的密切联系群众的优良传统和作风，经常在农忙时节和出现严重灾害时下乡调查，体察民情，协助基层干部开展工作。同时，他十分注重加强党的思想作风建设，改进领导作风，注意领导方式和方法。1952年6月20日，针对当时区、村干部在领导生产中比较普遍存在的各种工作不会结合、抓不住中心工作、会议太多影响生产等问题，李汝舟签发县政府向各区、镇发出的《关于

---

① 中共海城县委：《海城县农村、工矿、中等学校整党工作总结》，1952年10月8日，存海城县档案馆。

② 《李汝舟1954年干部鉴定材料》，存阜新市委组织部。

领导方法的通报》，指出区、村干部在领导方法方面存在的问题，提出解决这些问题的具体意见①。李汝舟对同志真诚直率，能开展中肯的批评。他在任海城县县长时还就领导方法问题，于 1952 年 6 月 2 日以个人名义给一个区的区长写了一封信。他针对这个区长在工作上不敢大胆使用干部，对干部有些不放手，因而造成在区机关和到基层工作"两头忙"的问题，提出自己的意见和看法。李汝舟对个别工作不深入、作风不民主、对下面干部态度生硬、工作简单化和方法少的区长，提出批评，希望加以注意②。

担任海城县委书记后，李汝舟深刻认识到转变领导作风是做好一切工作的关键。因此，县委于 1953 年 1 月 30 日召开会议，主要研究县委改进领导作风和领导方法问题，制定了有关计划和制度，检查了县委在领导方法方面存在的问题。为迎接大规模的经济建设，县委在转变改进领导作风方面基本做到了以下几点：一是领导抓住中心，掌握重点，统一思想，统一行动。二是加强调查研究工作，做到工作有布置、有检查、有政策原则和具体办法，有调查有研究有分析、有总结有推广、有表扬和批评，贯彻始终。三是县委及各部门负责干部建立联系点制度，善于运用联系"活点"，经常深入点内调查研究，总结经验，推动工作。四是县委加强对党的政策的研究，并把政策结合本县情况使其具体化。五是善于总结经验，特别是有意识地总结各方面的先进经验。六是严格控制召开不必要的会议，

---

① 海城县人民政府：《关于领导方法的通报》，1950 年 6 月 20 日，存海城县档案馆。
② 李汝舟：《关于领导方法给崔区长的信》，1952 年 6 月 2 日，存海城县档案馆。

确定召集基层各部门的负责同志开会需经县委批准,政府经县长批准。七是县委一个月内至少下乡一次检查工作,回来碰头研究,掌握下面情况。八是坚持县委委员之间每三个月进行一次有准备的互相之间思想作风工作的检查,以便坚持县委的良好领导作风;每个季度召开一些小型干部座谈会,征求各部门负责同志及下面同志的意见;每半年在全县范围内发扬民主检查县委领导[①]。

李汝舟于1947年秋与石筠岩结婚。石筠岩,1924年1月11日出生,鞍山市人,女子国高毕业,1945年9月参加工作,1945年11月加入中国共产党,曾任海城县医院党支部书记兼院长。她与李汝舟的4个儿女均在海城县出生。他们在海城县工作7年有余,与海城县人民结下深厚感情,在以后的日子里,他们一直深深地怀念着那片热土[②]。

工作在"煤电之城"阜新

1955年4月,中共辽宁省委决定调李汝舟到阜新工作。作为市长候选人,在1955年4月20日召开的阜新市第一届人民代表大会第四次会议上,李汝舟被选为市人民委员会市长。根据上级有关规定,这次会议将阜新市人民政府改为阜新市人民委员会(简称市人委)。此后,李汝舟在阜新市人民代表大会第二届第一次至第六届第一次会议上,又连续5次被选为阜新市人民委员会市长,在任长达11年,直到"文化大革命"

①《关于县委检查转变领导作风给省委的报告》,存海城县档案馆。
②李汝舟:《我的简史》,第4页,存中共阜新市委党史研究室。

开始。在党内，李汝舟先后任中共阜新市委常委、书记处候补书记、书记处书记等职。

李汝舟奉调到阜新工作，正是国家实行发展国民经济的第一个五年计划时期。党和国家对阜新的煤电生产很重视，在苏联援建我国的 156 项重点工程项目中，阜新市就占有 4 项，即海州露天煤矿、平安竖井、新邱竖井和阜新发电厂，使阜新成为全国重要的能源基地，获有"煤电之城"的美誉。因此，市委把主要精力放在抓煤、抓电上，而市政府主要负责日常行政工作和地方工业方面的工作。

当时，阜新地方工业基础很薄弱。新中国建立的当年，阜新地区仅有国营工业 14 家，工业总产值为 3768 万元（按 1970 年不变价格换算，下同），其中，地方工业产值为 713 万元，只有从事制酒、食品、印刷、木器、砖瓦、汽车修理等的 8 个小工厂，即人们所说的"老八路"。有职工 215 人，技术人员仅 9 名。固定资产到 1952 年才 36 万元，设备 354 台，连手套、袜子、铁锹、铝壶等都不能生产，人民群众所需的日用工业品和消费品大都要依靠外地供应。在 1950 年到 1952 年三年国民经济恢复时期，国家对阜新工业基本建设投资 6220 万元，其中，重工业投资占 99.8%，轻工业投资仅占 0.2%。由于阜新地方工业未能得到相应扶持，其设备陈旧，生产条件简陋，规模过小，限制了为城乡人民生活提供必要的生活必需品，限制了为煤炭、电力等国营大工业提供生产维修所需的备品、配件；地方财政非常困难，长期靠上级财政补贴。

为把阜新地方工业搞上去，李汝舟与全市广大干部职工做了大量工作：一是组织有关部门人员多次对地方工业的历史、现状及日后的发展进行调查研究，广泛听取各方面意见，并在此基础上组织编制地方工业的中期、短期发展规划，行业和专题发展规划。二是不断提高对发展地方工业必要性和迫切性的认识，强调以煤炭、电力为主的新兴工业城市，在发展能源工业的同时，也要相应发展地方工业，以解决为农业生产服务、为能源大工业企业服务、为城乡人民生活服务、为地方财政增加收入等问题。在每年的人民代表大会上，市人委都把加快地方工业发展作为重要工作进行总结和部署，制定规划，提出措施，并多次发出文件和召开会议贯彻落实。三是发扬勤俭创业精神，利用原有企业设备、厂房先行上马，从老厂设法筹集资金，采取以老带新、借地生财等途径上一批项目。四是集中市、工业主管局的人、财、物力用于重点项目，扶植重点项目尽快上马，逐步形成规模，扩展市场覆盖率。五是积极主动地争取省里的支持和兄弟市的支援，经过艰苦细致工作，得到省委、省政府和省有关部门的支持，引进外地人才和工厂落户阜新。六是逐步建立市化工、机械、电子等小型研究所，并在有条件的工厂积极兴办厂办研究所（室），研制、开发新产品、新技术、新材料、新工艺，并大力开展推广、应用"四新"工作，技术革新和技术革命蔚然成风，成果不断涌现。经过一系列的工作，阜新地方工业有了前所未有的发展①。到1960年末，全市地方工业企业由

① 杨立成、赫中洽主编：《阜新解放五十年》，东方出版中心1998年版，第106页。

1957 年末的 48 个发展到 131 个。其中,工业部门所属企业 74 个,非工业部门所属企业 57 个。同时,城市街道的集体所有制工业也得到迅速发展①。

20 世纪 60 年代初,在中共阜新市委领导下,李汝舟按照中共中央提出的关于对国民经济实行"调整、巩固、充实、提高"的八字方针,在城市进行了精简职工、压缩城镇人口的工作。自 1960 年 8 月至 1964 年 5 月,阜新地区共精简职工 64927 人,压缩城镇人口 118881 人②。妥善安置了精简下放的职工和还乡人员充实生产一线,特别是加强了农业生产,并节省了国家的有关开支。在对地方工业的调整中,李汝舟对面临的形势和任务进行了认真的分析研究。他感到由于工业战线拉得过长,与整个国民经济的发展特别是农业的发展不相适应,加之在企业的安排和布局上综合平衡不够,致使同类企业过多,互争原料,造成生产秩序不正常,一部分以农产品为原料的企业停工待料。有的企业在技术上没有过关,成本高、质量低、浪费大、企业亏损,给市财政带来很大困难。因此,必须贯彻执行中央的指示,大刀阔斧地做好调整工作③。1962 年 1 月 11 日至 2 月 7 日,李汝舟有幸参加中共中央扩大的工作会议,即"七千人大会"。在会上,他聆听了毛泽东和其他党和国家领导人的报告和讲话,受到了教育和鼓舞,进一步加深了对国民经济进行调整工作的认识,增强了做好调整工作的信心。

---

① 阜新市经济计划委员会:《关于工业企业调整情况及今后意见的报告》,存阜新市档案馆。

② 阜新市人委在四届二次、五届一次人大会上的报告,存阜新市档案馆。

③《关于工业企业调整情况及今后意见的报告》,存阜新市档案馆。

经过大量深入细致的工作，到 1962 年，阜新市工业基建投资压缩到 2530 万元，比 1960 年下降 79%。"关、停、并、转"工业企业 95 户①，精减职工 36958 人②。

1963 年 9 月，中共中央决定再用 3 年时间继续调整国民经济。阜新地区全面贯彻八字方针，不仅要继续调整，而且还要巩固、充实和提高。同时，全市开展"工业学大庆"活动，学习锦州大办新兴工业的经验。从 1963 年到 1965 年，全市又相继办起一批企业，地方工业得到发展③。到 1965 年，全市地方工业产值由 1957 年的 2906 万元增加到 5615 万元，年均递增 8.6%。地方工业企业增加到 204 家，有职工 8433 人。其中，工程技术人员 190 名，拥有机床和锻压设备 1224 台，固定资产为 4300 万元，初步形成了机械、电子、仪器、农机、化工、轻工、纺织、建材、手工业等 12 个行业。地方工业坚持了为农业生产、为国营大工业、为城乡人民生活服务的指导思想。在为农业服务方面，大批量地生产了圆盘耙、镇压器、开沟犁、播种机、风力机等农机具和农业仪器仪表及化肥、农药。在为国营大工业服务方面，生产了工矿用振动筛、矿车、防爆通信设备、各类工矿备品、配件。在为人民生活服务方面，生产了针织、织布、棉纺、毛纺、塑料、化工、轻工产品。地方工业生产的产品达到 25 类、3724 种④，为阜新市以后的产业转换

① 阜新市地方志办公室编：《阜新市志》（第二卷），中国统计出版社 1996 年版，第 7 页。
② 中共阜新市委党史研究室编：《中国共产党阜新地方史大事记》，1999 年内部版，第 131 页。
③ 杨立成主编：《阜新市志》（第三卷），东方出版社 1998 年版，第 7 页。
④ 杨立成、赫中洽主编：《阜新解放五十年》，东方出版中心 1998 年版，第 106 页。

和经济转型奠定了一定基础。

李汝舟心里想着群众，关心群众的衣食住行和柴米油盐。他在任阜新市市长期间，一直重视城市基础设施的规划、建设和管理，并倾注了大量心血，使这座以生产煤电为主的综合性工业城市在市政建设、公用事业和住宅建设等方面都发生了显著变化。

1948 年阜新解放时，市区仅有日本人以掠夺阜新煤炭为目的建成的、后遭国民党破坏的道路 25.4 公里、路灯 70 盏、排水管网 56.3 公里、绿地面积 0.33 平方公里①。在国民经济 3 年恢复时期，市政府对这些设施进行了恢复与管理。在"一五"时期，由于国家把财力主要用于煤电生产建设上，城市建设资金比例甚低，仅占同期基本建设投资总额的 0.8%②。因此，城市建设变化不大，城市负荷能力基本上没有增强，城市建设远远滞后于经济建设。

李汝舟来到阜新市后，便组织人员着手编制《阜新市八年远景规划和三年城市建设规划》（1960—1962—1967 年）和《阜新市十二年调整规划》（1961—1972 年），对城市用地、工业区和生活居住区布局、住宅建设、城市基础设施建设、城市绿化、大型公共建筑等分别做出安排，并多次提交市委常委会讨论。李汝舟对涉及人民群众切身利益的住宅建设更是高度关注。随着国家重点工程的建设，市区人口迅速增多，到 1957

① 阜新市地方志办公室编：《阜新市志》（第一卷），中国统计出版社 1993 年版，第 435 页。
② 阜新市地方志办公室编：《阜新市志》（第一卷），中国统计出版社 1993 年版，第 420 页。

年末，市区人均居住面积由 1952 年的 4 平方米降低到 2.72 平方米。有时对省里派到阜新工作的干部，因市里没有房子，只好同矿务局协商，求得帮助。看到这些，李汝舟心里非常着急。于是，他便同市房产部门的负责人共同研究解决问题的办法。从 1958 年至 1965 年，市人委依靠房产部门投资 2000 万元，新建住宅 44 万多平方米[①]。除兴建部分经济适用简易平房外，还兴建了新中国成立后市直第一批 3 至 4 层的 10 多栋住宅楼[②]，使住房紧张状况稍稍有所缓解。

新中国成立初期，阜新市委、市政府没有自己的宾馆和招待所，上级来了客人安排住处有困难，经请示省政府批准并在省政府的大力支持下于 1955 年 10 月动工兴建了阜新市第一座政府宾馆，总面积 3400 平方米[③]；于 1957 年 7 月由市自筹资金开工兴建了阜新市第一个大型室内体育设施、建筑面积 2600 平方米的市体育馆[④]；于 1958 年由市自筹资金兴建了当时阜新市最大的、建筑面积 2900 平方米的阜新剧院[⑤]。

与此同时，市人委对市政设施有重点地进行了新建和改

---

① 阜新市地方志办公室编：《阜新市志》（第一卷），中国统计出版社 1993 年版，第 507 页。

② 阜新市地方志办公室、阜新市地方志学会编：《阜新大事记》，辽宁人民出版社 1983 年版，第 79 页。

③ 阜新市地方志办公室、阜新市地方志学会编：《阜新大事记》，辽宁人民出版社 1983 年版，第 35 页。

④ 阜新市地方志办公室、阜新市地方志学会编：《阜新大事记》，辽宁人民出版社 1983 年版，第 46 页。

⑤ 阜新市地方志办公室、阜新市地方志学会编：《阜新大事记》，辽宁人民出版社 1983 年版，第 52 页。

建。首先对阜新市区和阜新县、彰武县市政建设进行规划，于
1959年先后建设海州桥和二河营子桥，拓宽了市区至新邱区
两条柏油路，改造两条臭水沟。海州桥桥长213米，宽16米，
方便了市区南北交通 [1]。但是，当时有人贴出大字报，批判说
这座桥修大了，修宽了，是一种浪费。后来，事实证明这座桥
并没有修大、修宽。到1987年，原有桥面已经远远不能适应
社会不断发展和人民生活的需要，市政府只好对海州桥桥面进
行拓宽，拓宽到24.4米。对横贯市中心、东西走向的中华路，
市人委在财力十分紧张的情况下，于1959年7月投资70万元、
1960年又投资20万元两次进行改建，提高了这条路的等级标
准，方便了交通，美化了城市。

　　矿工大街位于市中心海州西部，是1963年建设的一条主
干道，全长2277米，车行道宽18米，人行道宽5米 [2]。

　　阜新市在公用事业、园林绿化等方面也都取得了很大成绩。

　　李汝舟在狠抓城市建设的同时，注意加强城市管理工作。
他认为城市管理对发展生产和改善人民生活都有着直接影响，
多次签发城市管理方面的有关规定、布告和通告等，并进行
广泛、深入的宣传贯彻，做到家喻户晓，人人皆知，互相监督，
人人开口，大家动手，管好城市。

　　李汝舟在担任阜新市市长的11年里，非常关心城乡人民
的生活。市人委在历次市人大会上的工作报告中，都以很大

----

　　[1] 阜新市地方志办公室、阜新市地方志学会编：《阜新市志》（第一卷），中国
统计出版社1993年版，第441页。
　　[2] 阜新市地方志办公室编：《阜新市志》（第一卷），中国统计出版社1993年版，
第437页。

篇幅作为重要问题总结和部署有关城乡人民生活的内容。1955年4月，李汝舟在第一次参加市人大会上的报告中提出，国合商业必须按照工矿生产建设和广大职工群众日常生活的实际需要，及时地掌握情况，大力组织货源，保证做好各项物资供应；粮食部门要认真执行国家计划供应政策，保证城市职工、市民及农村缺米户的粮食供应①。在第二届第一次人大会议上，他指出，必须加强商品供应的工作，以满足人民群众各方面物资供应的需要，要组织并动员全体商业工作人员，积极努力，克服困难，充分利用一切有利因素，组织扩大货源，满足市场需要。城市日用、副食品的供应工作，更须大力加强②。在第四届第二次人大会议上，他要求商业和粮食部门做好全市人民必需的生活日用品的定量供应工作，这是头等重要的任务，要进一步恢复各种商品流通渠道，合理地增加商业网点，搞好建立城镇消费合作工作，加强对集市贸易的管理③。李汝舟认为，全面安排好城乡人民生活是各级政府的一项重要任务，党和政府一向关心人民生活，今后要继续做好这项工作④。就是在国民经济调整中，李汝舟对关系到人民群众生活所必需的小商品生产的轻工业也作了适当的安排。他于1960年11月25日主持召开了有县委工业书记、工业部长、工业局长，各区城市公社的工业书记、工业科长，以及地方国营工厂总支书记、厂长参加的轻工业会议。会议着重对轻工业大搞原材料、贯彻执行

---

① 阜新市档案。
② 阜新市档案。
③ 阜新市档案。
④ 阜新市档案。

"调整、巩固、充实、提高"的方针,以及加强小商品生产的领导等几个主要问题进行了讨论。与会人员对保市场的重要意义和轻工业在国民经济中的重要地位和作用的认识更加明确,对轻工业战线几项重要工作的认识更加一致。会后,市人委党组向市委作出报告。《报告》中提出:"小商品生产在安排人民生活,保市场、繁荣市场方面占有重要地位,是关系到广大人民群众切身利益的大事情。做好这一工作,不但可以进一步活跃和繁荣市场,而且体现党和政府对广大群众的关怀。"报告提出了加强小商品生产的具体意见。市委同意了这个报告,很快就批转到县委、区委、党委、总支、支部、党组和分党组参照执行①。

阜新市属于新建设的城市,人才缺乏。李汝舟重视知识、重视人才,大胆起用人才。阜新地方工业底子薄,高级技术人才也比较少。为发展地方工业,李汝舟提议到北京、大连等地招聘人才。有几名在技术上很过硬,但家庭出身有点"说道"或是右派已"摘帽"的技术人员,李汝舟力排众议,破例把他们调到阜新工作。政治上的信任、生活上的关心,激发了这些技术人员工作上的积极性和创造性,他们在阜新地方工业的发展中发挥了作用。

1966 年,"文化大革命"开始后,李汝舟受到冲击。政治上受到迫害,人身受到攻击和摧残,失去了自由,蹲"牛棚"6 年之久,与家人隔绝。他被游斗 200 多次,遭受毒打,并连累

---

① 中共阜新市委文件〔阜委字(60)0392 号〕,存阜新市档案档案。

其夫人石筠岩也蹲"牛棚"被游斗①。在逆境中，李汝舟始终没有失去革命信心，默默承受着巨大压力，直到1971年9月13日林彪反革命集团被粉碎，才走出"牛棚"，逐渐恢复工作。1972年9月3日，阜新市委常委第43次会议决定，组织尚未被"解放"的原市委书记和李汝舟深入基层，到市工农业先进典型单位学习。于是，李汝舟来到市委、市革委会驻阜新矿务局平安煤矿工作队，目的是让他向工人阶级学习，了解基层情况。在平安煤矿的时间虽然不长，但是李汝舟通过同工人群众和工作队员的接触，受到一定教育。

1973年9月，市委任命李汝舟为市革委会财贸组（后改为财贸办）党的核心小组（后改为党组）组长、财贸组组长。1977年7月，辽宁省委任命他为市革委会副主任，仍兼任市革委会财贸办党组书记、财贸办主任；9月，为加强对阜新全市经济工作的领导，市委免去他在财贸办的职务，调任他兼任市计划委党组书记、市计划委主任。1978年1月17日，辽宁省委任命李汝舟为阜新市委常委；10月16日，任命他为市委副书记。1978年11月21日至24日，阜新市第八届人民代表大会第一次会议举行，中断了13年之久的人民代表大会制度得到恢复。大会众望所归，选举李汝舟为市革委会主任。

担任市革委会主任后，李汝舟虽已年过花甲，但革命干劲仍不减当年。他认真贯彻执行党的十一届三中全会路线，把工

---

① 李汝舟：《我的简史》，存中共阜新市委党史研究室。

作重点转移到四个现代化建设上来，加强对经济工作的领导，贯彻执行党的经济政策，对国民经济进行有成效的调整、改革、整顿、提高的工作，取得了很大成绩。在农业生产方面，认真落实党在农村的各项政策，特别是坚决执行中共中央关于发展农业的两个文件，广大干部群众的社会主义积极性空前高涨，1979 年，社员人均收入达到 71 元，比 1978 年增加 11%。在工业生产方面，在调整中有了一定发展，1979 年，全市工业总产值超额 1.8% 完成国家计划。有 1 种产品被评为全国同行业第一名，有 3 种产品被命名为省优质产品，有 5 种产品部分指标达到国际水平。在基本建设方面，坚持保重点，保竣工，保投产，集中力量打歼灭战。1979 年，完成基建投资额 8522 万元，超过计划 1%，比 1978 年增长 32.3%。狠抓了住宅建设，竣工面积达 21.3 万平方米，是新中国成立以来建设住宅最多的一年，有 4748 户职工搬进新居。在财贸工作方面，改变了独家经营局面，实行了多渠道、多形式、少环节，开放了城乡集市贸易，促进生产，扩大了购销，市场日趋活跃，商品供应状况明显好转，服务态度和服务质量也有改进。在科学、教育、文化、卫生、体育等方面也取得了很大成绩 [1]。

李汝舟在按照党的十一届三中全会以来中共中央所制定的路线、方针和政策进行工作的同时，也一直在思考一个问题，这就是自己怎样按照中共中央提出的领导班子革命化、年轻化、知识化和专业化的要求去做。他多次在党的会议上表明自己按

---

[1] 李汝舟在阜新市人大八届二次会议上的报告，存阜新市档案馆。

干部年轻化标准有差距，不再担任市革委会主任的意愿。1980年7月，根据《中华人民共和国地方各级人民代表大会和地方各级人民政府组织法》，阜新市筹备召开市人大第八届第二次会议，设立市人民代表大会常务委员会。撤销市革委会，恢复市人民政府。在酝酿阜新市市长人选时，省里意见还让李汝舟当一届市长，但李汝舟主动提出不当市长[1]。他说自己年龄大了，应让年轻点的同志当市长[2]。为做好人事安排工作，市委不划框框，不提名单，发动部、委、办党组和县、区、局党委、党组充分发扬民主，广泛听取各方面意见，采取上下结合、反复协商等办法，经过两轮提名，李汝舟作为市长人选以80%的票数遥遥领先[3]。在上上下下呼声极高、要求李汝舟再当一届市长的情况下，李汝舟却说：搞四化需要文化高、有技术，应该让一些年富力强的同志上来。这是党的事业的需要，不是哪个人的问题。市革委会委员中找些年轻的工程技术人员，副主任以上的干部也可以安排几个年轻的。我是共产党员，要起作用在哪儿都能起[4]。在李汝舟的坚决要求下，辽宁省委同意了他的意见，由年轻的同志担任阜新市市长。

李汝舟不担任市长后，仍继续担任市委常务副书记，分管组织、干部等工作，并兼任市政协主席职务两年。在这两年中，李汝舟继续为提高年轻干部在各级领导班子中的比重

---

① 邱新野在县以上党政干部会议上的讲话，阜委办发〔1982〕33号，存阜新市档案馆。

② 阜新市委常委1980年7月20日会议记录，存阜新市档案馆。

③ 阜新市委〔1980〕40号文件，存阜新市档案馆。

④ 阜新市委常委1980年7月20日会议记录，存阜新市档案馆。

积极呼吁，做了很多工作。他说：人才问题，我认为中层以上的领导，非得更新换代，非得打破"论资排辈"不可。"万金油"干部不行，不提拔年轻的不行①。李汝舟还身体力行，多次向党组织提出辞去所任职务的请求。1982 年 8 月 31 日，辽宁省委批准李汝舟改任市委顾问，免去其市委副书记、市政协主席职务。1983 年 5 月 11 日，辽宁省委同意李汝舟离职休养。1995 年 2 月，根据辽组干字〔1995〕15 号文件精神，李汝舟享受副省级待遇。

离休之后

由于李汝舟是自己主动提出申请离休，在思想上早有准备，因此在离休后没有产生什么失落感和不适应。在政治上，他坚持给自己制定的"三不变"原则，即：共产主义理想不变、走社会主义道路不变、对党的信念不变，仍然继续关心党和国家大事，关心时事政治。李汝舟每天把订的几份报纸基本上都浏览一遍，还经常以普通党员的身份认真参加党的组织生活，接受群众的监督。李汝舟十分关心阜新经济和社会发展，凡是市委、市政府召开请他参加的会议，他都按时到会。他还积极参加一些社会事务和活动，继续为党的事业和阜新的发展奉献着光和热。

书画艺术是中华民族优秀的传统文化，是社会主义精神文明建设不可忽视的一个重要方面。在 20 世纪 80 年代初，由于

---

① 阜新市委常委 1980 年 7 月 8 日会议记录，存阜新市档案馆。

阜新市建市的历史较短，地区偏僻，经济滞后，文化也不发达，特别是在书画方面比较落后。李汝舟和几位离休的原市级领导决心改变这种局面，促成阜新市书画事业的崛起。在他们的努力下，经市委、市政府同意，于1983年11月26日成立阜新市书法家协会，李汝舟任名誉理事，并先后任中国老年书画研究会会员、辽宁省老年书画研究会理事、辽宁省书法家协会会员。1986年，阜新市成立书画院，李汝舟任名誉院长。为提供阜新市书画共同发展的活动阵地，李汝舟在因病住院期间还同其他老同志商定建阜新市书画院大楼的初步意见，并建议市委、市政府给予支持。1989年，1300平方米的书画院大楼建成。同年10月，书画院成立书画艺术培训中心，李汝舟任校长。这个中心培养了很多人才，很多学员成为阜新市的书画骨干。李汝舟和其他老同志经常与书画院负责同志谈办学方向问题，讲革命传统，教育他们走又红又专的道路①。

在全市书画活动健康发展的基础上，阜新市老年书画研究会于1988年7月15日成立，李汝舟是创始人之一，曾任第一届名誉会长和第二届会长。从此，他把自己和阜新市老年书画事业紧紧联系在一起，为老年书画研究会做了大量组织指导工作，为老年书画研究会的发展做出了贡献。老年书画研究会成立后，始终把教育摆到第一位，坚持分学科、按门类举办学习班，不断提高会员的书法绘画本领；成立理论委员会，每1至2个月进行一次理论研究，以提高会员的理

---

① 邱新野：《我的回忆》，1996年内部版，第219页。

论水平；成立创作委员会，开展创作和创作研究，以提高会员的创作水平；经常举办和组织自办展览、参加市外展览、与友好城市举办联展和举办个人书画展等，活跃会员文化生活，促进阜新老年书画事业的发展；组织人员去外地参观考察，并邀请一些知名书法家到阜新讲学，使会员开阔了眼界，受到教育和启发；不断健全和完善研究会组织，发展壮大会员队伍，加强对县区和基层研究会的协调指导。由于市委的高度重视，研究会领导班子积极工作，会员对书画事业的不断探索与追求，以及社会各界的大力支持，阜新市老年书画工作取得很大成绩，有的作品走向全国、走向世界。参展作品数以千计，有不少获奖、入碑、入典的作品名载史册，使研究会成为全省较好的学会之一。

李汝舟积极参与老年书画研究会研究和帮助解决办公地点、活动场所和活动经费等实际问题。为筹集活动经费，李汝舟不辞辛苦，多次找到市政府领导和市财政部门求得帮助。为把诗书画结合起来，在李汝舟的倡导下，研究会开设了诗词与楹联课程，深受会员欢迎。研究会成立之初，虽然常务理事会很健全，委员有明确分工，但是专门机构不够健全。李汝舟主持研究会工作后逐步加以完善，首先把老年书画学习班改为书画艺术学校，大家推选他为校长；其次是建立理论委员会和创作委员会。这些组织机构有机结合，协调工作，有力地保证了各项活动的开展。凡是研究会和这些组织机构开展活动，李汝舟都前去参加，有时还坐镇指挥。为加强对非会员的联系，研究会经常举办讲座，请市直老年书画爱好者参加，介绍研究会活动情况。李汝舟只要有时间，就到会并讲话，提出殷切的希望。在工作中，李汝舟坚持集体领导与分工负责相结合的原则，重大问题集体研究决定，该他决策时他敢于决策，该他负责时他敢于负责；具体工作由理事按分管范围进行处理，注意发挥大家的作用。李汝舟知人善任，认真倾听专家、学者的意见。研究会常务副会长不仅是出色的书法家，而且是领导的好参谋和好助手，李汝舟就经常采纳他的好建议，最大限度地发挥他的重要作用。1997 年秋，李汝舟从阜新迁至子女工作的大连市定居。临走之前，他举荐在书法上造诣很深、曾担任市级领导职务的同志接替他的工作，为阜新市老年书画事业不断发展挑选了德才兼备的带头人。

李汝舟平易近人，关心同志，与研究会的同志结下了深厚的友谊。研究会的第一任秘书长是书法绘画的行家，为研究会特别是研究会的创立做了很多组织工作。为充分调动其工作积极性，李汝舟从多方面予以关注和帮助。1993 年秋，该同志因病住进医院，李汝舟多次打电话给市委老干部局局长，嘱托他到医院同医生联系，尽力给予治疗。研究会第二任秘书长是位优秀的书法家和书法教育工作者，李汝舟不仅经常和他商谈研究工作，而且还和他探讨、切磋书法艺术。李汝舟到大连后，他们还常有书信往来，谈工作、谈书艺、谈生活。像在职时一样，李汝舟对自己要求依然很严格。对外地办书画展给他寄来的特别约稿，他从来没有因为送自己的作品而动用研究会的一分钱。

李汝舟在很早以前便十分喜爱书法艺术，但那时因公务繁忙无暇习练。离开工作岗位，特别是他担任阜新市书法协会和市老年书画组织的领导之后，才真正有时间学习这门中华民族的传统艺术。自 1984 年开始，李汝舟多次参加研究会组织的重点考察游历我国著名的山川、碑林、石窟和碑碣等活动，一方面领略了多彩多姿、巍峨壮观的大自然风光，开阔了视野；另一方面也领略了古典书法的风貌和博大精深的精髓，为自己学习和掌握书法艺术奠定了一定基础。李汝舟勤奋学习，虚心求教，为能学好传统、学好理论、学好技艺，他先后参加无锡书法艺专函授学习二年、西安书法函授学校学习一年和中国书法协会培训中心研修班等。通过学习，李汝舟从理论到实践均有很大提高，了解了书法史、书法理论及创作方法。同时，他坚持学习传统，又敢于创新，大量创作，反复从传统中走进去，再从传统中走出来。在学习中，李汝舟严肃认真，一丝不苟，苦练基本功。他书喜行草，作品秀雅清丽、爽爽有神。他经常虚心向别人征求对自己作品的意见，发现不足不断修改，直到自己满意、评家满意为止。由于李汝舟具有勤奋不辍、求知若渴的学习精神，他的作品有了质的提高，多次参加省市书协和省市老年书画研究会的作品展，还多次入选中日韩三国和辽吉黑三省展览。在全国纪念中国工会成立七十周年书画摄影大赛中，他的作品获一等奖。李汝舟的作品还多次被收入阜新市第一部书法篆刻作品集《煤海墨潮》以及《阜新书法篆刻作品集》《阜新老年书画作品集》《阜新老年书画作品选集》等。

李汝舟非常关心青少年的教育，他感觉抓好青少年教育极端重要。因此，从 1990 年 5 月起，他一直担任阜新市关心下一代工作委员会顾问，为阜新市关心下一代工作做出了贡献。李汝舟积极参加市关工委召开的各种会议，特别是在主任办公会议上，他认真发表意见，提出好的建议，在关工委中起到了重要作用。李汝舟非常重视宣讲团的工作，提出要针对青少年的思想实际，采取一些有效措施，有针对性地进行教育，特别是要进行以爱国主义和革命传统为主要内容的教育。他对海州区宣讲团的工作进行具体指导，发挥宣讲团的重要作用，使工作开展得有声有色，产生了较好的社会教育效果。他还经常到基层单位进行调查研究，了解情况，帮助解决有关问题。为表彰李汝舟在关心下一代工作中做出的贡献，阜新市委、市政府于1991年授予他"阜新市关心下一代工作先进个人"光荣称号[①]。

为振兴中华诗词、弘扬民族文化、深入开展爱国主义教育，为宣传阜新、促进阜新的改革和开放，阜新市于1987年5月成立了老年诗词爱好者组织——青山诗社，李汝舟任名誉社长。1988年12月，在青山诗社的基础上又成立了阜新诗词学会，李汝舟任名誉会长。在诗社和学会的工作中，特别是在创建初期遇到活动经费不足、缺少活动场所等困难时，李汝舟和其他老干部做了很多工作，帮助解决这些问题。有时为学会开展好活动，李汝舟找到经济效益较好的企业求得支援。他十分关心和支持基层诗词学会的工作。阜新县诗词学会召开成立大会，李汝舟不仅到会祝贺，还特意为学会的成立题字。李汝舟在为阜新诗词工作做出一定贡献的同时，也在热爱、学习、传播和

---

① 阜新市关心下一代工作先进个人材料，存阜新市委组织部。

实践着这一传统文化。为提高会员格律诗词的写作水平，市诗词学会举办近一年时间的学习班，由这方面的专家进行授课，李汝舟一直坚持参加学习。他勤学苦练，谦逊好学，对自己的作品精益求精。他经常把自己的作品交给专家点评，请他们提出修改意见，对要发表的作品，他更是慎重严格，有的改动很多遍，直到自己和行家满意才送去发表。李汝舟在学中写，写中学，诗词创作水平不断提高，先后有 20 多首诗词在省诗词学会主编的《辽海吟唱》、省市诗词学会联合主编的《玉龙吟》和阜新市诗词学会主编的《青山诗选》《塞北春风》《塞外新曲》等诗集上发表。

李汝舟一直喜爱体育运动。早在"文化大革命"前，他就在紧张的工作之余习练太极拳，以此锻炼身体。离休后，他担任了阜新市老年人体育协会主席，更加关心老年人的健康。李汝舟组织老年体协会员参加体育锻炼和参加竞赛等活动，在增进老年人健康水平，提高全市老年人体育人口等工作中做出了重要贡献。1995 年，在中国老年人体协、全国老龄委、人事部离退休司、中央电视台"夕阳红"栏目、《健康之友》杂志社主办，福尔康有限公司协办的第四届全国健康老人评选活动中，李汝舟被评为全国健康老人。

2014 年 1 月 17 日，李汝舟因病医治无效逝世，享年 100 岁。

李汝舟的一生是革命的一生，是奉献的一生。他把人生中最美好的年华奉献给了党，奉献给了阜新人民，为阜新的经济建设和社会事业发展做出了巨大贡献。阜新人民永远深切缅怀他。

刘芝明

庞纯杰

刘芝明，原名陈矢藩，又名陈祖謇，辽宁盖平人。1931年11月加入中国共产党。曾任国民御侮自救会、中国领土保障大同盟党团书记，上海反日救国联合会理事；中央党校政治经济学研究室主任、教务主任，兼任中央党校三部主任、延安平剧研究院院长；中共鞍山市委书记兼鞍山市市长，鞍山市保安司令部司令员兼政委，中共安东地委副书记，中共辽东省委宣传部副部长，辽东分局宣传部副部长，东北局宣传部秘书长、副部长兼东北人民政府文教委员会副主任、东北文学艺术联合会主席；东北人民政府文化部部长，中国人民保卫世界和平委员会沈阳分会副主席；文化部副部长、党组副书记，文联秘书长、副主席、党组副书记、代党组书记，中国人民政治协商会议第四届全国委员会委员。1968年3月6日，被迫害致死。

乡关往事

刘芝明，1905年2月24日（阴历一月十六）出生于辽宁省盖平县（今盖州市）。作为陈家的长子诞生，陈家上下一片欢欣。按照家谱排序,这个新生儿被取名为陈矢藩,又名陈祖謇。

刘芝明的祖辈从山东蓬莱迁至关东。刘芝明出生在一个有着诗礼传家传统的知识分子家庭,在保留着书香门第传统的同时,却也不乏前人"闯关东"的开拓精神。尽管在当地,陈家不是枝繁叶茂的"坐地户",但是凭借着良好的个人修养和独到的经营眼光,他们还是在盖平牢牢地扎住了根。祖父陈雇琳曾考取过贡生,父亲陈命显是秀才,他们都教过私塾,却不曾为官。真正能够让陈家在当地显赫一时的,是他们依靠种植柞树放蚕,开办丝坊发家的见识和胆略。

19世纪末至20世纪初,辽东半岛正处于被帝国主义列强,特别是沙俄和日本瓜分、宰割的时期,而刘芝明的父亲陈命显也正是在此期间受到了改良派和《天演论》的影响,走上了"实业救国"的道路。严复的"物竞天择,适者生存"成为一个时代"保种自强"的呼声。而严复所传达的人定胜天的观点,在陈命显看来,和"闯关东"的创业精神有相通之处,所以他对《天演论》的观点是非常赞同的。陈命显课子虽严,但思想观念并不保守,这就使得少年刘芝明在传统文化学习方面打下扎实基础的同时,又可以接触到新鲜思想,并接受新式教育。由于当时家庭经济状况富裕,刘芝明的兄弟姊妹在青少年时期,都受到地方开办的新式学堂的良好教育。刘芝明上过盖平县省立第三师范,二弟就读于上海法政大学,三弟在营口水产高中毕业后去日本留学。在那个"女子无才便是德"的时代,比较开明的陈命显把自己的女儿也送进师范学堂读书。仅从对待子女接受教育的问题上,就不难看出陈氏家族的家学渊源以及陈父在接受新思想方面的豁达。

中日甲午战争之后，日本军国主义的侵略野心膨胀，疯狂推行其侵略中国、吞并朝鲜的"大陆政策"。这与沙皇俄国推行的侵略中国、吞并朝鲜、独占亚洲、称霸太平洋的"远东政策"发生尖锐矛盾。《马关条约》规定割让辽东半岛给日本，引起沙俄的不满。沙俄为获得不冻港旅顺，控制我国东北地区，联合法、德对日施压，最后中国给日本白银3000万两作为"赎辽费"赎回辽东半岛，史称"三国干涉还辽"。沙皇俄国以"还辽有功"为借口，攫取了在中国东北修筑中东铁路及其支线等特权，后来，又强行向中国政府租借旅顺和大连。日本经过10年备战，实力大增，决心在东北地区卷土重来，建立霸权，取代俄国在东北的地位。1904年日俄战争爆发。这次战争，是在中国东北的领土上发生的。腐朽的清政府对日俄双方在中国领土上开战，无力维护国家主权，竟宣称"彼此均系友邦"而"局外中立"，划辽河以东为交战区，刘芝明的家乡正处在交战区之内。就在刘芝明出生那年（1905年）的7月9日，日军攻占盖平。据县志记载，战争波及之处，"所在残破，粒米无收，被难人民，幸逃炮火之厄者，居仍无庐，食仍无粟，嗷嗷待哺，不可终日"。仅盖平县被难者184个屯，4252户，成年人12138人，儿童8817人，经营口红十字会医院治疗的伤员有2.6万人之多。战争的结局则是中国的东北，特别是南满（今东北南部）成为日本的势力范围。生养刘芝明的土地变成了日本帝国主义日后野蛮侵华的跳板。

其父陈命显有见识，也有胆略，家业在他手里很快就发展壮大起来。他先在盖平县开办了百人以上的柞蚕丝手工业工厂，继而又在海城、安东（今丹东）与人合伙开办手工业丝坊，生意一时做得红红火火。可是一方面，在当时的社会环境中，他不得不和骄横的日本商人进行贸易往来；另一方面，他心中对横行故国家园的日本帝国主义充满了憎恨。双方在交易过程中屡屡交恶，冲突不断，随着陈家生意的拓展，陈命显和日本商人的矛盾也日益加深。最终，一场人为的"天火"突然降临在安东货栈（和日资有关系），熊熊的烈焰中陈家准备出口的蚕丝全部化为灰烬，陈命显的雄心壮志也随之化为一腔愤怒和忧患。由于打击太大，陈命显一病不起，这个辽东地方早期的民族资本家就这样死在日本人的阴谋和淫威之下。

陈命显去世后，陈家的经济状况一落千丈，作为长子的刘芝明也开始经历从"少财东"到"没落户"的人生体验。家庭生活的巨变和挫折，使刘芝明第一次真正感受到孤寡备受冷漠的世态炎凉。亲眼目睹了至爱的父亲在日本人欺凌下悲惨遭遇的刘芝明，第一次认真地思考国家地位和个人命运之间的关系，国仇家恨在他心中也深深地扎下了根。从辽东半岛上日本人对中国人欺侮的事实中，他切身体会到列强侵华带来的深重苦难和中国民族资本家在外来资本重击下的软弱和无奈。他痛恨把陈家逼上绝境的东洋鬼子，痛恨听任辽东半岛让列强宰割的清政府和封建制度，于是，一个血性少年迅速觉悟成为一个怀有民族主义热情的爱国青年。

刘芝明的父亲过世后，陈家很快破落，只能靠典卖地产，出租当年的作坊、工厂的房产度日。母亲张氏自知无力重整家

业，就把支撑门户的希望寄托在长子身上，作出了尽快为陈祖
謇（刘芝明）完婚的决定，择定的妻子是自幼与刘芝明订婚的
盖平县东牟马岭李玉泉的二女儿李淑媛①。李家多姊妹，长女
早嫁，李淑媛长刘芝明三岁，是一位传统家庭成长的贤淑女人。
1922年，两人正式完婚②。由于封建的包办婚姻，开始时他们
夫妇二人感情基础并不深厚。妻子的父亲有着浓重的男尊女卑
思想，她很怕新婚的丈夫也会像她父亲一样，大男子主义十足。
没想到接受现代教育的刘芝明不但在观念上主张男女平等，在
生活中也经常主动帮助妻子做家务，这让妻子在家庭生活中感
到心情非常愉快。但是新婚没有束缚住刘芝明的手脚，也没有
拴住刘芝明的心。

　　1924年，刘芝明做出一个让家人惊愕不已的举动——中
断即将取得毕业证书的省立师范的学习，到当时的政治中心北
京求学。究竟是什么原因让青年刘芝明离家求学的呢？近40
年以后，他在一首《念奴娇·望儿山》中描述了自己当时的心
态：望儿天泮，化作石人立，陈诉千古。浪舟覆没吞儿去，但
恨王朝如虎。榜上黄金，功名一纸，谁个有归处。半岛西东，
消磨英雄无数。

　　词中所说的"榜上黄金，功名一纸"，所指的就是这件事情。

　　在省立师范，刘芝明接受了更多的新思想和新文化运动的

---

①1933年以后，由于李淑媛从事地下工作时非凡的革命经历以及刘芝明夫人的缘
故，她受到了周围人群的尊敬和爱戴，被大家习惯地称为"刘大嫂"，她的本名却常
常被人"遗忘"了。

②刘芝明与李淑媛婚后，共育有子女6人，即长子陈抗、次子陈勇、三子陈智、
长女陈英、次女陈业、三女陈睿。其中陈抗、陈英、陈业生于盖平，其余均生于延安。

影响。他本来就从父亲那里接受了进化论的观点，此时他又被孙中山"民主建国"的思想所打动。这时的刘芝明心中，孙中山已经取代了严复，成为自己的偶像。

五四运动以来，共产党人陈独秀所领导的新文化运动，对刘芝明产生了更大的影响。

1924年初，中国革命形势出现新的历史转机，由于国共两党合作的实现和革命统一战线的建立，反帝反封建的大革命运动在全国范围内迅速兴起，其影响已经波及关外。反帝、反封建、科学和民主旗帜的召唤，更让刘芝明无法平静，他要去风云激荡的北京寻找一条通往未来的出路。

1924年10月23日，冯玉祥发动北京政变，推倒直系军阀总统曹锟。25日，联名奉系军阀张作霖电请孙中山先生入京主导统一建国大计，孙中山为和平奋斗以救中国，以大无畏精神前往，并于11月10日发表《北上宣言》，提出召开国民会议及废除不平等条约之主张，"期以唤起民众，发挥民力，达成国家独立、自由、统一诸目的"。孙中山赴北京的决定，也成为刘芝明赴北京求学的重要动因。

追求真理

1924年，19岁的青年陈矢藩（刘芝明）走进北京城时，心中充溢着救国图存的民族主义激情。他的激情中还伴随着希望，就是在接触和了解庞大的中国社会的同时，能够发现一个公平公正的新世界，有机会做一番个人事业。

考入南方大学的刘芝明目睹了军阀混战带给中国的苦难，

在北京就读期间，方方面面的所见所闻，开阔了他的视野。孙中山《北上宣言》宣布对内要打倒军阀，对外要推倒军阀赖以生存的帝国主义，废除不平等条约；表示接受中共发表的第二次对于时局的主张中提出的召集国民议会的主张。让刘芝明开始憧憬一个"富强的新中国"早日出现。他在家与国的关系问题上不断地深刻思索，爱国主义思想日渐清晰。

1925年3月12日，伟大的革命先行者孙中山在北京逝世，致祭者不绝于路。孙中山遗嘱中"必须唤起民众，及联合世界上以平等待我之民族，共同奋斗"的主张，深深地打动和唤醒了每一个热血青年。在去协和医院参加送殡时，刘芝明走在悲痛欲绝的人群中，思想上受到极大震动。看到自己由衷敬仰的孙中山的《遗嘱》，他觉得自己找到了毕生为之奋斗的道路，立志向孙中山学习，尽可能为民族、国家做一点事情，从而坚定了个人必须为民族复兴和国家强盛出力的决心。刘芝明相信，自己似乎已经找到了一条中国振兴的正确道路。

1925年，由于日本资本家枪杀工人顾正红，在上海引发了声势浩大的五卅爱国运动，运动的影响遍及中华大地，刘芝明与同学一起热情地加入声援行列。这时的刘芝明仍然在追求真理的道路上徘徊。帝国主义列强在中国的暴行，让他愤怒；孙中山逝世后，中国军阀混战的局面仍未改观，让他迷惘。他决心奔赴日本，探求日本走上强盛之路的原因，进一步寻求拯救民族、国家的真理。

1926年夏天，21岁的刘芝明怀着希望，踏上赴日留学的旅程。1927年，刘芝明考入早稻田大学，进入政治经济专修科。

由于他把赴日留学视为寻求真理的征程，因此学习格外认真和刻苦。

日本是亚洲地区最早传播马克思主义的国家。俄国十月革命后，马克思主义首先传到日本，受此影响，一些留日学生在日本接受社会主义和马克思主义思想，回国之后参与了中国共产党的建党和早期活动。

早在 1913 年冬，中国最早的马克思主义者和共产主义者、中国共产党的主要创始人之一李大钊就曾经怀着忧国忧民情怀，考入早稻田大学政治本科学习。中国共产主义早期的核心人物陈独秀、李大钊、李达、李汉俊、周恩来、董必武、彭湃以及鲁迅等人，都曾留学日本，并在此受到马克思主义思潮的影响。

出自对李大钊这位学长的无限景仰，也出于对祖国前途命运的担忧，青年刘芝明对俄国十月革命、马列主义产生了浓厚兴趣。通过比较和分析，他相信苏联的社会主义道路，会给中国的繁荣与强盛提供有益的启迪。在刘芝明留学日本时期，在日本的大学里，到处可以见到有关马克思主义的讲座、研讨会，学生上学甚至以携带马克思主义著作作为时尚。早稻田大学是当时日本最著名的私立大学，在高校中是比较进步开放的，除了马克思主义之外，无政府主义、社会改良主义等思潮也在校园内流行。一批左翼文化人士，如大山郁夫①等人时常出入其

---

① 大山郁夫（1880—1955 年），早稻田大学哲学系教授，日本左翼运动的著名人士。曾热情地宣传俄国十月革命。20 世纪 50 年代致力于中日友好的和平运动，曾于 1955 年访华。

中，政治活动和学生思想也比较活跃。此时，正值日本左翼文化运动的高潮时期，小林多喜二①等进步作家正纵横于文坛，马列主义学者河上肇的著作广泛发行，普列汉诺夫、布哈林的著作也被翻译出版并流行一时。当年，中国国内正在进行着轰轰烈烈的大革命，北伐军一路势如破竹，远在东京的共产党员和国民党员都由衷地欢呼着大好的国内革命形势，中国的左翼文化运动也日益高涨。

刘芝明就是在这样的历史背景和社会环境中接触到马列主义思潮，并逐步把自己转变成为一名马克思主义者。他曾经回忆当年的情景说：当时我认为，只有把多种思想加以比较研究，才能确定什么政治斗争是正确的。于是读了《资本论》《反杜林论》《共产党宣言》及《马克思恩格斯全集》中的重要著作，以及《列宁全集》等，也看过无政府主义、社会改良主义书籍。课程除了大山郁夫等几个人以外，都不去听。这一时期我常与中国同学——其中也有共产党员，一起在我们的住处"野人居"（意思是一群要打破旧世界、创造新世界的人居住的地方）展开热烈讨论。后来我们这些人思想渐渐有了分歧：有无政府主义者，有改良主义者，而我从争论中逐渐认识到只有马克思列宁主义才是真理，而且可以行之有效。同时觉得国民党那一套不能解决中国问题。从而倾向于共产主义。但是谁都不主张行动，只想在理论上革命……留学期间，看到日本人对中国人很

———————

① 小林多喜二（1903—1933年），日本无产阶级文学运动的领导人之一。1930年，小林多喜二加入日本共产党。在创作上，小林多喜二以藏原惟人倡导的"无产阶级现实主义"为指导，注重通过细节刻画人物。

看不起，中国在世界上毫无地位，对中国半殖民地半封建社会状况加深了认识，要献身国家和人民的思想逐步强烈起来。因此，1929 年要毕业时，自己选择了回国到上海搞左翼文化活动的道路 ①。

显然，和一般中国知识分子走上革命道路相比，刘芝明更多出了几分自觉和理性以及直面人生与现实的勇气和豪情。在同形形色色思想，各式各样理论的交流、交锋过程中，刘芝明不但从理论上明确了只有进行社会主义革命，走俄国十月革命的路才能救中国的认识，更义无反顾地选择了回国亲身参加左翼文化实践的革命道路。对马克思主义经典著作的认真学习和钻研，为他今后从事马克思主义政治经济学和《资本论》的教学奠定了坚实的理论基础。用刘芝明自己的话来说："我是先读《资本论》，后参加革命的。这就是理论指导了我的实际行动。" ②

刘芝明留学期间，家里的经济状况愈加窘迫，仅靠收回的房租，已经难以为他们兄弟提供读书费用，更何况还有一家人的生活需要维持。就在家庭经济不堪重负的时候，刘芝明的夫人李淑媛肩负起家庭生活的重担。这个富裕家庭出身、从来没有下地干活经历的柔弱女子，每天起早贪黑，亲自种植、经营18 亩菜园。每天太阳还没有升起，她就赶往集市卖菜，月亮高悬头顶的时候，她还在浇水种地。她把汗水换来的收入一点

---

① "文革"时期的《刘芝明自述》。

② 刘芝明 1949 年 12 月 18 日在东北党校高级部的讲演《马列主义政治经济学的基本精髓是什么》。

点积攒下来，到了一定日子，就换成"金票"（日币）汇往日本。有时，家庭生活过于拮据，她还需要舍下脸面，向亲戚举债度日。她发挥自己的理家才能，一面用劳动所得去偿还家庭的债务、利息，一面又为二弟陈矢平和三弟陈矢权娶妻完婚，全力辅佐婆婆张氏支撑着这个大家庭，试图凭借个人能力阻止家境的不断衰落。为了经营的实际需要，也为了日后能和丈夫在学识上般配一些，她开始发奋学习文化，经常利用烧火做饭的时间，让正在读小学的大儿子教她识字。此时的李淑媛虽然还只是一位满心盼望夫妻团圆、家业重振的封建家庭中的贤妻良母，但是她身上所体现出的中国妇女的优良美德，让所有认识她的人都敬佩不已。

1929 年底，刘芝明从日本回到阔别已久的故乡，经过一段时间的准备，他决定把自己从事革命实践的落脚点选在上海。此时，国内则是黑云压城城欲摧。大革命失败后，国内政治局势急剧逆转，原来生机勃勃的中国南部一片腥风血雨。蒋介石在南京建立政权后，残酷地镇压、屠杀共产党人和革命群众。这时的中国共产党遇到了前所未有的困难。据不完全统计，从 1927 年 3 月到 1928 年上半年，被杀害的共产党员和革命群众达 31 万多人，其中共产党员 2.6 万多人。在极其险恶的局势下，党内思想异常混乱，一些不坚定分子离开党的队伍，党员数量急剧减少到 1 万多人。与此同时，工农运动走向低沉，相当多的中间人士同共产党拉开距离。事实表明：中国革命已进入低潮。党的六大以后，中共中央非常注意党的建设，党的组织有了较快的恢复。1929 年 6 月党的六届二中全会召开时，党员已达到 6.9 万人，1930 年 3 月，又增加到 10 万多人。1930 年底，党在全国 17 个省恢复了省委和许多特委、市委、县委组织。革命浪潮又开始复兴。刘芝明就是在这种情形下，选择了上海作为他从事革命工作的落脚点。

艰辛岁月

1930 年春节刚过，心情急迫的刘芝明匆匆赶往上海，投身艰苦卓绝的革命斗争中。20 世纪 30 年代初，经历了大革命失败后的上海，繁华喧嚣的背后，仍然弥漫着白色恐怖的气息。

初到上海，刘芝明借住在二弟陈矢平处。陈矢平当时是上海法政大学学生，也是中国共产主义青年团员，思想活跃，和左翼人士接触非常密切。由此，刘芝明认识了张庆孚、沈起予和朱镜我。他起初想通过沈起予写写文章，在文坛上进行活动。以后因为与一些共产党员和左翼朋友的密切接触，他加入社会科学家联盟①。这个学成归国的青年学者，步履匆匆地穿行于各个学校之中组织分会，进行马列主义的宣传普及教育，以他特有的生活经历和学识，诚恳耐心地向学生讲述抗日救亡的道理，激发学生的爱国热情。

1930 年夏天，为了掩护刘芝明地下工作者的身份，使他更好地周旋于形形色色的人群之间，根据组织安排，刘芝明把妻子和儿子陈抗和女儿陈英、陈业从东北老家接到上海，于是

---

①1930 年 5 月 20 日中国共产党在上海建立的传播马克思主义的文化理论团体。简称"社联"。朱镜我为中共社联党团书记。1936 年，在中国共产党建立抗日民族统一战线的号召下，多数会员参加各界救国会的工作，社联自行宣布解散。

刘芝明的家人开始了地下工作的生涯。1931年初，他代替王学文①在上海法政大学、暨南大学等几所高校教授政治经济学，以教授的合法身份作掩护进行地下工作。

回忆这段历史，他说：1931年"九一八"前，社会科学研究会展开了一场争论。托派分子在《读书》杂志上对中国经济问题发表了意见，说中国已是资本主义社会，封建主义已是残余，说帝国主义对中国没有什么侵略了，王学文即在我们的《新思潮》杂志上发表文章反对托派的见解（《新思潮》月刊第5期"中国经济研究专号"发表潘东周、吴黎平、王学文等的论文，对中国社会经济进行分析研究，与形形色色的反马克思主义谬论展开关于中国社会性质的论战。以后，张闻天、瞿秋白、蔡和森都撰文参加论战。《新思潮》被查禁后，论文在《布尔什维克》《读书杂志》《中国经济》等刊物上发表）。当时我和"左社联"一些同志，如曹荻秋、潘汉年也参加了这场争论②。

此时，上海滩笼罩在一片肃杀的白色恐怖气氛中，可是刘芝明为真理而奋斗的信念丝毫没有受到影响。

1931年9月18日，日本关东军制造震惊中外的九一八事变，向东北全境发动了武装侵略。在"绝对抱不抵抗主义"的指示下，东北的大好河山顷刻间沦陷于日军之手。在中国共产党的领导和影响下，全国掀起反日运动的高潮。1931年10月间，上海、北平、天津、广州、南京、汉口、南昌等地工人先后举

---

① "文革"时期的《刘芝明自述》。
② "文革"时期的《刘芝明自述》。

行反日罢工，学生举行罢课，上层小资产阶级和民族资产阶级也开始改变政治态度，要求蒋介石国民党在政治上"改弦易辙"，停止反共内战政策。目睹故园沦丧、山河破碎，满怀爱国激情的刘芝明，无畏地走上与民众相结合的道路。他脱下西装，深入工厂，不辞劳苦，四方奔波演讲，号召大众奋起抗日。按照党组织的指示，他辞去暨南大学教授的职务，凭借个人独有的人格魅力和渊博学识，运用出色的组织、动员能力，活动在各行各业的东北同乡之中，说服大家统一思想，共同对敌。不长的时间里，他先后创建有学生、工商界人士、大学教授参加的中国学生同乡抗日救国会、中国大学生同乡抗日救国会、中国高级知识分子同乡抗日救国会、中国工商界同乡抗日救国会等受党影响的抗日外围组织，并组建一个规模庞大的东北同乡救国会，冒着危险担任了会长职务。在杨尚昆领导下，积极号召上海各界奋起抗争，抗日御侮。在这山河破碎、民族危亡之际，刘芝明坚定了自己终生的政治选择，11月加入中国共产党。在党的领导下，他义无反顾地走在反日爱国斗争的前沿。

回顾这一时期，刘芝明自述：九一八事变，日本侵占东三省，使我思想上起了很大变化。强烈的抗日斗争推动我参加了实际工作，并且入党心情也日益强烈。根据党的指示，我辞去了暨南大学教授，在上海组织一个"东北同乡抗日救国会"。用它来影响上海各界的抗日运动。"东北同乡抗日救国会"因为有它的特殊地位，一般在上海的东北工商界人士、大学教授，都参加了同乡会，进行抗日工作。有一位肇兴轮船公司经理是东北人（名字记不清了），在上海较有威望。我为会长，他为副会长，开始工作进行得比较正确。这时我不仅接触学生，还脱下西服到工厂去做工作，接触工人群众，到处去演讲，开大会。愈是这样，愈觉得需要入党，愈觉得脱离实际、脱离群众不对。于是积极要求入党。"东北同乡抗日救国会"成立不久，就同其他几个团体联合组成了"民反"①。领导"民反"的是杨尚昆。"民反"成立不久，学生抗日运动兴起，不久大学抗联、中学抗联相继成立，先后都加入了"民反"。我们团结了一批上层人士和大批学生。随后又开展了工人抗日斗争，成立了"上海工人抗日救国联合会"。我们深入工厂学校，组织抗日会，进行反对蒋介石卖国的宣传，支援东北义勇军。记得当时学生到南京请愿，上海抗日群众把国民党上海市政府的牌子都给砸了……就在同年11月，经当时"民反"负责人介绍，加入了中国共产党。我入党是在抗日高涨的条件下，也是在斗争尖锐的条件下坚决要求的，不仅仅是对共产主义的信仰，而是下定了为共产主义牺牲自己的决心……这一时期我接触了群众，做了实际工作，锻炼了自己，过去那种思想与行动割裂现象基本克服，在斗争中渐渐熟悉了怎样和敌人斗争②。

刘芝明非常清楚，他的入党誓言是需要以生命为代价来实现的。"满天风雪满天愁，革命何须怕断头"，为理想而奋斗，为事业而牺牲的誓言，在白色恐怖下，是需要用行动、用生命来实践的。事实证明，刘芝明忠实地履行了自己的誓言，在生死关头，他用家庭和生命为代价捍卫信仰和事业的崇高尊严。

---

① "文革"时期的《刘芝明自述》。
② "文革"时期的《刘芝明自述》。

　　本来，以刘芝明大学教授的实际经济收入，在当时的上海维持一个 5 口之家并不算一件太困难的事情，可是他收入的主要部分都交给党组织做了活动经费，又必须在外人面前支撑起"大学教授"的门面，在和身份相匹配的弄堂居住，还要考虑到应付危险局面的出现，在其他地方另租"亭子间"备用，家庭经济状况因此变得拮据非常。家里人和往来的同志都清楚地知道，他在西装革履之下，掩饰的是补丁摞补丁的衬衫，皮鞋鞋底上的窟窿。每天，刘芝明都要高声招呼黄包车出门，一旦躲开邻居的眼光，就赶快托故下车步行。而回来的时候，也需要在离家不远处雇一辆黄包车，为的是气宇轩昂地在邻居面前走走进门的"过场"。当年随他在上海"坐机关"的大女儿陈英至今清晰地记得，5 岁时就开始跟着妈妈跑菜市场。出麻疹时，妈妈带着哥哥在菜市场卖鱼虾的摊子前，拾了一些鲜虾皮，拿回家里洗干净后熬汤，好让疹子全发出来治病。二女儿陈业的记忆中，幼年在上海时，香蕉是明晃晃、金灿灿的，近在咫尺的美味永远是可望而不可即的。而妈妈李淑媛每天到菜市场捡拾菜帮菜叶后，还要再花十个铜板买一片薄薄的肉盖在菜篮上，好在房东和邻居面前招摇而过，这也成为陈家生活中的一项固定"程式"。刘芝明 3 个幼小的子女，也很快适应了险恶的工作和生活环境，他们不能像其他同龄孩子那样无拘无束地尽情玩耍，还要学会察言观色，守口如瓶。但是，也正是由于从小生长在这样艰难的环境中，他们日后才能养成严谨的工作作风和良好的生活习惯，成长为新中国建设的有用人才。

　　1932 年 1 月 28 日，"一·二八"事变爆发。在全国人民抗日高潮的推动下，驻守上海的十九路军奋起抵抗，进行了淞沪抗战。在上海群众抗日热情空前高涨的同时，刘芝明的身影也格外活跃，他组建了一个规模庞大的"东北义勇军后援会"，日夜奔波于浦东、浦西、闸北以及各租界地之间，利用各种机会，召集各种形式的反蒋抗日大会。

但是从1931年开始，中共党内王明等人推行一条"左"倾教条主义路线，给党在白区的地下组织，造成无可弥补的巨大损失。对于这段刻骨铭心的日子，刘芝明有过深切的自省：

本来我们的活动很广泛，但当时在王明的取消上层统一战线下，有人提出"下层统一战线"等"左"的口号，结果一些上层人士，如沈钧儒等都被排斥出去了。在工厂开展抗日活动，同时又提出过"左"的反对资本家剥削等口号，还提出日本侵占东北是作为侵略苏联的跳板等等愚蠢的口号，结果人家说我们的是"赤色帝国主义"，背向我们了。于是组织缩小，自己孤立。国民党这时也加紧公开迫害我们。1932年"一·二八"上海抗日活动又达到高峰，抗日群众发动起来了，工人、学生、店员差不多都在我们影响下捐款、救济，并争取更大的公开。十九路军抗战后，本来应该就此机会，做好统战工作，可是依然提出"孤立上层，争取下层士兵"等错误口号，还要在闸北组织抗日义勇军，开展游击战……结果坐失良机。"一·二八"后，"民反"就受到迫害，不能公开活动，组织不能巩固，队伍不能扩大，总是那么几个人。于是"民反"又改成"东北义勇军后援会"，继续工作，奔走于浦东、浦西、南市、闸北以及各租界地之间，召集各种抗日反蒋大会，宣传义勇军，成立各种形式义勇军后援会。上海工人阶级不怕牺牲，英勇斗争，大大教育和鼓励了我。11 月在公共体育场开群众大会，警察来包围，工人手持铁棒与敌人斗争，使敌人无法捣乱会场。在会场和游行中有些工人被捕了，面不改色。特别是 12 月间，万人抬棺大游行（死者是去南京请愿时被打死的上海商专学生），工人和学生们都被打得头破血流，但群情激昂，不知退却。这时，可以说我们是勇气有余，但对王明路线却不了解，只知道干，只知道服从组织纪律，认为不怕死就是党性 ①。

在刘芝明所说的这次万人抬棺大游行中，被打得头破血流的工人和学生冲破军警层层封锁，冲过法租界的铁门，他们英勇的爱国举动震惊了整个上海滩。1961 年在刘芝明所作《鹤冲天——纪念党诞生四十周年并悼念三十年前"九一八"抗日救亡战士》一词中，曾经自豪地追忆往事："黄浦滩上，水卷龙头望。年少猛如虎，谁能挡？抬棺游行去，抗日浪潮飞涨，英气真无量。"可是，损失也是巨大的，王明的"左"倾教条主义路线断送了白区大好的革命形势，也断送了无数忠贞坚定的共产党员的生命。刘芝明的二弟陈矢平就是一个例子。

陈矢平是本次活动的组织者和骨干之一，他在游行活动中的积极表现，引起反动军警的注意，被抓进法租界巡捕房，严刑拷打下遍体鳞伤，四根肋骨被打断。为了营救垂死的陈矢平，家里典当房产，出卖了几十亩耕地，这才勉强凑够赎金。雇律师打通关节，终于接回奄奄一息的陈矢平，经过几个月的抢救

---

① "文革"时期的《刘芝明自述》。

才勉强保住了性命。由于身体健康严重恶化，陈矢平无法坚持在上海继续从事艰苦的地下工作，党组织批准他回盖平县老家隐蔽休养。但是，这位在 20 世纪 20 年代革命处于低潮时期，周围被白色恐怖笼罩下参加共青团的坚强战士，却不肯停下来休息。他执意要去北满寻找组织，寻找党领导下的东北抗日联军。他以教育工作为掩护，到过阿城，去过肇东。他在肇东正遇到东北抗日联军领袖之一的于天放越狱成功，大闹三肇攻进肇东县城。大喜过望的陈矢平带病慰问东北抗日联军，兴奋异常。但是孤立无援的东北抗日联军虽然奋勇杀敌，却无法长久支撑，只能逐步东撤。拖着病体的陈矢平在严冬季节又到了黑龙江省延寿县，他梦想能够见到中国的"夏伯阳"，能够亲自拿起武器和日本侵略者血战到底。可是，严重恶化的病情使他倒在客栈，在漫天的冰雪里，在白茫茫的北国大地上，陈矢平带着敌人留下的满身伤痕和流脓不止的胸漏，带着对"左"倾路线的悲愤，抱恨离开了人间。他唯一的安慰是他的儿子陈翔、女儿陈敏继承了父辈未竟的遗志，走上了革命的征程。

1931 年 1 月 7 日，党的六届四中全会在上海召开。从这时起，以教条主义为特征的王明"左"倾错误在党中央开始长达 4 年的统治。在王明"左"倾路线的错误指挥下，中共上海地下组织受到极大破坏，中共中央机构被迫迁到江西苏区。"左"倾冒险主义的主观蛮干，使党在国民党统治区的工作变得更加困难。随着白色恐怖气氛的日益加剧，刘芝明的工作处境也变得异常险恶。

在极为艰难的环境中，刘芝明坚持斗争，团结宋庆龄、鲁迅等爱国进步人士,为推动抗日救亡运动,反对蒋介石的独裁统治,作出了重要贡献。1932 年上半年至 1933 年 8 月,刘芝明先后担任国民御侮自救会①、中国领土保障大同盟②等党领导下的抗日外围组织的党团书记以及上海反日救国联合会理事等职务,在工厂、学校壮大抗日力量的同时,尽最大可能发展抗日民族统一战线,争取宋庆龄、杨杏佛、鲁迅等上层人士和文化名人的支持与合作。作为江苏省委宣传方面的主要负责人之一,他还要秘密开展党团活动。

刘芝明曾经回忆:1932 年 5、6 月间,想把上海抗日运动再开展起来,由中共江苏省委和"民反"党团决定,在沪西劳勃森路共和大戏院召开一次会,由我做大会主席,想在代表到齐后,用 10 分钟到 20 分钟把会开完。人刚要到齐,警察局就把戏院前门封了,接着就进来捕人。有的被捕,有的跑掉。我是从左边太平门跑出,有位老人架着我跳出篱笆跑出去了。这次被捕了八九十人。有的押到南京判刑,有的被杀害(1932年 7 月 17 日,中共江苏省委在沪西共和大戏院又名共舞台,召开全省反帝代表大会,出席代表 100 余人,会场遭国民党军警包围,当场捕去代表 88 人,有 13 人被判死刑)。这样,骨干大大削弱了,组织也垮了不少。东北义勇军后援会也不能公开活动了③。

这次遇险,仅仅只是刘芝明地下工作的一个插曲。这段日

---

①1933 年 3 月 8 日,共产党领导的国民御侮自救会在上海成立,宋庆龄任会长。

②1933 年夏,中国领土保障大同盟成立。中国领土保障大同盟是党所领导的反帝的群众组织,在法租界有公开的办事机关。

③"文革"时期的《刘芝明自述》。

子，是党在上海的地下组织活动最为艰难的时期，国民党当局残酷镇压，形形色色的变节者、背叛者和退缩者的出现，使每个坚持斗争的忠贞党员时刻面临着生与死的严峻考验。

在王明教条主义路线的错误指挥下，刘芝明的心情非常郁闷。尽管党性不允许他怀疑和抗拒，但是战友流淌的鲜血，却让他无法平静，也让他对日本帝国主义和南京国民政府愈加痛恨。在日常的工作中他更加警惕和小心，只有回到家里，他才偶尔哼唱几句京剧，放松一下时刻绷紧的心弦。家人依稀记得他唱得最多的就是"骂一声毛延寿你这狗奸贼，你祖先食君禄就该把忠尽。为什么你投番邦做卖国奸臣，骂奸臣骂得我咬牙恨……"。也正是在这样险恶的工作条件下，刘芝明形成了极强的党性意识和组织观念。因为，任何个人的闪失，危及的不仅仅是自己的生命，而且还会给战友和组织带来无法弥补的灾难和损失。党性胜过生命，原则高于一切，这一人生信条伴随他走过了以后的日子。

在党的地下工作环境最为艰苦的情势下，刘芝明身上的工作担子更重，责任更大，这意味着危险也更加迫近。而斗争形势的变化又提出新的要求，刘芝明必须以另外的身份频繁进行公开活动。

九一八事变后，国际联盟理事会曾派李顿调查团来中国调查事件真相，后来还发表报告书，竟然一派胡言，报告书说九一八事变的发生，是因为中国人抵制日货；日本侵华是为了消灭"赤色危险"；提议"国际共管"东北。这个报告书理所当然地受到中国人民和世界进步舆论的强烈谴责。宋庆龄在接

见来华访问的萧伯纳时，就向国际社会表明了这种态度，并且
抨击南京国民政府竟然接受国际的裁决。1932 年年底，国际
联盟下属的世界反对帝国主义战争委员会专门讨论帝国主义侵
略中国问题，决定派出该委员会副主席巴比塞率领代表团，重
新来华调查日本侵略东北的罪证，以正义公道的立场揭露事件
真相，在日本东京召开远东反战会议，声讨日本侵华罪行。同
时委任该委员会名誉主席宋庆龄为这次远东反战大会筹备委员
会主席。这个决定是世界人民对中国反侵略斗争的一个重大支
持。中国共产党十分重视，决定与宋庆龄共同进行欢迎调查团
和筹备远东会议的工作。中共中央在 1933 年 6 月，指示上海
局发出紧急通知，指示各级党组织全力以赴进行这项工作，并
与广大群众的日常斗争结合起来，决定将原拟举行的全国民众
团体救国代表会与反战大会合并起来，要求各地认真选出代表。
《通知》说："中共责成江苏党委立即经过一切公开或半公开
的群众组织发动组织欢迎筹备委员会……尽量吸收一切同情分
子参加。"欢迎委员会的任务是："开展各种宣传、鼓动和组
织的工作，并准备在代表来到的时候，组织群众的欢迎、示威、
游行及通电、宣言之类。"遵照党中央指示，中共江苏省委与
宋庆龄协商后决定，请宋庆龄公开出面筹备，具体工作则由江
苏省委宣传部部长冯雪峰主持。由冯雪峰领导党的 4 个外围组
织——社会科学家联盟、上海反帝大同盟、中国文化总同盟和
左翼作家联盟具体实施，并以冯雪峰和刘芝明、张凌清 3 人组
成筹备会核心小组。对外则成立公开的上海各界欢迎巴比塞代
表团及远东反战大会筹备委员会，宋庆龄任主席。公开工作由

民权保障同盟进行。

筹备工作正在顺利进行时风浪陡起。6月18日，民权保障同盟总干事杨杏佛遭国民党特务暗杀，同盟的其他一些领导成员也受到威胁，很难再公开活动。于是，民权保障同盟与上海文化学术40多个团体及各界人士联合，在7月中旬，另成立中国领土保障同盟，继续进行公开的筹备工作。宋庆龄以筹备会主席名义，亲自签名发出给上海各团体的委任书，责成他们积极进行远东反战大会的筹备工作。为了帮助代表团调查日本侵略罪行，筹备会要求每个团体每个人"把帝国主义侵略中国的事实、自己的意见、各地反帝运动的状况等等，写交本会，以便上交巴比塞调查团；各公团邀请巴比塞调查团派人前往演讲，借此可由广大民众直接与巴比塞调查团陈述意见"。共产党对这次活动可以说是全党动员。8月5日，中华苏维埃中央革命军事委员会主席朱德从赤都瑞金给宋庆龄发来贺电，代表中国工农红军向大会祝贺。贺电说红军在第四次反"围剿"中消灭了国民党军队20个师，缴枪10万余支，说"这不仅是中国民族革命战争最光辉的一页"，也正是他们给大会的献礼。中华苏维埃共和国临时中央政府主席毛泽东、副主席项英、张国焘也两次代表苏区政府发来电报，表示："现在中国是两条道路——殖民地的道路与苏维埃的道路——的剧烈战争中……我们相信大会是完全同情于我们的，因此，大会的成功即是我们的胜利。我们领导全国工农和红军，一致拥护大会的顺利进行，为大会的伟大前途表示热诚的祝贺。"

危险最终降临。就在世界反战委员会代表团即将来临的前夜，反动当局加强镇压。由于叛徒出卖，8 月 16、17 日，大批参加筹备工作的骨干被捕，其中包括筹备会内中共核心小组的成员刘芝明。

身陷囹圄

刘芝明的名字，是陈祖蓉被捕时使用的化名。恰恰是这个名字，在以后的工作中为党内外人士所熟知。

对于被捕的经过，刘芝明自述：冯雪峰指示由我和张耀华①租了旅馆房间（房间是以"刘芝明"名字租下的），筹备如何欢迎巴比塞，并准备与宋庆龄等接头。当时情况很紧张，不能公开，在那里住了一晚，第二天早晨，张耀华回家，我去徐家汇开会。回来时我没有回家，径直奔张耀华家去。到他家一上楼，就被捕了。把我带到了警察局。在那里见到张耀华已经被捕了。林天木、史存直也在。他们都是在张耀华家被捕的，同我是一案。我们暴露是由于一个被捕者供出张耀华家。我被捕时就化名刘芝明。捕我的人是个叛徒（是个工人，"民反"时的纠察队长），但他不晓得我是党员。到了警察局碰见一个叛徒叫昭和，他找我谈话时在室外有许多人看，看样子是来认我的。昭和问我干什么工作，家在什么地方。我说我刚下船，还没有地方住，找张耀华是想找点工作，因为他是编杂志的。没再问什么就关起来了。后来照过相，打过手印。在看守所我写了一个字条，求卖油条的送出去，通过同乡魏雨志转给我的

---

① 即张凌清。

妻子。告诉她我是怎样被捕的，叫什么名字。8月底或9月初，我同张耀华等几人一道被解到南京宪兵司令部。

被捕后的刘芝明处在生死关头，因为白色恐怖中的上海，等待共产党人命运的只能是牺牲。因此，为了迷惑敌人，他始终坚持自己就是刘芝明，从东北来，做过教授，因为家乡沦陷，所以信奉的主义就是抗日，进行反满抗日，就是自己的目的。就在敌人忙于甄别被捕人员真实身份的时候，其妻李淑媛以常人难以想象的冷静和果决，立即完成了所有需要进行的应变工作。

自从李淑媛跟随刘芝明开始"坐机关"起，他们夫妻就已经把生死置之度外。每次刘芝明出门，都要和李淑媛约定好归来的时间，做好一去不复返的准备。被捕的那一天，李淑媛彻夜未眠，显然，丈夫没有按时归来就意味着危险的降临。她按照地下工作的纪律，马上行动起来，立即搬家，紧急转移党的文件，然后通知组织，让所有和刘芝明有联系的同志隐蔽。在通知战友转移的过程中，她派出身边年仅10岁的儿子陈抗，让他立即去通知义勇军代表王新三迅速转移，知道父亲出事的陈抗飞奔而去，瘦小的身影转瞬间就汇入大上海的茫茫人流。就此，书写了一段至今还有人提起的人生传奇。

王新三是东北人，1932年参加热河工农起义，随后加入吉鸿昌的部队。1933年受党组织派遣，作为义勇军代表和刘芝明接头。由于王新三活动频繁，身份有所暴露，刘芝明安排他到上海法政大学宿舍，由自己的学生冯定庵等掩护起来。当陈抗来到王新三面前，通知他自己的父亲已经被捕，母亲要他立即转移时，王新三被少年的冷静和老练所惊诧，匆忙中居然没有询问陈抗的名字。当然，他并不知道刘芝明的名字是被捕后的化名。他所知道的只是接头的同志人称"陈麻子"。

被捕后，刘芝明必须面对生死考验。他很快就和几个同案犯被押解到南京宪兵司令部。虽然敌人无法确定刘芝明就是他们急于捕获的陈祖謇，但是从叛徒那里，确认了刘芝明反蒋抗日活跃分子的身份。刘芝明被判 10 年徒刑，押往南京军人监狱服刑。

国民党原中央军人监狱位于南京江东门。这是一所坐北朝南，呈八卦形的建筑，用围墙、铁丝网、水沟，一层又一层围起来，四角筑有岗楼。这个被称为"天牢"的监狱可以容纳1200 名犯人。这里关押的不仅有国民党军队中的高级政治犯，同时也拘押着较为重要的共产党政治犯。1930 年至 1937 年，在这里英勇牺牲的有恽代英等烈士；在这里被长期监禁过的有陶铸、王凯、曹瑛、惠浴宇、刘宁一、刘顺元、王鹤寿、顾卓新等人。许多优秀的共产党员和革命战士，怀着为共产主义"大好头颅拼一掷"的凛然正气，用自己的坚强意志、智慧和鲜血，在这里谱写了一曲曲共产党人的正气歌。恽代英的著名诗句就是在"仁"字监的牢房中写成的：

浪迹江湖忆旧游，

故人生死各千秋。

已摒忧患寻常事，

留得豪情作楚囚。

从被捕到身陷囹圄，刘芝明以自己的智慧和沉着，不仅瞒过国民党军警和法官，而且也经受了党性的严峻考验。他自述："监狱里斗争很尖锐，是生死的斗争。进监后，就听说罗登贤已被杀害，黄励在看守所里。我亲眼看到邓中夏（施义）英勇就义，他临刑前在墙上写的'浩气长存'一直到现在我还记在心里。他深深教育了我。同时，在狱中也看到了一些叛徒很卑鄙。这样提高了阶级觉悟。在号子里做了些坚定同志们的工作。"[1]

狱中，他还见到了先他被捕的熊天荆，他们彼此平静地擦身而过，鹰犬的眼睛也没有找出一点异常情况。

对于自己的狱中生活，刘芝明的笔致极其简淡平实，只能让后人去追忆与体味其中的滋味：国民党中央党部派人和我谈了一次话。大体内容是：在这里好不好；共产党不是真正抗日的；你是大学教授，对唯物主义一定很有研究等等。我说我不是共产党员，不懂什么唯物主义。我是东北人，无家可归，我要抗日。他见我很冷淡，不愿多谈，就没谈下去。后来再没找过我。1934年3月过了一次堂，问我姓什么叫什么，做过什么事。我说："叫刘芝明，东北人，做过教授。家乡沦落，我要抗日。"他又说："你是共产党！"我说："我不是共产党。"他又说："你不是陈麻子？"（在上海大家称我这个绰号，敌人也知道）我说："我脸上是酒刺。"他说："你这样顽固，我判你罪，死罪！"我说："那我也没办法。"他又说："现

---

[1] "文革"时期的《刘芝明自述》。

在给你 5 分钟，由你考虑决定。"说罢他就走了。过了一会他回来了，问："怎么样？"我说："没有什么说的了。"叫我打了手印就回来了。不久判了我 10 年徒刑。判刑后送入南京军人监狱。在南京军人监狱，身体时好时坏，读了不少书，还学习了德语、英语。由于我态度不好，骂了看守，戴了几次脚镣 ①。

尽管刘芝明没有详细诉说自己的经历，但是，从自述里还是可以发现他在对敌斗争中表现出的大智大勇。他曾经面对叛徒的当面指认，受到过"你是陈麻子"的恐吓，接受过"你对唯物主义一定很有研究"的诱供，也有过赤裸裸的利诱……但是，这一切都不能摧毁一个真正共产党员的意志和信念。"我没有什么共党身份，强迫一个人说自己不知道的事情，未免太蛮横了吧？你说我是共产党员，你把证据拿出来！"

刘芝明冷静理智地化解了各种危机，也使"刘芝明"成为难友和同志们尊重的名字。1962 年，他写的《蝶恋花》应该是他当时内心世界的写照：脚上镣铐震天地，视死如归，昂首敌人避。百草千花从此丽，狂风暴雨蒋家弃。满眼翠楼缭紫气，巍峨丰碑，十月天安祭。诗句寻来应自励，千秋事业心常寄。

刘芝明在押期间，妻子李淑媛的实际境遇能够折射出他在狱中的艰辛。

刘芝明被捕后，李淑媛按照党组织指示，以刘芝明妻子的身份公开进行艰难的营救工作。她抱着小女儿，拉着大女儿，

---

① 引自"文革"时期的《刘芝明自述》。

带着大儿子四处奔走求助。她曾经去上海饭店找到世界反战委员会代表团的代表①，请他们出面干预，尽快释放为欢迎他们来华而被捕的刘芝明和其他"同案犯"。她去过孙中山故居，见到宋庆龄，请她帮助营救刘芝明等人，宋庆龄亲口答应了她的请求，还赠送两块银圆，以表达慰问之情。她还设法联系到上海滩鼎鼎大名的史良大律师，恳请史良出面协助救援。当史良拿着东北同乡会的证明，带着他们母子赶往上海龙华警察局，希望能够保释刘芝明时才知道，他与同案人员已被押解到南京宪兵司令部。

刘芝明被捕后，家中断绝了所有经济来源。上海的地下党组织正处在严重的危难之中，很难提供任何物质接济。李淑媛没有哭泣，更没有后退，她决心咬紧牙关，坚强地继续斗争。她赶回东北娘家，谎称刘芝明要在上海做大生意，急需资金，拿到了父母留给她救急的"贴己钱"以便上下打点。她以公开身份往来于南京、上海之间，一面继续为党组织传递机要文件，一面在东北同乡中宣传抗日救国的道理，争取同乡的同情和支持，开展营救刘芝明和其他同志的活动。

刘芝明被判刑后，李淑媛为了营救和就近照顾刘芝明，举家搬往南京，以惊人的毅力和莫大的勇气，默默无声地承担起狱中同志的接济和联络工作。她忘记了自己教授夫人的身份和大家闺秀的出身，靠缝缝补补、洗洗涮涮赚来的血汗钱，购买

---

① 巴比塞因病未能来华，代表团领队是英国勋爵、工党议员马莱，团员是法国共产党员、法共机关报《人道报》主编伐扬·古久烈，比利时社会民主党人士马尔度，英国人哈密尔敦。

狱中同志急需的各种日常用品和药物，瞒过看守传递信息。

一旦手里有几个铜板，李淑媛就会买来肉、蛋，精心做成"补品"，给狱中受伤患病的同志送去。女儿至今尚记得在深夜的时候，会闻到平时难得闻到的肉香；而天光放亮的时候，她们只能喝到几口稀饭。很久以后她们才知道，那肉香确实出现过，只不过妈妈狠下心肠，把美味送到了监狱。

而在每次探监的时候，李淑媛都会及时把烈士牺牲的情况通告狱中的党组织，好让这些英名永远为后人铭刻在心中。回忆起在南京的日子，两个健在的女儿在生理上最深刻的印象就是"饿"，因为母亲恨不得把所有的东西都送进监狱，真正的饥饿感让她们深深地记住了 20 世纪 30 年代的南京；而在心理上她们最深刻的感受就是"恨"，恨屠杀爱国志士的刽子手，恨出卖民族利益的卖国贼，恨蹂躏家乡的侵略者，她们最好的老师就是言传身教的母亲。李淑媛身上集合了中国妇女含辛茹苦、忍辱负重和战士坚忍不拔、忘我牺牲以及革命者坚定的信念和远大的理想，由此，才能解释她的不懈坚持和牺牲。也由此，她赢得了同志们的由衷敬重。刘芝明在狱中的难友陶铸、王鹤寿、刘宁一、李丰平、曹瑛等，无论年纪大小，一律尊称她为"刘大嫂"。

监外如此，狱中可知。监狱中的共产党员，是在用自己的生命和青春为代价，忠实地实践着党旗下的誓言——牺牲个人，永不叛党！

1937 年七七事变爆发，卢沟桥的炮声激发了全国人民的抗战热情。事变发生的第二天，中国共产党向全国发出通电，呼吁："平津危急！华北危急！中华民族危急！"指出"只有全民族实行抗战才是我们的出路"。在中国共产党的号召下，全国各地的抗日救亡运动风起云涌。南京国民政府被迫于8月中旬发表《自卫宣言》，并接受中国共产党提出的建立抗日民族统一战线的主张，在民族生存和解放的目标下，国共实现了第二次合作。"八一三"之后，日军飞机轰炸南京，"释放政治犯"的呼声越来越高，监狱难友强烈要求出狱，到前方打鬼子去。请愿、绝食、抗议的斗争越来越激烈。

在这种形势下，周恩来和叶剑英想方设法了解监狱难友情况，并利用谈判机会，多次进行公开交涉，营救被关押在南京几个监狱里的同志。周恩来、叶剑英指派人员专门到几个监狱调查核实，然后，开列出名单，向国民党要人。不久，周恩来离开南京，这项工作由叶剑英主持，继续与国民党打交道。经过多次交涉，将500多名同志从国民党监狱中救出。其中就包括刘芝明和他的难友：陶铸、钱瑛、刘宁一、彭镜秋、黄文杰、王鹤寿、刘顺元、曹瑛、谭天度、萧桂昌、顾玉良、周云德、陈曾固、喻屏、陈春林、熊有清、陈霖、何洛、李志南等。这批人出狱后，大部分经西安转送到了延安。

就在刘芝明出狱的时候，无巧不成书地导演了一幕人间喜剧。

1937年的7、8月间，日本侵略者的飞机经常轰炸南京。为了安全，也为了探监更方便，李淑媛把家搬到了水西门外的乡间的一个破旧的农舍，新的地址还没来得及通知狱中的刘芝明。

就在刘芝明出狱当天，他带领几个难友打算直接去南京市内李淑媛原先居住的地方。正巧这时妻子要带着二女儿陈业出门。走在热浪袭人的大马路上，陈业非要妈妈回茅屋去拿伞。没想到这片刻的耽搁，便是与爸爸巧遇的时间。李淑媛和女儿从乡村小路返回大马路，只见几辆黄包车迎面而来，车上的男人个个光头，背心，短裤，此外一无所有。仔细看时，陈业不由得欣喜若狂，她认出了第一辆车上坐着的竟然是爸爸。喜极而泣，女儿立刻拦住了车，爬上黄包车坐在爸爸的怀抱中。这意外的惊喜使李淑媛几乎不敢相信自己的眼睛，她把这还来不及分辨方向的一群人领回到茅屋。沉寂多日的房内立刻热闹起来，茅草搭建的农舍变成了临时"招待所"，李淑媛愉快地为众人洗衣做饭。

由于国民党当局的要求，并根据组织安排，出狱后的刘芝明等人在三天内必须离开南京。组织只能提供大家前往西安的有限路费，李淑媛拿出最后积蓄，以帮助他们更换衣物，准备行囊，尽快奔赴西安。

更巧的是刘芝明的三弟陈放（即陈矢权）恰好带着刘芝明的大女儿陈英由上海也来到家中。原来，七七事变后，在日本读书的陈放接到党领导的中华留日学生反满抗日大同盟的秘密通知，让他放弃学籍，回国参加抗日。只身潜回上海的陈放，得知刘芝明已经被捕多年，大嫂李淑媛也已经搬至南京的消息后，8月初赶到南京，看到李淑媛一家拮据的生活状况后，他执意要带走侄女陈英，以帮助大嫂减轻一些生活压力。打算乘船离开上海的陈放，因为日军已经切断水陆交通，无法离开上海，无奈之下只好带着侄女返回南京。就在刘芝明准备离开南京奔赴延安的时候，却意外地实现了兄弟相逢！惊喜交集的陈放毅然决定随刘芝明一家投奔延安。

宝塔山下

1937 年 8 月底，经王鹤寿介绍，刘芝明先到达西安。在八路军西安办事处和伍云甫取得联系，再转道云阳，见到刘锡武、胡乔木，通过中央组织部在云阳的代表进行的政治审查后，刘芝明和刘子载、任白戈、章夷伯等人共同奔赴延安，开始了新的征程。不久，在西安通过组织审查的李淑媛带着二女儿陈业也跋山涉水，辗转来到延安；次年 1 月，陈放又带着刘芝明的大女儿陈英赶到延安。一家人从此告别了艰苦卓绝的地下工作生活。

1937 年 10 月，刘芝明被分配到延安中央党校。具有深厚马克思主义经济学理论功底的刘芝明，担任了党校政治经济研究室教员，主讲政治经济学和《资本论》。

中央党校 1935 年 11 月在瓦窑堡成立，由董必武任校长。中央党校被誉为中国共产党的"红色摇篮"和培训中国政治精英的最高学府；还有人说党校是传达党内共同声音的"红色讲坛"，这充分说明中央党校在干部培养、教育、提高等方面所起到的重要的作用。

1937 年 1 月，中央机关迁往延安后，中央党校也随之迁往延安东郊的桥儿沟。李维汉任党校校长，成仿吾为教务主任。1938 年 3 月，康生担任校长，王学文接任校教务主任。不久，刘芝明便接替王学文担任党校的教务主任。这时，中央党校已招生 11 个班，学员 1000 余人。开设的课程有哲学、政治经济学、联共（布）党史、中国近代史、中国基本问题、军事、文化等，党校还成立了马列主义、政治经济学、中国问题、党的建设 4 个教研室。

从白区来到延安，感觉进入了新的天地，人们的精神面貌格外振奋，各方面的生活都发生了巨大变化，在党校特殊的工作环境中，刘芝明如饥似渴地学习党的文件和毛泽东等领导人的讲话，思想认识水平和政治工作能力有了极大提高，满腔热情地扑入繁忙的教学工作中，为党培养教育出大批优秀的领导干部，其中不乏在战争和建设年代的栋梁之材。

在党校，李淑媛也成了知名人士。刘芝明虽然担任教务主任，但他认为革命不分职位高低，工作都应该努力做好，愉快完成。李淑媛开始在收发室工作，后来又到党校食堂、小卖部工作，很快在党校入了党。她做的"东北大酱"、包的饺子，让毛主席、朱老总和品尝过的同志都大为赞赏，也让"刘大嫂"在延安出了名。后来，为提高自己的文化水平，适应工作需要，她还进入中央党校四部学习。尽管她文化程度不高，但是知道革命工作需要文化，相信勤能补拙的道理，她一边带着两个孩子，一边忙于生产，抓紧时间学习。在付出比常人更多的时间和精力后，她的成绩令大家刮目相看，作业经常被教师当作范文在班上朗读。

当时中央党校开设的课程有哲学、马列主义（主要讲联共党史）、党的建设、中国革命问题和游击战争。毛泽东、张闻天、秦邦宪、刘少奇等党的领导人都在党校讲过课；董必武、李维汉、廖志高，还有成仿吾、艾思奇等先后在党校任过教。刘芝明自述：这一时期对马克思列宁主义和党的政治、路线学习较前有了系统，经过整风，有了很大收获。对马克思列宁主义理论同实际相结合的认识较前深刻了。也由于党校的组织生活严肃，在组织生活、批评与自我批评、党的纪律等方面受到锻炼。过去在地下工作，这方面是很差的①。

刘芝明自 1939 年至 1943 年 3 月，先后担任党校政治经济学研究室主任、教务主任等职务，主要从事党政干部的培训工作。

1943 年 3 月，中央党校改为中央高级党校，毛泽东亲自兼任校长，邓发任副校长，彭真任教育长（邓发调离后任副校长），黄火青任秘书长，张秀山任教务主任，刘芝明、杨献珍任副教务主任。1943 年 8 月，中央高级党校第二期学员开学。党校分设 6 个部。一部主要培训党的高级干部和来延安准备出席党的七大的代表和候补代表，住党校校部小沟坪，主任古大存，副主任刘芝明，这时的一部可谓星光灿烂，朱瑞（中共山东分局书记）、薄一波、孔原、罗瑞卿、邵式平、丁玲、阎红彦、陈奇涵、陈郁、陈赓、宋时轮、王树声、刘景范、李培芝（王若飞夫人）、陈锡联、马文瑞、韩先楚、舒同、陈再道、乌兰夫等一大批高级领导干部汇集到这里。教学相长，"红色讲坛"创造了红色教学奇迹。

---

① "文革" 时期的《刘芝明自述》。

之后，刘芝明还兼任三部主任，并兼任延安平剧院院长。这一时期，他除了组织党校的教学和亲自任教，对党内高中级干部进行培训工作以外，对解放区革命文艺的发展和革命文艺人才的培养也作出了不可磨灭的贡献。

初到党校时，刘芝明除了讲授政治经济学的课程以外，还担任二十一班班主任工作。当时各班学生培训的重点不尽相同，有妇女干部班、民族干部班，有铁路工人班、纺织工人班，还有县委书记班、各种青年学习班……而学生在政治觉悟、思想水平、知识结构、生活经历等方面也存在着很大差异。据当年的学生回忆，大家都知道刘芝明是一位精通马列主义基础理论的党内高级知识分子，有着丰富的革命斗争经验，而且在国民党的监狱中表现出大无畏的英雄主义气概和坚定不移的爱国主义情操，因此，在党校期间，他得到了教师和学生的普遍尊重。

1941 年 5 月，毛泽东在延安干部会上作《改造我们的学习》报告后，中央党校的教学作风发生了很大变化，刘芝明非常注意在课堂上克服教条主义和本本主义，授课过程中非常注重发扬理论联系实际的学风，使学生既提高了自身的马克思主义基本理论水平，又学会了如何在实践工作中运用学到的理论和方法，这使得学生们获益匪浅。

建设部原部长谢北一曾回忆说：1938 年刚到延安桥儿沟中央党校的时候，我是学员，在二十一班，当时全班有 30 多个学生。刘部长是班主任，还兼任我们班政治经济学的教学工作。记得十六班的班主任是柯老，十三班的班主任是方仲如。王学文、陈伯达都是教政治经济学的。教务部主任是方仲如，教务处先是王学文负责，他调走后由刘芝明同志长期担任教务主任工作。党校的主要任务是培养党的干部，教育干部。记得那时三十班专门培养妇女干部，三十六班是培养民族干部的，还有专向培养的职工班、铁路工人班、纺织工人班，以及各种专门班，如县委书记班等。培养的对象是来自各地的干部，文化程度差异很大，还有所从事的工作各有特点，教学工作困难很多。开始没有现成的讲义，没有教科书，要把较深刻的马列主义原理，用最通俗的语言来讲授，使学生理解、掌握，是很费力气的。刘芝明同志想尽一切办法，努力钻研，和其他教员全力以赴，才产生了极大的效果，大家不但都听懂了，还能联系工作实际进行思考，教学取得了显著的成绩。当时我们学员对党校的这些教员都很尊敬，特别是刘芝明同志的课大家特别爱听，他能深入浅出地引导，又经常可以举出实例来说明理论在工作中的运用。我们听说过他从事地下工作时和敌人英勇斗争，不幸被捕入狱后，在敌人的法庭上临危不惧，在狱中立场坚定，手铐、脚镣都戴过，表现出一个共产党人的崇高气节和浩然正气。因此，同学们非常敬佩他的为人。当时我们比较年轻，迫切需要提高自己各方面觉悟和水平，刘芝明同志是一位经历了生死考验的党内高级知识分子，他非常了解我们的需求，经常组织各种形式的研究会，鼓励大家参加讨论，如马列主义、近代史等。刘芝明还特别注意教育我们要端正学风，克服教条主义。

芝明同志曾访问过徐老（徐特立），了解自然科学要学什么，党校要先教什么，怎样根据老干部特点，在很短的时间内掌握文化知识等。当时有很多老干部文化程度很低，但革命斗争实际经验丰富，如何提高他们的文化和理论水平，是党校教学中的一个很大的实际问题。针对这个问题，刘芝明同志做了大量艰苦而卓有成效的工作，对党的干部培养上，特别是学员提高路线觉悟水平上，下了很大的功夫，作出了贡献①。

而刘芝明所领导编写和出版的《社会科学概论》一书，据魏晨旭回忆是延安第一本社会科学教材。现在虽然无法看到该书的全貌，但是刘芝明根据教学需要，亲自指导编拟提纲，由他的弟弟陈放执笔撰写的《资本主义》一章，后来曾经印成单行本，署名刘芝明公开出版发行，从中依稀可以领略到这本教材的风貌。

1942 年 2 月 1 日，毛泽东在延安中央党校开学典礼上作《整顿党的作风》的重要报告，揭开在全党开展整风运动的序幕。这次整风运动是在全党范围内开展的一次普遍的马克思主义的教育运动，形成了我党特有的理论联系实际、密切联系群众、批评与自我批评的优良作风。

作为延安时期中央党校负责教务工作的刘芝明，显然比一般人更深切地理解党的三大作风对于中国革命的指导意义。因为他切身体会到了"左"倾路线、右倾机会主义路线给革命事业带来的灾难和损失，也亲身感受到在"左"倾路线统治下失去亲人和战友的创伤和悲痛。

党性至上，原则性强几乎是所有和刘芝明有过来往的同志

---

①1979 年为筹备刘芝明同志平反昭雪工作举行的座谈会发言记录。

的共同感触，也是刘芝明在工作中最突出的特点。谢北一曾回忆说："刘芝明同志当时表面看起来很严肃，但实际接触到他的时候，却感到非常和蔼亲切。平时他下课后就和同学们谈心，交换意见，询问对讲课的看法，了解大家的思想和对教学的希望……他能抓住学员的思想和心理讲课，使大家感到学习的乐趣，爱听、爱学。但处理问题时，他是很讲原则的。在学习上，他非常关心我们，能够结合我们的水平讲课，能用循序渐进的方法教学。"①

刘芝明讲课特别注意针对学生所要面对的具体问题，结合大家的知识水平，进行马列主义基础理论和政治问题的教授。他还经常通过讨论会的形式，引导学生提出问题，思考问题，解决问题。尤其是他格外强调对中国历史和传统文化的学习，而不是照本宣科地空谈国外和教条。实事求是的思想方法在他从事革命文艺的领导工作实践后，显得尤为突出。

刘芝明在课堂上表现得很严肃，可是通过课外的接触，大家都感到他非常平易近人，对待同志真诚和蔼。阿甲的夫人方华回忆过一件事情："他平易近人，对同志从生活上、思想上关心，善于发现同志们存在什么困难，或者有什么思想问题。有一次我们三个女同志在延河边洗衣服，嘟嘟囔囔地说，顿顿吃土豆、吃小米，真有点吃不惯。芝明同志知道后，马上对钱彦同志说，以后伙食要尽量多样化。后来伙食就有了很大改善。他关心同志们的生活，后来发现很多事都与他的关心分不

①1979 年为筹备刘芝明同志平反昭雪工作举行的座谈会发言记录。

开。"①

1942 年 5 月, 毛泽东发表《在延安文艺座谈会上的讲话》, 其中给予最大注意并首先加以阐释的, 是文艺"为群众"以及"如何为群众"的根本问题。指出: "文艺工作者应该学习文艺创作, 这是对的, 但是马克思列宁主义是一切革命者都应该学习的科学, 文艺工作者不能是例外。文艺工作者要学习社会, 这就是说, 要研究社会上的各个阶级, 研究它们的相互关系和各自状况, 研究它们的面貌和它们的心理。只有把这些弄清楚了, 我们的文艺才能有丰富的内容和正确的方向。"自此, 革命文艺的发展进入了一个全新的时期。

对于党校的文娱活动, 刘芝明是全力支持, 热心参加的。一是由于大批党内高级干部云集党校, 准备参加七大的代表会聚一堂, 大家忙于苦读, 难免忽视自身的锻炼和健康。对于学习与健康之间的关系, 刘芝明在早稻田大学时是深有体会的, 学习之余参加文艺和体育活动进行身体锻炼, 既能愉悦身心, 保持旺盛的精力, 提高学习效率, 又可以促进大家相互交流, 增强团结, 促进学习成绩的提高。作为党校教务方面的负责人, 他当然要想方设法地加强课余的文娱活动, 使党校的学生们保持身体和精神的健康状态。

1942 年,《在延安文艺座谈会上的讲话》发表后, 刘芝明和同事希望在文艺"为群众"和"如何为群众"方面进行一些积极的探索和实际工作。1943 年春节, 鲁艺秧歌队演出《兄

①1979 年为筹备刘芝明同志平反昭雪工作举行的座谈会发言记录。

妹开荒》后，延安许多单位都搞起秧歌队，党校也有了秧歌队。
5 月间，中共西北局征得中央的同意，决定将西北文工团送到
中央党校三部学习，这样，艾青、苏一平、张季纯、朱丹、周
戈等一大批文艺工作者进入党校，党校的秧歌队有了大发展。
刘芝明责无旁贷地担任了秧歌队队长，著名诗人艾青任秧歌队
的副队长，许多曾驰骋于沙场的战将都积极参加到这一活动中。
在刘芝明的积极扶持和热情帮助下，大家先后自编自演秧歌剧
《牛永贵负伤》《一朵红花》等，并赴杨家岭参加八大秧歌队
的会演。还与鲁艺、联政、枣园等秧歌队一起去延安、安塞、
甘泉等县演出，到南泥湾、蟠龙进行拥军拥政。延安出现的新
秧歌、秧歌剧，充分反映出延安人民新的面貌，为中国新文艺
的发展开拓出一片新天地。1945 年初，周恩来还将鲁艺创作
的《兄妹开荒》、中央党校创作的《牛永贵负伤》《一朵红花》
剧本带到重庆，组织八路军办事处、《新华日报》的工作人员
排练演出，招待国统区文艺界人士和周围群众，秧歌剧在大后
方也受到热烈欢迎。

　　姚仲明、金紫光、李纶在一篇文章中回忆说：我们当时在
刘芝明同志直接领导和主持下，分别参加了话剧《同志，你走
错了路》，平剧《逼上梁山》《三打祝家庄》，新歌剧《刘红英》
及秧歌剧《牛永贵负伤》等的创作、导演和演出工作。我们的
写作水平是很低的，经验也很少，如果没有芝明同志的帮助和
支持，这些作品不但不会受到广大观众的欢迎，还会有中途夭
折的可能。当《同志，你走错了路》的作者姚仲明同志向芝明
同志谈到自己的创作意图时，他连声说："好，我一定支持！"

当即热情地鼓励作者大胆进行尝试，并帮助解决有关的具体困难。当作者把初稿拿出交群众讨论后，由于意见分歧，作者几乎准备放弃原作。但芝明同志却认为，反映向王明路线作斗争的戏有难度，但很有必要，很有意义，应当坚持搞好，并说文艺创作不仅是个人的事，也是党和阶级的事，有什么困难，组织上可以帮助解决。接着便从党校三部调塞克、陈波儿同志前来参加导演工作。在芝明同志的鼓励和帮助下，这个戏终于获得了成功。秧歌剧《牛永贵负伤》的创作演出是在 1944 年春。为了贯彻文艺的普及和提高相结合的方针，芝明同志在中央党校组织了一个大秧歌队，组织党校的文艺干部编写了一批秧歌剧，其中周而复和苏一平同志合写的《牛永贵负伤》，在演出中是最受欢迎的一个。《刘红英》是在秧歌剧基础上提高发展而成的一个新歌剧……演出后，观众深为感动，许多人同情落泪。但也有人说，这出戏的剧情太悲，看了以后使人想家，影响情绪，有副作用。这些评语使作者、导演都感到有压力，思想上有顾虑。这时芝明同志及时地对编剧苏一平、周戈，作曲金紫光等同志耐心细致地做思想工作，鼓励和引导大家继续努力改进，千万不能松劲。由于芝明同志对同志亲切关怀，对工作极其负责，在他领导下工作的同志们，不但心情舒畅，而且能不断有所进步，有所提高 ①。

对那些萌发创作意图并具有一定潜质的同志，对作品存在一些问题而信心不足的作者，对那些存在着争议的题材，对表

---

① 《回忆刘芝明同志领导文艺创作的民主作风》一文。

演过程中的粗糙，刘芝明总是给予支持、鼓励，并且集思广益，让作品和演出更加完善。话剧《同志，你走错了路》是一部好剧，但是反对的意见颇多，作者自己信心也不足，为了支持这部剧的创作和演出，刘芝明给予热情的鼓励和帮助。丁玲描述说："我们常常看见刘芝明同志一手牵着一个儿子，一手抱着另一个儿子，从从容容、一次一次地召开座谈会，一次一次地看彩排。"①

刘芝明深知王明错误路线给革命事业带来的巨大危害和灾难，对此他有切身体会和深刻认识，绝不会轻易否定一个人或一部作品，一些有争议的剧本和创作正是在他的坚定支持下，给全体工作人员带来了信心和鼓舞。刘芝明没有把文艺创作当做简单的个人事情，他在党校的文艺运动中投入了大量的精力和心血，也才使得中央党校在延安收获了丰硕的艺术创作果实，党校的文艺活动扬名陕甘宁根据地。

旧剧改造

在延安，刘芝明还领导、组织并直接参与了旧剧改造，以《逼上梁山》《三打祝家庄》为代表的平剧②改革，不仅是中共直接领导中国传统戏剧改革的开端，也在根据地赢得了一片喝彩，而且得到了中共领袖毛泽东等人的肯定。

京剧是中国的传统剧种，从徽班进京算起已经有200多年

---

① 丁玲：《悼念刘芝明同志》。
② 即京剧。京剧是中国影响最大的剧种，形成于北京地区至今已逾200多年的历史。因政治、地方、名字、声腔的区别，也称为国剧、皮黄、二黄、京调、京戏、黄腔等。

的历史。由于清皇宫的重视和欣赏，京剧得到了迅速发展，经过数代优秀表演艺术家的精心锤炼和反复推敲，流派纷呈，形式日臻完善，不仅为达官贵人、文人雅士所喜爱，在北方各地群众中也有广泛影响。但是，京剧许多剧目的内容以历史题材为主，封建色彩浓厚，帝王将相、才子佳人成为舞台上的主导；艺术流派及传承形成了一种比较僵化的定式，很难突破。这种长期形成并已根深蒂固的京剧旧传统，具有很大的历史惰性。早在"五四"前后，欧阳予倩等人就曾提出京剧改革的倡议，制定过改造方案。现代中国戏剧艺术大师梅兰芳，也在艺术实践中作过一些改良，但都没有收到成效。在这以后，尤其到了全面抗战前期，有些新旧文艺工作者合作编写过新京剧。在延安，也演出过反映抗战题材的京剧，但仍然没能打开新局面。1942 年延安文艺座谈会以后，改革京剧的问题再次被提出来，并且迈出了切实的第一步。

1942 年 10 月成立的延安平剧院在毛泽东"推陈出新"方针指导下，曾经提出"改造平剧"的问题，使之"从而由旧时代的旧艺术，一变而为新时代的新艺术"。延安平剧院也在一些剧目和个别片段上开始了平剧改革的尝试，取得一些成果。平剧改革从整体上的突破，在内容和形式上取得真正的成果首先出现在中央党校。以新编平剧《逼上梁山》为代表的平剧改革，获得了极大成功。

中央党校有着业余平剧活动的传统。从桥儿沟到小沟坪，中央党校的一些平剧爱好者曾不断演出平剧，而且在中央党校俱乐部还有一个从事平剧活动的业余组织"大众艺术研究社"，经常演出一些传统剧目中的片断和折子戏，以自娱自乐、丰富文化生活为主，这为中央党校的平剧改革准备了一支队伍。同时，中央党校又集中了一大批各种类型的人才，有军事的、政治的、经济的、文化的、艺术方面的干部，并且是经过革命考验的中高级干部，他们既是观众，也是演员，又是良师益友。在整风运动及延安文艺座谈会以后，中央党校上上下下感觉到要对这种状况进行突破和发展。对于刘芝明来说，党校的戏剧创作和演出工作应该上一个新的台阶。

1943年秋天，中央党校教务处研究室干部杨绍萱，根据《水浒传》故事编写了《逼上梁山》。剧本从历史的、社会的、生活的角度描写了农民革命战争。刘芝明看后觉得很好，特别是觉得鲁智深写得生动、有气概，身上有一种对压迫者的仇恨，对人民的爱。但是也有一些人提出了一些不同的观点，如：突出个人，没有群众观点等等。于是，刘芝明将初稿转交到当时在三部学习而且懂得平剧艺术的延安中央研究院研究员齐燕铭手上，就这样在刘芝明统筹主持下，以齐燕铭为导演，中央党校俱乐部的大众艺术研究社开始排演此剧。

参加《逼上梁山》一剧演出的有金紫光、陆平、王琎瑛、李波，以及一部的学员王禹明、赵光远等一批京剧爱好者，他们以前都没有真正的舞台实践经验，要排演这样一出大戏，遇到的困难可想而知。一旦遇到哪里有不合适的地方，他们就具体讨论进行修改，剧作者也非常欢迎来自各方面的见解和意见。大家为了了解平剧，从中央党校图书馆借来有关戏剧的全部书籍，教务处研究室的何思敬，还到延安中央图书馆搜集有关戏剧方面的书籍，并将其全部借来，供大家研究解决排演中所遇到的种种问题。中央党校副校长彭真，还专门派人到晋西北买回一套戏箱，为演出使用。这些都鼓舞了编演人员的积极性和创造性。

《逼上梁山》，是剧本修改和演出相结合，演员、导演、观众和剧作者相结合，在边听、边写、边改、边演中创作完成的。作为优秀组织者和指挥者的刘芝明，如同一个认真负责的园丁，热心扶持，耐心帮助，细心照顾，精心组织，调动出所有创作和参演人员的积极性和主动性。

丁玲在回忆中说：他很谦虚，常说："我不懂，我可以学，学习方法之一便是开会。"他召开许多座谈会，除剧本作者演员外，还请了许多当时在党校学习的文学艺术工作者参加，引导大家集思广益，畅所欲言，讨论剧本的主题思想，研究刻画林冲这一英雄人物的性格。刘芝明同志既善于发挥群众力量，又极尊重和吸收专家们的意见。原来有过写作经验的，或是第一次参加写作的人，开始很不习惯这种集体写作的方法，特别是执笔者，很难一下吸收各种不同的意见。但是每经过一次意见的交锋，辩论，统一，就进一步提高了大家的兴趣与信心。因为参加活动的人，都心无私念，一心一意只想完成任务，做好工作……我个人当时跟着刘芝明同志反复看了许多次它的排练、彩排和公演。我对平剧是外行，但我很爱看这出戏。这次创作的胜利，演出的成功，我认为和刘芝明同志的领导是分不开的。他很好地发挥了群众的、专家的，特别是剧作者的聪明才智。他从领导岗位上，对文艺创作这样热心扶持，具体帮助，百折不挠，终获成功。他领导文艺创作时，不像苛刻的婆婆，而是温柔的保姆。这一范例，对于我们今天繁荣文艺创作，都值得借鉴和参考[1]。

经过几个月的紧张排练，1944 年元旦，《逼上梁山》正式公演，在延安立即引起轰动。林老（林伯渠）在看到老军拿着馒头为林冲送行时，流下了激动的泪水。艾思奇曾著文称赞它是"平剧改革中的一大成绩"[2]，在旧故事的基础上增添了新的观点、新的内容。对平剧的形式做了改革，增加了群众场面，脸谱上将被压迫群众的小花脸，改为眉清目秀的英俊后生，将统治者改为丑角，这些都有重大意义。还称赞演员们演得很好，很有感染力。

1944 年 1 月 9 日晚，毛泽东在阅读剧本并看过此剧后，当夜即给杨绍萱、齐燕铭写信说：看了你们的戏，你们做了很好的工作，我向你们致谢，并请代向演员同志们致谢！历史是人民创造的，但在旧戏舞台上（在一切离开人民的旧文学旧艺术上）人民却成了渣滓，由老爷太太少爷小姐们统治着舞台。这种历史的颠倒，现在由你们再颠倒过来，恢复了历史的面目，从此旧剧开了新生面，所以值得庆贺。郭沫若在历史剧方面做了很好的工作，你们则在旧剧方面做了此种工作。你们这个开端将是旧剧革命的划时期的开端，我想到这一点就十分高兴，希望你们多编多演，蔚成风气，推向全国去![3]

---

[1] 丁玲：《悼念刘芝明同志》。
[2] 延安《解放日报》，1944 年 1 月 8 日。
[3] 《人民日报》，1967 年 5 月 25 日。

"旧剧革命的划时期的开端"是一个非常高的评价。创造这个开端的幕后主持人和无名英雄，则是刘芝明。

鉴于刘芝明在排演《逼上梁山》中的作用，称他是这出戏的总策划和总导演绝不为过。不过，刘芝明当时更多思考的问题，是如何让发展势头良好的平剧革命继续深入地开展下去。这也是延安每个有志于从事旧剧改革的同志努力探索的目标。后来，刘芝明在一篇文章①中回答了这个提问：站在改造平剧的现实任务而不是将来任务上说，首先是以利用平剧形式为主而又加以相当的改造和批判，不是推翻它或否认它，这是一条规律。其次，利用旧形式并不连同旧内容（封建的内容）一道保存下来，而是改造过的或完全新的内容，这是第二条规律。再次，就要了解旧形式（包括服装、道具、音乐、歌舞、说白……）和新内容的矛盾，其统一的办法就是演新观点的历史剧，这就是第三条规律……《逼上梁山》对于平剧改造上获得了一些成绩，它指出了改造平剧是可能的而且正在实现了的，它把为封建服务的平剧一变而为革命服务，并且合理地解决了平剧改造上的一部分困难——形式与内容的矛盾，它指出了创造和改造平剧的新方向。

显然，从排演《逼上梁山》的最初阶段，刘芝明就没有简单地把演戏看作是一项业余文娱活动,而是严格按照毛泽东《在延安文艺座谈会上的讲话》所指引的革命文艺方向进行认真严肃探索。

① 刘芝明：《从〈逼上梁山〉的出版谈到平剧的改造问题》，1945 年 10 月。

　　在《水浒传》的故事里，几乎没有写一个直接从事劳动的
农民。《逼上梁山》在第一幕第一场"动乱"中，就表现了大
群饥饿农民逃难的场面，并增写了李铁父子两个人物，作为贫
苦农民的代表，贯穿全剧，以揭示那个时代的基本矛盾。剧本
又加入曹正等起义上山路经野猪林的情节，将李小二这个人物
改成在东京受过林冲的救济后，上梁山入伙，奉命到沧州开设
酒店，招揽各路英雄豪杰上山聚义。这样，既反映了北宋末年
激烈的阶级斗争和"官逼民反，民不得不反"的时代特点，也
为林冲走向革命的转变过程提供了真实丰富的历史背景。林冲
与高俅的矛盾斗争，是全剧的主要戏剧冲突。林冲上梁山，则
是这冲突的结果。剧作者有意识地增加林、高冲突的政治内容，
强调林冲主张抗金御侮，而高俅却推行妥协投降的卖国政策，
政治上的分歧，构成高俅必欲置林冲于死地的主要原因。但在
林冲这方面，很长时期内一直委曲求全，即使一再受到陷害打
击，仍然顾恋自己的职位，对高俅之流权贵和北宋王朝尚存某
种幻想，甚至遭到发配，还抱着"报国之愿"。直至他到了沧
州，目睹地方各级官吏的种种劣迹，进一步认清北宋王朝的腐
败，深切地感到"风云变色就在明朝"。特别是当草料场火起
以后，他亲自从陆谦口中得知："高太尉与金国素有来往，此
次火烧草料场，一来是害死林教头，二来是破坏边防，便利金
国进攻。"他那"报国"的梦想才彻底破灭，并在被逼处于后
退无路的境地后，终于走上反抗的道路。

　　创作和演出《逼上梁山》的时候，全面抗战已经进行了六
年多，国民党顽固派日益反动，一再制造投降和内战的严重危

机。中国共产党领导下的抗日民主根据地，越来越成为广大人民仰望的灯塔。剧中表现的那些激动人心的历史画面，所赞扬和揭露的那些正反面人物，都启示人民群众认清国民党顽固派的反动本质，并且更踊跃投身于抗日民主的革命洪流。

由于反映的是新内容，《逼上梁山》在艺术形式上也做了相应的改革。在人物形象的塑造方面，打破了旧京剧行当的限制，根据人物的思想感情和性格的要求，运用京剧表演形式而又不完全拘泥于传统的程式。在舞台布景与效果方面，也进行了改革的尝试，虚实结合，突破了旧京剧象征性布景的限制，使用了飞雪等现代布景手段，增强了演出效果。《逼上梁山》在延安引起的震动是强烈的，为什么平剧革命没有出现在专业剧团，而出现在中央党校业余平剧团？这是当时许多人都在思索的问题，在平剧研究院中的反应尤其强烈。

鉴于中央党校在平剧改革方面所取得的成绩，1944 年 4 月，中共中央决定将延安平剧研究院划归中央党校管理，并决定由刘芝明兼任院长。

由于抗日战争形势的发展变化，八路军和新四军已经从小到大，由弱变强，抗日根据地逐渐扩大，度过了艰苦的相持阶段，局部开始了积极的战役进攻，战略反攻阶段也已为期不远，对如何夺取城市的问题，已开始提到议事日程。延安平剧院的编创人员，受到毛泽东《矛盾论》中"三打祝家庄是《水浒传》中唯物辩证法最好的事例"的评论启发，将《三打祝家庄》的创作作为延安平剧院工作的重中之重。学校成立了由刘芝明、齐燕铭、任桂林、魏晨旭、李纶五人组成的创作组，决定由任、魏、李三人执笔编写《三打祝家庄》。毛泽东在听取彭真的汇报后，提出写好此剧的关键是，要写好梁山泊的主力军、梁山在祝家庄的地下军和祝家庄的群众力量。彭真为了此剧的创作，多次和刘芝明谈话，还给创作组写长信，给全院同志讲话，以确保创作的成功。

刘芝明更是全力投入创作中。任桂林回忆说："以前几位院长都是挂名的，刘芝明同志虽然也是兼职，却是管事的院长。我记得他有时在晚上提着个灯笼，步行到平剧院来检查工作，与同志们谈心。他是很热爱京剧艺术的，而且在工作中坚决执行'推陈出新'的方针。""刘芝明同志对延安平剧院有着很深厚的感情。在延安，我们演完戏，要踏着冰河回桥儿沟，走十几里路，很辛苦。他经常走过来接大家，又是安排我们洗脚，又拿热水让大家喝……没有刘芝明同志的领导和组织，既有政治思想的坚定性，又有艺术的、业务的具体指导，在延安那样艰苦的条件下，冲破层层的困难，就没有《逼上梁山》、《三打祝家庄》的演出成功。当然，没有彭真同志的支持，也是不行的。彭真支持了刘芝明的信心，使他更加坚定，也使同志们更有决心。毛主席的表扬，鼓舞了所有演出的同志们。中央党校三部、延安平剧院的同志和著名演员们，都对刘芝明同志优秀的传统和作风，有着深刻的感受和深切的感情。"①

其实，刘芝明在《三打祝家庄》的诞生过程中，还是担任着总策划和总导演的工作。刘芝明曾多次召集、主持座谈会，

①1979年为筹备刘芝明同志平反昭雪工作举行的座谈会发言记录。

邀请在中央党校学习的同志与创作组一起，研究如何编写好此剧。他请来著名作家艾青、塞克等人对剧本进行加工，请来吕振羽、杨绍萱、齐燕铭等人对故事发生的时代、社会、政治背景进行讨论，请来郭化若、陈赓等人讲解十年内战时期红军攻打城市的经验和教训，请来刘宁一、刘慎之等人给创作组的同志讲解有关城市工作的问题，还邀请来自敌后的同志介绍如何拔除敌人的据点⋯⋯

方华曾回忆说："在邓发同志主持党校工作时，我对刘芝明同志开始有印象。他在平剧院工作有领导意识，但不是长官意志。很明显的是指导《三打祝家庄》时，要以毛泽东思想为指导，从出稿子到演出，芝明同志一直在盯着，确实是胸有成竹。有一次我想不通，没有胡琴怎么能上台唱京剧呢？而且一会儿全体学员全要出场。芝明同志耐心地说：没有胡琴也要上台演出，因为我们是为了党的事业，反映着我们艰苦奋斗的毅力。从芝明同志的批评中，我感到了内疚和芝明同志对待同志的温暖。"①

阿甲也曾追忆说："刘芝明同志领导艺术工作的作风，是既有原则、方针、政策的领导，又有具体的指导，有一种高屋建瓴的想法，有改革创新的精神，有事业心，是我们搞戏曲改革的同志们的榜样。我深切地怀念他。他不是一般抽象概念上的领导，而是一位从思想到实践的具体领导；他不是把艺术当做一般的事务来抓，而是当做一项革命事业去钻研、去工作。

①1979 年为筹备刘芝明同志平反昭雪工作举行的座谈会发言记录。

他是很认真、很细致、很刻苦的，既有原则领导又有具体专业性的指导，在关键的艺术节骨眼上也能给予帮助，解决问题。他使人感到亲切、朴素，学风非常正确。他讲话从不奉承和吹嘘人，批评人的时候，使人感到心服。他诚实、朴实，表里如一，对同志真诚支持，是真正的关心干部。"①

由于充分发挥了群众智慧和集体力量，再加上执笔人的努力和反复修改，《三打祝家庄》的剧本终于完成并开始排演。1945年2月，该剧在延安公演，又一次轰动整个延安城，不少机关学校都将看此戏作为对干部进行战略策略的形象教育。当时在中央党校领导下的延安平剧研究院，实际上已经成为平剧革命的重镇，在中国旧剧改革史册上书写了辉煌的篇章。毛泽东看戏后致信延安平剧研究院，指出，我看了你们的戏，觉得很好，很有教育意义。继《逼上梁山》之后，此剧创作成功，巩固了平剧革命的道路。

在刘芝明的领导下，延安平剧研究院还编演过其他新编历史剧目。

由延安中央党校大众艺术研究社排演的《逼上梁山》和延安平剧研究院排演的《三打祝家庄》，是中国京剧发展史上"推陈出新"的里程碑式作品，是中国共产党领导并成功取得戏曲改革的经典范例。刘芝明直接参与、主持、领导了这两出戏的编演，他充分体现了党在领导艺术创作中的民主作风和实事求是的思想原则，坚持走群众路线，强调发挥出集体的智慧，坚

①1979年为筹备刘芝明同志平反昭雪工作举行的座谈会发言记录。

定地执行贯彻了"推陈出新"的文艺方针，为戏曲改革事业立下了汗马功劳。正如简朴同志在《延安览胜》一文中所说，他是"延安戏曲改革的大功臣"。通过这两出戏的排演，还培养、锻炼出一大批党在文化事业上的骨干和中坚力量。刘芝明在工作中从大局出发，不做婆婆，不计私利，不谋私益，一切归功于集体，处处以身作则的人格和品德，也赢得了周围同志的由衷敬佩。《三打祝家庄》执笔人之一的魏晨旭回忆说，当时曾经有过作品署名前后的争议，刘芝明坚持不署名的举动，使这场争议很快得到化解。魏晨旭在《〈三打祝家庄〉巨大的历史成就及其严重缺陷》一文中指出："由于刘芝明、齐燕铭二同志的大公无私和谦让精神，坚决不同意共同署名为《三打祝家庄》剧作者。"刘芝明所强调的是只要是剧作家必须是"体现群众灵魂的技师，而不是自我表现的英雄"。2004 年，在举行纪念延安平剧研究院成立 60 周年活动之时，从各地来北京参加纪念活动的延安老同志，回忆当年的情形时，都异口同声地说："没有刘芝明同志的领导，《逼上梁山》《三打祝家庄》两出新编历史剧，不可能创作、演出成功。"延安平剧院老战友们，缅怀、崇敬刘芝明院长的情谊，溢于言表①。

毛泽东看《三打祝家庄》后给延安平剧研究院的信后来丢失，这对延安时期革命文艺的史料研究，应该说是一个无法弥补的损失和巨大的遗憾。对于信件的丢失情况，任桂林在《毛泽东和京剧》一文中有过记载："这封信，开始由刘芝明同志

①《中国京剧》，2005 年第 6 期。

保管着，后来刘芝明同志调往东北，他便把它交给张梦庚（延安平剧研究院秘书）。日本投降后，领导上派张梦庚等人去张家口约请人员，可是他再也没有回延安。撤离延安时，这封信就这样遗失了，成了一件憾事。"多年后，刘芝明依然为此而懊恼和自责。

黑土地上

1945年8月，日本无条件投降。党中央迅速作出建立巩固的东北根据地的战略决策，先后派遣四分之一以上正式和候补中央委员，率领两万名干部和十万大军挺进东北。自1945年9月起，大批干部从延安出发，向东北进发。其中就包括相当数量的东北籍干部。

刘芝明就在这支日夜兼程、向着东北急速行军的队伍中。这个在延安成熟起来的党的高级干部，在滚滚东去的解放洪流中，心绪格外焦急和兴奋。少年时代刻骨铭心的国恨家仇，青年时代东渡的求学志向和愿望，白色恐怖下上海滩战友和亲人流淌的热血，在南京四年铁窗生涯的坚苦卓绝，全面抗战在延安的峥嵘岁月……都使他更加怀念和向往行军途中正在接近的那片生养过自己的黑土地，更加渴望早日让日本帝国主义铁蹄下的苦难同胞看到新中国的曙光。

刘芝明在东北的主要活动，大致可以分为两个时期。1945年10月至1948年底，他作为东北地区进行的解放战争的亲历者之一，亲身见证了黑土地上翻天覆地的历史性变化；1949年初至1953年中期，他作为东北地区文化工作的主要领导人之一,直接参与了奠定东北地区文化教育事业发展的基础工作。

1945 年 10 月,刘芝明向东北局报到。本来他这样一个从事理论研究的党校干部是可以留在东北局工作的,但他主动要求到基层工作,亲身参与火热的革命实践工作。东北是当时国内重工业最发达的地区,拥有"钢都""电都"和"煤都",是战略地位最为重要的一个地区,而"钢都"就是鞍山。此时要在鞍山开展工作障碍重重,压力多多。附近有国民党军队和土匪的骚扰,市里有大批失业工人和市民等待安顿,苏军驻扎有部队,而且使用了一些日本人和伪警察,一批日本的工程技术人员、侨民、官吏滞留在市内,最关键是党的政权和武装还没有建立起来。10 月上旬,东北局为加强鞍山工作,派刘芝明率一批干部到鞍山,筹建市党政领导机关,刘芝明成为第一任中共鞍山市委书记兼鞍山民主政府市长。同时,在鞍山市工人纠察队的基础上,建立了鞍山市保安司令部,刘芝明任司令员兼政委。

当时,全国正处于两个前途两种命运决战的前夜。中共鞍山市委以鞍山保安司令部政治部或民运处的名义开展工作,没有公开。刘芝明对当时的情况追忆说:自己从来没做过这样全面的工作,在这种环境下感到很吃力。这时开始有意识地从掌握党的路线和按照毛主席的思想方法进行工作,着手建立自己的武装和政权。最初对日本人的政策有些右,没有采取足够的严肃态度。后来在苏军的协助下,解决了伪警察,把日伪残余势力从我们的机关里清除出去。接着,转入救济工人的工作,还未搞好，1946 年即退出了鞍山[①]。

为加强基层工作，鞍山市委、市政府决定废除日伪时期鞍山市辖 25 个区的建制，重新划分为铁东、新华、永乐、千山、陶官、千岁、立山、工业、沙河 9 个区，组建各区区委、区公所，建立区武装中队、区工会等组织，基本掌握了基层领导权。在当时极其尖锐复杂的斗争形势下，积极发动群众，向公开和暗藏的国民党和日伪残余势力作斗争。积极开展生产自救、剿匪反霸、建立革命秩序、恢复社会经济生活等工作，取得了多方面的胜利。尽管刘芝明担任市长的时间不长，但是这段经历检验了他负责全面工作的能力，也提高了他在工作中运用正确思想方法和理论联系实际的水平。

1946 年 3 月下旬从鞍山撤离后，刘芝明被分配到安东（今丹东）担任中共安东地委副书记，和吕其恩等人并肩工作和战斗。4 月 16 日，中共辽东省委与安东省分委合并，取消安东省分委，以林一山为省委宣传部部长、刘芝明为副部长[②]。

这时，我党地方工作的主要任务是在农村搞减租减息和土地改革，刘芝明和张雷轩等人一起到安东县长泡子村一带开展工作。当国民党军队进犯安东后，他又和吕其恩、张雷轩等人拿起枪杆打游击。后经组织批准，他转道朝鲜浦山镇前往通化，担任辽东分局宣传部副部长，在陈云领导下工作。1947 年春，他带领工作团到柳河县一带进行土改。

辽东地区的土改，在陈云的直接领导下进行。由于当时辽

---

① "文革"时期的《刘芝明自述》。
② 辽宁省档案馆编：《辽宁省大事记——1946 年》。

东土改政策上"左"倾思想比较严重，在土改成分的认定，对待中农特别是富裕中农的问题上团结不够，伤害较重；对待地主、富农，甚至是富裕中农的斗争上，存在着严重的"过火"行为，打死人的现象比较普遍。后来，在党中央的干预下，问题有所纠正。

对于土改初期工作中所犯的错误，刘芝明从不回避，绝不推诿，而是主动地检讨自己的错误，并从中吸取教训。1948年春，他带团到牛庄一带搞土改，由于已经取得了经验，工作进行得稳妥顺利，群众被真正发动起来。分到土地的农民努力生产，支援前线战争，不少翻身农民还积极参军，踊跃支前，保卫土改的胜利果实。刘芝明的工作也得到了上级肯定。

刘芝明在白山黑水之间的转战历程，用千辛万苦来形容绝不夸张。他曾经投身于暴风骤雨般的土地改革运动，他曾经冒着生命危险在敌人的四面包围下打游击，曾经跋涉在冰天雪地中寻找组织；也曾经充满热情地进行过干部培养训练，还在极端困难的条件下进行过报纸的出版工作……当然，他主要从事的是政治宣传和文化教育，这是他在延安时期的本职工作，也是他东北解放战争时期的主要任务。在这段艰难的战争岁月里，刘芝明对东北社会各个阶层有了充分的接触和了解，也对东北文化的现状和问题有了清楚的认识和理解。因此，他开始从新的角度去分析、把握这样一个地区内的宣传教育工作。

1948 年 7 月，刘芝明奉命调到东北局宣传部任职，先后担任秘书长、副部长，在凯丰领导下工作。

当时东北的文化状况与陕北和晋察冀边区都有明显区别。

1945 年从黄土高原风尘仆仆赶赴黑土地的文化干部，面临的工作首先是启发民众的民族观念和阶级意识。这里自古有着悠久的民族文化，但经过 14 年的日伪统治，已被摧残殆尽。带有奴化色彩的殖民地文艺占据了统治地位，整个东北地区的文化艺术极度衰退，甚至封建文化中带有一些中国历史性的或表现一点民族个性的传奇、演义也都被湮灭。新文化艺术的重建工作极度繁重。正如刘芝明在 1949 年总结过去三年东北文艺工作时说的那样：“八一五”前伪满时代东北文艺是被奴化与封建文艺统治着的。这时期可以说没有什么新文化运动，连一些带有民族倾向的文艺或小资产阶级进步的文艺，都被摧残，甚而就是封建文学中带有某些中国历史性或表示一点个性的传奇、演义都被湮灭。提倡大东亚文学，以日本文学为中心；提倡封建迷信，《三侠剑》、《雍正剑侠图》、言情小说，这些流行得最广泛。中国文在学校中是不占地位的，而所讲的也是《古文观止》之类，大学里就几乎没有中国文，到处充斥着“协和语”。东北青年学生中至今中国文程度都甚低，中国文字都在被消灭，还说什么文化？至于工人农民则是更为可怜，简直就更什么文化也没有，在农村中则是仅存一点旧剧和驴皮影，也都是极端封建的。“八一五”后，在人民的文化教育上以及文艺上可以说是一片荒凉废墟，东北人民在文化上已经是倒退了几十年差不多是半个世纪。东北新文艺运动就是在这样的情况下开垦起来的 [1]。

----

[1] 刘芝明：《东北三年来文艺工作初步总结》。

因此，促进东北民众在文化上翻身，思想上解放，急需一个普遍的启蒙运动，给予大众容易接受的文化知识和文艺作品，鼓舞他们的革命热情和胜利信心，同心同德地跟敌人作斗争。因此，对于他们"普及工作的任务更为迫切"①。特别是日本投降后，国民党当局大肆进行反动宣传，通过舆论欺骗，使很大一部分不明真相的群众对共产党产生畏惧感。刘芝明一针见血地指出："这个奴化文艺的根本，则是建筑在极端封建与殖民地的思想上边的，这个就比较深植在东北人民心中，而工人农民中也是较浓厚地存在着的，这种思想是表现在对于国民党统治的盲目正统观念上，其实质乃是封建的正统观念。这个思想曾在这一个时期顽强而带普遍性地抵抗着新文艺运动。"显而易见，在这样的社会环境下开展文化教育工作是很艰苦的，但又是极其必要的。

在刘芝明领导下，东北文艺工作逐步广泛开展起来。大批新文艺运动的生力军活跃在东北。总政文工团演出了阿英的剧本《李闯王》，"鲁艺"演出了《白毛女》，还举行了音乐会，和当地青年联合演出了《黄河大合唱》，"解放区照片木刻展览会"在各个城市巡展。革命文艺迅速发挥出宣传群众的作用，许多受了国民党宣传蛊惑的群众很快转变了对共产党和解放军的看法。特别是青年学生和知识分子，看着令人耳目一新的演出，听着既新鲜又亲切的陕北民歌曲调，感受着文工团员朝气蓬勃的精神状态，对他们产生了极大的吸引力，很多人竞相要

---

① 刘芝明：《东北三年来文艺工作初步总结》。

求参加新文艺的队伍。革命文艺扩大影响的必然结果，就是殖民地奴化文艺逐渐被推下舞台。

长期和刘芝明共事的朱丹回忆东北时期的工作时说："刘芝明部长在东北提出'普及和提高'，是符合唯物辩证法关系的，普及和提高二者是相辅相成的，在普及的基础上提高，在提高的基础上普及。在东北刚解放的新区，就是要做大量的普及工作，如张贴宣传画，搞动画片等，如《在毛泽东旗帜下奋勇前进》，又如'领袖像'要广泛张贴。因为当时群众还不知道、不认识我们的领袖，所以要普及。那会还有王曼石、华君武等同志，他们一致认为，刘部长正确地执行了党的文艺路线，而且还具有创造性。"①

土改时期东北蓬勃发展的文艺运动的高潮"是由于土改后农民翻身后引起的。这个高潮的特点，即是广泛的开展新秧歌运动"②。在黑土地上开展的新秧歌运动，是黄土高原发轫的新秧歌运动的延续。

秧歌来源于农民插秧时所唱的劳动歌曲，它孕育、产生于地方的民歌小调，反映着民间熟悉、喜爱的生活题材，特别擅长表现现实生活，和当地百姓，尤其是农民保持着紧密的联系，很多地方的节日活动甚至就用"闹秧歌"来形容。对于秧歌，特别是通过秧歌的形式所能起到的教育、发动、动员群众的作用，刘芝明的认识是非常清楚的，他自己就曾经担任过中央党校秧歌队的队长，还领导过许多秧歌剧的成功创作。他对于开

①1979 年为筹备刘芝明同志平反昭雪工作举行的座谈会发言记录。
② 刘芝明：《东北三年来文艺工作初步总结》。

展新秧歌运动一直持肯定态度，并要求表演形式要充分适应当地群众的欣赏习惯，吸收地方的艺术表演成分，由于群众工作的逐渐深入和文艺工作者的努力，1947 年春节，东北北部的群众新秧歌运动出现空前的盛况。

东北地区的秧歌与陕北的秧歌有很大的区别，步调幅度比较小，往往是男女相互围绕跳动，跳动之间带有一些挑逗的动作。所以一般人对于东北秧歌总怀有一种另类的眼光，即便是在旧社会的城里人对秧歌的观点，也觉得那是一种低俗的，甚至有点下流的行为，为文化人所不屑。但是由于新秧歌工作者的努力，终于把旧秧歌的低俗动作改造了，同时融入陕北秧歌和东北二人转的某些特点，形成了奔放、热情、步幅变化不大、容易学习的东北新秧歌，在动作和伴奏的曲调上借鉴二人转的特点，更容易被农民所接受。许多人都是由轻视、怀疑，转而认识并积极参加。新秧歌运动迅速地在解放区开展起来，成为为地方现实生活服务，成为与群众保持密切联系，更有力地服务于战争和土改的一种好形式。鲁艺文工二团的秧歌，特别得到人民群众的赞扬，其原因是它吸取了东北民间的形式（如东北秧歌、二人转等），突破了关内秧歌的形式向前发展了一步，在市民和机关干部中曾起了一定的影响。刘芝明总结道："参加新秧歌运动不但教育了群众，也教育了自己。群众从秧歌中认识了共产党，认识了民主政府，也认识了自己所处的新社会。"①

---

① 刘芝明：《东北三年来文艺工作初步总结》。

经过教育引导而发展起来的东北新秧歌已经成为东北地区在庆祝解放、欢度节日、举行重大庆典时的一个重头戏，成为农民、工人、部队、学生、市民广为接受并积极参与的一种文艺形式。随着东北解放大军的南下，东北大秧歌扭进了关内，红遍了大江南北。至今，在中国北方流行的秧歌，其主要形式仍然是东北秧歌。

对于这段时期东北文艺工作的情况，曾任东北文工团团长的侣朋回忆说："在延安时不认识刘部长，1946年到1958年都在他领导下工作。他是非常实事求是的，特别是在东北人民政府文化部工作，全面衡量下是有历史功绩的。开始阶段东北比较混乱，文艺工作由东北局宣传部总地领导起来，还是1947年刘部长主持文艺工作之后。"①

这一时期，我党领导的文艺工作主要为战争、土改两大任务服务。刘芝明在《东北三年来文艺工作初步总结》中概括说："这一时期土改是密切地与战争结合着，很多文工团都配合了战争，写了不少关于战争动员与支援前线的作品，在战争方面的反映也有较优秀的作品……总之，这一时期的创作，则是蓬蓬勃勃的，有生气的，与群众的要求较紧密地结合着的，这是个最大的特点。"

刘芝明将文艺工作者组织起来，深入到战场、农村去。把鲁艺来东北的骨干力量分别组织5个分团，到5个地区，做了大量的工作。根据战争和土改情况的需要，抓了节目、小型秧

①1979年为筹备刘芝明同志平反昭雪工作举行的座谈会发言记录。

歌剧和多种形式的文艺活动，使部队、农村的文艺活动开展得红红火火。到 1947 年，各团出了许多优秀创作。侣朋回忆道："芝明同志有领导气魄，当时 20 万人在下面打地铺，三分之二的同志去参加土改，三分之一的同志留在家里，一搞就是 8个月。对延安来的老同志要求深入实际生活，参加土改工作，对个人来讲是不可忘记的锻炼和提高，真正深入实际，体验生活，感受很深刻，对搞创作的意义非常大。在一个小镇上搞土改，去了延安来的 40 多个老干部，力量大，水平高。刘部长下决心从业务工作中学习，为后来几年搞文艺创作和搞文艺队伍建设打下了坚实的基础，确实是一个战略性的决策，很有意义，当时确实出了不少好作品。"[1]

随着东北解放战争的节节胜利，东北解放区逐渐扩大后，刘芝明提出把当时分散下去的 5 个团集中起来，要求东北鲁艺办剧院，办专业训练班，以适应大城市文艺工作的需要。他要求文艺工作者要迅速地占领解放后的城市文化阵地，为城市的文化艺术工作的发展打下了坚实的基础，培养了大批的文艺骨干。恰恰是这一批人，随着解放战争的步伐，跟随部队从东北到海南，到处都留下了东北鲁艺剧团的骨干和培养的干部，为新中国艺术人才队伍建设进行了先期储备，这些人也成为遍布国内各地的、各条文艺战线上的中坚力量。

刘芝明在抓文艺队伍建设的基础上又抓创作，这是文化艺术表现形式的根本所在。没有好的剧本、好的文章、好的小说、

---

①1979 年为筹备刘芝明同志平反昭雪工作举行的座谈会发言记录。

好的歌曲、好的舞蹈、好的绘画，是不可能完成我们党的中心任务的。侣朋回忆说：所以当时由原来的秧歌剧本，扩大到戏剧、歌舞、音乐、绘画……各个专业都组织了热心的、认真的、有经验的同志抓创作，全面地抓。很少有这样的部长，从政治思想工作，到派部下去参加战争和土改，使同志们受到阶级教育，提高了他们的政策水平，更深刻地理解党的政策，同时也要求同志们在业务技术、艺术水平上也要同步提高。一方面培养和提高了干部，同时在教育别人的同时，刘部长也受到了锻炼，理论联系实际，在实际中锻炼自己和提高自己。不懂的就学，努力刻苦把自己变成业务的行家里手。在领导岗位上像刘芝明部长那样的内行，并且按照艺术规律办事，在我们党内是很少有的，并且一抓，真的出成果[①]。

在领导东北解放区的文艺工作中，刘芝明还认真地关注文艺工作中的"左"的倾向，并及时给予纠正。例如在土改"左"倾错误的影响下，有些文艺作品也带有"左"的倾向。比较明显的如戏剧《火》、文学作品《立功抓地主》、美术作品《挖完了吗》等等。在刘芝明的倡导下，东北局宣传部召开文艺工作会议，集中来解决这些文艺思想和创作上的偏向，并取得了相当好的效果。

由于东北解放较早，土改完成得较早，工业恢复和城市管理的工作也走在全国的前列。工农业生产迅速地提高，经济得到了恢复和较快地发展，加上抗美援朝战争的爆发，客观形势

①1979年为筹备刘芝明同志平反昭雪工作举行的座谈会发言记录。

的变化对东北文艺工作也提出了新的要求。

在新中国尚未成立之时，刘芝明就比较早地提出了文艺工作的重心转移问题。他在 1949 年 6 月撰写的《东北三年来文艺工作初步总结》中明确提出："这个时期，就是从以农村为重心转到以城市为重心的时期。"文艺工作的方针也要随之改变，由过去分散的、以农村为主的、服务于战争和土改急风暴雨的阶级斗争，以群众文艺形式为主的战时文艺工作，转变到"要为经济建设尤其是工业建设服务，但同时，又兼顾到农村文艺运动与建设国防部队中的文艺运动"中来。同时又提出，专业作家和专业的文艺工作者是新文艺运动的主力，是文艺运动的组织者和领导者，这与过去在战争时期以群众文艺为主是一个重要转变。这些具有远见卓识、战略眼光的观点是非常正确的，也是具有预见性的，同时也是符合东北实际情况的。

1948 年底，东北全境解放。东北局迁到沈阳，刘芝明先后在王稼祥、李大章、李卓然等人领导下工作。应该说，在此期间，他一直是东北地区文化宣传工作的主要负责人之一，为解放初期东北地方文化事业的发展作出过卓越贡献。

1949 年 8 月，东北人民政府在沈阳市成立，刘芝明担任了东北局宣传部副部长，兼东北人民政府文教委员会副主任、东北文学艺术联合会主席等职。还当选为中华全国文学艺术界联合会全国委员会常务委员会委员、中央人民政府文化部戏曲改进委员会委员。在同月召开的东北人民代表会议上，刘芝明被选举为东北人民政府委员，之后被任命为东北人民政府文化部部长。在他的领导和努力下，整个东北地区的文艺工作进入一个欣欣向荣的蓬勃发展时期。从 1949 年 8 月到 1953 年底，整个东北地区的文艺工作跃上一个新台阶，涌现了一批脍炙人口，并且在全国产生重大影响的优秀作品，东北地区成为新中国新文艺工作的肇源地，从某种意义上说，刘芝明不愧为新中国新文化艺术的先行官。

这一时期，东北的文艺工作成就斐然。截至 1952 年，在小说的创作上，有周立波的《暴风骤雨》、马加的《江山村十日》、刘白羽的《红旗》、华山的《英雄的十月》、草明的《原动力》等，特别是周立波的《暴风骤雨》，成为轰动国内外的优秀作品；在戏剧的创作方面，如陈其通的话剧《炮弹是怎样造成的》、鲁艺实验剧团的话剧《星星之火》、东北文工团的话剧《在战斗中》和《在新事物面前》、东北文教队的话剧《堤》、东北评剧组的评剧《小女婿》、李英航作曲的歌剧《立功》、东北军区政治部宣传队创作的反映抗美援朝战争的话剧《让战魔发抖吧》等等。东北文教队排演大型歌剧《刘胡兰》，屡演不衰；安波创作的歌剧《纪念碑》，演出盛况空前；东北鲁艺实验剧团演出自创大型歌剧《星星之火》（编剧塞克，作曲李劫夫），轰动沈阳城。特别值得一提的是《小女婿》，不仅唱腔优美，生活气息浓厚，而且反映了新婚姻法颁布后，农民挣脱封建婚姻的勇气和经历的曲折；歌舞类的如鲁艺的《锻工舞》、长春文工团的《绸子舞》、辽东文工团的《扇子舞》、东北文工二团的《东北大秧歌》等；歌曲类的有马可的《咱们工人有力量》、李劫夫的《国民党一团糟》、庄映的《咱们比比看》等，其中《咱们工人有力量》不仅唱遍全国，而且至今仍在传唱；美术作品有华君武的时事漫画、张仃的年画《喜气洋洋》、古元的版画《人桥》和《鞍钢的修复》、西野的连环画《永垂不朽》等；诗歌有天蓝的《中华人民共和国像太阳升起》、公木的《中华人民共和国颂歌》等；电影类的有新闻片《东北最后战役》《卫国保家》，木偶片《皇帝梦》，故事片《桥》①《中华儿女》《白毛女》《刘胡兰》，新中国第一部短故事片《留下他打老蒋》，第一部动画片《瓮中捉鳖》和第一部科教片《预防鼠疫》，均由东北电影制片厂完成，其中《白毛女》不仅是探索中国电影民族形式的重要作品，而且获得国际奖项，演员田华也成为当时中国家喻户晓的人物。

这一时期，东北的专业文艺团体也得到迅速发展，东北各省均有专业的话剧、京剧、评剧、歌舞等专业团体。东北人民艺术剧院②仅在 1952 年第一季度，就演出 269 场，超额完成全年计划，观众达 289737 人。1947 年成立的东北文协平剧工作团③的许多剧目在创作和演出中，都得到刘芝明的直接帮助和关心。其中，有 1950 年毛泽东访苏归来，途经沈阳观看并提出修改意见的《新美人计》；《雁荡山》在第一届全国戏曲观摩演出大会上荣获最高奖，周恩来总理观看后说："为京剧武戏开辟了一条道路。"在挖掘传统艺术方面，京剧和评剧有《九件衣》《黄巢》《美人计》《新贫女泪》《新打狗劝夫》等。

在群众文艺方面，东北各省的工人、农民、教员、学生、

---

① 新中国第一部电影故事片。
② 现为辽宁人民艺术剧院。
③ 后改为辽宁京剧团，1959 年与沈阳京剧团合并，建成沈阳京剧院。

艺人、干部中出现一批业余文艺创作的积极分子。特别是在各大城市当中，广泛地展开创作运动，一大批工人作家、农民作家、业余画家、业余作曲家以及业余剧团、秧歌队等遍布东北城乡。

这一时期，还加强了对东北地区原有旧艺术和旧艺人的改造。对此，刘芝明提出："旧艺术在东北是相当普遍的存在，过去虽然在改造旧艺术方面也做了相当的努力，取得了一定的成绩，但改造工作还不广泛与普及，各地改造办法也还不统一，同时也还缺乏足够的领导。因此，文艺工作者就必须注意这一方面的工作，同时还要有计划、有步骤地发动广大旧艺人，进一步进行改编旧剧和创造新剧的运动，在运动中达到团结与改造广大的旧艺人，使他们努力为人民文艺而服务。"① 在刘芝明领导下，东北各地普遍开始重视旧艺术和旧艺人，并建立相应组织，取得良好效果。在旧艺术和旧艺人的改造上要特别注意政策，刘芝明指出：有些地方发生了某些简单化与急性病的偏向。没有认识到改造旧艺术是十分细腻的工作，而且亦是十分艰巨的工作，同时对旧艺术的改造，不仅是艺术问题，而且是一个广大艺人生活的社会问题，因此应细腻，慎重，有步骤地做这一工作，旧艺术的改造，主要是说服教育（如通过训练班，启发教育），改造思想。这个方针，一定要坚持。决不能看成轻而易举，决不能强迫命令，决不能性急。改造旧艺术就照顾到他们的生活，对极端反动的、淫荡的、迷信的旧戏，应

---

① 刘芝明：《将文艺提高到人民建设时期的新水平》。

通过座谈会的形式，去教育启发他们的自觉改革。过去于改造旧艺术上，多着重于新的创造，而忽视旧的改编，去年在东北文代会上提出的是创作新的与改造旧的。有些旧的稍微改下就可以演出的，但我们做得还很不够。对于书曲，也同样采取这个办法，新的一时还搞不出来或搞出来数量也不多，有些旧艺人写不出新的，就应教给他们改旧的，逐步地学习写新的。因此有些旧的长篇和小段，也可以演唱。因为新的东西代替旧的是一个过程，而且也要一个相当的时间。逐渐的新的才会多，质量也才能提高，然后旧的才能减少。关于禁演，过去是多了一些，而且各地也极不一致，有些地方因禁演过多，影响艺人生活，今后应根据具体情况，通过说服提高艺人觉悟，达到逐渐地使坏的东西淘汰下去，当然，政治上极端反动的节目还应禁演。对旧艺人不能要求过高，应逐步教育引导。但这不等于放任自流。应使用说服教育以使其自觉。制度上的改革也是必要的，但也要逐步经过觉悟才行 [1]。

刘芝明非常重视文艺干部和文艺骨干的培养。他曾提出："为了更好开展文艺运动，尤其是广大群众性的文艺运动，我们还必须大量培养文艺干部。几年来，我们培养了不少干部，但对于客观需要来说，还相差太远，因此，我们就要有计划、有步骤地培养。鲁艺在东北是一个培养文艺干部的学校，它的主要任务就是要适应东北新形势下文艺运动的要求，大量培养初级与高级的文艺干部，各省、市文艺团体和文工团应选择有

---

[1] 刘芝明：《在东北文联各地文联主任联席会上的讲话及 1950 年春节文艺活动初步总结》，1950 年 3 月 19 日。

造诣的文艺干部送到鲁艺学习；各省、市文联和文工团应有计划地从业余文艺团体中吸取成员，并广为开办文艺夜校，文艺训练班（包括改革旧艺术的训练班），培养初级和业余的文艺干部。"东北成为最大的文艺干部和文化干部培养基地，东北鲁艺也成为新中国文艺干部的"摇篮"。从这里走出了新中国领导文化艺术事业的骨干力量，有相当多东北培养出来的文艺干部进入北京最高的文化艺术领导机关，或者在国内其他地区从事文艺的领导工作。不仅如此，东北还有相当多的专业文艺团体成建制地调入北京，如原东北文工团第二团调入北京后，成为中国青年艺术剧院。东北对于全国文化艺术干部和文艺团体的支援可谓"巨大"。侣朋回顾这一时期时提到，刘芝明同志"不保守、不本位，中央要调谁就给谁，从不说不行，支持中央工作。后来又要，要一大批，都是东北的高、尖、精，如陈紫、刘炽、马可等。剩下来的，刘芝明同志就大胆使用，对塞克真正用，敢用他的还只有刘部长，还有阿英，刘部长发扬他们这些人的优点，充分调动他们的积极性，这真是难能可贵的领导。美术学院、戏校，都大胆任用了一批干部"①。

刘芝明非常重视文艺批评。他曾说："我们认为文艺批评不能是自流的，有头无尾的，这样就不但会批评得不好，而且更会增加思想混乱。"②

在文艺批评中，刘芝明并不回避文艺工作中出现的偏差或错误，譬如对封建正统观念对民众的影响估计不足，创作中出

---

①1979年为筹备刘芝明同志平反昭雪工作举行的座谈会发言记录。
② 见刘芝明的《将文艺提高到人民建设时期的新水平》。

现的脱离群众的倾向，甚至是土改中犯的"左"倾错误在艺术作品中的重复……也许正是由于敢于正视问题，纠正错误，东北文艺工作才能取得巨大的成绩。通过文艺批评，纠正各种偏向，使新文化运动不仅健康成长，在黑土地上深深地扎住了根，而且通过战争、土改和经济恢复时期的严峻洗礼，培养和锻炼出来一支充满朝气和活力的文艺队伍。

刘芝明在抓创作时，要求每一个作品一定要有明确的思想性，又要有较高的艺术水平。每一个作品他都一一审查，并具体提出作品的优点、缺点以及可行的修改意见。有时，他还认真听取作者和其他人的意见，共同进行修改。比如《星星之火》剧本，刘芝明一次又一次与大家共同讨论，一遍又一遍地改，每一次排演时他都到场亲自观看，认真提出意见。在文艺创作中，刘芝明特别强调要讴歌新时代和新人物，他曾说：这种人物，是新时代的人物。这种人物是喜悦的、新鲜的，有火热的无穷尽的生命力，充满着无比坚强的意志，富有崇高理想，不怕任何困难、挫折；有创造性，有克服一切困难的战斗精神，是英雄式的建设国家的人物。这种人物是有血有肉、有面貌、有性格，有他自己独特的语言色彩、风度……这种人物，他能给人们以鼓舞、以信心、以新鲜的感觉，以无比强大的前进的力量。这种人物是有国家主人翁感觉的人物，是"已站立起来了"的中国人民的英雄形象[1]。

可以说，新中国东北地区文艺的繁荣，是与刘芝明的具体

---

[1] 刘芝明：《将文艺提高到人民建设时期的新水平》。

组织、认真落实、一抓到底分不开的 ①。

　　1950 年 4 月 9 日，中国人民保卫世界和平委员会沈阳分会举行成立大会，刘芝明担任副主席。1950 年 6 月，朝鲜战争爆发。"联合国军"越过三八线，把战火烧到我国东北边境；同时，美帝国主义派遣空军深入东北地区轰炸和扫射，严重地威胁我国安全。中共中央决定派遣中国人民志愿军入朝参战。中共中央、中央军委和志愿军总部在抗美援朝战争之初就确定东北行政区为总后方基地，统一调度指挥一切后方供应事宜。

　　"保和平，卫祖国，就是保家乡"，觉悟了的中国人民义无反顾地投身轰轰烈烈的抗美援朝运动中。

　　1951 年 3 月 21 日，中国人民保卫世界和平反对美国侵略委员会东北总分会在沈阳成立。刘芝明出任副主席。作为东北地区文化宣传方面的主要负责干部之一，抗美援朝战争时期，刘芝明为进行后方动员、宣传教育开展了卓有成效的组织工作。张野回忆说："在东北刘芝明领导建立剧团，贯彻执行'双百''二为'政策，都是正确的，文工团应该提高水平，占领城市的思想阵地即文艺阵地。人民艺术剧院成立以来，从我的感受是很多的。我在艺术局工作时，与刘部长接触较多，没有隔阂，有这种工作支持，才能搞好工作。从个人生活到工作，全愿意和他谈，可是说假话他不谈。整风一个半月，他每天早晚都来参加，深入细致，干劲十足，晚上演完以后，回家还要写文章。刘部长原则性很强，斗争性

　　①1979 年为筹备刘芝明同志平反昭雪工作举行的座谈会发言记录。

也强，真正从政治上关心同志，不是整人。自己挨了错误的批评后，还顾全大局。他是搞政治经济学的，组织上让他搞交响乐，他就请人来讲交响乐；让他搞电影，他就学习电影……他能为党的事业需要勤学苦练，直到自己掌握了要学的东西。"

这一时期，为配合抗美援朝运动的进展，刘芝明进行了认真部署，调动各方面力量，为抗美援朝高声呐喊，涌现出一大批歌颂志愿军英雄形象、鼓舞人民士气的好作品。如东北文工团创作的话剧《在战斗中》、东北军区政治部宣传队的《让战魔发抖吧》、东北电影制片厂的纪录片《卫国保家》，以及大量的漫画、诗歌、活报剧等。特别是东北人艺音乐舞蹈团①在较短的时间里就创作出由张风作曲，崔德志、蔡子人作词的《全世界人民团结紧》，这首歌迅速唱响了全国：

嘿啦啦啦啦嘿啦啦啦，

嘿啦啦啦啦嘿啦啦啦，

天空出彩霞呀，

地下开红花呀。

中朝人民力量大，

打败了美国兵啊。

全世界人民拍手笑，

帝国主义害了怕呀。

嘿啦啦啦啦嘿啦啦啦，

---

① 即现在的辽宁歌舞团前身。

嘿啦啦啦啦嘿啦啦啦，

全世界人民团结紧，

把反动势力连根拔那个连根拔！

这些优秀的文艺作品，极大地鼓舞了东北人民积极参加抗美援朝运动的积极性，歌颂了志愿军的英雄形象，揭露、讽刺和抨击了帝国主义侵略者的丑陋面目，激发了前方将士们英勇杀敌的决心。应该说，处在抗美援朝战争第一线的东北地区，不仅抗美援朝宣传搞得轰轰烈烈，而且激发了东北人民踊跃支前的积极性。战争期间，由于强有力的宣传鼓动，东北地区农民积极参加担架队、运输队、民工队，还有大批的铁路工人、汽车司机、医疗救护人员勇敢地加入支前队伍，为保障后勤物资的供应、治疗和运送伤员，他们也"雄赳赳，气昂昂，跨过鸭绿江"，是一支不是志愿军的"志愿大军"。

1950 年 11 月初志愿军入朝的消息见诸报端后，齐齐哈尔第二机器厂的劳动模范马恒昌以"马恒昌小组"的名义通过报纸向全国职工发出开展爱国主义劳动竞赛的倡议，在不长的时间内，得到全国各地 1.8 万个班组的积极响应，许多企业劳动生产率成倍甚至十几倍地增长，以实际行动支援了抗美援朝战争。这一年，"马恒昌小组"提前两个半月完成国家任务，创造 69 项新纪录。"马恒昌小组"的英雄业绩不仅为广大志愿军指战员深知和感动，而且受到金日成的褒奖。东北地区的各大报纸，抓住马恒昌的典型事迹广泛宣传，东北许多厂矿企业开展了响应"马恒昌小组"的爱国主义劳动竞赛，当年东北地区国营工业即超额 11.5% 完成全年生产计划。

其间，刘芝明不但深入文化、宣传、教育工作第一线，还为报纸、杂志撰写大量具有指导意义的文章，如《歌颂新生的、革命的英雄人物》《正确反映群众的现实生活和美丽远景》《深入人心地歌唱，歌唱伟大的祖国和劳动人民》等，把对抗美援朝的组织、宣传、动员、教育等各项工作落到实处。他要求作家、艺术家要紧紧抓住"在文艺作品中如何将仇视与鄙视美帝国主义的教育深入到人民群众中去，是个很重要的主题"，并且提出："我们作品要渗透着无限的爱祖国的热忱，要把人民已获得的自由幸福，以及美满生活，鲜艳而有诱惑力地描写在作品中，并赋予美丽的理想，使得人民群众更加觉悟地保卫这些胜利果实，反对国内外的敌人，巩固人民民主专政——这就是爱国主义。"①

刘芝明的身影一直活跃在抗美援朝的后方及前线。1953年 10 月，中国人民第三届赴朝慰问团一行 4000 余人，在总团团长贺龙率领下离京赴朝，刘芝明是副总团长之一。

高屋建瓴

1953 年，刘芝明调任中央文化部副部长、党组副书记。但因刘芝明参加赴朝慰问团，直到 1953 年 12 月中旬，赴朝慰问团回国后，刘芝明才到北京履新。

刘芝明到任后，把工作重点放在深入实际调查研究，熟悉

---

① 刘芝明：《歌颂新生的、革命的英雄人物》。

情况了解问题上。他坚持实事求是、密切联系群众的工作作风，熟悉各方面情况。

1953年，我国开始实施第一个五年计划。随着社会主义建设事业的新发展，对文学艺术工作提出了新的要求，并推动着新中国文艺运动进一步继续向前。早在1951年，政务院发布《关于戏曲改革工作的指示》，提出"改戏、改人、改制"3项任务，使戏曲改革与社会主义革命进程保持同步发展，戏曲改革成为社会主义革命的一部分。戏曲工作者的生产关系、组织结构、生产机制等都发生了根本变化，戏曲工作者的社会地位得到明显提高，创作热情被大大激发出来。在1952年举办的第一届全国戏曲观摩演出大会上，戏曲舞台上就涌现出一批根据"取其精华，去其糟粕"原则创作出的优秀剧目，如京剧《将相和》《白蛇传》，评剧《秦香莲》，越剧《梁山伯与祝英台》，川剧《秋江》《柳荫记》等。这些剧目的内容和形式都有了明显进步，舞台面貌也焕然一新，反映了戏曲工作者正以新的精神风貌投身新时代的戏曲事业。但是，以1951年对电影《武训传》的错误批判为开端，造成了文化思想战线上"左"的倾向愈演愈烈，文艺思想混乱的趋势。以戏曲为例，一方面优秀剧目被各个地方剧种广泛移植，有效地解决了以往剧目上演中良莠不齐的混乱情况，提高了演出的艺术质量；另一方面却造成各地舞台演出剧目雷同，出现了全国范围内剧目严重匮乏的现象。与此相关的还有戏曲人才的培养和艺人教育的问题。当然，与戏曲情况相似的还有话剧、歌剧、美术、雕塑、舞蹈……显然，如何在艺术领域变匮乏为丰富的问题，已经刻不容缓地提上文化主管部门领导的议事日程。

1956 年 6 月，文化部召开第一次全国戏曲剧目工作会议，会议最主要的议题就是解决舞台演出剧目的贫乏问题。当时，这一问题已经成为戏曲艺术发展的主要障碍，而问题出现的原因，是在衡量、鉴别剧目方面存在着种种不成文的清规戒律。于是，会议提出"破除清规戒律，扩大和丰富戏曲上演剧目"的口号。而扩大和丰富戏曲上演剧目最有效的办法，就是对传统优秀剧目的挖掘、整理。刘芝明在会上作了戏曲剧目工作问题的报告和总结报告。会后他非常认真地落实会议决议，热心扶持、积极鼓励各地戏曲会演中出现的改编和创作剧目，使其反映出社会主义建设时期戏曲创作的新水平。

在此阶段，很多地方出现了以后长久影响剧种发展的重要剧作，越剧、晋剧、沪剧、豫剧、秦腔等诸多新剧目都得到刘芝明的热情关怀。其间，戏曲剧目改编创作成就最高、影响最大的是昆曲《十五贯》①，这出戏曾被党和国家领导人向全国推荐。1956 年 4 月，毛泽东曾两次观看演出，称赞此戏"是个好戏"，并说："这个戏要推广，全国各剧种有条件的都要演。"周恩来观看了《十五贯》的晋京演出后，在对演员讲话时指出："你们浙江做了一件好事，一出戏救活了一个剧种。"1956 年 4 月 19 日，陪同周恩来观看演出的就是刘芝明。

1956 年 5 月，毛泽东在最高国务会议上提出"百花齐放，

---

① 浙江省昆剧团根据清朝初年朱素臣的传奇《双熊梦》整理改编。

百家争鸣"的方针,对戏曲艺术界触动很大。文化部于1956年6月召开第一次全国剧目工作会议,提出要"破除清规戒律,扩大和丰富传统戏曲上演剧目"。会后,一个着眼于抢救传统剧目、深入发掘戏曲遗产的高潮在全国兴起。为此,刘芝明倾注了大量心血。截至1957年4月,全国经过初步整理的剧目达4223个,剧目创作水平也在提高。

1957年4月,文化部召开第二次全国戏曲剧目工作会议,刘芝明在会上作题为《大胆放手,开放戏曲剧目》的总结发言。这个会议和刘芝明在会议上所作的主题发言,在新中国戏剧史上具有里程碑意义。

刘芝明在会议上总结自1956年以来在挖掘传统剧目上的经验时指出:近年来所做的挖掘传统剧目工作是一件伟大的工作,这就是我们进行了一次群众性的、有史以来的大规模的戏曲遗产的发掘和清理的工作,并且会由此而引起对传统音乐、舞蹈、美术、雕塑、工艺美术以及文学等各个方面发掘、整理的展开。这个工作是非同小可的。单从目前发掘戏曲遗产和整理传统的戏曲剧目一项来看,就不仅是在数量上,而且在规模上已经超过了古人。不仅如此,在目的上也是与过去有根本性质上的不同。我们的目的有两个:一个是供给人民群众欣赏,丰富上演剧目,教育人民爱祖国,爱民族的丰富多彩的传统与遗产,并使人民把这份宝贵的遗产保存下去。而另一个伟大的目的便是发掘、整理遗产、传统,以此作为基础来创造社会主义的民族的新文化。因此,我们的工作,实际上是文化上继往开来的伟大革命工作。在若干年后就可以看出我们做的工作的重要意义①。

刘芝明提出"大胆放手，开放戏曲剧目"的戏曲政策，阐明了为什么要"大胆放手"，以及"大胆放手会不会使戏剧领域恢复 1949 年以前的状况"的问题。他指出："如果说在解放初期，必须采取一些禁毒的方式，才能使好花放出来；那么，在今天，就必须采取竞赛的方式，才能使好花开得更多更好。"他相信剧目开放有利于贯彻"百花齐放，百家争鸣"的方针。至于剧目开放可能带来的问题，刘芝明进行了辩证分析："我们是主张香花的，反对毒草的。但我们不主张自封的香花，不主张在温室里培养香花，也不主张用官僚主义、教条主义、宗派主义的办法培养出来的香花。像这种培养鲜花的办法，搞不好就是公式化、概念化，它是开不长久的。我们是主张在百花齐放中，在社会观众的考验中，在长期的比较与竞争中，使香花生长茂盛的。只有这样，所培养山来的香花才能经得住风吹雨打。"他进一步分析道："关于香花与毒草两者间的关系，我们也需要予以正确的认识。它们固然有绝对的一面，但也有相对的一面。比如土改时期、新中国成立初期的一些剧目，在当时来说是有问题的，但是到了今天，往往就可以演，觉得问题不大了。比如《四郎探母》，在过去就觉得不好，而到了今天，就没有什么了不得的现实影啊，人们的觉悟提高了，不会有人把四郎当做学习榜样……比如有些剧目，是歌颂一夫多妻的，现在某些人看着觉得很不好，但在几十年后，人们看了就不会

①刘芝明在第二次全国戏曲剧目工作会议的总结发言:《大胆放手,开放戏曲剧目》。

担心，人们会以此作为认识前代历史生活的重要资料。如果把这些剧本都付之一炬，那也未尝不是一个损失。但也有的戏过去是坏的，现在还是坏的，将来也是坏的。所以，不论是怎样的戏，也应该把它好好地保存起来，当作资料也会有用处……另外也还有这样的情况，有的在革命战争时期所编演的一些剧目，在当时认为是好的，群众也爱看，今天如果再那样编演，就不能满足人民群众的需要了……有人说香花可以教育人，毒草怎么能教育人？岂不知这也是教条主义。正面的东西固然可以教育人，同时也需要反面的东西教育人。教育要经过对比，告诉他什么是好的，什么是不好的。这样，人们的思想才能真正得到全面的深刻的提高。"

刘芝明曾指出："根据全国各省市文化局厅汇报的材料，一年来共发掘了51867个剧目（可能有重复的或者有一些是去年6月以前发掘的），记录了14632个，整理了4223个，上演了10520个……在这次挖掘中，我们也壮大和发展了戏曲工作队伍。据各省市汇报资料统计，全国的作者已有1406人（其中专业的819人，业余的587人）。根据25个省市统计，剧目工作者共有3061人（其中专职的1461人，兼职的1600人），这使得我们可以看到戏曲界的空前繁荣和壮大。"

刘芝明在《大胆放手，开放戏曲剧目》中，通篇显示出中国共产党在文艺工作领导方面的胸襟和气魄。他对庸俗社会学观点的批评是严厉的，对文艺工作中实用主义和教条主义危害的分析是透彻的，对剧目开放的态度是明确的。他对于剧目开放的信心来自党在思想、文艺方面巩固的领导地位。他指出：

"挖掘和整理相结合就是具体贯彻'推陈出新'的方针。"他鼓励大家在挖掘戏曲遗产的工作中找"四老"（"老艺人""戏曲老饱学""老戏窝子""老剧种"）。对戏曲界存在争议的"连台本戏"和"幕表戏"，他认为不能采用简单粗暴的工作方式来对待，"这也是花，应允许它们存在。对它们的缺点应该帮助它们提高，而且要以好的代替它。剧作者也应考虑采用这个传统形式"。他强调挖掘、整理、改编传统剧目工作的规划性，主张各地应该根据地方的发展状况、工作条件、干部条件等具体情况制订长远规划。

刘芝明在领导文化部工作期间，突出的一个特点是强调对传统文化热爱和对文化遗产保护。如果说在《大胆放手，开放戏曲剧目》中，谈及的是他非常熟悉的戏曲领域，特别强调的是传统剧目的挖掘、整理、改编工作，那么1957年1月23日他在全国专业团体音乐舞蹈会演闭幕式上的讲话中，则体现了他极其重视对民族文化遗产，特别是少数民族文化遗产的尊重和发掘。他指出："发掘遗产、发掘传统节目的工作具有两个主要目的。一是为了丰富演出节目。传统节目经过整理改编，把好的东西保留下来给观众欣赏，向人民进行教育。一是通过发掘、整理和改编工作，使我们的音乐舞蹈艺术工作者能深入了解、熟悉并正确掌握、运用我们民族传统形式，使我们的作者能在继承传统的基础上进行新歌舞节目的创作工作。"[1]

针对歌舞艺术中原有的传统形式不足以反映和表现当代生

---

① 刘芝明：《继承传统，创造社会主义的民族新歌舞艺术》。

活的实际问题，刘芝明同意放眼国外，但是他反对照搬或抄袭，而是主张经验的借鉴，技巧的学习，"继承和发扬民族传统，是创造社会主义的民族的新歌舞的基础，这是根本性的一面；但也需要借鉴外国，向外国学习。学习外国主要是学习那些对我们有益的方法和经验（包括技巧）"。尤为难能可贵的是，在当时特定的社会背景和历史条件下，刘芝明着重强调："一定要根据各个民族的传统艺术形式的特点、历史的特点和社会经济文化发展以及艺术发展的具体情况，来进行整理与改编传统歌舞节目的工作。"他根据艺术创作的特点和规律，要求对少数民族歌舞艺术整理和改编必须严肃认真地持尊重和慎重态度，指出对兄弟民族的歌舞艺术首先应该以各民族的喜好为评判标准：要整理和改编兄弟民族舞蹈，首先要热爱兄弟民族的生活，要熟悉兄弟民族的历史生活、思想感情和风俗习惯。必须在忠实于兄弟民族舞蹈的传统和保持原有风格特点的基础上进行加工。在加工过程中要取得本民族的人民和民间艺人或专业艺术工作者亲密的合作，要尊重他们的意见，要依靠他们的帮助来完成。加工了的兄弟民族舞蹈的好坏标准，应以兄弟民族（本民族）的喜好为依据，坚决防止以作者自己的爱好代替兄弟民族的审美观的做法，并应该争取在其本民族地区内经受考验。凭原有兄弟民族舞蹈的素材或从兄弟民族舞蹈得来的意想来进行重新的创作，这种做法是可以存在的。但即使这样做，也还不能违反该民族的历史生活特点和风俗习惯，也还应该尽量保持其原有的风格特点①。

刘芝明对民间、民族文化遗产的热爱与尊重，既是出于一个共产党人对本职工作高度负责的精神，也和他"书香门第"的出身有着直接和密切关系，因此，他特别强调优秀的传统文化遗产是发展新文艺事业的基础，要予以足够的重视并加以保护。

在文化部工作期间，刘芝明为艺术教育事业的发展倾注了大量心血。中国戏曲学院从筹建到落成，都得到他的关心；北京舞蹈学校、戏曲学校的成立，他给予了热情支持；美术学院、音乐学院的建设，他全力帮助。1958 年 3 月，在全国艺术科学座谈会上，刘芝明就提出历史研究和现状研究二者都不能缺少。研究历史要总结经验教训，目的是使社会主义文艺搞得更好。应该研究建设民族新文艺有什么特点，不止于概念上的解释。他还在会上提出艺术科学研究的具体措施：在文化部建立艺术科学领导小组，领导全国艺术理论研究工作；各地建立艺术组织，努力壮大业余研究力量，艺术院校是培养研究队伍的重点；整顿在京几个单位的资料工作，筹建艺术资料馆；召开文艺刊物编辑和出版座谈会；赶紧进行记录老艺人的经验，定出名单，限期完成。今天看来，这些依然是对艺术科学研究的真知灼见。

刘芝明对文艺教育非常重视。1955 年 6 月，全国艺术教育行政会议在北京召开，刘芝明出席会议并作总结发言，提出

---

① 刘芝明：《继承传统，创造社会主义的民族新歌舞艺术》。

"调整整顿、提高质量、稳步发展"①的艺术教育方针。刘芝明还十分重视美术创作，早在东北工作期间，就对东北的美术创作和人才培养提出过十分有见地的主张。

20世纪50年代中期，中国在油画和雕塑等现代艺术领域单纯模仿苏联和西方，特别是以苏联为模式的教学和创作方法盛行，中国不仅向苏派出留学生，而且还聘请相当数量的苏联专家来中国教学，"一切向苏联学习"成为当时的主流。1956年9月，在文化部举办的油画教学座谈会上，刘芝明出席并致开幕词。他指出："油画能表现生活，油画的特点为其他的画种所没有，群众欢迎它，油画在群众中的影响越来越大。"他要求："学西洋要学到家。要首先掌握西洋的技巧，然后慢慢变成中国自己的东西。"他要求建立我们中国自己的油画创作体系和教学体系，他说："我们的油画还没有风格。今后要提倡学派，发展各式各样的派别。油画对于别的画种来说，它成为一派，但油画专业本身也应该有很多派别。艺术上最忌千篇一律，今后风格应不一样。"②1958年6月14日，文化部、全国美协、中央美院联合举办"雕塑训练班毕业作品展览"，并在会上举行"毕业创作答辩会"。刘芝明在开幕式的讲话中指出："多少年来，雕塑没有能很好地发展，与它还不普及、未能与广大人民生活、与民族传统紧密结合很有关系。如果能够普及、反映广大人民的生活，就必然会有新的发展和成就。"在雕塑的中国化、民族化之外又提出"群众化"，这实际上反

①《关于美术教育问题的讨论》，《美术》，1955年第7期。
②《全国油画教学会议的若干问题的讨论纪要》，《美术》，1956年第12期。

映了他对文化建设发展方面的一个思路。应该说，刘芝明的这些观点与当时的主流观点是相悖的，这些都成为他在1959年反右倾中"反对苏联和苏联专家"的铁证。

1958年5月，中共八大二次会议正式通过"鼓足干劲，力争上游，多快好省地建设社会主义"的总路线。尽管这条总路线的出发点是要尽快地改变我国经济文化落后的状况，但由于忽视中国的实际情况和客观经济规律，根本不可能迅速地改变我国经济文化落后的状况。

不久，一个给中国带来巨大灾难的"大跃进"运动在全国范围各个领域全面地开展起来。经济战线上的高指标和浮夸风迅速影响到各行各业，文艺界也兴高采烈地不切实际地大放艺术生产的"卫星"。这一时期全党都在头脑发热，刘芝明也未能免俗。他曾代表文化部参加过多项文艺"大跃进"活动，还发表过大放文艺"卫星"的讲话。但同时，他也提出过如何通过一系列具体措施来保证质量，强调质量是重要的问题。他认为，组织创作，鼓起大家创作的干劲，仅是工作的一半。要尽量使每一个创作都获得群众的批准，达到成功，还要大大地使一把劲。譬如，尽量集体创作，多吸取群众的批评，反复修改，有机会多听成熟作家的意见，尽量接受舞台方面艺术家的指点。他的工作重点还是放在组织、提高剧目创作质量上，工作方法一如他在延安平剧研究院那样，坚持走群众路线，发挥集体智慧。1959年，根据传统名剧《群英会·借东风》改编、演出的《赤壁之战》就是一个典型例子。

为了确保《赤壁之战》改编的成功，文化部决定《赤壁之战》一剧调集当时两个最强的京剧表演团体——中国京剧院与北京京剧团联合演出，并为此成立由任桂林、李纶、马少波、阿甲、翁偶虹组成的强大编剧阵容。剧本力图用历史唯物主义观点，结合传统精华，突出战役的历史背景和"团结对敌，以少胜多"现实教育意义，以"在强烈的外部矛盾中又穿插着更强烈的内部矛盾"来强化全剧的艺术感染性。阿甲、马连良、李少春、李慕良、钟灵、刘古典、赵金声、任桂林、李纶、张东川、张梦庚、马少波、翁偶虹等出任导演，李慕良、刘吉典、赓金群等任音乐设计，钟灵、赵金声、安振山等任美术设计。马连良扮演孔明，李和曾扮演张昭，谭富英、李少春轮流换演鲁肃、刘备。袁世海扮演曹操，裘盛戎扮演黄盖，景荣庆扮演孙权，苏维明扮演太史慈，叶盛兰扮演周瑜，孙盛武扮演蒋干。乐队集中两团精华，参加演出的配角，也是精挑细选，各有所长，真正是群英毕至。而促成并实现京剧舞台上这样一个蔚为大观景象的就是刘芝明。《赤壁之战》编剧之一的马少波肯定地说，当时如果没有刘副部长的支持，这出戏不会搞出来。

另一位编剧翁偶虹在他所著《我的编剧生涯》中回忆，改编是以刘芝明挂帅的。只不过刘芝明如同在延安一样，又一次把自己的名字加入集体中。可是这次演出却是平地起波澜，翁偶虹说：剧本写好之后，全组通过，打印了几十份，遍发各位演员和领导同志，不知通过什么渠道，剧本传到当时的北京日报社，却把这一场新写的"壮别"刊登出来，并由李克瑜同志插图，十分醒目。许多熟识的朋友看到剧本，又知道将由叶、裘二位合演此折，都抱着"看好戏"的信心，谆谆鼓励。通过叶、衷二位的精湛表演，果然把这场"壮别"演得有声有色，展现了诗意的境界。在新写的场目中，当以此场为最受欢迎……不料在演过三场之后，一位负责宣传工作的领导人，竟指令删去此场，理由是：黄盖诈降，如同今天战士的炸碉堡，全凭一鼓作气的精神，不需要他的领导再慰问他、鼓励他，如此慰问鼓励，等于扯黄盖的后腿，副作用不可不防，删去为宜。所以，《赤壁之战》在演出三场以后，观众虽然看到节目单上刊有"壮别"的唱念词句，却看不到"壮别"的舞台演出了。有些观众以失望的情绪纷纷询问，院方只得以"戏幅过长而删减"来答复观众①。

高风亮节

作为一名党在宣传和文艺战线上的高级领导干部，刘芝明的高尚风格与人格魅力给共事的同志、部下和亲属都留下了很深的印象。

1957 年 6 月 8 日，中共中央发出毛泽东亲自起草的《关于组织力量准备反击右派分子的猖狂进攻的指示》。从此，全国陆续开展了大规模的反击资产阶级右派进攻的斗争，反右派斗争到 1958 年夏末结束。

刘芝明作为一名党在文艺界的高级领导干部，在反右派斗争中，根本不可能置身事外。可是，作为一名了解党内斗争惨痛教训和有过切身经历的高级知识分子，他对反右斗争扩大化

---

① 翁偶虹：《我的编剧生涯》。

的倾向态度非常慎重。

刘芝明对把丁玲、冯雪峰、江丰等人划为"右派"，定性为"反党"表示了不同意见，他曾在文化部党组会议上明确表示定中央美院院长江丰为右派材料不足 ①。其实，刘芝明已经知道文化部已经将江丰作为"右派"分子上报，敢在党组会议上公开表达自己的态度，是需要有相当大的政治勇气的。在那个时期，因同情"右派"而被打成"右派"的例子比比皆是。相当一部分人在当时的政治高压下，避之唯恐不及，何敢提出反对的意见！

江丰被点名并在报纸、杂志上公开批判后，情绪一度极其低落，绝望之时甚至产生过自杀的念头。刘芝明得知后不放心，派文化部艺术局副局长朱丹去劝慰江丰，让江丰想开一些。当文化部的有些人知道了这件事情，并在一次批判会上质问朱丹的时候，朱丹考虑到当时的政治环境和会场气氛，同时也是为了不让刘芝明受到牵连，他承认去江丰家是自己出于同情去看看。这时，坐在主席台上的刘芝明做出令全场震惊的举动。他大声打断朱丹的交代，并当着与会全体人员说，朱丹，你没有说老实话，去看江丰是我让你去的。追忆这段往事，朱丹的夫人李纳写道："这掷地有声的话，当时震撼了会场。试想，在那严峻的时刻，推脱唯恐不及。这说明芝明同志的正直，正气凛然，让人敬佩不已。"

在反右派斗争中，刘芝明出自对党、对同志真诚负责的态

---

① 刘芝明女儿陈业的回忆文章：《放怀天地任沉否，肝胆为民论低高》。

度，实事求是，光明磊落，竭尽所能地保护了党的艺术家和领导干部免受冤枉。这些，又成为刘芝明"包庇右派"的所谓"右倾"罪证之一。

阿良回忆说：芝明同志对我帮助很大，我最后见部长一面是在协和医院门诊部。他的胳膊被"造反派"打折了，此刻他还劝我，安慰我要正确对待运动，相信党相信群众。我印象最深刻的是芝明同志的学习精神，他善于将马列主义的理论结合他的工作实际，运用马列主义来指导他的领导文化艺术工作。在国民党的监狱坐牢时，他立场坚定，旗帜鲜明，与敌人进行了顽强的斗争。在平时的工作里，他坚持原则，对不良现象和事物作斗争，不隐瞒自己的观点，受到排挤。他坚决贯彻党中央的文化工作方针、政策，有什么问题、意见，都摆在桌面上，光明磊落。在工作中，他坚持真理，从工作出发，毫无私心。他爱护干部，特别是专业干部，在党内像自己的老大哥，像母亲一样关心你的思想。得到他的教导，我本人获益匪浅。他的工作作风实在、认真，对业务工作审查细致、周到，作为领导既有原则指导，又有具体、实在的办法教给你。从延安到东北，后来调到文化部，他都保持着延安艰苦朴素的优良作风，把延安传统带到了各地。他平易近人，关心人、教育人，为的是提高别人，使你与时代共同进步①。

刘芝明生活上从来没有提出过个人要求。"他担任文化部副部长，但他宿舍中除了很多装满书籍的书架和简单的用具外，

①1979年为筹备刘芝明同志平反昭雪工作举行的座谈会发言记录。

没有什么华丽的陈设。他使用一块旧的怀表，穿着十分简朴。"为接待外宾，单位给他做了一套衣服，他却一直感到不安。刘芝明对机关的同志，无论是干部还是公务员或者炊事员、汽车司机，都主动接近，还抽空走访，关心了解他们的生活和工作情况。他善于联系群众，关心群众生活的工作作风，使大家感到他是一位可亲可敬的领导①。

时任文化部行政管理负责人夏义奎回忆说：1953年6月他调文化部后，我就和他一起工作。对刘部长的生活工作，我没做什么，也没有给予什么帮助，但对他终生难忘。政治上我们是上下级的感情，但是我个人感到刘部长是使人敬佩的。他对文艺工作的功绩是不可磨灭的。在党的工作，重大问题上，中宣部个别领导对刘部长是不公的。他提出"古为今用""洋为中用"，提法是正确的。在生活上，刘部长从来没有个人要求。过去在延安很艰苦，做个木箱都不行。他克己奉公，凡是公家的东西都非常爱护，像自家的东西一样爱护。直到1960年，刘部长仍然戴着一块老怀表，接待外宾时，想给他买块手表，他不要，说怀表已经跟他几十年，经过风风雨雨的革命年代，不舍得丢掉。接待外宾时要给他做一套新衣服，他也不要。他讲究的是自己的水平与外宾的对话，不是外表的服装。他以大局为重。刘部长坐的是部老破车，他是党组副书记，从职务上可以换新车，但他从来没有换车的要求，只是一门心思地工作，只要有一辆车能工作，解决问题就行。什么身份与什么车辆配

①1979年为筹备刘芝明同志平反昭雪工作举行的座谈会发言记录。

套的事，他从来没有想过，从不谈及这些问题。当时国家经费是很紧张的，他确实做到了工作上尽全力，做得更好些，对待自己要严格，过得去就行。他平易近人，政治上关心同志，能容人，肯帮助人。他对自己的司机、公务员、炊事员等都当自家人一样看待。他对自己部长职务当成是革命分工不同，是人民的勤务员，这也是他地下工作养成的习惯。凡是革命同志他都当做是自己人，对他们都是热情、亲切的，经常问他们有什么困难，有什么能够帮助解决的问题。他支持警卫员学习、提干，还抚养侄子（烈士遗孤）上大学。他对同志像长辈爱护晚辈一样，所以不管什么同志都敢和他谈心，几十位部长中唯有这位是能谈心里话的领导 ①。

刘芝明的外孙女们说他"生活上要求我们：不要轻易找保姆帮忙，碗里不许剩饭，掉在桌子上的饭粒都要捡起来吃掉，人走要关灯，节约每一分钱。他的内衣裤也补了又补舍不得扔掉"。

曾任刘芝明在文化部时期秘书的焦勇夫概括说："刘部长坚持原则，实事求是的精神，是很值得钦佩的。"

刘芝明对人才的爱护和培养是很出名的，当杜印 ② 因为创作环境不好而苦恼时，为了给他提供一个相对舒适和安静的创作地点，刘芝明素性把他接到家中。利用业余时间帮助他完成话剧《在新事物面前》的创作，和他探讨怎样"描写工人阶级的政治上较为成熟的领导干部"，怎样"从不熟悉工业到熟悉

---

①1979 年为筹备刘芝明同志平反昭雪工作举行的座谈会发言记录。
② 电影《永不消逝的电波》编剧。

工业"，怎样在"作品中正面地描写积极因素为主的典型人物"。家人至今还记得那时在夜深人静的时候，经常被他们热烈的讨论惊醒。而当作者出现问题时，也常常是推门直入，直接找到这位文化主管讨说法、提意见。而刘芝明也是和颜悦色，耐心倾听。他还满腔热情地参加院校建设，经常抽出时间，亲自到东北人民政府批准成立的高等院校进行义务讲学。

袁广和曾追忆："在延安我是搞剧务的，演《逼上梁山》时乐队不在党校，有一次下午一直在下雨，我们都没有动身。刘芝明同志住在北山，带着三部同志蹚着河水来了，他以实际行动的'身教'方式，亲自带头来抓排演，使大家深受感动和教育。凡是新事物，都得到了刘部长的热情支持，如《赤壁之战》就是在刘芝明同志支持下演出成功的。戏是中央和北京市共同演出的，但是，两个剧团分角色都比较难。刘部长坚持原则，一直坚持搞下去，使两个团之间的关系处理得很好，演出效果也是不错的。对新生事物，刘部长是热情鼓励，帮助支持的，是延安精神传到院团的榜样。"①

对于刘芝明的为人处世，侣朋有过比较生动的概括：与刘部长一块工作多年，感觉到他为人的品德好，憨厚质朴等，至今还很怀念……刘部长不是文艺出身，像他这样熟悉艺术、精通艺术的领导是不多的。深感他的事业心很强，搞出一点成绩来是不容易的。在组织创作时，有不耻下问的学习精神，结合东北当时建设高潮来临，他就提出并决心把文艺工作提高到新

①1979年为筹备刘芝明同志平反昭雪工作举行的座谈会发言记录。

水平。也经常把文艺界意见不同的同志请到家里，倾听意见，很谦虚好学。他的马列主义理论水平较高，经常用马列主义唯物辩证法思想指导自己的工作……现在深入基层的领导少了，但刘部长经常在排演场、制作间。有不同意见的同志敢和他拍桌子，以理相见，争论之后没有戒心，第二天仍然很高兴，似乎没发生什么事情。因为刘部长把同志们放在平等的地位上，这是何等可贵的品质……中央文化部来要干部，刘芝明在东北文化部当部长时，也不知道自己不久要调到北京，但他非常支持中央文化部的工作，要谁给谁，这是品质高尚的表现……他对上级领导非常尊重，中宣部、文化部都曾指示"放卫星"，他当时跟得很紧。但后来有问题了，刘部长就承担起来，他不是上推下压。他为人的品质，教育了大家。如何处理领导和被领导之间的关系问题，他处理得比较妥当。领导讲错话时，推到他一个人身上，刘部长全承担下来，我们很尊重也感到亲切①。

延安时期，刘芝明就对家属子女的要求非常严格。当时的延安，职务的高低、同志之间的生活待遇，差距并不十分明显。刘芝明这时已经是一位高级干部，但是他的妻子李淑媛与其他人没有什么区别。李淑媛在中央党校只是一般的勤杂人员。她先是在收发室，之后又当过小卖部的售货员，食堂的工作人员。无论在哪一个岗位，与周围的人均能和睦相处，就像一位自己的亲大嫂一样，关心着周围的同志。凡是认识李淑媛的同志，

①1979 年为筹备刘芝明同志平反昭雪工作举行的座谈会发言记录。

无论年龄高低、职务高低，都亲切地称李淑媛为"刘大嫂"，甚至有的同志连刘大嫂本名叫什么都不清楚。刘芝明的孩子当时在延安的小学、中学读书。放假回家的时候，孩子们非常自觉地到大灶去吃饭，李淑媛则与党校的工作人员一起吃中灶，刘芝明吃小灶。在这一点上，刘芝明对家属要求得非常严格。

其实这种情形，早在上海做地下工作时就已经养成。由于白色恐怖下的环境、条件所致，孩子们只知道，好吃的东西要让到家里来的叔叔阿姨们先吃；宁肯自己睡地铺，也要先让叔叔阿姨们睡好。吃住不说，有的同志临走时，刘芝明还让妻子为其准备衣物和路上的盘缠。先人后己的品德成为刘家一贯的作风。

日本投降之后，刘芝明带领一家人奔赴东北。刘芝明的二女儿陈业唯一一次在父亲的手下工作。刘芝明为了防止周围的同志知道陈业是他的女儿而照顾她，第一件事就是让女儿改名叫"刘业"。1946年初，鞍山陶官区委将刘业作为副区长的候选人报给市政府。刘芝明见到此报告后被他压下不提。事后，刘芝明找到女儿，向她耐心地解释不提拔的原因。陈业至今仍然铭记着父亲的教诲。

新中国成立以后，刘芝明的职务越来越高，生活条件、工作条件均有了较大变化，但是严格要求子女的作风没有变。他对待子女从不搞特殊化，从不利用自己的职权为子女牟取私利。公家的汽车、公家的电话，甚至公家的信纸，都不允许子女使用。就连他十分疼爱的孙子孙女们，也是如此。

20世纪60年代初，刘芝明的小儿子在北京电影学院做旁听生。当时刘芝明的秘书许邦想找电影学院讲一下，把他转为正式学生算了。刘芝明听说后不但批评了秘书，还坚决制止了秘书的做法。不久，刘芝明的小女儿要到外地考大学，许邦对刘芝明说，北京有文化部直属的艺术院校或其他院校，跟他们说一下，或找找关系，就能解决孩子的升学问题，也被刘芝明严厉拒绝。后来他的小女儿一直在外地读大学。

许邦说："刘部长还对我讲，我们的权力是老百姓和党给我们的，是让我们好好为人民服务的，因此不能随便使用，更不能用来牟私利，败坏党的作风。党的三大优良传统，刘部长是身体力行的，与同志们的关系很正常。"①

刘芝明非常喜欢他的孙辈们。繁忙之后的闲暇，令刘芝明最高兴的事情就是与孙辈子女们在一起。这些孩子也乐于绕在刘芝明的膝下，听他讲故事、讲道理。刘芝明的外孙女就曾回忆道：耳濡目染，外祖父以自身的行动为我们做出榜样。他说劳动最光荣。那时家里有保姆，但是只要是星期天，他不外出开会、办公，这个休息日就是我们大家最快乐的日子。每当此时，他让保姆休息，自己亲自动手打扫卫生，并让我们帮他打下手，端水、递抹布，忙得不亦乐乎。看到窗明几净时，外祖父和我们都笑了。记得院子里的许多花木都是他亲手培育的。后院有棵葡萄藤，经他的精心培育，不记得从哪一年的中秋节开始，我们大家就能品尝到甘甜的葡萄了。还有他栽的"玉簪棒"花，每到夏秋季节，繁华吐蕊，香气四溢，招蜂引蝶，大家心情愉

---

①1979 年为筹备刘芝明同志平反昭雪工作举行的座谈会发言记录。

悦。晚饭时，吃着他和外祖母一起种下的瓜、豆做成的美餐，那情景至今让我们心中充满暖意。他50年代初栽的两棵梧桐，已长成参天大树。

在"文化大革命"的疯狂日子里，刘芝明被"造反派"批斗并被打断了胳膊。他的子女和孙子孙女们看到后十分焦虑和心痛，但又感到无奈。曾经有一个孙子对他说，爷爷你干脆按照"造反派"说的先承认算了，好汉不吃眼前亏，到时候再说，至少能少挨打！刘芝明严肃地回答，这不行！过去在国民党的监狱里，我都没有招供！现在这样做更不可以！一害自己，二害同志，第三会给组织上带来不必要的麻烦！听到这些，孩子们的心中感受到一个真正共产党人的大无畏胸襟！

潮起潮落

1960年初，"大跃进"运动依然在各地如火如荼地进行，一批党的干部却被迫离开工作岗位，罪名是"右倾"。刘芝明也是在这场"反右倾"的斗争中离开领导岗位的高级干部之一。也许察觉到即将突然降临到自己身上的灾难，于是，在这样一个非常时刻，问心无愧的刘芝明写下了七律《大江潮》：

半生潦倒非好汉，不堪磨洗终成嘲。

献诗莫叹美人嫩，立志须吞大江潮。

孤峰虽高群山显，区区流水江河遥。

放怀天地任沉浮，肝胆为民论低高。

正当刘芝明忙于国庆 10 周年献礼剧目的创作和演出时,在没有任何组织任免文件的情况下,他被免去了党内外的一切职务 ①。离职时不允许他作任何申诉,也没有安排他任何具体工作。

被免职的刘芝明回到了阔别已久的故乡,"少小离家老大还,乡音无改鬓毛衰",这位精通马克思主义经济理论,长期从事文艺领导工作的年近花甲的老人,看到农村发展依然落后,就热切地关注起农民生活的改善问题。他深入各地农村,和农民同吃同住,感受普通百姓的情感,体会"汗滴禾下土"的艰辛。出于"春蚕到死丝方尽"的信念,他几次向中宣部呈报了自己通过深入实际所写出的农村情况调查报告。可是他的报告都是泥牛入海,再无回音。

一些关心刘芝明的好心人开始劝慰他,劝他不要再想文艺工作,劝他选择一个新的工作环境,还劝他索性颐养天年。刘芝明自己也下定决心,离开文艺这个自己本属无心走进的领域。但是,刘芝明并不甘心就此远离事业与工作,因为他时时都能够听到先烈和故友的召唤。1961 年陈赓将军去世,将军曾经战斗在白色恐怖笼罩下的上海滩,曾经在延安中央党校一部学习、生活,曾经在《三打祝家庄》的创作过程中给予刘芝明鼎力相助,哀痛间刘芝明情不自禁地提起笔来,填写了悼念故人的《梁州令——悼陈赓大将》:

---

① 文化部关于刘芝明问题的处理决定直到 1960 年才做出。

忽报将军死，泪湿征衫红紫。

英雄自古试风云，于今最好，奔荡风云试。

军民鱼水相栖止，忠垂青史。

雄鹰似共魂舞，飞来又逐飘风逝。

很显然，他这样追求和经历的共产党人，根本无法割舍自己和革命事业的深厚情感。至于是不是能够重回领导岗位，倒没有在刘芝明的考虑之中，他已经做好了到北京农业大学再上讲台，重执教鞭的准备。1961 年 6 月，他甚至以轻松的笔致填写了一首《西江月》：

不怕填词生硬，行家看了头摇。老来非欲学文豪，无奈江山娇好。

跃进风兴云涌，红旗飞焰冲霄。兴高采烈喜今朝，莫教歌声住了。

1962 年 1 月，中共中央在北京召开扩大的工作会议（又称"七千人大会"）。毛泽东在会上作重要讲话，系统阐述了党的民主集中制原则，并做了自我批评，强调要正确认识社会主义建设的客观规律。会议初步总结了"大跃进"中的经验教训，认为我们工作中所犯错误除了经验不够的原因外，根本的原因是不少领导同志不够谦虚谨慎，违反了实事求是和群众路线的传统作风，在不同程度上削弱了党内生活、国家生活和群众生活中的民主集中制原则。会议前后为"反右倾"运动中被错误批判的大多数同志进行了甄别平反。一大批犯了所谓"右倾"错误、被排挤下台的干部也由此重返工作岗位。

1962 年，在东北农村陆续"考察"3 年的刘芝明接到指示，安排他到全国文联重新工作。满头华发、一身是病的刘芝明服从组织安排，正所谓"灯火苍茫万点，人间壮丽千秋。多少重担须荷，纵白发，莫闲偷"[①]，党性原则驱使他又回到北京，重新回到文艺界的领导岗位。最初，他担任文联秘书长，随后被补选为文联副主席、党组副书记、代党组书记。但是，由于 1960 年《文化部党组、党委关于刘芝明同志的错误和处理他的错误的意见》没有撤销，他基本是个"牌位"。

到文联后，按照上面的指示，他对文联进行了整顿工作。

1963 年 12 月，毛泽东《关于文艺工作的批示》发表：不能低估电影、新诗、民歌、美术、小说的成绩，但其中的问题也不少。至于戏剧等部门，问题就更大了。社会经济基础已经改变了，为这个基础服务的上层建筑之一的艺术部门，至今还是大问题。这需要从调查研究着手，认真地抓起来。许多共产党人热心提倡封建主义和资本主义的艺术，却不热心提倡社会主义的艺术，岂非咄咄怪事。1964 年 6 月，毛泽东在中央宣传部《关于全国文联和各协会整风情况的报告》草稿上批示：这些协会和他们所掌握的刊物的大多数（据说有少数几个好的），十五年来，基本上（不是一切人）不执行党的政策，做官当老爷，不去接近工农兵，不去反映社会主义的革命和建设。

---

① 刘芝明：《珠帘卷》，1962 年 5 月 24 日。

最近几年，竟然跌到了修正主义的边缘。如不认真改造，势必在将来的某一天，要变成像匈牙利裴多菲俱乐部那样的团体。

两个批示发表后，文联的整风改由上级派来的工作组进行，文艺界内开展了更大规模、更大范围、波及面也更为广泛的大批判运动。刘芝明稍微提了一点个人意见，就受到"不要忘记你犯的错误"的严厉警告，根本不能从事正常的工作。

1966年5月，"文化大革命"爆发。从1966年6月起，王府大街64号①的院内大字报铺天盖地，全国文联和全国作协的领导和相当一批中层干部、著名作家、学者开始遭受批判。刘芝明在劫难逃！各种各样莫须有的罪名层层扣在他的头上。

面对"造反派"的质问，刘芝明始终是义正词严。许邦回忆说：在"文革"中，"造反派"说刘芝明几十年来一贯执行修正主义路线，刘部长回答说，回顾24年来（从1942年起）我基本上是执行了毛主席的革命路线，对党的文化艺术事业是忠心耿耿。亲自下去搞经济、政治、文化工作调查，并已向各方面作了汇报，向大连市委、辽宁省委写了报告，但石沉大海，音信全无。我坚持原则，向不正之风进行斗争，不隐瞒自己的观点，有不同意见放在桌面②。

无休止的批斗和咒骂声，让刘芝明这个已过六旬的老人心力交瘁。尽管在如此乌云压城的政治环境下，刘芝明还是尽个人所能，去帮助其他人，方华就曾经提及：在"文革"初，阿甲的父亲去世。芝明同志知道后，叫马少波同志去帮帮忙，办

---

① 当时全国文联、全国作协的机关所在地。
②1979年为筹备刘芝明同志平反昭雪工作举行的座谈会发言记录。

好老人的后事，因为阿甲那时正被陷害。党是抽象的，但党员的行动是具体的。当我下放到友谊服装厂时，听说一位同志的亲人去世了，我就按照刘芝明的具体做法去做了。后来那位同志非常感激我这个共产党员，其实，是前辈——芝明同志树立了榜样，言教不如身教的榜样。这种榜样的力量，是学不尽、用不完的，它激励我永远前进①。

1966年12月，刘芝明被非法拘禁。那个关押他的地点，就在王府大街64号，"文联大楼"的地下室。1968年3月6日，刘芝明被迫害致死。

几乎就在刘芝明去世的同时，周总理的秘书打来电话说："总理指示，全力抢救芝明同志！"就在刘芝明去世的当晚，他的大儿子陈抗在外事活动中向周总理报告了刘芝明的死讯，总理说："南京监狱的事中央清楚。芝明同志的问题，中央还要复查，结论当由中央来做。"可是，这时已经于事无补。

1978年2月，年已76岁、瘫痪在床的李淑媛上书中央，要求为刘芝明彻底平反。胡耀邦同志接到来信后，亲自作指示，要求尽快查清问题，落实政策，并对李淑媛的凄惨晚景表达了由衷的同情，还委托时任中组部副部长的曾志去看望李淑媛。环视着简陋的卧室，看到带补丁的衣着，曾志亲切地询问："大嫂，有什么要求？"李淑媛回答说："什么苦都吃过了，没有困难。只要求在我有生之年看到老刘的问题平反。这样对下一代才有个交代。"

---

①1979年为筹备刘芝明同志平反昭雪工作举行的座谈会发言纪录。

1979 年 8 月，文化部党组向中共中央上报《为刘芝明同志平凡昭雪举行追悼会的请示报告》，报告中说："中国文联原党组副书记、代理书记、秘书长、副主席，前文化部党组副书记、副部长，中国人民政治协商会议第四届全国委员会委员刘芝明同志，遭受林彪、'四人帮'残酷迫害，于 1968 年不幸逝世，终年 63 岁。文化部党组和中国文联筹备组为给刘芝明同志平反昭雪，拟于今年 8 月 10 日左右在北京举行刘芝明同志追悼会。"

中共中央为刘芝明彻底平反，再次做出"刘芝明同志在狱中表现是好的，立场是坚定的"正确结论。在推倒"四人帮"强加在刘芝明身上的一切不实之词的同时，还纠正了 1959 年对刘芝明的错误批判。指出："1957 年刘芝明同志的言行是坚持原则的，是正确的，并非什么政治上严重右倾。所谓刘芝明同志和高岗反党集团的关系比较密切，是把一般工作关系无限上纲为反党的政治关系。这是不妥的，不能服人的。有的是应当别人负责的错误推到了刘芝明同志的身上，还有的是把刘芝明同志对中宣部、文化部或个别领导同志在个别工作上持有不同意见，说成是和党的关系很不正常，甚至和上级对抗，这是混淆了问题的性质，颠倒了是非。刘芝明同志 1958 年在接待东德、苏联专家时，和他们据理力争或批评了他们不正确的方面等等，这是坚持原则，是正确的。综合以上情况，我们认为原文化部党组、党委在反右倾运动中对刘芝明同志的批判是错误的，应当撤销 1960 年的《文化部党组、党委关于刘芝明同志的错误和处理他的错误的意见》，撤销对刘芝明同志的处分。"冤案终获平反昭雪。

1979 年 8 月 13 日，经中共中央决定，为刘芝明同志举行隆重的追悼会。中央领导王震、余秋里、胡耀邦、彭真、杨勇、王鹤寿等在追悼会上接见了李淑媛，向她表达了亲切慰问。

一个从青年时代起，为寻求民族解放的道路，最终走到革命队伍中来的人，为了他所热爱和献身的事业燃尽了自己，尽管这最后的燃烧既悲壮又悲凉。刘芝明一生如潮起潮涌的江水，波澜壮阔而又起伏不平。刘芝明所走过的道路，带有他那个时代、站在抗日救亡前列的知识分子投身革命的典型轨迹，但也有着与其他人不同的、具有鲜明特点的个人经历。他和他的弟兄三人，为了他们所追逐的理想和事业，耗尽了自家的财产，耗尽了自己的生命，百曲千折始终不渝不悔！历史会记住他们的！

刘宗义

高崇学

刘宗义，1937 年参加革命，1945 年 1 月加入中国共产党。在其 50 多年的革命生涯中，大部分时间从事水利领导工作。1937 年到达革命圣地延安不久，即与水利工作结缘，参加了陕甘宁边区政府第一项水利工程建设；参加和领导了南泥湾的勘测规划和开发工作。1945 年，转战东北，在法库、铁岭、康平、昌图一带从事经济工作。1948 年初，在辽北省建设厅任建设科科长，从事水利工程、水文、防汛、道路工程、气象等领导工作。1949 年 8 月，任辽西省农业厅副厅长兼水利局局长。1954 年 8 月，任辽宁省水利局第一任局长。1958 年 6 月，被错打成右派，开除党籍，下放到盘山县劳动改造。1979 年 4 月，重新走上辽宁省水利局的领导岗位，任党组书记、局长。1983 年，正式离休。1991 年，因病逝世。

热血青年，国难当头奔赴延安

刘宗义，祖籍山东省淄博市龙口镇。有一年家乡遭受严重旱灾，眼看活命难保，其祖父挑着一副担子带着子女举家逃难到山西，落脚在晋东南的长治市屯留县（现为屯留区）原村。1914 年 9 月 23 日，刘宗义就出生在这个偏僻的山村。

刘宗义的父亲在家务农，凭着头脑灵活，辛勤劳作，供童年的刘宗义读了几年私塾。刘宗义接受了传统的圣贤礼教思想，既在头脑中深植了讲诚信、重义气、为人正直的信条，又养成勤奋上进、吃苦耐劳、仁义好施的品格。

进入青年时期，刘宗义聪颖好学，精明勤奋。为了维持生计，他年复一年地春种、夏锄、秋收，冬季则挑着担子走乡串村卖布。闲暇时间，他就借书看，《三国演义》《水浒传》《大八义》《小八义》《响马传》等小说是他最爱读的书。他深深地崇拜小说中那些杀富济贫、为民请命、除暴安良、行侠仗义的英雄好汉，而对那些欺压百姓、横征暴敛、作威作福的官府和军阀，以及盘剥压榨劳苦大众的地主豪绅则恨之入骨。

从 1931 年起，日本帝国主义认准了中国政府的致命弱点，明火执仗开始侵略中国。九一八事变后，日军铁蹄不断南侵。进入 1936 年，中国的民族危机更加深重，日本肆意步步紧逼，而国民党政府则一味妥协退让，中国人的民族自尊受到极大伤害。1936 年 12 月 12 日，震惊中外的西安事变成为中国救亡图存行动的一次总爆发。抗日的热潮席卷中华大地，中国共产党领导的工农红军冲破国民党反动派疯狂的围追堵截，经过二万五千里长征后红军由 10 万人减少到 3 万多人，然而就是这样一支军队成了抗日救国的中流砥柱。红军到达陕北后，一部分跨过黄河，到了晋南的洪洞、赵城等地，打土豪分田地搞得热火朝天。消息传到刘宗义的家乡晋东南一带，刘宗义和村

里几个要好的青年听说红军斗地主分田地,处处为老百姓办事,
异常兴奋,欢欣鼓舞。刘宗义想,这红军不就是自己心中最佩
服的英雄豪杰吗!于是精神特别振奋,天天盼望红军早日来到
自己的家乡。

面对危难的国家和民族,面对国人日益高涨的抗日激情,
刘宗义在家乡实在待不住,决心到陕西去闯一闯,寻找自己心
目中的英雄豪杰,寻找精忠报国的门路。1937 年 2 月,他启
程奔赴西安。这时西安事变刚过不久,红军的消息根本打听不
到,他只好在朋友的帮助下在咸阳道班当养路工暂时安身。一
直到 11 月他才弄明白,自己要找的红军就是现在的八路军。
1937 年 12 月,刘宗义满怀参军报国的热情,会同好友王继法
一起到七贤庄八路军西安办事处 ① 报名参加革命,时年 23 岁。

在八路军西安办事处报名后,刘宗义等几个热血青年被转
送到革命圣地延安。这时的延安,在刘宗义看来一切都是新鲜
的。延安实行的是战时共产主义供给制,"有饭大家吃,有吃
大家饱",一切吃穿用度都由公家统一供给,官兵一致,军民
之间、上下级之间都像兄弟姐妹;延安到处是歌声,人人精神
抖擞;延安到处是学习气氛,人人埋头学习军事知识,学习革

① 八路军西安办事处也称八路军驻陕办事处,位于西安市古城内西五路北新街七
贤庄 1 号。叶剑英、林伯渠、董必武先后为办事处党代表,周恩来、朱德、刘少奇、
彭德怀、邓小平、博古等党和军队的主要领导人多次在此工作、居住。抗日战争期间,
办事处的主要工作是宣传党的抗日民族统一战线方针、政策,扩大统一战线,组织抗
日救亡运动,并输送进步青年到延安参加革命。同时,为陕甘宁边区和前方领取、采购、
转运战争物资,支援抗战。这里是中国共产党在国民党统占区设立的合法机关。1946
年 6 月,蒋介石发动全面内战,办事处奉命从西安撤回延安。1959 年,经恢复修整,
办事处旧址建为八路军西安办事处纪念馆,系全国重点文物保护单位。

命理论。延安街道旁，到处都写着"团结抗战""打倒日本帝国主义""坚持民主统一战线"等催人奋进的标语，抗御日本帝国主义的气氛非常浓厚。在这种抗战气氛感召下，刘宗义恨不得马上奔赴前线，杀敌报国。但是，他没有想到，组织上看他精明强干，又有文化，还在咸阳干过一段养路测量工作，而当时陕甘宁边区 ① 政府成立不久，许多建设工作要做，急需像刘宗义这样的青年人，组织决定把刘宗义留下，参加边区的建设工作。领导找刘宗义谈话，耐心地讲革命道理，使刘宗义明白：上前线杀敌重要，参加边区建设，巩固革命根据地同样重要，做什么工作都是革命需要，都是报国大业。于是，他服从组织安排，开始在陕甘宁边区政府公路局工作。

为了支援抗日前线和发展陕甘宁边区经济，边区政府十分重视延安周边的公路建设。1938 年春，刘宗义开始投身边区公路建设，他先后参与和领导了 3 条重要公路的建设。

第一条公路是从咸阳到陕北的榆林，叫咸榆公路。当时刘宗义做工程员，主要负责测量工作。白天搞测量，晚上就组织民工学习，搞培训。当时工作条件、生活条件都很差，但大家

---

①1935 年 10 月，中央红军主力长征到陕北后，建立了中华苏维埃人民共和国中央政府西北办事处，使陕北成为革命的中心根据地。1937 年 9 月 6 日，根据国共两党关于国共合作的协议，中共成立陕甘宁边区，并成立边区政府，下辖延安、绥德、三边、关中和陇东 5 个分区，20 余个县，约 150 万人，面积近 13 万平方公里。根据中国共产党对陕甘宁边区政权和执政方针的定义，陕甘宁边区的政权是抗日人民的政权，它的阶级基础除了工人、农民、小资产阶级外，还包括其他一切愿意抗日的阶级、阶层。实质是由中国共产党完全主导的国民政府地方战时临时性行政区域。中国共产党把陕甘宁边区作为中华民国时期实行民主政治和廉政政治的典范，作为中共抗日根据地的中心。陕甘宁边区对长征后中国共产党的壮大发展起了非常重要的作用，使中国共产党在此后和国民党的对抗中站稳了脚跟，对后来成立中华人民共和国起了至关重要的作用。

都拼命地工作，克服重重困难，使咸榆公路建设按计划推进。咸榆公路建设遇到的最大困难是挡住公路延伸的蟠龙山。蟠龙山位于延安东北48公里处，公路如沿山岗铺筑，不仅技术要求高，而且坡度太大，影响交通安全；如果开山劈岭，降低公路的路面坡度，则工程量很大，民工也有一些情绪。这期间，刘宗义既做技术工作，也做宣传工作。一方面精心进行测量、绘图等工作；一方面不断地向民工宣传劈山修公路对支援抗日战争和发展边区经济的重要作用。一千多名民工理解了自己从事工作的重大意义，认识到边区的事就是自己的事，因此工作热情非常高。在施工条件很差，生活条件很艰苦，而工程量却很大的情况下，刘宗义和广大民工一起，仅用近半年的时间就圆满完成蟠龙山开山劈岭修公路的任务，解决了咸榆公路建设中最大的难题。

刘宗义参与和领导建设的第二条公路是庆临路，第三条公路是定康路。修建庆临公路时，他已被提升为庆临路分局局长；修建定康公路时，他已成为定康路管理局局长。

几条公路建成后，陕北的"三宝"，即毛皮、碱盐和甘草便源源不断输出，换回大量的棉花、布匹和日用品，打破了国民党对陕甘宁边区的军事包围和经济封锁，有力地支援了抗日前线，陕北革命根据地的经济也得到快速发展。

陕甘宁边区土壤瘠薄，自然条件恶劣，主要种植生长期短、耐旱性强的杂粮，产量很低。但是，边区的延河流域、葫芦河等地水利资源相对丰富。为促进边区农业发展，毛泽东、中共中央和边区政府十分重视兴修水利，大力发展农田灌溉。1939

年夏，边区政府建设厅决定修建排庄渠首水利工程，建设厅领导决定安排刘宗义参加这项工作。排庄渠首水利工程是把西川河的水引入延河，目的是灌溉延河河谷出口处 1500 亩常年缺水的耕地。

刘宗义虽从未干过水利工程，但他毫不犹豫地接受了工作任务。刘宗义先是带领技术人员对工程沿线进行了 3 个月的勘察，进行一番认真的规划后开始施工。开工后，刘宗义负责主持整个项目的施工管理工作。当时，建设厅做水利工作的技术力量很薄弱，刘宗义自己又不懂水利，只好边学习、边设计、边施工。刘宗义一方面充分发挥技术人员作用，一方面自己认真学习，虚心请教。整个工程规模不算大，但涉及的水利工程建筑物较多，如建一座长 70 米、高 14 米的堆石坝；一个进水闸、一个泄洪闸；一条长 6 公里的引水渠道。此外，还有跌水、斗门、渡槽等。排庄渠首水利工程经 7 个月施工，于 1940 年 4 月 29 日举行开闸放水庆祝活动。到场的 1000 多人第一次看到引水上山，引水浇地，欢呼雀跃，笑逐颜开。这项工程后来载入国务委员兼国家科委主任宋健编著的《延安技术史》。

刘宗义第一次参加解放区的水利工程建设，并在开工后主持施工管理，圆满地完成了任务，他当时只有 26 岁。他原以为搞水利工程只是临时性工作，没想到后来几十年的革命生涯一直与水利相伴。

排庄渠首水利工程建成后，培养和锻炼了包括刘宗义在内的一批技术骨干，刘宗义已经成长为能独立指挥水利工程建设的领导人才。从此之后，边区政府有计划有步骤地开展了水利建设，如在米脂县修的织女水渠，靖边张家畔修的大规模农田水利工程，边区普遍推行了淤地坝（现代水利工程中称之为"水坠坝"）。水利工程建设，使延安农田灌溉面积达数千亩，对提高粮食产量、促进边区农业生产、促进延安城市繁荣都发挥了重要作用。

抗日战争期间，日军对陕甘宁边区实行军事封锁；皖南事变后，国民党政府不仅中止八路军的正常配给，而且还以重兵阻断边区与外界的经济联系，边区遇到了前所未有的经济困难，粮食、医药、棉布、食盐及日常用品等极度匮乏。1939年2月，毛泽东在陕甘宁边区干部生产动员大会上，发出"自己动手，丰衣足食"的号召，陕甘宁边区和其他敌后根据地先后开展起轰轰烈烈的大生产运动。

1940年5月，朱德总司令从抗日前线回到延安，除了协助毛泽东指挥抗日战争外，还抽出时间指导边区经济建设。他在陕甘宁边区进行实地考察，明显地感到延安人多了，物资却少了，昔日车水马龙的延安市场，如今冷清了许多。正在此时，胡宗南以几十万大军向边区逼近，边区和中共中央的安全受到严重威胁。为此，朱德下令从晋西北调来三五九旅护卫。三五九旅的到来，使边区和中共中央的安全得到了保障，却使边区原本就严重的粮食等困难更加严峻。

1940年9月2日，朱德邀董必武、徐特立、张鼎丞、王首道等到延安西川视察，随后又去南泥湾考察。朱德总司令认为，在南泥湾可以实行军垦屯田政策。回来后，他将考察的情况向毛泽东作了汇报。同时，他提出为了解决吃饭问题，在不妨碍部队作战和训练的前提下，可以实行屯田军垦，开发南泥湾，并提议由王震旅长率领三五九旅屯垦南泥湾。朱德的提议得到毛泽东的热情支持。

南泥湾位于延安城东南 45 公里处，面积 225 平方公里，南泥湾垦区范围包括延安、延长、甘泉、鄜县（今富县）、固临等县各一部分，方圆百里，沟壑纵横，山峦重叠。开发南泥湾的任务下达后，首先要对南泥湾进行详细的调研、勘察，制定开垦规划。1941 年新年过后不久，延安陇东专区副专员马锡伍告诉刘宗义，边区政府决定让他带队去勘察南泥湾。刘宗义当时不知道南泥湾在哪里，在地图上查到南泥湾的位置后，立即带着简单的测量仪器和一张地图踏上勘察南泥湾的征程。南泥湾原本是一个人口稠密的富饶地区，由于近代战争的洗劫，这里人烟灭绝，良田荒芜，到处一片狼藉，群众称南泥湾为"烂泥湾"。

刘宗义等人首先来到鄜县。因去南泥湾并没有现成的道路，而且荒无人烟，常有野兽出没，为了保证刘宗义等人顺利安全地到达南泥湾，鄜县县长罗成德派 30 名战士，带上两挺轻机枪一路保护。行进途中，山梁起伏，到处荆棘密布，时有野兽嚎叫。勘察人员手持木棒，边走边拨开一人高的蒿草，硬是打出一条通道。当时虽还是严寒季节，但人人大汗淋漓。在一位老人的指引下，他们穿过一片原始森林，终于找到了南泥湾。经过勘察发现，原来南泥湾是一条狭窄溪谷，这里土质肥沃，水源充足，有几十万亩土地可以开垦。经过艰苦努力，刘宗义把南泥湾的地形地貌、水源条件、土壤肥力等，都勘察得清清楚楚。同时，对未来垦荒人员的居住位置，对外交通路线等也都测算清楚。随后，立即返回延安，向边区政府建设厅领导作了详细汇报。

回来不久，边区政府通知刘宗义，朱德总司令要亲自听取勘察南泥湾情况的汇报。听说自己十分崇敬的朱德总司令要听汇报，刘宗义激动不已，辗转反侧，彻夜难眠。

第二天一早，刘宗义便直奔朱德住地延安桃园。朱德微笑地说："你勘察了南泥湾，好嘛！"朱德把刘宗义领到一幅地图前面，详细询问南泥湾的地形、地貌、资源状况及土地开发条件等，并不时地用手指在地图上画圈圈。刘宗义把南泥湾的山、水、林、路等情况，以及哪里荒地多，哪里土地肥，四时八节种啥好等情况向朱德作了详细汇报。听了刘宗义的汇报，朱德非常高兴，立即给中央军委直属炮兵团团长武亭写了一封信，命令他立即派部队去打前站，为开垦南泥湾创造条件。当信中写到刘宗义的身份是"工程师"时，站在一旁的刘宗义连忙更正说："总司令，我是工程员。"朱德笑着说："你以后一定是工程师嘛！"

刘宗义将朱德的亲笔信当面交给武亭团长。武亭看了信后，立即带上警卫员同刘宗义来到南泥湾。武亭和政委邱创成分配给刘宗义一个营的兵力，成立了工程处，由刘宗义负责。刘宗义认为修路是当务之急，所以首先领导工程处开始修路。他们利用当地的木材、石头仅用半年时间就把南泥湾通向延安的公路修好，这就是有名的延南公路。

刘宗义对南泥湾的勘察、规划工作，以及领导工程处在南泥湾打前站、修公路，为大规模有序开发南泥湾创造了有利条件。1941 年 3 月到 1942 年春，王震率领三五九旅分四批开进南泥湾，搭草棚，打窑洞，开荒地，种庄稼，饲家禽，养家畜。仅仅 3 年时间，南泥湾就开垦出 30 万亩耕地，年产粮食 4 万多担，同时还饲养了大量的猪、牛、羊和鸡鸭，边区人民的生活逐渐好起来。昔日荆棘遍野，荒无人烟的南泥湾，变成了"到处是庄稼，遍地是牛羊"的塞北江南。成功屯垦南泥湾，促进了陕甘宁边区及其他革命根据地的大生产运动，陕甘宁边区财政及人民生活状况大为改善。由于经济情况好转，1942 年底，朱德、彭德怀下令改善前方广大指战员的生活，自 1943 年 1 月 1 日起，每人每天增发食油 2 钱，每月增发津贴费 5 角，每年发洗脸毛巾 2 条。成功屯垦南泥湾，不仅发展了农业，而且也为日后创办纺织厂、被服厂、造纸厂、化工厂、制鞋厂等创造了条件。

南泥湾是延安精神的发源地，延安精神一直激励全党、全国人民艰苦奋斗，自强不息。刘宗义亲身参加了举世闻名的南泥湾大开发，每想到这些，他对自己的人生价值便油然而生一种欣慰和自豪。

1945 年 1 月，经丁仲文、杨柏桦介绍，刘宗义加入中国共产党。

挺进东北，战火中的水利生涯

东北地域辽阔，森林广袤，农产丰富，煤炭、电力、钢铁、水泥等工业发达，铁路、公路四通八达。在抗日战争胜利前，中共中央和毛泽东就把目光投向了东北。1945年6月，毛泽东在中共七大的一次讲话中高瞻远瞩地指出："从我们党，从中国革命的最近和将来的前途看，东北极其重要……只要我们有了东北，那么中国革命就有了巩固的基地。"

抗战胜利后不久，蒋介石忙着"下山摘桃"，在美国的援助下经陆、海、空三路向东北大举进攻。紧要关头，毛泽东起草中共中央给东北局的《建立巩固的东北根据地》的指示，确定党在东北的任务是在距离国民党占领中心较远的城市和广大农村建立巩固的根据地，发动群众，逐步积蓄力量，准备将来转入反攻。1945年8月至11月，根据中共中央"向北发展，向南防御"的战略方针及有关重要指示，从各解放区抽调11万余部队和2万多名干部迅速奔赴东北，为中国共产党先机控制东北创造了有利条件。刘宗义就是这2万多名挺进东北干部中的一员。

1945年10月10日，在大队长王群、政委余平的带领下，一支名为西京大队的干部队伍从延安出发，刘宗义随着这个队伍向东北挺进。队伍昼夜兼程，艰难跋涉，先后途经陕西的米脂、葭县，山西的朔县、南泉、天镇，河北的张家口、怀来、承佳，辽宁的凌源、建平、朝阳、义县、法库，于1945年底到达铁岭。整个行程曲折艰辛，其间渡过了惊涛骇浪的黄河，闯过了阎锡山部队的封锁线，顶风冒雪甩开了国民党部队的追堵，历尽千辛万苦终于到达辽北根据地铁岭。在铁岭，干部队伍遇上时任中共辽西省委书记陶铸和辽西行署主任朱其文，他们按照中共中央和东北局的指示刚从沈阳撤出。陶铸、朱其文当即决定从这支北上的干部队伍中留下五六十人，在辽北根据地工作，其中就有刘宗义。领导决定由刘宗义带队返回法库县办理组织移交手续，当时法库是辽西行署的临时驻地。刘宗义被分配到辽西行政公署实业处担任科长，兼做党务工作。

1945年11月开始，大批国民党主力部队进入东北，敌我军事力量对比处于敌强我弱态势，形势发展对中国共产党及其领导的军队非常不利。12月31日，中共中央东北局根据中共中央指示精神，作出在东北发动群众建立根据地的指示和部署。

根据中共中央和东北局的指示，驻在沈阳、抚顺、鞍山、锦州、辽阳、阜新等市的党政机关和部队，于1946年3月之前先后撤离大城市，深入广大农村和中小城市，发动群众，建立根据地。接受新的任务后，刘宗义根据上级指示，积极筹集物资支援前线。刘宗义曾身着长袍以南方商人的身份与国民党商人做买卖，换来前线急用物资；曾巧妙向驻地的苏联红军做工作，从苏军那里征集来大批粮食、豆油、弹药等物资。1946年6月，中共中央西满分局在洮南组建中共辽吉省委、辽吉行政公署，刘宗义在行政公署实业厅任第一工业矿产科科长。

1947年初，刘宗义接受一项新任务，到辽吉行署所辖的突泉县建立后方办事处，任办事处主任。突泉县地处今内蒙古自治区兴安盟，组织上交代的任务是办工厂和商店，把突泉县的经济和社会秩序尽快搞好。刘宗义的工作热情很高，很快把县里的经济搞得很活跃，办成了一处皮革厂，开了一处大百货公司，创办了两个纺织厂。在突泉县期间，刘宗义还改造了一支旧军队。当时突泉县的城防司令叫双宝，为人很守旧，刘宗义召集一批容易接受革命道理的青年，经过 6 个月的培训，思想进步很快，然后以协助维持社会治安的名义把他们派到城防司令的部队里。这些进步青年，一方面在旧军队中积极宣传中国共产党的方针政策，一方面沉重打击旧军队中的个别顽固分子，从而顺利完成对旧军队的改造，保证了突泉县的社会稳定。

1947 年 2 月，根据斗争形势需要，辽吉行署撤销，在洮安县成立辽北省政府，辖 5 个专区、38 个县（旗）。1948 年初，刘宗义被安排在辽北省政府建设厅，任建设科科长。这个科管的范围很广，包括水利、交通、防汛、气象、水文等。

刘宗义在建设厅建设科接手的第一件大事，是防洪抢险工作。西拉木伦河与老哈河汇流处苏家堡子，其下游称作西辽河。当时，如果不能在汛前修建黑龙坝工程进行堵截，西辽河可能改道，危及下游大片农田和县城。这项工程叫黑龙坝工程，由厅长魏兆麟（后为东北水利总局局长，是大伙房水库建设的最早策划者）和当地县长唐宏光（后为辽宁省人大常委会副主任）挂帅。刘宗义协助两位领导开展抢修黑龙坝工程，经上千名民工大干 4 个多月建成黑龙坝，使汛期西辽河安然无恙。黑龙坝工程之后，为配合解放战争，刘宗义又领导开展公路建设，先建了郑家屯到四平的一段军事公路，主要是架桥梁；后又到昌北县（后撤，并入昌图县）曲家店，在东辽河上搭一座浮桥。

在工作中，刘宗义特别注重与各县紧密联系，认真合作，根据战争的需要，及时安排水利工作。当时各县政府刚成立，一般都没有水利部门和水利干部。为了保证社会稳定和做好支援前线工作，各县对整修河道堤防和防汛非常重视，但县里又没有水利工程技术人员，于是都直接找刘宗义。刘宗义急县里所急，及时安排技术人员分赴铁岭、黑山、彰武、闹德海等地，帮助当地解决难题。

辽西战役打响后，在战争环境下，开展水利工作难度非常大，刘宗义充分利用战争间隙带领大家着手进行灌区勘察工作，做好整修前的工作，准备待战争一结束，马上把水田灌区恢复起来。位于吉林省西南部的梨树县，地处松辽平原腹地，地势平坦，土质肥沃，这里的梨树灌区盛产水稻。当时长春还没有解放，梨树灌区正处于辽北根据地与国民党统治区的中间地带，这里常有土匪流窜活动，还会遇上国民党逃亡部队，去梨树灌区勘察风险很大。刘宗义带着工程技术人员多次冒着生命危险前往勘察，终于将梨树灌区的工程状况弄得清清楚楚，为战后恢复灌区运行奠定了基础。

1948 年 2 月，辽北省政府由洮安县迁往郑家屯。这年夏季，西辽河发生洪水，辽北省政府驻地郑家屯被洪水围困。当时辽北各县河道没有完整的堤防工程，一来大水，到处溃堤决口。危急关头，刘宗义领导建设科人员，一方面组织群众加固和守护郑家屯四周的土城墙，一方面陪同上级领导视察水情，指挥防汛抗洪工作。经过多日艰苦奋战，终于战胜洪水，确保了辽西省政府驻地安然无恙。

刘宗义领导下的建设科人员常年风风雨雨跑外业，跑大堤。初春时节落实大堤工程，检查堤防缺口和险工险段，逐项与当地县、区干部落实工程措施，组织民工修筑。汛期之前，组织技术人员对完工的堤防工程进行验收，确保工程质量。入夏后，全力进行防汛，紧张时日夜巡视大堤，做好抗洪抢险准备。汛期过后，立即检查水毁工程，确定维修加固的工程位置和工程量。入冬后，抢修水毁工程，组织开展内业，筹划下一年工作。

在刘宗义带领下，建设科的青年人进步很快，不仅技术水平大有长进，而且革命意志得到磨炼。1948 年 10 月，辽北省政府建设厅工程局在四平成立，刘宗义任工程局局长。工程局下设治水科、道路科、气象科等，工程局的技术人员已有二十多人。1949 年 4 月，东北行政委员会根据解放战争形势发展需要，撤销辽北省建制，设立辽西省，辽西省政府农业厅下设水利局，刘宗义任农业厅副厅长兼水利局局长。随着行政区划的变化，刘宗义的职位逐步晋升，肩负的担子越来越重。为了在战火纷飞中搞好农业生产，巩固和发展解放区经济，大力支援解放战争，刘宗义除了做好日常工作，还突出抓了 5 件大事。

一是广纳人才，充实队伍。刘宗义接收的第一批技术骨干是常如祥、王林、魏家农、孙杰等人。他们毕业于伪满奉天农业大学，在日伪政权里从事农田水利工作。随着解放战争的节节胜利，这些技术人员看透了国民党政府的本性，于是冒着生命危险，穿过国民党封锁线，找到东北民主联军，后来被东北行政委员会安排到辽北省政府建设厅工程局，成为刘宗义最得力的骨干。此外，刘宗义还从辽北学院招收 26 人，他们大多是伪满国高毕业生，主要从事行政工作。在党组织和刘宗义的精心培养和教育下，这些青年人很快成长为业务骨干。新中国成立初期，水利局还接受以李俊恩（后为辽宁省水利局副局长）为代表的一批解放前参加工作的老知识分子和以冯友松（退休前为辽宁省人大常委会副主任）为代表的一批就读于解放前的大学，解放初期参加工作的知识分子。刘宗义认真贯彻执行党的知识分子政策，重视人才，尊重知识分子。由这些人员所形成的技术骨干队伍，奠定了辽宁水利工作的技术基础，在他们带领下培养和造就了几代水利技术力量，他们影响着、左右着辽宁水利技术工作50余年。随着人员的增加，辽北工程局和之后的辽西水利局的机构也逐渐扩大，有了治水科、道路科、气象科、财会科、秘书科等比较齐全完善的机构。

二是迎战1949年大洪水，组织抢险救灾工作。1949年进入汛期之后，阴雨连绵达40多天，又受台风袭击，各地河水暴涨，泛滥成灾，以辽西地区洪水最为严重。大凌河上游，最大洪峰流量达36500立方米/秒，创历史最高纪录；大凌河中下游堤防全线溃决。洪水涌进义县城区；锦赤线（锦州至赤锋）铁路桥被冲毁；沈山线铁路有9处洪水漫基；小凌河左岸大堤决口多处，锦州市部分市区被淹；绕阳河、六股河突然暴涨泛滥，绕阳河以西至大凌河以东地区一片汪洋，死亡400多人。与此同时，辽河汛情也十分紧张，辽河右岸马虎山一带水漫河床，李家河套堤决口，秀水河漫堤决口；新民县境内各河洪水齐涨，柳河改道，决口漫堤，全县平地积水1米多深；辽中、台安、盘山、辽阳、海城、营口等县各河多处决口漫堤。当时，作为辽西省政府防汛办公室主任的刘宗义，一方面给中共辽西省委、省政府领导当好参谋；一方面夜以继日地组织民工打桩、别柳、草袋堵口，加固堤防，减轻灾情。

汛后，大量的水毁工程亟待修复。刘宗义立即组织4个工程队下去，分赴辽中、台安、盘山、新民、绥中、兴城、锦县、黑山、北镇、铁岭、康平、法库、开原、昌图等县，检查测量水毁工程，制定修复方案，组织民工抢修，搞好工程质量验收，为下一年的防汛工作做了充分准备。

三是加强水利行政管理机构，初步形成水利管理体制。1949 年以前，解放区各县、区没有水利机构，没有水利工作专职人员，县、区有关水利防汛事宜都直接找到省里，省政府水利部门人员又不多，虽然一年到头不停地忙，也满足不了县、区对水利工作的需求。刘宗义开始思考如何解决这个难题。

1949 年大洪水期间，刘宗义利用陪同中共辽西省委书记郭峰视察洪水灾情的机会，向郭峰汇报了水利工作遇到的难题，并提出县、区、乡镇要建立水利管理机构的建议。1949 年大洪水引起省领导对水利工作的重视，在省政府的统一部署下，汛后沿河各县都安排了专职的水利工作人员，各区也相应安排了专管水利的干部。1949 年以后，在刘宗义的努力推动下，辽西各市县陆续设置水利科或水利股等水利管理机构，增加水利工作人员编制，初步形成水利管理体制。

四是宣传强调水利工作为农业服务的思想。新中国成立初期，水利专业技术人员很少，水利管理机构大多是抽调来的行政干部，对于水利是干什么的，怎样开展水利工作，大家认识肤浅，仅知道防洪、修堤、修谷坊。

1953 年 1 月，辽西省政府召开第一次水利工作会议。会上，刘宗义针对人们关于水利工作的浅显认知，明确强调水利为农业服务的思想。他指出，真正要做到为农业服务，一是要求水利部门既要管抗旱，又要管防洪治涝，要以抗旱治涝为主要内容开展农田水利工作；二是要搞好水土保持，实行流域综合治理。他提出，要发展农业，应该在农村掀起一个农田水利和水土保持的群众运动。刘宗义这两个具有战略性、前瞻性的建议很快得到辽西省政府领导认可。1953 年 1 月 27 日，辽西省政府颁发《五三年开展群众性水土保持和农田水利运动的实施方案》，为后来的全省农田水利体系和水土保持体系建设奠定了良好基础。

五是综合治理绕阳河。绕阳河是辽河下游的主要支流，源自阜新县扎兰营子乡的查哈尔山，流经阜新、彰武、新民、黑山、北镇、台安、辽中、盘山等县。绕阳河干流河道横向摆动大，塌岸严重，1882—1946 年曾发生 6 次河流改道，给下游人民生命财产造成巨大损失。伪满洲国和国民党时期曾多次治理绕阳河，但终未解决水患威胁。1949 年的大凌河、绕阳河特大洪水之后，刘宗义通过细心调查和听取各方面意见，提出综合治理绕阳河的决定。这一决定在得到东北水利总局支持后，立即付诸实施。一是集中技术骨干组建绕阳河工程处，通过调查和实地测量编制《绕阳河流域初步规划》，按照规划要求制定加高培厚旧堤、调整部分堤线、新修和改建工程方案。这项工作，开创了水利工程规划设计在流域规划框架内确定标准的先河。二是动员邻近的彰武、阜新、义县、新民、盘山等县组织民工上堤，每天出工 2 万多人施工。三是严格把守施工质量关，建立责任制。在防洪标准上，左岸达到 50 年一遇，右岸 20 年一遇，各支流堤防达到 10 年一遇。这一防洪标准，在以后的几十年治理中始终没有突破。四是把水土保持纳入绕阳河治理中，作为一项重要工作来抓，在上游修筑大量鱼鳞坑、谷坊等，有效地减少和减慢山洪下泄。在绕阳河治理中，实行按流域确定水利工程标准、严格施工质量和建立责任制、上游采取水土保持措施、组织群众大干等综合治理措施，为以后的江河治理树立了样板。

抗美援朝，水利局长修机场

1950 年 6 月 25 日，朝鲜战争爆发，美国把侵略战争的战火烧到鸭绿江边，直接威胁到中国的安全与和平建设。为了保家卫国，中共中央作出抗美援朝的重大决策。

当时，中国财政工作刚刚统一，市场刚刚稳定。前方要打仗，后方要稳定市场，两头重担，哪一头发生问题都不行。在危急时刻，毛泽东和中共中央确定了"边抗、边稳、边建"的方针。根据中共中央的战略部署，赴朝作战的志愿军后勤供给和军事物资运输，主要由东北人民政府承担，修建军用机场成了迫在眉睫的任务。

这时，刘宗义是辽西省水利局局长。水利局组建后工作刚开始就遇上两场历史上罕见的特大洪水，水利局业务量剧增，工作压力和工作难度非常大。刘宗义深知自己肩上担子的分量，信心十足地筹划着水利局的全盘工作。让他意想不到的是，抗美援朝战争开始后，国家急于建设一些军用机场。为此，中共辽西省委任命副省长仇友文为国防建设委员会主任，刘宗义为副主任兼党委书记。在工作任务重大变更的时候，刘宗义丝毫不讲价钱，不讲条件，义无反顾地接受了任务。刘宗义这种对党的事业无限忠诚，无条件服从组织调动安排的革命精神和高贵品质，一直贯穿于他的全部革命生涯。

让刘宗义去领导修飞机场，引起了一些人的议论：省里有建设局、交通局，修飞机场怎么也轮不上水利局局长呀！然而，中共辽西省委是知人善任的，这缘于刘宗义在延安时有过一段扩建维修延安机场的光荣经历。

延安机场始建于 1936 年 1 月，由国民党东北军张学良、第十七路军杨虎城部在延安城区东关修建，主要供张学良私人座机起降使用，机场跑道为简易土石跑道。西安事变后，延安机场与延安城一并被红军接管。延安机场是中国共产党整修、使用和管理的第一个机场，是第一个红色机场。1944 年 8 月，陕甘宁边区政府决定对机场跑道进行大规模的整修，并把负责组织跑道施工的任务交给刘宗义。在缺乏技术人员，缺乏钢筋水泥的情况下，刘宗义紧紧依靠群众，带领大家认真研究，精心施工，竟然用 4 个月的时间，建成一条长 1400 米、宽 30 米，由石灰、碎石、黄土混合铺成的跑道。机场扩建后，飞机起降十分频繁，对于中国共产党开展外交活动，加强国共合作和国际合作，完成边区急需物资、伤员运输和高级干部战略运送任务，特别是在和平解决西安事变，建立抗日民族统一战线和重庆谈判等重大历史关头发挥了极其重要的作用，中共红色机场扬名中外。

刘宗义领导扩建延安机场，不仅学会许多工程施工知识和技术，而且取得组织大兵团施工的宝贵经验，这些在抗美援朝战争修建机场中派上了用场。

为了把机场修好，刘宗义首先抓规划工作。他组织一些技术人员进行了大范围查勘，从辽西的山海关开始，先后查勘了锦西、绥中、兴城，随后又查勘了当时的辽北开原、郑家屯、四平。在深入查勘和调查的基础上，写出机场规划报告。规划报告得到上级批准后，很快付诸实施。首先在1952年修建了开原军用机场。开原机场施工开始是承包给锦州市的一些建筑工程公司，干了一段不行，于是由刘宗义牵头成立工程指挥部，下设政治、工程、材料、运输、财务、总务、民兵管理等8个处，关键处都由水利局骨干负责，每天组织上万名民工施工，开原机场于1952年底竣工。开原机场建成后，紧接着修建郑家屯机场，1953年上半年，郑家屯机场建成。1953年下半年，转战绥中县建绥中机场，仅用半年即建成。1953年底到1954年春，又修了兴城机场。1954年3月，转战到大连湾金州修亮甲店机场。4年时间，在刘宗义领导下，修成5座军用机场，经上级领导和有关部门检查，飞机试飞，完全达到设计质量要求。由于日夜操劳，条件艰苦，刘宗义得了肺病，大口吐血，但他仍然一边输液一边指挥施工。刘宗义的病情牵动了上级领导的心，副省长仇友文亲自看望刘宗义，劝他放下工作，专心治病休息。刘宗义非常感激领导的关怀，可他并未停下来，带着病体照样坚持工作在施工一线。

修机场的4年间，政治形势非常复杂，技术力量薄弱，刘宗义之所以能率领万余名民工建成5座合格的军用机场，除了他本人工作能力强，待人诚恳，工作勤奋和足智多谋的原因之外，也因为他尊重人才，尊重和爱护诚心诚意为国家效力的知识分子，这也是他几十年革命生涯中一贯的做法。

在执行党的知识分子政策方面，刘宗义对岳维春（离休前任辽宁省政协副主席）的尊重和爱护尤为感人。岳维春，1936年曾留学日本，1940年，毕业回国，就业于伪满的吉林市市政公署，因对日本侵略者统治不满，曾被捕入狱，在狱中不认罪，不屈膝，直到日伪垮台才出狱。1946年，吉林市解放，时任吉林市市长沈越（离休前任中共辽宁省委副书记）亲自吸收岳维春参加革命，参与接收日伪政权的工作。1949年初，辽北省与老辽西省合并时，岳维春进入新辽西省水利局，从此与刘宗义共事。在当时的人看来，岳维春是留学日本的大知识分子，但他为人谦和，平易近人，业务能力强，刘宗义对其既尊重又器重。在抗美援朝战争期间修建机场时，刘宗义特别点将请岳维春参加，一个是精明强干、胸怀博大的领导，一个是爱国爱党的技术精英，他们的默契配合卓有成效地推进了军用机场建设。

本来4年修建5座机场，在紧张而艰巨的工作中出点偏差或有不完善的地方，是可以理解的。但是，在当时的政治形势下，对于家庭成分高，留过洋的岳维春来讲，那就不是一般问题了。在修开原机场时，调度室和地下防空洞地板越冬时出现鼓胀，一些受极左思想影响的人就怀疑这是技术破坏，上纲到政治高度，把矛头指向岳维春。勤勤恳恳、忠于职守的岳维春感到极大的委屈，形势又容不得他去申辩。为了弄清事故缘由，刘宗义亲自进行调查，终于弄清是由于汛期机场被洪水淹没，地下水排泄不彻底，结果造成严冬时节地板冻胀起鼓。刘宗义向群众作了充分的解释后，才使岳维春摆脱嫌疑和误解。

1952年，"三反"运动开始后，一些人又把斗争眼光投向岳维春。岳维春是机场建设技术负责人，又是工程处负责人，是工程技术总负责，又是钱、物的大总管，自然成了运动的重点对象。岳维春这时很冷静，他宽厚地对待群众的政治冲击。但是，却急坏了刘宗义，他虽然深信岳维春是清白的，可这么大的政治运动弄不好会极大地伤害岳维春。为此，刘宗义一方面向省领导如实反映情况，一方面组织人员对揭发出来的问题进行认真核实，结果岳维春什么事也没有，又继续做机场建设技术总负责。

身负重任，省水利局首任局长

1954年6月，辽东省与辽西省合并，成立辽宁省。8月，辽东省水利局与辽西省水利局合并为辽宁省水利局，刘宗义任辽宁省水利局第一任局长。

当时，正是国家发展国民经济第一个五年计划时期。中共中央确定，"一五"时期国民经济发展以重工业为主，辽宁省的目标是建成全国的重工业基地。可是，这时辽宁省的防洪治涝、水资源、农田水利、水土保持等水利工作存在一系列严重问题，诸如辽河干支流防洪堤标准很低，加之上游水土流失严重，下游地势低洼，辽河防御洪涝灾害的能力很弱，一大批大中城市、交通干线和广大农村、农田受到严重威胁；旧社会留下的水利工程很少，而且质量差，标准低，不配套，满足不了国民经济发展需要。辽宁省水利局的工作面临艰巨任务，需要破解一些沉重的难题。刘宗义作为省水利局一把手，更是重任在肩，他冥思苦想如何才能不辜负党和人民重托，把辽宁省的水利工作搞上去，推动全省经济发展。

刘宗义担任省水利局局长后，对全省水利工作的重点和发展方向，上下求索，殚精竭虑。他以自己独特的精神境界和人格魅力，团结广大干部群众，既有条不紊，又步履坚定地开展全省水利工作，在妥善做好各项工作的同时，着力抓了对全省水利事业现实及长远发展有着重大意义和深远影响的三件大事。

一是治理辽河。辽河是中国七大江河之一，发源于河北省平泉县，在辽宁境内全长 573.3 公里，流域面积 33420 平方公里。在省内流经铁岭、沈阳、鞍山、盘锦、本溪、抚顺、辽阳、营口、阜新、锦州、朝阳等 11 个市、36 个县（市、区），历史上洪灾频繁，1949—1954 年，每年都发生大洪水，辽河安澜对于全省国民经济和社会发展具有举足轻重的作用，故中共辽宁省委、省政府非常重视对辽河的整治，刘宗义也把工作精力主要集中于辽河治理上。

从 1954 年开始，刘宗义着手组织辽河堤防整修工作。1955 年春，辽宁省辽河堤防整修工程处（简称辽河工程处）成立。刘宗义亲自做工作，为辽河工程处配备得力领导班子，安排在日本留过学的专家型工程师周恒恩任处长，调大连市政府的王大军任党委书记。辽河堤防整修工作由省水利局统一下达任务，工程处具体落实分配堤段工程量、施工物资、技术指导、质量检查验收；各县民工大队负责施工，按桩号实行分段包干的三包（包时间、包任务、包质量）制度。在刘宗义亲自指导和关怀下，原计划用五年时间修建的辽河堤防整治工程，仅用三年半时间就完成任务。新修的大堤，是辽河有史以来第一次统一设计、统一施工的高标准、高质量大堤。新筑起的辽河大堤，使桀骜不驯的辽河安然地流淌，在有效保护工农业生产及千百万人民生命财产安全，促进全省经济和社会发展上，发挥了巨大作用。同时，辽河堤防整修工程的圆满完成，也为以后的地方水利工程施工提供了可贵经验。

二是编制中小型水利工程定型设计。随着农业合作化的推进，群众性水利工程建设热潮势不可挡，一时间河网化、平原水库、中小型水库、排灌站等全面修建起来。但是，这些中小型水利工程没有统一的设计，出现许多边设计边施工的现象。刘宗义敏锐地认识到，这样下去工程标准质量无法保证，后果不堪设想。为此，他积极倡导和支持省水利局勘测设计室开展中小型水利工程定型设计工作，使水利工程建设有了严格遵循，对保障全省群众性水利化运动健康有序发展，对保障中小型水利工程的设计和施工质量发挥了巨大作用。从1957年开始到20世纪60年代，全省中小型水利工程建设都按省里统一的定型设计要求进行，群众性水利建设热潮一直在定型设计的科学指导下开展，水利工程设计施工质量得到有效保障。

三是大力开展农田水利基本建设。在刘宗义的倡导下，"一五"期间全省开展了轰轰烈烈的农田水利基本建设，新修中小型水库43座，修塘坝1700多处，打电井900多眼，建排灌站 700 多座，这些农田水利基本建设使全省水田面积新增300 多万亩，新增治涝面积 260 多万亩。水土保持工作得到大力加强，全省有 13 个县建立了水土保持站，配备了专职人员，为全省建立水土保持体系奠定了基础。

这些具有战略意义的工作，充分体现了刘宗义总揽全局、突出重点、注重科学技术和工作有章法的卓越领导才能，也体现了他忠诚党的事业，富有远见卓识和创造性的工作风范。

逆境丹心，视水利事业为生命

1957 年，全国开展反右派斗争，在此过程中，反右派斗争逐步扩大化，尤其是运动后期，很多单位将右派标准简单化，绝大多数人被冤枉，使他们失去职位，并下放到农村、工厂等基层单位劳动改造，刘宗义就是其中一名。他是一个极特殊的右派，既没有参加大鸣大放，也没有贴大字报，而且当时还是省水利局反右运动的主要领导，然而他却被打成了右派，承受着飞来的厄运。

事情真是蹊跷，原来当时水利局在研究一个叫封文炳的人够不够右派时，刘宗义根据中共中央确定的右派标准，坚持认为此人不够右派。刘宗义耐心地向水利局反右运动领导小组成员说明自己的观点，指出封文炳是好人，他拼着命为我们党工作，我们在这关键时刻就得替他说话，这才叫对党负责，对当事人负责。刘宗义的观点得到其他局领导的认同。但是，一个大的运动，泥沙俱下，鱼龙混杂，水利局里有个政治品质不良的干部，怀着个人报复心理，极尽造谣之能事，到处煽风点火，偷偷告刘宗义的黑状，一心要打倒刘宗义。但是，由于当时的省长杜者蘅、副省长仇友文以及黄达、褚凤岐等领导都讲实事求是，所以那个人想打倒刘宗义的阴谋在 1957 年没有得逞。到了 1958 年 6 月，全国大规模掀起拔白旗反右倾运动，各地违反宪法的行为大为抬头，"左"倾思想甚嚣尘上，党风党纪被肆无忌惮地践踏，省级领导干部王铮、杜者蘅、李涛、宋黎等也被相继打倒。极个别人为了打倒刘宗义，乘机蛊惑人心，给他扣上一贯包庇重用坏人的帽子，乘着政治混乱，于 1958年 6 月 20 日终于以包疵右派的罪名，将刘宗义打成右派。

刘宗义仔细看着中共中央下发的《中共中央关于右派分子的标准的通知》，通知明确右派分子的标准：一是反对社会主义制度；二是反对无产阶级专政、反对民主集中制；三是反对共产党在国家政治生活中的领导地位；四是以反对社会主义和反对共产党为目的而分裂人民的团结；五是组织和积极参加反对社会主义、反对共产党的小集团；六是为犯有上述罪行的右派分子出主意，拉关系，通情报，向他们报告革命组织的机密。刘宗义对照这六条标准，自己犯了哪条呢？一条也没有！

刘宗义被打成右派的直接导火线，是坚持水利局秘书科的秘书封文炳不够右派。封文炳到底是个什么样的人呢？封文炳是从国民党统治区冒着生命危险跑到东北投奔共产党参加革命的，从辽西省水利局时就在刘宗义领导下工作。长期以来，封文炳在水利局工作业绩突出，年年受表彰，得奖励。他对社会主义事业非常热爱，全身心投入工作中，凡是领导交办的工作都圆满完成；他为人耿直正派，对同事热情友善；他文化功底深厚、头脑机敏、工作勤奋、能力出众，是一个难得的人才。把这样的好人、干事业的人都打成右派，那我们领导者的党性何在？政治是非何在？为什么我只是说了几句公道话，只是坚持了一个共产党员起码的政治道德，就被打成右派，公理何在！刘宗义百思不得其解，只能无奈地承受。

1958 年 6 月 20 日刘宗义被定为右派，1959 年 1 月 26 日被下放到盘山县改造。这时，他职位由 11 级降到 16 级，月薪由 194.5 元降到 105 元，又远离家庭，年迈的岳母艰难地照料着 5 个子女，承受着政治羞辱和家庭经济拮据、生活困难的双重灾难。但是，这位 1945 年入党的老共产党员在逆境中并没有沉沦，没有丝毫屈服，他坚信自己是一个光明磊落的共产党员，坚信党会管我，党会恢复自己的名誉。为此，他不断地向省委、省领导写申诉信，在被打成右派后的 5 年间，他写了 26 封申诉信，共有 6.5 万字。他一方面据理向上级申诉自己的不白之冤，要求平反昭雪。与此同时，刘宗义坚守共产党员的信念和精神面貌，积极认真地投身基层水利工作。离开了颠倒黑白、混淆是非的政治旋涡，离开了使他蒙受羞辱、伤透心的省水利局，他感到是一种解脱。没有忌恨，没有怨天尤人，他把到基层工作看作是磨炼政治意志和体恤民情的良机。在盘山县的两年里，刘宗义经常和农民群众蹲在房墙根，一边吸烟，一边唠家常。由于他没有官架子，说话实在，待人和善，所以群众愿意和他接触，愿意和他说心里话，如对上面当官的看法，农民渴望哪些水利工程，群众生活怎样才能改善等等。刘宗义从与群众无所顾忌的思想交流中，倾听到群众真正的心声，更加明白了作为一名共产党员、国家干部，哪些事应该做，而且必须做好；哪些事不仅自己不能做，而且必须与之作坚决的斗争。

刘宗义被打成右派后，党籍也被开除，但他始终以一个共产党员标准严格要求自己，坚持履行党员义务，本想按月交党费，可是没处去交，于是他就在银行立户头，先是按月存储党费，后来储蓄所的人说数额太小，建议他每个季度存一次。蒙难中的刘宗义一天也没离开过党，党时时刻刻都在他的心中。

从1958年起，一些右派分子逐渐被取消此身份，叫做摘帽右派。1960年初，省委派两名工作人员到盘山找刘宗义谈话，要给他摘掉右派帽子，让他签字。刘宗义断然拒绝签字，他大义凛然地说："我不是右派，是被别人陷害的，我是冤枉的，我要求平反。不是右派也就用不着别人给我摘掉帽子，我要求的是给我申冤平反，恢复一个共产党员的名誉。"在邪恶与灾难面前，刘宗义将一个共产党员的铮铮铁骨，表现得淋漓尽致，令人肃然起敬。1960年10月，摘帽后的刘宗义从盘山回到沈阳。11月，组织决定他到省农垦系统的小东农场任副场长。摘帽右派并不是平反，只是可以分配做些工作，而且他的党籍还没恢复，沉重的政治负担仍然无情地压着他。视水利事业为生命的刘宗义泰然处之，十分珍惜又可以为党的水利事业做贡献的机会。他踌躇满志，精神抖擞，特别选择1961年元旦这一天到小东农场去上班。

小东农场地处辽河中下游，与辽中、新民、台安为邻，靠着柳河，绕阳河纵穿农场而过，这里是九河下梢典型的涝洼地区。当时天寒地冻，农场职工元旦放假，人们都在家休息，可刘宗义却急切地要工作。他了解到小东农场上一年遭到严重的洪涝灾害，农场几乎绝收。大冬天的，没有粮食和烧柴，群众的日子怎么过？他实在坐不住，于是带着几个青年职工到生产小队进行调查。他拖着虚弱的身体，拄着一根木棍，一个自然屯一个自然屯去访贫问苦，向群众征求发展生产的出路。一连几周，每天都要走30多公里路，生活十分艰苦。烟瘾犯了，就用旧茶叶混着豆叶抽；饿了，就在民工家吃派饭。吃的是代食品，他胃不好坚持硬挺着吃，出了门就吐酸水。他叮嘱同行的人，千万不要向人家提要求，你们能吃我就能吃，饭后还要交足粮票。在调查过程中，他经常不由自主地和青年人讲起从前难忘的经历，讲延安时的生活和工作，讲南泥湾大生产运动，讲东北根据地的水利工作。简朴的生活，认真的态度，平易近人的风格，慈善的话语，把他与群众的距离拉得越来越近，他摘帽右派的身份早已无人在意。

经过认真调查，刘宗义终于发现小东农场生产落后、群众贫困的根源是内涝。他向省农垦局汇报了自己的调查结果，提出渠系配套，防御外洪，连续治理的主张，他的想法得到省农垦局领导的肯定和支持。省农垦局每年拨给小东农场农田水利费100万元，连续拨了3年。刘宗义带领群众整修排水干渠，完善渠系四级配套，加强河堤护坡，开展打井种稻。仅仅3年光景，小东农场就发生了巨大变化：农田排涝标准大为提高，1960年6月9日降108毫米雨全场就都淹了，现在日降雨200毫米也没问题；农场年产粮食由250万斤左右，增加到 4000 万—5000 万斤；养猪、养羊等副业也迅速发展起来。在回顾总结在小东农场这 3 年工作时，刘宗义感触颇多。首先是通过艰苦努力使小东农场面貌变了，农场对国家的贡献增加了，农工们的生活提高了，心中感到很欣慰；其次是在和群众亲密接触中，了解了群众的疾苦和要求，又一次品尝到延安时期那种干群关系的甜蜜；再者是在实践中增长了学识，对于指挥涝区治理、河道整修、田间工程等更加心中有数，对后来领导全省水利工作大有裨益。

　　1964 年 4 月，中共辽宁省委决定调刘宗义到盘锦农垦局任水电处副处长。这个时期，辽宁工业迅速发展，但农业拖后腿，粮食不能自给，人们都说这是"捧着金饭碗要饭"。当时，在国务院副总理谭震林建议下，辽宁省组成以副省长张正德为主的盘锦农垦局领导班子，准备大力开发盘锦地区。1964 年 6 月，刘宗义到任。他带领 2000 多人的水电施工队伍，不知疲倦地忙碌在闸、站、路、桥的建设工地。为了发展水田，首先决定修建 15 个流量的东风排灌站，这是个大型排灌站，建站基础太深，而地下水位又太浅，施工难度很大，特别是经常出现难以解决的管涌现象。为此，刘宗义一直在现场蹲点，指导施工。东风排灌站仅用了一年多的时间便建成，盘锦的水田面积迅速扩大到 20 万亩，成为辽宁省水稻主要产区。

　　为了进一步开发盘锦，按照规划，刘宗义又带领水电处的干部、技术人员修建了 10 个流量的柏家店排灌站、56 个流量的南河沿大站、田庄台二道桥子抽水站，这些水利工程可灌溉 70 多万亩水田，使盘锦成为全省最大的水稻生产基地。1965

年 12 月底，刘宗义被调到省水电厅直属的盘山双台子河闸工程局，任副局长，主抓生产和施工管理。双台子河闸① 是一座大型水利工程。1966 年全国掀起"文化大革命"，刘宗义又一次遭到迫害，身心受到严重摧残，他坚持原则，对林彪、"四人帮"反革命集团的倒行逆施进行坚决的抵制和斗争，表现了一个老共产党员的革命气节和坚强党性。"文革"开始不久，在双台子河闸工地，打倒"走资派"的大小字报开始上墙，这里也开始对当权派罢官夺权，领导干部一天要接受几个群众组织的批斗，经常被戴高帽游斗，刘宗义等领导顶着巨大精神压力，即使戴着高帽也照样指挥施工。1967 年 6 月以后，群众派性膨胀，打派仗接连不断。此时，刘宗义是工程总调度，一面认真组织施工，指挥调度；一面随时准备被抓去挨批斗。这样一直坚持到 1967 年 11 月，双台子河闸的主要工程基本收尾。1968 年 5 月 19 日，双台子河闸剪彩放水。双台子河闸既是重要的灌溉枢纽工程，也是重要的城市防洪工程，它有效地保证了盘锦近 80 万亩水田、65 万亩苇田的灌溉用水，也保证了盘锦地区的防洪安全。看着这座造福盘锦人民的大型水利工程竣工受益，刘宗义心中充满喜悦和欣慰。

双台子河闸竣工了，而为之呕心沥血、日夜操劳的刘宗义，又一次被打倒，1968 年末被送到盘锦垦区专政队监督改造，有两年多时间不被允许回家。1970 年以后，他开始养鸡、养鸭，

---

① 双台子河闸位于盘锦市双台子区，距辽河入海口 57 公里。主要工程包括拦河闸、双绕灌区进水闸、船闸、小柳河交叉工程及左岸滩地过洪导流堤。1966 年 6 月动工修建，1968 年 11 月竣工。枢纽工程的作用是：防潮倒灌，改善灌区水质；抬高水位，保证盘山、大洼等地水田用水等。对盘锦的开发建设发挥了极其重要的作用。

这时才有一点回家的自由。1971年春，他开始摆脱被专政的生活，看仓库、当保管。1973年，他担任大洼县水利局副局长，分管灌溉和后勤工作。当时是造反派掌权，刘宗义看不惯那些人吹吹拍拍、好大喜功、表里不一、脱离群众的恶劣作风，对党的事业、国家前途忧心忡忡。但是，刘宗义坚信形势不会就这样下去，党的优良传统和作风，总有一天会回来，被颠倒的历史一定会重新翻过来。刘宗义深知个人的力量是难以扭转局面的，于是他全然不顾自己的冤案，以饱满的政治热情全身心地投入水利工作中。他深入实际，艰苦奋斗，密切联系群众，刻苦钻研业务，把自己分管的灌溉、后勤等工作安排得井井有条，开展得有声有色。

云开雾散，复职主政全省水利工作

1977年，胡耀邦被任命为中共中央党校副校长，主持党校工作，并着手进行冤假错案的平反工作。1977年底，胡耀邦调任中组部部长，继续推动对右派的全面平反。1978年9月17日，中共中央转发《贯彻中央关于全面摘掉右派分子帽子决定的实施方案》，要求："凡不应划右派而被错划了的，应实事求是地予以改正。"

在党的实事求是思想路线逐步恢复的大好形势下，刘宗义的冤案平反出现了转机。1978年8月，中共辽宁省委调刘宗义回沈阳，到省农垦局报到。1979年1月，刘宗义沉冤20年的错案终于彻底平反，他老泪纵横，异常欣喜，捧着20多年积存的党费交给省农垦局党组。1979年4月，刘宗义恢复了省水利局党组书记、局长职务，这时他已经 65 岁。

几次政治运动，省水利局一直是多事之地，到刘宗义接任局长时，局内人事关系非常复杂，各种矛盾交织。刘宗义心想，这次复职有效的工作时间只有四五年，抓工作不能事无巨细，不能眉毛胡子一把抓，必须集中精力抓一些长远性、全局性、根本性的工作。在刘宗义复职后的 5 年中，他重点抓了 7 件对辽宁水利事业发展有重要影响的大事。

一是拨乱反正，平反冤假错案。刘宗义从领导岗位到被打倒下放基层劳动改造，尝尽人间百味，参透世态炎凉，他对被冤枉屈辱的好干部、好同志的心境和困境，刻骨铭心，极为同情。刘宗义上班不久，找他要求落实政策的人络绎不绝，他对每个上访者都热情接待，细心倾听，精心组织平反工作。对一些老同事则格外关心。一次，遇到丹东市水利局总工程师姚学恭，刘宗义主动问学恭反右斗争中是否受到牵连，姚学恭漫不经心地说："可能给划了中右。"说者无心，听者有意。刘宗义很快安排人对姚学恭的档案进行认真清理，所有不实之词全部撤销。全省水利系统许多老干部的冤假错案，都是在刘宗义的直接介入和亲自安排下获得彻底平反的。

在拨乱反正、平反冤假错案过程中，刘宗义反复告诫自己：虽然我二十多年来屡遭迫害，但现在角色变换了，我现在是领导，我要从一个领导的角度，从党的政策角度认识、对待一些人和事，千万不能心胸狭窄，千万不能掺杂私心，千万不能搞报复。他经常跟大家讲，一个运动接着一个运动，一批批干部受到伤害，这是全国极左思潮的影响，除了极个别坏人以外，大家不同程度都是受害者。由于刘宗义不计个人恩怨，出以公心对待每个人、每件事，认真贯彻中共中央政策，而且亲自部署和督促执行，所以全省水利系统冤假错案的平反工作进行得很顺利。几年间，一大批干部摆脱了精神枷锁，意气风发地投身水利建设和改革中。与此同时，省水利局内各种矛盾逐渐化解，党的实事求是思想路线深入人心，勤政廉洁、团结奋进蔚然成风。

二是加强领导班子和干部队伍建设。从延安到辽北根据地，刘宗义带出一批又一批干部，他从自身的经历中深刻认识到，坚强有力的领导班子和干部队伍，是工作顺利、事业兴旺的基本保障，所以他一直注重加强领导班子和干部队伍建设。复职后，他这种认识更加深刻，加之自己年事已高，马上就面临新老交替，所以更加急切地解决领导班子和干部队伍问题。

当时，从中央到省委都要求领导班子年轻化，不但要求高，而且要求急，而省水利局领导班子成员年龄老化，平均年龄为65岁，而且文化程度都不高，班子年轻化和提高班子成员文化层次的重任摆在刘宗义面前。那时选领导干部的范围比较小，上级限制很严，打过人的、说过错话的一般都不能重用，为在自己退下来后水利局有个能承上启下带领全省水利系统职工开拓水利事业新局面的一把手，刘宗义多方了解，精挑细选。

在上级组织部门提供的干部中，刘宗义看中两个人。刘宗义和副局长宋克难经过反复斟酌，最后选定本溪市副市长尚斌作为下届班子一把手。尚斌，在东北光复前从事地下党工作，后来当过区长、区委书记、副县长，参加过抗美援朝战争，回国后曾任清柴河水库工程局常务副局长，1960 年调本溪市工作。尚斌在水利水电部门工作了十几年，在本溪市从事经济管理工作多年，工作勤奋，政策性强，性格刚毅，决断能力强，处理问题稳重。尚斌接任省水利局党组书记、局长后的 3 年中，推动观音阁水库①工程建设进入起步阶段，申请到日元贷款，引进了日本最先进的碾压混凝土筑坝技术；推动省水利建设工程局落实经济责任制，走出困境，逐渐成为实力强大的现代化人型水利施工企业；推动全省水利综合经营大发展，增强了水利部门经济实力和服务功能；大力推进灌溉体系建设，低产田改造，促进水田发展，为全省基本实现粮食自给奠定了基础。总之，尚斌工作业绩突出，没有辜负党组织和老领导的期望，这也凸显了刘宗义的知人善任，慧眼识珠。

刘宗义除请调尚斌之外，为增强技术领导力量，还请调技术专家型干部冯友松、顾柏林为省水利局副局长，从铁岭、抚顺等地调来一批优秀干部，充实省水利局的中层领导力量。在上级组织帮助和支持下，刘宗义领导下的省水利局领导班子和干部队伍，政治坚定，业务强干，作风扎实，团结和谐，为之后全省水利事业大发展奠定了重要基础。

三是实行 6 大水库统管，水利管理实现重大突破。大伙房、

① 观音阁水库位于太子河干流的上游，距本溪县小市镇约 3 公里。总库容 21.68 亿立方米，其中兴利库容 13.85 亿立方米。水库以防洪、城市生活和工业供水为主，同时兼有农田灌溉、发电、养鱼等综合利用功能。观音阁水库工程于 1986 年开始进行工程的前期准备工作，1990 年 5 月大坝主体工程开工，1995 年 9 月竣工。2000 年，水库正式通过国家验收并交付使用。观音阁水库是辽宁省水利建设第一个引进日本政府贷款的项目，大坝施工采用日本先进的碾压混凝土筑坝技术。观音阁水库建成后，使本溪、辽阳市的城市防洪标准分别由 50 年一遇和 100 年一遇，提高到 200 年一遇。

清河、柴河、葠窝、汤河、闹德海 6 座大型水库，分别坐落在抚顺、铁岭、辽阳、阜新 4 市境内。之前，这 6 座大型水库管理体制混乱，水库领导和归属关系也不统一，因而制约了水库功能的发挥。为了解决辽宁中部地区水资源短缺问题和构筑辽宁中部防洪体系，充分发挥各个水库效益，刘宗义广泛征求干部和技术人员意见，经反复论证，决定将 6 大水库收归省水利局统一管理。刘宗义亲自安排人员搞调查，写请示材料，自己多次找省农办，找省领导汇报。1979 年 6 月，经省领导同意，省水利局发文，把 6 大水库调整为"省水利局统一管理"，明确作为"省局直属单位"。实行 6 大水库统管后，为实施水库间、地表水和地下水之间的联合调度提供了独特的技术条件，有效保证了辽宁中部地区水资源的优化配置，有效保证了辽宁中部地区 400 多万亩农田的灌溉用水。与此同时，6 大水库成为辽宁中部地区防洪体系的主要组成部分，保障着沈阳、抚顺、铁岭、鞍山、辽阳、本溪等大中城市和广大农村的防洪安全。6 大水库统管这一跨流域、跨市大型水利枢纽工程的统一管理，是水利管理工作的一项重大突破。6 大水库统管，以其独具特色的管理体制，巨大的作用和效益，在全国水利界引起广泛关注，前来考察、学习的人络绎不绝。

四是强化河务管理，走以法治水之路。在计划经济时期，水利界一直重建设轻管理，河道管理工作十分薄弱。在"文化大革命"之前，管理辽河这样一条大型河流，只是在省水利局里的工程管理处设一个河道管理小组，由 3 个人从事管理工作。另外，虽然还有一个 60 人编制的堤防管理所，但徒有虚名，并没有开展实质性工作。

刘宗义上任后，首先扩大省水利局工程管理编制，调进几位熟习河道工作的老同志，组成强有力的河道管理机构。除此之外，还将原来虚设的堤防管理所改为河道管理处，明确其工作职责，使之成为河道管理工作的主力军。1984 年，在省水利局的积极努力下，省编委批准成立辽河河务局，统一管理全省的江河，河道管理工作严重滞后的局面逐渐改善，辽河干流、太子河、浑河、绕阳河、大辽河陆续建起高标准防洪大堤，全省防洪体系建设逐年加强和完善。

在强化河道管理措施的同时，刘宗义指示有关人员着手河道立法工作，起草了《辽宁省河道管理（暂行）条例》。这个条例 1984 年 6 月 9 日经辽宁省第六届人民代表大会常务委员会第八次会议通过并颁布实施。这是辽宁省河道管理工作的第一部法规。在这项法规的推动下，各市县都相继建立和加强河道管理机构，特别加强了对河道采砂和河道设障的管理，河道管理在法制轨道上健康有序地运行。

五是把水土保持作为战略性工作来抓。在辽宁省，刘宗义最早提出把水土保持工作放在战略性、基础性地位，也是他最早争取增加水土保持机构编制，配备强有力干部。刘宗义复职后，把大力开展水土保持工作放在突出位置。他对于柳河泥沙危及辽河中下游的问题十分忧心，复职后开始亲自抓以柳河泥沙治理为中心的水土保持工作。第二年就向省政府提交治理柳河的调查报告，组织人力加紧制定柳河流域水土保持规划。经多方争取，1983 年，国务院水土保持委员会将柳河流域水土保持列入全国八大重点水土保持治理区之一，拨治理经费80万元，规划治理62条小流域。随着治理工作的不断深入，柳河流域发生巨大变化，农村经济和农民收入逐年提高，柳河对辽河中下游的危害逐年减弱。

在多年水利工作实践中，刘宗义深刻认识到，防洪和水土保持是水利工作的基础，是全局性、战略性工作，必须予以高度重视。继柳河流域治理之后，辽宁又开展对大凌河流域的治理，加强东部山区的水土保持工作，辽宁省的水土保持工作一直位居全国水利系统先进行列，这与刘宗义主政时高度重视水土保持工作和大力加强队伍建设密不可分。

六是开启水资源管理新局面。抓住机遇推进工作是刘宗义长期以来的工作特点，这在推动全省水资源统一管理上又一次得以体现。自1975年始，辽宁连年遭受旱灾，特别是1980年，全省大部分地区春夏秋连旱，朝阳、锦州、阜新、鞍山、大连、铁岭、抚顺等地区旱情尤为严重，全省农田受旱面积达2000多万亩，农村人畜饮水困难，到处出现要水、抢水现象，干旱缺水严重影响工农业生产和人民群众的生活。针对连续几年的旱灾，刘宗义颇有远见地意识到，水资源问题将成为制约辽宁经济和社会发展瓶颈，解决水资源统一管理工作迫在眉睫。

1980年8月，刘宗义组织省水利局有关部门深入调查研究，向省政府报送《关于加强水资源利用管理的报告》，提出设立省水资源管理委员会，对兴建各种取水工程严格控制和分级管理全省水资源的建议。在刘宗义倡导和支持下，水资源管理机构顺利组建，9月，辽宁省水资源管理委员会正式成立，委员会办公室设在省水利局。从此，开启了全省水资源统一管理新局面，蓄水、引水工程兴建，开发利用地上水、地下水，逐步走上科学化、规范化、有序化轨道。

七是推动观音阁水库工程建设进入启动阶段。早在1954年，观音阁水库工程就列入《辽河流域规划》；1958年，省水利设计院在太子河干流开始进行观音阁水库选线工作；1978年末，省水利设计院编制出《太子河观音阁水库设计任务书》。刘宗义复职后对观音阁水库建设极为重视，他巧妙地利用连年干旱已引起省政府高度重视的机遇，大力推进观音阁水库工程的前期工作。

1980、1982两年辽宁省相继发生两次跨省调水事例。1980年4月，为解决盘锦水田泡田插秧用水严重不足问题，辽宁省从内蒙古红山水库调来1.5亿立方米水。1982年5月，为解决营口、盘山地区水田无水可供问题，辽宁省从吉林省调来4500万立方米水。由于这两次跨省调水路线太长、输水损失严重，虽然花了大量资金，但并没有从根本上解决辽宁的水荒问题。这两件事使人们深刻认识到，立足本省，加大水资源开发力度才是最有效途径。刘宗义借此机会，积极宣传观音阁水库工程对改善辽宁中部地区缺水矛盾和保障城市防洪安全的巨大作用，这引起省政府及有关厅局的极大重视。1982年10月，在刘宗义推动下，省水利局会同省计委、省建委向省政府报送了《关于观音阁水库工程前期进展情况报告》，省政府决定加强水库可行性研究，加快初步设计进度，停止在水库淹没区安排其他基建项目，为观音阁水库工程建设的前期工作创造了良好条件。观音阁水库工程，这个筹划了几十年、重要而复杂的大型水利枢纽工程，终于在刘宗义和省水利局促进下启动了前期工作。观音阁水库建成后，平均每年提供工农业用水9.47亿立方米，发电8015万千瓦时；使本溪城市防洪标准由50年一遇提高到200—300年一遇。在防御1995年百年不遇的大洪水中，观音阁水库减少灾害损失8.6亿元。实践证明，刘宗义推进观音阁水库工程建设意义重大，充分显示其不同凡响的睿智和高瞻远瞩。

告老赋闲，眷眷情意惟系水利

1983年，刘宗义正式离休。退下以后，他并没有闲着，在中共辽宁省委的安排下在中共辽宁省顾问委员会任委员，曾以省委工作组的名义到抚顺市，考察市委贯彻干部革命化、年轻化、知识化、专业化的执行情况；考察市一级领导干部的选拔配备情况。考察工作进行一年多后结束，这时刘宗义才真正赋闲在家，颐养天年。但是，年逾古稀的刘宗义怎么也闲不住，每当他回忆往昔的时候，总是有一种责任感，感到应该给后人留下点什么。在党的组织生活会上，刘宗义深情地跟大家讲：我们这些离休干部，大多数都经过抗日战争，解放战争，直到新中国成立后参加社会主义革命和建设。我们这些从农村走出来的跟着共产党闹革命的离休干部，深深体会到没有共产党，就没有今天的经济繁荣和幸福生活。亲身经历中国几十年的变迁，我们对共产党最亲，对社会主义事业最坚定不移。由于党在一些工作上缺乏经验，在领导革命和建设中出现过这样那样的问题，但最终都拨乱反正走上正确道路。所以，我们要告诉子孙后代，要永远跟着共产党走，要传承革命事业。为了实现这个愿望，刘宗义决定写回忆录，用自己的亲身经历教育和告诫后来者。

毕竟是 70 多岁的老人，他动起笔来有些吃力。但是，经过长时间酝酿，他终于写出 9000 多字的回忆录提纲。在回忆录的前言中，刘宗义深情地写道："共产主义事业是人类最伟大的事业，需要多少代人来完成，无数革命先烈为了共产主义伟大事业，用他们的生命和鲜血换取一个又一个胜利，革命人民永远不会忘记他们的功勋。先烈们的未竟事业，我们要一代代地传承下去，经过数代革命人民的努力，共产主义就一定会实现。我们后代一定要继承下去，并为之不懈地奋斗！"

在回忆录的结尾，刘宗义写道："我的历史的回忆，是采取了写传的形式将主要经过记述下来，就是要让子孙后代简要地知道祖辈的一些历史经历，以继承祖辈意志，子子孙孙地传下去，实现社会主义和共产主义的伟大事业和理想。"一个坚定跟着共产党、忠于党的伟大事业、对后人谆谆教导并寄予厚望的革命老人形象，跃然纸上。

刘宗义离休后，还是念念不忘水利工作，特别是深入研究辽河整治问题，多次深入基层单位，深入重点水利工地。他把多年调查研究的材料翻出来，分类整理。虽然老眼昏花，用笔颤抖，整理材料十分艰难，但他并不气馁，锲而不舍，经过一年多的辛勤劳作，终于向省委提交出一份万言报告，对辽宁水利事业的发展提出一系列宝贵建议。在报告结尾，刘宗义疾呼，

"辽河不治，辽宁不宁"，省委、省政府对这位老水利工作者的真知灼见极为重视，虚心采纳，在治理辽河问题上，不论是项目安排还是资金投入，都提到很高位置。1986 年 1 月 22 日，辽宁省第六届人大常委会第十八次全体会议作出《关于整治辽河的决议》，要求通过完成加固堤防、整治河道、彻底清障等任务，使辽河干流在 1990 年前恢复到 20 年一遇防洪标准，并在此基础上经过进一步治理，提高到百年一遇的防洪标准。面对这个决议，刘宗义纠结多年的心终于放下了。

1991 年，刘宗义病情逐渐加重。他在病危弥留之际，仍念念不忘全省水利建设，要求身后将骨灰撒在辽河中，表现了一位老水利工作者对自己未竟事业的无限眷念，对为之奋斗几十年的水利工作的无限忠诚。

1991 年 6 月 19 日，刘宗义因病医治无效不幸逝世，终年77 岁。党失去了一位忠诚的革命战士，水利战线失去了一位德高望重的领导。

刘宗义 50 多年的革命生涯与水利工作紧密相联，贡献丰厚，特别是主政辽西省水利局和辽宁省水利局期间，他坚决执行党的路线方针政策，从战略高度开展水利建设与管理，领导广大水利工作者取得一系列开创性成就：组织和培育了一大批优秀领导干部和水利技术骨干，造就一支高素质水利职工队伍；制定了"辽河流域规划"，指导辽宁水利工程建设 50 多年；出台辽宁省第一部水利法规《辽宁省河道管理条例》，使全省水利工作开始走上依法治水、依法管水的轨道；第一个将水土保持列为全局性、战略性工作，为柳河流域治理乃至全省水土保持不断深入开展创造了条件；领导成立省水资源管理委员会，为实施全省水资源统一管理和水资源深度开发利用保护打下了基础；大力开展水利枢纽工程建设，建成了大伙房、清河、汤河、蔶窝等大型水库，启动了观音阁水库工程前期工作；对大伙房、清河、蔶窝、汤河、柴河、闹德海 6 座大型水库实行统一管理，优化调度，在全国开创跨流域联合运用、管理大型水库的先河；大规模开展涝区治理、打井抗旱、节水灌溉、发展水口等农田水利基本建设。这些工作，为辽宁省水利事业快速、持续、健康发展，为辽宁水利工作始终处于全国先进行列打下了坚实的基础。刘宗义不愧为辽宁水利事业的奠基人。刘宗义主政辽宁水利工作期间所创造的丰硕业绩和宝贵经验，留给后人的超前意识和艰苦奋斗精神，无限忠于党的光辉形象给后人以极大教育与激励。

肖　纯

赵永超

　　肖纯，原名刘志霄，河北省深县人。1938 年 7 月在深县参加革命工作，1939 年加入中国共产党。抗日战争期间，历任河北深县（今深州市）城关区、榆科区青年抗日救国会（下称青救会）主任，深北县青救会组织部长，饶阳县青救会宣传部长，任河县①青救会主任，中共任河县七区、八区区委书记兼游击队政委，中共青县四区区委书记、县委宣传部部长，中共海龙县（今梅河口市）山城镇中心区委书记、县委宣传部部长，中共清海柳②联合县区工委书记、武装工作队政委，中共清原县委副书记、书记，中共复县（今瓦房店市）县委书记，辽东省工会联合会主席，中共安东（今丹东）市委第二书记、第一书记。1959 年 1 月调任地、市合并后的中共锦州市委第一书记。1964 年调任中共陕西省委书记处书记，中共西安市委第一书记。"文化大革命"期间任陕西省革委会副主任、革委会党的核心小组成员，省委副书记、书记。1979 年任吉林省革委会

①今河北省任丘县和河间县各一部分。
②辽宁省清原县、吉林省海龙县和柳河县各一部分。

副主任、省政府副省长、中共吉林省委副书记兼中共长春市委书记。1986 年任中共吉林省顾问委员会副主任。1995 年 12 月离休。2008 年 2 月 1 日在长春逝世，享年 84 岁 ①。

一

1924 年 2 月 4 日，肖纯出生于河北省深县（现为深州市）西杜家庄一个农民家庭。肖纯的父亲勤劳能干，且头脑灵活，是村里有名的种田能手。他利用家中的近 40 亩土地合理安排，不但满足全家十几口人的吃粮，而且靠倒茬、间种经济作物等办法，使家中还能有年均 200 多块银圆的收入。在这样一个生活比较充裕的家庭，肖纯看到哥哥、姐姐都去上学，他也吵着要去。他的父亲开始是想安排肖纯学农活、在家务农。但在肖纯的坚持和哥哥、姐姐的支持下，父亲改变了主意，在肖纯 7 岁（1931 年）的时候，送他到村办的完全小学去读书。在学校，肖纯好学、乖巧，很受老师的喜爱。

肖纯后来走上革命道路是在他一位小学老师影响、教育和直接带领下实现的，这位老师名叫孙研之。孙研之在上中学的时候因搞学生运动被学校当局开除，后到肖纯所在的小学当老师。在这里，孙研之结识了中共深县县委书记张敬（张是肖纯的同村人）。二人思想一拍即合。1932 年孙研之加入中国共产党后，积极协助张敬做油印和散发宣传品等革命工作，又利用自己的有利条件多方掩护张敬开展革命工作。1935 年夏，

---

① 讣告：《肖纯同志逝世》，《吉林日报》，2008 年 2 月 21 日。

日本帝国主义在侵占东北后加紧侵略华北，而国民党反动政府则节节退让，中华民族处于危难之中。孙老师利用"九一八"纪念活动和华北事变引起的"一二·九"运动等时机，向学生讲述日本帝国主义侵略中国、杀人放火、妄图灭亡中国的种种罪行和全国人民掀起抗日救亡活动的情况，同时揭露国民党蒋介石政府推行不抵抗政策的卖国行径。这些都在肖纯这个十几岁少年的心灵中播下了仇恨日本帝国主义，要抗日救国的种子。孙老师还多次向学生介绍，"北方有个苏联，这是个社会主义国家。在那里，没有资本家，没有地主，人人有工作，有地种，人人有饭吃，孩子们都有书读"[①]。这些，使肖纯等人在思想上引起对苏联的景仰和对未来美好生活的向往，也为这些孩子后来走上革命道路奠定了一定的思想基础。在接触中，孙老师看到肖纯聪明、上进、善良、正直。1938年初，孙老师找到小学毕业赋闲在家的肖纯，动员他参加反对日本侵略的斗争。肖纯痛快地答应。于是，肖纯等10多个学生跟着孙老师加入了革命队伍。

参加革命后，肖纯先后被党组织安排在深县城关区、榆科区和深北县、饶阳县的青救会做组织、宣传工作。1939年8月，肖纯加入中国共产党。1942年4月初，肖纯被调到任河县（1949年撤销县建制）任青救会主任。

1942年5月1日开始，在冈村宁次指挥下，日军出动5万余人，动用700余辆汽车和大量坦克、飞机，对冀中抗日根

---

① 肖纯自述：《革命工作简要回顾》（内部稿），存中共锦州市委党史研究室。

据地进行疯狂"扫荡",并实行残酷的"三光政策"①,冀中区笼罩在血腥恐怖中,抗日根据地变成被分割的游击根据地。在严峻的形势下,7 月初,肖纯被派到任河县七区任区委书记兼游击队政委。这项工作,对于年仅 18 岁、基层工作和党的全面工作经验都很缺乏而又人地两生的肖纯来讲,其困难是可想而知的。肖纯怀着不怕牺牲、坚决服从组织决定、不懂不会就在斗争中学习、在工作中锻炼提高的信念,毫不犹豫地去了七区。

到七区后,肖纯首先着手整顿区机关干部队伍和区游击队。由于敌人的残酷镇压,一些同志牺牲,区机关一些干部思想动摇。有的人把枪送回区委,明确表示革命工作不干了;有的人被捕后投敌叛变,成了特务;有的人被捕后突然回来,面目不清。针对这些情况,肖纯和区委领导除了做一些人的思想工作、鼓励他们坚持斗争外,还从基层党组织中挑选一些表现好的共产党员充实到区机关。这些人上来后,思想坚定,工作积极,增强了区机关战斗力。七区原有一支 60 多人的游击队,战斗力较强。在敌人的疯狂"扫荡"中,两任队长先后牺牲,队员有的被捕叛变,有的逃跑。到 1942 年冬季,队里只剩下 20 多人,干部只有一个副队长姜雪桥。队员思想不稳,情绪低落。肖纯跟队伍活动了一个星期,反复进行思想工作,稳定大家情绪。他发现姜雪桥政治上坚强、作战勇敢、平易近人,又是本地人,对各方面情况比较熟。于是与姜雪桥商议,由姜带队利

---

① 中共中央党史研究室著:《中国共产党历史》(上卷),人民出版社 1991 年版,第 588 页。

用现有人员,成立一个手枪队。这支队伍的任务是"日伏夜动",寻机捕杀罪大恶极的汉奸、特务,保护人民群众利益,扩大共产党、八路军的影响。同时,尽量避免和敌人正面作战,保存力量,等待时机。

肖纯还利用青纱帐作掩护,到全区各个村庄进行调查研究。针对敌人疯狂、残酷"扫荡"的形势,以及党的各方面工作开展困难的情况,利用各种机会向党员和群众做形势宣传和思想政治工作,宣传日本必败、中国必胜的道理,教育大家克服悲观失望情绪,坚定信心,坚持斗争。帮助党员研究对敌斗争、保护自己的办法。肖纯还特别集中了解十几个村庄党支部工作情况,引导他们依靠群众,千方百计保护群众利益,在群众中站稳脚跟,开展好党的工作。由于敌人"扫荡"残酷,一些村党支部的干部思想动摇,有的不再工作,有的躲到外村亲戚家,有的跑到外地去做买卖。根据这一情况,肖纯和区委领导对个别村党支部负责人进行了必要调整,动员思想基础较好、但躲起来的干部出来继续工作。在区里东北片,肖纯发现和培养了七八个斗争坚决、表现突出的党支部,并以此为依托,恢复、加强与区委失掉联系的西片、南片几个党支部的联系,鼓励他们在极端困难条件下坚定信心,发挥党支部的战斗堡垒作用,带领群众,坚持斗争。

1942年8月以后,日军在"大扫荡"的基础上,加紧对冀中"清剿"。仅在任河七区范围内就修了8个大小据点,平均三四个村庄就有1个。敌人在炮楼上不仅白天可以清楚地看到各村的活动,就是在有月光的夜里,人们的活动也可以看到,这给肖纯他们开展工作带来很大不便和危险。区里有些干部由于是当地人，有亲戚朋友及堡垒户作掩护，活动、工作危险性还小一些，而肖纯等外地干部在七区工作危险就大很多。肖纯除了随部队活动的部分时间外，其他时间活动则很困难，只好昼伏夜出。初冬的时候在麦田里挖个地洞，铺点秸秆，拂晓时带点干粮和水钻进洞里，躲藏一个白天。夜晚后出来到村里工作。在有月光的夜晚出来时还要把大衣的白色里子翻出来穿上。肖纯与其他人碰头后还要约定下一次碰头的 1—2 个地点，以防一个新地点出问题彼此联系不上。即使在这种艰难困苦条件下，肖纯也没有忘记党的密切联系群众、关心群众的传统。当他看到群众因庄稼歉收、粮食不够吃时，就带头把每天发给他的 1 斤半粮食省出一些给群众，自己则坚持和大家一起糠菜粮掺杂着吃。一些干部群众看到这种情况，含着眼泪感动地说："有他们（指敌伪军）大吃大喝的，你们这几个人冒着生命危险，都是为了我们。怎么能让你们和我们一样吃糠吃菜呢！"[①]肖纯则感到：越是艰苦的时候越是要和群众共患难，一方是扩大我们党的影响，同时是密切联系群众，在群众中站稳脚跟的重要保证。

东江村党支部的几位党员感到：肖政委长时间蹲麦田地洞会受不了，尤其是冬天。就商议一个办法：集中全村的共产党员和几位可靠的基本群众，在一个支委家挖了一条有隐蔽出入口的长一点的地道，供肖纯他们隐蔽、休息和工作。有了这个

---

① 肖纯：《革命工作简要回顾》，存中共锦州市委党史研究室。

既相对安全又免受饥寒之苦的小地道，肖纯结束了1个多月的麦田地洞生活。受此启发，肖纯和区委下决心组织全区挖地道。首先在东江村挖起来，由共产党员和基本群众带头。时间不长，东江村挖成了多出入口、较长距离、容量较大、隐蔽而又安全的田字形地道网。从此，区委在东江村可以放心地召开会议，可以比较系统地交流情况，分析形势，安排工作。区委还把东江村的经验加以推广，号召各村都行动起来。有些村由于距敌人据点近，敌人出动频繁，挖地道受到很大干扰，就搞了一些短距离、有2—3个出入口的小地道，为本村党组织活动创造了有利条件。

在对敌斗争中，肖纯带领区委积极做了争取分化伪军工作，这在当时是一项很重要而又艰巨的工作。抗战爆发前，任邱县有几个名人结拜为兄弟。日军占领任邱县后，他们中一个叫方玉增的当上任邱县伪维持会长，一个叫张树凯的当了吕公堡据点的伪维持会长，一个叫霍恩荣的是七区中部段村恶霸，而其中的"老疙瘩"（最小的一个）曹小华则走上革命、抗日的道路。曹小华当时20多岁，聪明、机智、勇敢，善于言辞，有很强的活动能力。区委考察了曹小华的情况，利用他的特殊身份，先是按照特殊情况安排曹小华做区委第一任敌工委员，后又吸收曹加入中国共产党。他不参加区委会议，与肖纯单独联系。曹小华利用结义关系，首先做张树凯工作（张树凯所在的吕公堡据点是七区最大的据点之一，驻有日军1个中队，伪军1个大队，管辖七区及八区的部分村庄），唤醒张的民族意识，很快取得进展。1942年10月至12月间，敌人在七区又建5个岗楼，驻守的伪军都是驻吕公堡伪军大队长刘俊杰的部下。曹小华通过张树凯做刘俊杰的工作，宣传日本人长不了，中国一定会取得最后胜利，你们要为自己留条后路等。曹小华本人利用可以直接进入个别岗楼之机，向伪军官兵做了一些宣传工作，劝说伪军：大家都是中国人，出去参加"清剿"时，要雷声大雨点小，干打雷，不下雨，或先造声势通个信儿，使老百姓能够及时躲避，免受日军残害。1943年初夏，经过张树凯同意，区委派新任区妇联主任周林以张树凯亲戚身份进入吕公堡据点。周林凭着机智勇敢孤身战斗在敌人据点里，与张树凯的母亲及一家人关系处得很好，同时了解了驻守吕公堡敌人的兵力、驻地、活动规律等一些情况，向区委做了详细汇报。

肖纯和区委还集中力量打击那些死心塌地投靠日本帝国主义、对抗战危害严重的汉奸、特务、恶霸，先后镇压了3个人。一个是长奉镇（敌人在六区的一个据点）的特务。此人经常到七区附近村庄活动，企图发现和抓捕我区村干部，向日军邀功。肖纯决心除掉这个特务。但是因为当时与六区失掉联系，无法依靠六区的力量。区敌工委员曹小华提出将此事交由一个叫高银子的人来完成，并介绍：这个人很有民族气节，当过土匪、枪法好，家里生活很困难也不愿为日本人办事。肖纯同意了曹小华的意见。几天后，曹小华回来报告，高银子愿意干这件事。但出于讲义气、好面子，高提出要先见肖纯，交个朋友。同时提出要借用肖纯的枪和5发子弹。在曹小华的安排下，肖纯与高银子见了面，经过一番推心置腹的谈话，高银子说："肖政委，好样的。你放心吧，我保证完成任务。"不久，消息传来，高银子利用长奉镇赶集那一天人多的机会，打死了那个特务。事后，高把手枪和剩下的子弹托人送了回来。

接着，区委又安排除掉驻在吕公堡据点里的另一个特务。先由曹小华将其住地、活动、起居时间摸清楚，又找了一个可靠的带路人。肖纯、曹小华和姜雪桥等人进行了周密细致的研究，确定由姜雪桥率手枪班去执行这一危险性较大的任务。最后，姜雪桥带领手枪班队员，化装进入据点，将这个特务堵在家里除掉。但是，区委敌工委员曹小华却在行动中光荣牺牲。曹小华的牺牲对七区更好地开展敌伪工作是一个很大损失。

在除掉恶霸霍恩荣的过程中区委遇到两个问题：一方面霍恩荣是个大恶霸，在七区中部的东西段村一带称王称霸，为所欲为，欺压百姓。更可恶的是，霍恩荣和七区另一个大据点梁召镇的伪军头子交往密切，并公开叫嚷"共产党谁也不准进入东西段村"。对这样一个群众愤恨至极而且严重阻碍区委开展工作的大恶霸必须坚决除掉。另一方面，霍恩荣是方玉增等任邱县几个名人结义兄弟之一。突然将霍抓捕处决，出于江湖义气，可能激起方玉增、张树凯等人不满，梁召镇伪军头子也会因此而产生敌对情绪。面对这两方面情况，在县委有关领导的帮助下，区委研究决定：先采取抓了不杀，大造舆论，警告释放，以观后效，顽固不改则杀之的方法。第一次抓了霍恩荣之后，区委组织在有关集市上散发大量传单，公布他的罪状，警告释放。同时通过关系将消息传给方玉增、张树凯和梁召镇的伪军头领。方、张二人认为霍坏事做得太多，共产党不杀他，说明共产党的宽大为怀。但霍恩荣回去后竟无悔改，继续作恶。

一段时间后将霍第二次逮捕。方、张等人得知后认为：这次罪上加罪，恐怕共产党非杀霍不可。出于一定程度的共同立场和结拜盟誓义气，他们通过关系向区委捎信表示：希望对霍再宽大一次。如他再不悔改，共产党杀他决不再求情，与霍的结义之情也一笔勾销。区委第二次将霍放了回去。据说霍回去后，方、张等人也登门做了说服性工作，劝霍悬崖勒马，不要争取再三再四的机会。但霍恩荣听不进去，他认为自己依仗日本人和梁召镇伪军头子的势力，共产党两次没有杀他是因为共产党没有力量、没有胆量。因此，依旧毫无顾忌地我行我素，作恶不断。据此，区委派游击队第三次把霍恩荣逮捕并立即处决。这下引起轰动，广大群众高兴得奔走相告；方、张等人对共产党的宽宏大量、工作周到和照顾他们面子不得不"佩服"；梁召镇的伪军头子受到震慑，认为共产党真不简单，并不是没有力量。于是，再也不像过去那样逞凶。由此，段村一带及七区中部的工作局面很快打开。

抗日战争中，在边沿区建立两面政权是一项很成功的斗争策略，肖纯和区委在工作中很好地贯彻了这一策略。区委首先将游击区和靠近敌人边沿的"伪村长"分成三类情况。一类是区委同意的，一类是村里有权势的人们挑选好的，一类是敌伪指派的。然后区别对待，尤其是对后两类"伪村长"，区委派人做他们的教育工作。告诫他们：日本鬼子长不了，他们只要不是死心塌地投靠敌人，不做严重损害老百姓利益的事，不向敌人提供共产党、八路军和区村干部活动的真实情况，做一个真正的中国人，就不以汉奸论处。敌人来了，可以应付他们、敷衍他们；为共产党办事要真心实意。立了功劳的，共产党和老百姓心里都有数。经过工作，尤其是镇压了 3 个死心投敌、残害百姓的汉奸、恶霸之后，大多数"伪村长"都能主动向共产党靠近，不敢再随意欺压群众，有的还真心为共产党办事，通风报信、掩护干部等。

经过一年多的工作，七区的抗日斗争局面发生了很大变化。尤其是到了 1943 年夏季以后，随着国际、国内反法西斯斗争形势的变化，日伪军在七区再也不能、不敢小规模地出来"扫荡""清剿"，只能龟缩在据点里惶惶终日。而区村干部在中部、西部、南部的一些村则可以出来活动、进行工作。区委抓住这一时机，在各村深入发动群众，开展减租减息运动。区委在七区奠定了更加深厚的工作基础和群众基础。这段经历，是肖纯参加革命后最初独立开展工作的宝贵经历，使肖纯经受了锻炼、积累了经验[①]。

1943 年 11 月，肖纯离开七区，先后在任河县八区、青县四区任区委书记，后调任青县县委任宣传部长。

二

抗日战争胜利后，按照中共中央关于"只要我能控制东北及热察两省，并有全国各解放区及全国人民配合斗争，即能保障中国人民的胜利"的指示[②] 和中共中央关于《派人到红军占

---

① 肖纯：《革命工作简要回顾》，存中共锦州市委党史研究室。
② 中共中央党史研究室编：《学习〈中国共产党七十年〉阅读文件选编》，中共党史出版社 1992 年版，第 338 页。

领区建立地方组织》①的指示精神，1945 年 10 月，冀中区委
抽调包括肖纯在内的大批干部到东北工作。11 月，肖纯赶到
东北，被分配到中共中央东北局交通科工作。当时，国民党与
共产党争夺东北的斗争日趋激烈。11 月中旬，蒋介石在美国
的帮助下积极增派重兵抢占东北各大城市，致使驻在本溪的东
北局与驻在哈尔滨附近的中共北满分局失掉联系。12 月，东
北局交通科派肖纯带唐作云一起执行与北满分局沟通联系的任
务。行前商定的路线和方法是：两人先到哈尔滨找中苏友好协
会负责人，由他负责把两人送到宾县找松江军区。因为唐作云
早些年在哈尔滨的一个店铺当过学徒，还有亲戚在哈尔滨，情
况、人都比较熟。肖、唐两人化装成商人经辽阳辗转到达哈尔滨。
听到、看到的是一片混乱，枪声不断，无法找到中苏友协。两
人商量，临时改变路线，直接到宾县找松江军区。他们和几个
陌生人一起乘上一辆去宾县的出租马车。一路上很多军卡强要
钱物，马车走走停停，50 多公里路走了一天半才到。在宾县
一个旅馆里，肖、唐二人的身份、打扮、言行引起几个查店战
士的怀疑。在接受盘查时，肖纯凭直觉看出这几个战士是八路
军。于是就直接把自己的身份和意图向他们作了说明，两人被
带到中共中央东北局北满分局。北满分局书记陈云对肖、唐二
人进行审查，就连他们二人来到宾县的全过程都问得十分详细，
最后相信了他们。接着，陈云口述北满分局目前的情况，大意
是：北满的土匪约有 10 万，占领了北满大约三分之一的县城。

---

① 邢安臣、白俊成主编：《解放战争与东北》，辽宁大学出版社 1993 年版，第 161 页。

而在我们手里的三分之二的县城里也只是有我们的一两个干部在那里接收，其余大都是伪满留下的人员，随时都有被土匪赶出来或打掉的危险……总之，老部队、老干部缺得厉害。老八路、老干部，尤其是老八路决定北满的存亡，请东北局尽快派部队、派老干部来，这是十万火急的事。另外，请东北局给北满分局配送一部电台，以便与东北局和中共中央联系。陈云要肖纯将他说的内容用笔记录下来，再把记录烧掉。次日，北满分局派车将肖、唐二人送回哈尔滨，找到中苏友协，买了回程的火车票。肖纯回到东北局后，凭记忆将陈云讲的情况重新写出来，报送给领导。中共中央东北局书记彭真和林枫两位领导又把肖纯找去，亲自听取他们北满之行的汇报。

1946 年 3 月，东北局机关迁到梅河口。按照中共中央关于在国民党军队大举进攻东北、敌强我弱情况下"让开大路、占领两厢"及"党的工作重心，应放在群众工作方面"[1]的指示，东北局机关抽调干部组成海龙工作团。海龙工作团和县委合一（海龙县即后来的梅河口市），主要任务是发动群众、建立武装、清剿土匪，创建根据地。肖纯是工作团委员、海龙县委委员兼山城镇中心区委书记。山城镇是个有 4 万人口的大镇，中心区另辖中和、吉乐两个区。当时镇里有几位抗大干部和炮兵学校的几位干部，肖纯建议吸收这几个人中的负责人参加中心区委工作。同时组建两个新兵连队，其中 1 个朝鲜连队，1 个汉族连队。在新兵连队组建过程中，发现汉族新兵连人员成分

① 中共中央党史研究室著：《中国共产党历史》上卷，人民出版社 1991 年版，第682 页。

很复杂，有 3 个排的排长都是土匪出身，士兵中也有一些当过伪满国兵、流氓土匪的。区委即下决心对这些人进行清理，处理了 3 个排长，退掉了那些不可靠士兵，并将抗大的几位干部充实进新兵连任连排干部。这样，中心区委手中就掌握了可靠武装。这支队伍后来在保卫党的地方组织、清匪反奸、建立根据地斗争中起了重要作用。

四平战役紧张时，肖纯清醒地认识到当时国民党军队的来势汹汹和敌强我弱形势。为了应付最不利的情况，区委决定：在吉乐山区着手建立根据地，派抗大的两位干部去任区委书记、区长。这两个干部来到靠近清原的吉乐山区后，率部队打退土匪的包围、骚扰，打击反动分子，发动群众，很快站住了脚跟。后来，这一带成了清海柳联合县所属海龙地区武工队活动的重要地带。

1946 年 4 月，东北局机关北迁时通知海龙工作团不随机关走，留在原地坚持斗争。7 月初，海龙县委等机关也撤到山城镇，肖纯调任县委宣传部部长。10 月，国民党军队占领山城镇。根据形势需要，上级决定：以清原县和海龙县的一部分及柳河县的两个区组成清海柳联合县，肖纯任清柳区工委书记兼武装工作队政委。当时形势非常严峻，县、区委的处境十分艰难。由于周围都是敌人，群众基础比较薄弱，肖纯带领区工委和武工队冒着零下 30 度严寒，一个夜晚要转移两三个村庄。到村里后，上午严密封锁消息，下午派岗哨监视敌人，即使这样还有两次差一点被敌人包围。后勤给养没有保障，要用随身携带的烟土或黄金换成国民党的钱币才能买到东西。面对这种情况，肖纯认识到：只有建立自己的根据地，先站稳脚跟，才能坚持斗争，展开活动。于是，工委率武工队选择几个距敌较远的村，争取开明士绅，打击顽固反动分子，团结广大群众，发动贫苦农民，组织民兵，建立村政权。经过艰苦细致的工作，根据地终于有了雏形。到1947年春天，根据地已有十几个村庄。工委抓住时机，吸收民兵中的骨干参加武工队，又把武工队分成几股，逐步扩大活动范围。这样，肖纯领导大家紧紧依靠群众，在十分艰难的条件下坚持斗争，终于度过了这段严峻时期。

1947年5月以后，随着东北野战军夏、秋、冬三大攻势取得一个又一个胜利，柳河、海龙、清原三县相继解放，原清海柳联合县撤销。肖纯先任清原县县委组织部长[①]，参加了1947年秋冬开始的土地改革斗争，后任清原县委副书记、书记。1949年10月1日，中华人民共和国成立，清原县召开有数千人参加的庆祝大会。会场上彩旗飘舞，口号震天。会后举行庆祝游行。看着欢天喜地的游行队伍，肖纯眼含泪水，感慨万千。他不但看到了土改后翻身农民庆祝解放的喜悦景象，同时也深深感到：革命的第一个大目标终于实现了，这是千百万人流血牺牲换来的。但今后的革命道路还很长，很艰巨，还要继续努力奋斗。

三

1950年，肖纯调任复县（今瓦房店市）县委书记。到任不久，

---

① 清原县于1947年7月1日解放。

抗美援朝开始，中共辽东省委要求复县组织一个新兵团，支援朝鲜前线。肖纯带领县委及有关部门做了大量宣传动员工作，使抗美援朝、保家卫国，保卫翻身胜利果实的思想深入人心，在全县很快掀起参军热潮，短短时间里，就有 3000 多名刚刚翻身解放的青年报名。县委配合部队，从中挑选 2000 多人组成一个团，经过短暂训练后，开赴朝鲜战场。

"镇反"和"三反"运动以后，肖纯认识到我们党的主要任务是领导广大人民群众恢复经济，发展生产，改善人民生活，建设社会主义。复县是个有 50 多万人口的大县，又是辽南苹果的主要产地，而现有果树绝大部分散布在平地，大片的荒山很少有果树。县委研究：要发展苹果生产，必须充分考虑利用荒山问题。土改后，农村中初步改变了过去一家一户的生产方式，农村互助合作形式初步形成。这样，依靠农民组织起来的力量，可以实现"苹果上山"。县委决定大干几年，组织农民在山上搞 10 万亩果园，并组织人员着手制定实施规划。这时，中共辽东省委决定：调肖纯任省委办公厅副主任。肖纯考虑到干革命不是为了"升官"，只是为人民多干点事。"10 万亩果园上山"规划刚刚实施，这个时候我不能走，要走，也要将这个规划完成再走。肖纯把自己的想法如实向省委主要负责人汇报，得到了领导的支持。1953 年，根据复县工业企业较多、工业基础较好的状况，省委指示复县成立工业工作委员会，由肖纯任主任。管工业，就要了解工业、懂工业。于是，肖纯到复县较大的一个工业企业——瓦房店轴承厂边蹲点、边学习。为了方便工作，肖纯动员爱人调到轴承厂，孩子也带了去。县里日常工作交由县长负责，肖纯每周回县里开一次党委会。在轴承厂，肖纯熟悉了工人，熟悉了车间和产品的生产工序，也了解了工厂的管理，还学习了车工技术。这些，都对他后来抓工业积累了有益经验。

1953年12月末，接到中共辽东省委电报：调肖纯任辽东省工会联合会主席，并限期到任。这次，肖纯再也不能像上次那样"讲价钱"了。1954年春节后第二天，他带领全家来到安东（今丹东）。上任后的第一项任务就是筹备召开辽东省第二届工会会员代表大会。经过一番紧张的筹备，5月16日，辽东省第二届工会会员代表大会召开。会上，肖纯代表上届执委会作《辽东省工会联合会三年来工作和今后任务的报告》①。在随后召开的辽东省工会联合会第二届执行委员会第一次会议上，肖纯当选为执委会主席。几个月后，中共中央决定：各大区中央局撤销，辽东、辽西两省合并为辽宁省。肖纯调任中共安东市委第二书记，1956年任市委第一书记。在安东的4年里，肖纯主要抓工业。安东的工业企业经解放后的一段恢复，虽然看起来数量不少，但有很大困难。主要是一些企业名存实亡，不能形成生产能力。其中一部分企业是伪满时期未建完的半拉子工程，还有几个较大的企业在抗美援朝初期迁走。根据这一情况，肖纯重点抓了几个工厂的恢复、改造工作，取得很好效果。1958年5月，在中共八大二次会议上，肖纯以在安东一个化

---

① 高峰主编：《中共辽宁党史大事记（1949.10—1989.12）》，辽宁人民出版社1995年版，第76页。

纤厂抓恢复工作的过程为中心内容作了书面发言①。这个厂原是日伪时期日本人办的，没有建完。伪满垮台，日本人逃走，工厂一直闲置、荒废。1956 年，中共安东市委决定对该厂进行修复和改造。按原定方案，不仅投资大，而且时间长。肖纯带人抓这个项目时，把这个厂的老工人、技术人员动员和组织起来，在工作中相信他们、依靠他们，并启发他们为工厂的恢复和改造提出很多、很好、很重要的意见和建议，并动员工人、技术人员将该厂恢复、建设所需的　些原料、器材、工具贡献出来。根据群众意见，市委反复研究，修改了原定方案。最终，在多方积极努力下，这个厂很快就完成修复和改造任务，1957 年下半年试生产，1958 年上半年正式投产，还节省了大量资金。这个典型事例符合中共八大二次会议提出的"建设社会主义总路线"精神，《红旗》杂志很快刊登了肖纯的发言。

四

1959 年 1 月，中共辽宁省委决定调肖纯到地市合并后的锦州市任市委第一书记②。到锦州后，肖纯看到锦州市委、市政府两个班子的能力都比较强，有干劲，可以说是个比较整齐的班子。肖纯带领大家团结一致，齐心协力，紧紧依靠各级党组织和广大人民群众，战胜困难，取得了明显成就。

肖纯一到锦州，就面临自然灾害的考验。1959 年 7 月，

①肖纯：《革命工作简要回顾》，存中共锦州市委党史研究室。
②中共锦州市委党史研究室编：《中国共产党锦州市党史大事记(1921—1985)》(上编)，1990 年内部版，第126 页。

绥中、兴城一带连降大雨。绥中县境内4个水库几乎同时决口，冲毁了铁路，淹没了22063垧农田，使全县8个乡镇273个村庄10万余人受灾，还淹死了700多人①。市委组织200多人的救灾慰问团，由市委领导带队赶赴绥中组织抢险救灾，修复交通，稳定了群众情绪。同时，市委组织对水灾原因的调查。发现造成这样严重水灾的一个重要原因是绥中县委主要领导在"大跃进"中头脑发热，不按自然规律办事，盲目蛮干，1958年一下子上了4个水库，工程质量较差，而且还没有修泄洪道，以致新上的4个水库抵御不了洪水的冲击，决了口，水利工程变成水害工程。据此，经市委研究，果断处理了这位县委领导。1960年到1962年，锦州地区的锦县（今凌海市）、黑山也分别遭受洪水、严重内涝灾害。由于自然灾害和工作上的失误，给锦州城乡人民生活带来很大困难。当时农村每人每天只能得到五六两粮食，根本吃不饱，时间一长，农村普遍发生浮肿、干瘦，婴幼儿营养不良，妇女闭经、子宫脱垂等疾病。对此情况，市委专门发出通知，要求各级党组织采取集中力量打歼灭战的办法，保障人民身体健康。同时成立市委生活领导小组，由市委领导挂帅，县区也成立相应组织，专门抓副食品、粮食、医疗等关系到城乡人民生活、健康的工作②。经过几年艰苦努力，锦州城乡基本平稳渡过难关，没有出现更大损失。

工业是肖纯在锦州工作的另一个重点。解放后，经过恢复

①中共锦州市委党史研究室编：《中国共产党锦州市党史大事记（1921—1985）》（上编），1990年内部版，第131页。

②中共锦州市委党史研究室编：《中国共产党锦州市党史大事记（1921—1985）》（上编），1990年内部版，第148页。

经济、社会主义改造和建设，锦州恢复和建设了一批大的工厂企业，打下较好的工业基础，而且制造了全国第一台电子轰击炉。但是由于一些工厂是在"大跃进"中土法上马搞起来的"新兴企业"，这些工厂的很多产品在技术上、质量上并不过关。而且，当时正值困难时期，国家规定大量精简城镇职工，省里给各市分配了硬性的减少城市人口指标。面对这一形势，市委研究决定：不搞一刀切，根据锦州的实际情况完成指标。首先对全市工业企业进行分类，为完成省里给的减人任务，把那些没有发展前途的工厂坚决关停并转，工人减下来；把那些产品虽然目前还不过关,但经过努力发展前景较好的工厂保存下来，采取措施，帮助提高。这一决定实施后，在市委、市政府领导的关怀和直接参与下，一方面想办法帮助工人解决生活问题，一方面组织工人、技术人员学习科学技术、艰苦奋斗、大胆创造，打新产品质量攻关战。经过两三年的努力苦干，锦州市不但完成省里下达的精简任务，还使锦州的新兴工业得到积极发展。锦州在石英玻璃、真空设备、稀土金属、半导体、无线电、化工塑料、激射光、仪器仪表 8 个方面发展了新兴工业，生产试制 213 种新产品，有的产品成了当时填补国内外空白的"高精尖"产品,有的产品达到国际先进水平。中共锦州市委的做法、锦州工人阶级的艰苦奋斗精神和锦州创办新兴工业的成就先后得到上级有关部门肯定。1960 年 3 月，中共辽宁省委派负责干部到锦州检查、了解锦州新兴工业情况后认为：锦州市委的做法是正确的，在辽宁全省是一个突出的范例①。4月，中共中央批转中共辽宁省委关于锦州市发展新兴工业的报告，肯定"锦州的经验十分可贵"②。1965年12月初，在中共中央东北局召开的东北地区发展新产品、新技术经验交流会上，东北局书记处书记顾卓新号召"大家学锦州主要学两条，一个是学思想，一个是学领导。但首先要学天不怕、地不怕、敢想敢干的革命思想。再就是学人家领导抓得紧，拿力量干"③。1966年3月，在国务院召开的全国工业交通工作会议和工业交通政治工作会议上，锦州被推荐为"全国新兴工业地区"④。

五

1964年4月，中共中央决定：调肖纯任中共陕西省委书记处书记。从此，肖纯在陕西工作了14个年头，直到1978年到中央党校学习后调离陕西。这14年是肖纯经验丰富且精力充沛、能够为党为人民做更多工作的大好时期。可是，和很多人一样，也成为他经历最复杂、非常艰难的时期⑤。

1964年下半年，根据毛泽东关于要从准备战争角度来考虑国内经济建设的指示精神，中共中央于10月30日批准下发

---

① 中共锦州市委党史研究室编：《锦州工业史上的光辉一页》，1991年内部版，第55页。

② 中共锦州市委党史研究室编：《锦州工业史上的光辉一页》，1991年内部版，第51页。

③ 中共锦州市委党史研究室编：《锦州工业史上的光辉一页》，1991年内部版，第164页。

④ 中共锦州市委党史研究室编：《锦州工业史上的光辉一页》，1991年内部版，第1页。

⑤ 肖纯：《革命工作简要回顾》，存锦州市委党史研究室。

的《1965 年计划纲要（草案）》中确定："三线"建设的总体目标是，采取多快好省的办法，在纵深地区建立起一个工农业结合的、为国防和农业服务的、比较完整的战略后方工业基地[①]。作为省委书记处主管经济工作的肖纯，理所当然地成为陕西省"三线"建设的负责人。

按照中共中央的划分，陕西省是"大三线"建设的重点地区之一[②]。因此，中央各部门、西北局都在陕西安排了不少项目，加上陕西省自己安排的"小三线"建设项目，陕西省一下子承担了一大批其无力承担的工业项目。这带来很多问题，首先是项目之间按照山（靠山）、散（分散）、洞（隐蔽，有的要进洞）的要求安排场地过多和有重复现象等矛盾；其次是交通运输不便、建设力量和运输力量不足、技术力量严重匮乏等一系列困难。这些都造成陕西省的"三线"建设进度缓慢、浪费严重。周恩来总理及时发现了这一问题，对陕西省"三线"建设上项目安排过多提出批评。在周恩来的亲自过问下，撤销了一些项目，省里又抵制了一些重复建设项目，这才避免了更大损失。1970 年庐山会议后，周恩来找当时陕西省革委会主要领导谈话，明确指出：陕西的"三线"建设要集中搞好路、电、煤、粮。周恩来的指示为省里指明了方向，也使陕西省的"三线"建设走上了正确轨道。

陕西省先后组织新建了阳（阳平关）安（康）、襄（湖北

---

① 中共中央党史研究室著：《中国共产党历史》（第二卷）下册，中共党史出版社 2011 年版，第 691 页。
② "三线"有大、小之分，西南、西北省、区为"大三线"，中部及沿海省、区腹地为"小三线"。

襄樊）渝（重庆）线陕西境内 100 多公里安康段以及西（西安）
韩（韩城）线和西（西安）延（延安）线四条铁路，还修了几
十公里的运煤专用线，同时帮助西安铁路局组织修建西安到宝
鸡段铁路的复线。在组织修铁路的同时，省里还明确：根据陕
西的情况，修铁路必须先修公路。因为，要保证修铁路的物资
和修铁路专业队伍及大量民工生活物资的供应，必须改变陕西
原来公路交通不便的状况。因此，在组织修建上述铁路的同时
抢先修好相关的配套公路，还修建了从周至到汉中城固横穿秦
岭的一条非常险要的公路。新铁路、公路的建成，改变了汉中、
安康和关中东北部地区的交通状况，解决了一些运输"卡脖子"
问题。

　　肖纯刚到陕西时，全省电厂装机容量大约有 30 万千瓦。
省里除在山区建了一个小电厂之外，又在渭南山区搞了一个秦
岭电厂，后在山外扩建成一个大型电厂。后经水电部批准，钱
正英部长亲自选址，在交通要道安康修建一个装机 90 万千瓦
的水电站。在水电站施工过程中，肖纯几次到现场，看望施工
队伍，与施工人员商议解决施工中的一些具体困难，并与安康
地方的领导商议如何保障施工队伍的生活供应及物资材料，就
地取材，当好"后勤部长"等问题。

　　省里决定：根据陕西煤炭资源比较丰富的情况，在陕西搞
大煤矿。除改造和适当扩大原有几个小煤矿以外，在韩城桑树
坪建一个年产 500 万吨煤的大煤矿。肖纯还两次去陕北的神木、
府谷一带，考察那里的煤炭资源，积极支持建设神府煤矿。后
来，神府和内蒙古连在一起的大煤田成为全国最大的煤炭生产

基地和出口基地之一。

陕西省解决粮食自给问题，是毛泽东、周恩来等中央领导人十分关注并多次过问的问题。除了"文化大革命"中省委瘫痪一段时间外，陕西省一直注重贯彻毛泽东、周恩来要善于抓农业、抓粮食的指示。经过多次讨论研究，省里认识到：陕西农业上不去关键在于农业生产主要靠天吃饭。全省除一小部分地区外，其余大部分地区受干旱威胁，一些地方群众生活饮用水非常困难。特别是关中地区大片黄土高原，无霜期长，如果有水，一年可以种两季庄稼，粮食产量可以大幅度增长。于是省里下决心抓水利建设。肖纯积极配合省政府主要领导先后组织修建冯家山大型水库、眉县中型水库、汉中褒河水库和这些水库的配套工程，又组织在渭北高原打了一批机井，从而改善了渭北地区农业用水和人民生活用水状况。在抓大规模水利建设的同时，省里又抓了化肥厂建设和小麦品种改良等工作，使陕西的粮食生产取得了重要突破。

在贯彻中共中央指示抓"三线"建设的同时，肖纯鉴于在辽宁工作的经验和陕西的情况，注意抓发展陕西省轻工业。在征得当时轻工部领导同意和取得支持的前提下，肖纯在陕西组织建设手表、缝纫机等几个成套项目，加强了宝鸡烟厂，新上了延安、汉中烟厂和一批药厂，并积极争取国家计委和四机部的支持，新上了全国第一个大型彩色显像管厂，使陕西省的轻工业有了一定发展。

1966 年下半年，"文化大革命"开始。随着"文化大革命"的"不断深入"，西北局决定肖纯担任改组后的陕西省文化革命小组组长，这就把肖纯推上了"文革"第一线。9月、10月，西北局、陕西省委、西安市委"三级领导"① 召开碰头会议研究解决运动当中发生的一些问题，会后由肖纯组织实施。11月，肖纯被以"镇压造反派的前线指挥官"之名揪了出来，被拉上万人大会批斗了10次之多，每次在台上一站就是3个小时。即使这样，肖纯还是以对党、对事业负责的精神，努力坚持工作。在处境十分困难的情况下，肖纯专程去北京向中共中央、向周恩来汇报陕西"文化大革命"的情况，求得指示，力图稳定形势。到了1967年1月末，肖纯等省委领导受到更严重冲击，各级党政组织瘫痪，全省工农业生产和社会各项事业处于停顿状态。

由此，肖纯思想上开始对"文化大革命"由"不理解"转向"抵触"。在并不好过的日子里，利用一切可能条件力所能及地做一些工作，自觉不自觉地抵制"文化大革命"中的一些错误做法。1968年5月1日，陕西省革委会成立，肖纯被任命为副主任，又成为省革委会核心小组成员之一，后任省委副书记、书记（当时设省委第一书记）。肖纯借此机会，"利用职权"做了一些保护和解放干部的工作。

肖纯首先利用自己兼任省革委会生产组组长和分管省基建组工作之机，以各项业务展开缺人为理由，多次拿着这些单位的原有干部名单，找省革委会主要领导将这些干部要过来安排工作。

---

① 1966年4月，中共陕西省委决定肖纯兼任中共西安市委第一书记。

革委会成立几个月后的一天，肖纯代表省革委会欢送第一批下乡插队落户干部。当看到这些干部带着家属和行李，坐在大车上，顶着寒风，含泪离开城市时，肖纯的心里想到这些干部到农村去能不能适应、老人怎么办、孩子上学怎么办、吃住安排得怎么样等一系列问题，觉得这种做法不合适。于是，他就找省革委会主要负责人反映了自己看到的情况和想到的问题，同时建议不要再搞这种形式，得到了支持。此后，陕西省基本没再组织干部插队，而将干部插队落户到农村改为办干校。

肖纯还一再利用工作之机到干校去看望那里的干部。当他看到干校的生活很苦，有的年龄大的老干部还在干着挑水、砍柴等较重的活时，心里很不是滋味。于是，他在干校住下来，做负责干校工作的军代表和造反派头头的思想工作，劝说他们做好干校工作，改善干校学员的住宿、取暖、饭菜等生活条件，减轻学员的劳动强度。回机关后，肖纯心中还常惦念着干校的干部，遇到机会，就尽快将在干校的一些老干部调出干校，回城安排工作。

当肖纯听说一专署的一位领导干部还被关在死刑犯的牢房中时，既震惊又痛心。凭着对党的干部的爱护，肖纯在深入了解这位干部的情况后，想办法将这位干部解救出来。此外，肖纯还保护了一些根本不认识的著名艺术家和一些受迫害的干部群众。

进入陕西省革委会之后，特别是任省委副书记、书记之后，肖纯在不同时间、场合抵制了造反派提出的一些无理要求。因此，他与造反派一些头头的关系一直不好。1975 年 3 月 5 日，重新工作并主持党和国家日常工作的邓小平在全国工业书记会议上要求"全党讲大局，把国民经济搞上去"，并一再强调"要反对派性"，"要建立必要的规章制度，增强组织性、纪律性"①。自"文化大革命"以来，肖纯清楚地看到：陕西省各项事业停顿，工作上不去，根本原因就是造反派闹的，确实应该整一整了。参加这次工业书记会议后，肖纯回到陕西。除了全面传达邓小平的指示外，他还亲自到铜川矿务局住下来，反复宣传抓革命、促生产同样重要，要把生产搞上去。同时，从建立规章制度、加强纪律性入手，理顺生产秩序。并安排几个单位进行试点，取得经验后全面推开。这些做法与造反派的造反初衷起了冲突，激起造反派对肖纯的不满和愤恨。1976年"反击右倾翻案风"，一些造反派头头出于要在省里掌实权的需要和对肖纯的恼恨，掀起风波，在一些人的支持、指挥下制定了"打（倒）肖（肖纯）压（制）李（指李瑞山）"的全盘计划，制造了很多谣言。还有人在省革委会常委会上扬言："准备100天的粮票，不打倒肖纯誓不罢休。"（后来由于唐山地震、毛泽东逝世和"四人帮"被粉碎，造反派的阴谋才没能得逞）在造反派的闹腾下，迫于当时整个形势，中共陕西省委在"关于1975年整顿正确与否"的问题上否定了肖纯的意见和他在铜川矿务局的一些做法。在这些压力之下，肖纯仍坚持原则，并在这一期间抵制了一些错误做法。

1976年10月，中共中央一举粉碎祸国殃民的"四人帮"，

---

① 《邓小平文选》第二卷，人民出版社1994年版，第4页。

10年来一直感到"日子并不好过"、心情压抑的肖纯同全国人民一样，感到心情振奋。

六

1978年9月，中共中央通知肖纯到中央党校学习。学习结束后，1979年4月，中共中央决定调肖纯到吉林省工作，先任省革委会副主任、副省长，后任省委副书记。

1982年9月，吉林省委决定肖纯兼任长春市委第一书记。肖纯在长春市委工作的3年多时间里，正处于国家改革开放大潮初期。旧的计划经济体制开始受到冲击，但仍起着决定性作用；旧的思想观念开始转变，但在许多人头脑中仍占主导地位；干部队伍特别是各级领导班子处于大调整阶段；"文化大革命"中"四人帮"严重破坏的长春市经济和社会各项事业虽经几年调整有所好转，但仍然面临很多困难。据此，肖纯和市委、市政府在充分调查的基础上反复研究，确定了"根据新时期中央的路线方针政策和省委的部署，紧密结合长春市实际，以改革开放为动力，重点抓好工农业生产、外贸、财政、城市基础设施建设、整顿社会治安和党的建设等几项工作"的基本指导思想。

长春市辖5个县1个郊区，农业在全省占举足轻重的地位，必须抓好，改变粮食长期在低水平徘徊的状况。肖纯到长春市委不久，根据外地经验，首先到榆树县听取县里关于"包产到户"试点情况，向县里提出"大面积推广"的要求。然后，组织各县坚决贯彻省委在全省三级干部会上提出的"包产到户（即联产承包责任制）要根据农民意愿放手去办"部署。1983年春，联产承包责任制在长春市农村全面铺开，极大地调动了广大农民的种田积极性。市委在抓体制改革的同时配合抓科学种田、实现良种化和增施化肥，使长春市农村的粮食生产彻底扭转了长期低产、徘徊的局面。到1984年，长春市的粮食产量达到468.4万吨，比1980年的268.9万吨增加近200万吨。在抓粮食的同时，市委还决定大搞多种经营和乡镇企业。首先，组织广大农民开展"双千户（人均1000斤粮、人均1000元收入）"活动。1984年，肖纯主持在农安县召开全市乡镇企业会议，向到会的各县、各公社和市直机关部门主要领导介绍、推广农安县大搞乡镇企业经验，提高大家对发展乡镇企业重要意义的认识，并讨论、部署了全市乡镇企业发展的目标和措施。从此，长春市的乡镇企业进入一个新的发展阶段。

当时，长春市工业面临两大困难：一是作为吉林省支柱产业的汽车工业（主要是长春一汽）几十年一贯制，产品老化、品种单一，已经不完全适应市场需要，急需改造；二是地方工业企业的厂房简陋、设备落后，产品水平低、质量差，资金短缺。市委认识到：城市经济的发展主要靠工业，只有改革才是打开长春市工业发展新局面的唯一出路。考虑到城市工业改革要比农村改革复杂得多的实际情况，市委决定从认真学习贯彻党的实事求是、解放思想思想路线，从统一大家思想入手，在《长春日报》上组织10篇专论城市改革文章，启发和引导全市党员、干部，特别是各级领导干部提高对改革与战胜困难、改革与出路、城市改革的重要意义和复杂性的认识，号召大家积极投身改革，大胆探索和创新。市委根据城市改革情况复杂的特点，首先从地方工业抓起，有重点、有步骤地进行种种形式、方法的改革试点，如试行分段连锁承包责任制等。并推动各县、城区工业和其他经济领域进行改革，通过总结成功经验逐步推开。

同时，市委在调查研究的基础上，确定了"地方工业以对三个重点产业部门（指围绕一汽改造的地方汽车业、粮食转化工业和光学电子工业）和 36 个骨干企业进行技术改造为主，带动长春市工业全面发展"的基本思路。经过一系列工作，从 1983 年到 1986 年，长春市从 13 个国家和地区引进技术设备改造了 79 户企业，完成引进项目 97 个。长春市地方工业许多企业面貌发生了很大变化。企业的技术、设备得到更新，大量新产品投入生产，产品质量有所提高。随着改革的深入发展，企业的经营管理得到加强和改善，职工的生产积极性空前提高，生产计划年年超额完成，生产成本降低、效益增加。

这期间，长春第一汽车制造厂在重重困难的情况下依靠自己的力量开始第二次创业，对汽车进行改造换型和建设轻型车基地。对此，市委、市政府给予积极支持。首先由市长亲自出面，帮助一汽征购超过原厂区面积的土地作为轻型车基地建设用地。市委、市政府决定借一汽改造之机调整长春市的产业结构。在市委、市政府主要领导的直接主持下，在一汽请来的专家组的帮助下，经过组织专人调查研究，提出并制定了长春市地方汽车工业发展规划，挑选了一批企业为一汽新型车配套，制定了一些市属汽车厂、发动机厂的改造方案。为此，市委还决定组建长春市汽车工业局，专门组织、协调长春市地方汽车工业发展的问题。这些措施，一方面为一汽的第二次创业甚至第三次创业的成功提供了助力，一方面也为长春市地方工业围绕一汽改造调整和发展自己奠定了基础、开辟了道路。

与此同时，市委还注重大力抓好城区区街工业。确定城区（包括城郊）工作以发展工业为重点的指导思想；制定市里不再上收区街工业企业（不论发展到多大规模）等"定心丸"政策，促进区街放手发展工业；进行旨在调动城区发展工业积极性的区财政体制改革。在抓这项工作时，肖纯为了取得主动权，将长春市宽城区作为自己的联系点，经常深入区街、企业了解情况，及时发现问题，总结经验，指导面上工作。从此，长春市区街工业以每年 25%—30% 的增长速度发展。不仅为城区开辟了新的财源、增加了城区的经济实力，而且安排了大量待业人员，促进了社会稳定。长春市 3 年工业发展情况，根据国家统计局 1985 年对 48 个大中城市 8 项主要经济指标统计：长春市 3 项第一、2 项第二、1 项第八、1 项第九。

肖纯到长春市委工作后，重点把外贸、外经工作纳入市委重要议事日程。组织调整和加强了市外贸局的领导班子，并支持这个班子解放思想、改革开放，以搞活外贸、促进工农业生产、增加外汇为目标而大刀阔斧地工作。长春市 1983 年到 1985 年外贸出口值平均递增近 48%，外汇收入增加 4 倍多。

长春市财政 1981、1982 两年连续赤字，严重制约着长春市工农业生产和各项事业的发展。怎么办？在肖纯领导下，全市一方面抓开源，从抓生产入手，特别是从抓工业生产入手；从改革入手，对城区财政，由市里统收统支改为定额包干和超收分成，调动上上下下开辟财源的积极性。一方面抓节流，千方百计控制开支，杜绝浪费。经过努力，1983 年长春市实现财政收支平衡，1984 年长春市财政盈余亿元以上。

肖纯在长春市委还抓了市政基础设施建设中的城市供水、供气、供暖、住宅建设、城市交通和绿化建设，社会治安整顿以及党的建设、精神文明建设等工作，都取得明显成效。他还对如何发挥长春市大专院校、科研单位的科技优势，使之与工农业生产结合的问题进行了初步探索。

1986 年 1 月，肖纯退居二线，任中共吉林省顾问委员会副主任。

1988 年，随着一汽大上轻型车和轿车，吉林省成立省汽车工业小组。省委决定肖纯作为该小组顾问协助主管副省长工作（实际上，这个小组的日常工作由肖纯主持）。肖纯带领该小组办公室的工作人员抓了长春、吉林两个市的几个轻型、微型汽车厂改造和扩建工作。这几个厂后来被一汽兼并，成为一汽的轻型车生产基地。后来又考察了许多工厂，为一汽的轻型车、轿车配套零部件的生产选点。

1993 年，吉林省成立以肖纯为组长的省医药产业领导小组。肖纯和省医药局一道，对吉林省药材资源、医药工业发展现状进行深入细致的调查研究，提出包括利用长白山丰富药材资源，进一步发展壮大已成为优势的合成药工业；大力发展尚未引起人们注意的生物工程；在体制上，建立几个具有不同特点的现代化医药工业集团等 3 个发展重点突出、由优势产业发展为全省支柱产业的吉林省医药工业发展规划意见，得到省委、省政府领导的重视。

1995年12月,72岁的肖纯正式办理手续,真正过起离休生活。离休后的肖纯,仍然通过他力所能及的方式关心着他为之奋斗一生的党和人民的事业,关心着社会、关心着下一代。

2008年2月1日8时25分,肖纯因病医治无效在长春逝世。

肖纯具有坚定的共产主义信念和强烈的革命事业心,具有高度的党性修养和优良作风,他的一生是革命的一生、奋斗的一生、为党和人民无私奉献的一生[1]。

---

[1] 讣告:《肖纯同志逝世》,《吉林日报》,2008年2月21日。

吴家柱

田宝君

吴家柱，辽宁省大连人。1952 年加入中国共产党。20 世纪 60 年代初期，面对国民经济暂时出现的严重困难，沈阳气体压缩机厂工人出身的工程师吴家柱响应中共沈阳市委号召，同市劳模林海丰和吴大有共同发起厂际经验交流和技术协作活动，是沈阳市职工群众技术协作活动的主要倡议者和发起者。曾任沈阳市总工会群众技术协作委员会主任、辽宁省总工会群众技术协作委员会主任。荣获全国先进生产者、沈阳市著名劳动模范等荣誉称号。多次当选辽宁省、沈阳市人民代表大会代表，省、市总工会委员会委员。1964 年 2 月 20 日，吴家柱因病逝世，享年 37 岁。

一

1927 年 1 月 27 日，吴家柱出生于辽宁省复县（今大连市瓦房店市）的一个贫苦农民家庭。他 13 岁给地主放牛，经常遭到地主的毒打。为了糊口，他跑出地主家，来到松林镇当了店员，后来又进入日本人开办的鞍山昭和制铁所当学徒。因为年幼，他个头还没有机床高，手艺没学到，却天天挨日本监工和工头的打骂。他无法忍受，被迫离开昭和制铁所，沿路讨饭来到沈阳。正当吴家柱走投无路的时候，沈阳解放了。1950年，他进入沈阳气体压缩机厂，成为共和国第一批产业大军中的一员。从此，这个贫苦出身的农家孩子，在党的教育和自身努力下，逐步成长为深受全厂职工敬佩的"土专家"，全国先进生产者，产生深远影响的群众技术协作活动的主要倡议者和发起者。

吴家柱走上发明创造和技术革新之路，是在进入沈阳气体压缩机厂之后不久就开始的。在恢复和发展生产的时代大背景下，在工人阶级主人翁精神的感召下，他爱厂如家、刻苦钻研、虚心求教、勤于思考，在技术上进步很快，逐步成为全厂的技术骨干。他经常对工友们说，新中国刚刚成立，作为一名工人，我们肩上的担子很重。为了不辜负党和人民的期望，为了多出技术成果，吴家柱焕发出极大的工作热情。无论是白天黑夜，厂内厂外，吴家柱心里想的就是技术革新项目。他牢牢地记住"人多出圣人，单枪匹马事难成"的格言，既相信自己，也从不小看别人。遇事就多方拜师，到处找伙伴给出主意、想办法。许多生产关键、技术难题在他和工友们的手下得到解决。

抗美援朝战争期间，沈阳成为朝鲜战场的战略大后方，承担着繁重的战勤任务。为了支援战争前线，沈阳气体压缩机厂接受了生产一批汽车防滑链子的紧急任务。生产这种链子需要对焊机，当时厂里没有，工人们十分着急。吴家柱主动请缨，承担起制造对焊机的任务。为此，他跑遍沈阳、鞍山的许多工厂，熬过许多不眠之夜，终于成功制造对焊机，使全厂顺利地完成这项军需生产任务。1952 年，经陈冰、杨铿介绍，吴家柱光荣地加入中国共产党，并被晋升为工人技师。

吴家柱是厂里有名的"爱管闲事的人"，工友们很少见到他有在哪儿安安稳稳坐上一会儿的时候，他总是忙忙叨叨地跑这跑那"管闲事"。共产党员的责任感促使他对待厂内的任何一项"生产关键"，不管懂不懂，不管是否超出他这个电气技术员的职责范围，只要听到消息，一定不会放过，不懂的就到处拜师访友，一定要琢磨成功。比如，当年厂子的主要"生产关键"是铸件有沙眼，上千斤重的大铸件一有沙眼就得报废，厂里的技术人员瞪眼看着干着急，无计可施。对此，吴家柱也是无能为力。1956 年，在北京出席全国先进生产者代表会议期间，吴家柱特意就一些生产难题向各地的同行求教。当听说北京暖气器材厂有利用电焊加药对有蜂窝沙眼的器件进行焊补的先进技术时，吴家柱兴奋得再也坐不住了。他利用休会的间隙，和同去开会的锻冶师刘鹏飞跑到北京暖气器材厂，学习铸件焊补经验，废寝忘食地学了整整一个白天加一个晚上，牢记要领后才心满意足地离开。吴家柱从北京带回的这个技术经验，为厂子解决了大难题，从此可以使大批报废的部件复活，一年就能节省两万多元 [1]。随着日月的增长，信服吴家柱的人也越来越多，往往谁一遇上问题，不等吴家柱去就主动找上门来了。吴家柱也是有求必应，大家都说他敢想敢干。他说："我不是

---

[1] 沈阳市红旗谱写作小组编：《英雄的人——记出席全国群英会沈阳市代表的模范事迹》，辽宁人民出版社 1960 年版，第 27 页。

万能的人，不懂怕啥，我不懂不会找懂的！"

1957年，吴家柱所在的工厂试制出640马力空气压缩机，工人们为之欢欣鼓舞。但因为缺少高压控制器不能试车，用户急需的产品不能出厂。在这紧急时刻，吴家柱急工厂和用户之所急，为解决这一技术难题，连夜将原300马力的高压控制器改造为640马力，保证了产品试车和按时出厂[①]。

1958年，吴家柱创造了18项先进经验，全年给国家创造15万元财富。工厂生产的52马力和190马力的空气压缩机，社会需求很大，可是生产曲轴上的连杆，却成了制约产量和质量的"关键件"，因为生产部件时焖火以后产生的那层氧化皮，得用手工往下敲打，既浪费工时，效率又低。设计科的郭工程师找到吴家柱求援。身为电气技术员的吴家柱，并没有因为超出业务范围而推脱，而是千方百计地想办法帮助解决。他想到金属可以通过电解使它分解的道理，就信心十足地跑去自行车厂拜师。他根据电镀原理，试着把连杆放在罐内，一斤水加一两硫酸，然后通上电流，连杆上的氧化皮果然去除成功。用电解法1小时能使50根连杆上的氧化皮自行脱落，比手工敲打提高效率100多倍，最高的达到206倍[②]。同年，吴家柱凭着"美国能研究成，咱们就能"的信心和勇气，和技师田增芳、技术员兰柏如合作，在没有任何参考资料的情况下，仅凭对照美国杂志上一幅研磨机的图样，经过100多次的反复实验，成功地

---

① 中共沈阳市委党史研究室编著：《激情年代——回眸沈阳建设者的足迹》，沈阳出版社2004年版，第22—23页。
② 沈阳市红旗谱写作小组编：《英雄的人——记出席全国群英会沈阳市代表的模范事迹》，辽宁人民出版社1960年版，第28页。

研制出电力振动研磨机。驻厂的苏联专家科茨尼琴科作出鉴定，称赞"它具有世界水平"。研磨机的问世，结束了工人多年用手工研磨压缩机阀片、阀座、阀盖的历史，一个人可以看两台机器，代替了 20 多人笨重的双手劳作，还确保了空压机的质量。

还是这一年，工艺科李科长主动找到吴家柱，希望他帮忙研究"检查新产品部件质量的机器"，也就是要像大夫用听诊器给病人听病一样检测新产品质量，把大型锻件和钢管的裂纹、暗伤探测出来。这可是要吴家柱研制一种闻所未闻、见所未见的新机器！面对困难，艺高人胆大的吴家柱心想：没见过也比量它一下！他找到技术员兰柏如、工人老董，和电工组的伙伴们一起，对照着苏联专家提供的原理图一遍遍地攻关。不知道经过多少次试制，终于有一天，吴家柱在正在试制的机器上把电流的卡子卡在检测的部件上，只见一层铁粉在部件上徐徐移动，在内里有伤痕的地方打上了记号。苏联专家听到消息跑来了，紧紧握住吴家柱的手，赞许地说："很好，你们很不简单！这回你们厂生产大型精密的空气压缩机没有问题了。"① 这种后来被定名为"交直流混合磁力探伤机"的设备，成功地解决了探测高压管路和重型空压机曲轴、气门等重要部件内在质量的技术关键。

1959 年，吴家柱与技术工人合作研制的 50 千伏安电渣电焊机，解决了大型空压机曲轴分段焊接的技术关键，使工厂锻制大件再也不用出厂求援。

---

① 沈阳市红旗谱写作小组编：《英雄的人——记出席全国群英会沈阳市代表的模范事迹》，辽宁人民出版社 1960 年版，第 30 页。

1960 年，吴家柱带头响应党的号召，积极投身支援农业生产，被誉为"支援农业的尖兵"。沈阳市大孤家子乡是沈阳气体压缩机厂支援农业的挂钩单位，那里缺少电源。吴家柱带领支农队伍，克服各种困难，奋战 4 个月，帮助建起电站，为农业生产的电气化奠定了基础。第一次家里实现通电安上电灯的农民们，奔走相告，心里乐开了花。支农队伍还帮助乡办企业修复机器设备，有力地推动了当地农民战胜农业生产上的暂时困难①。

吴家柱入厂后的 10 年间，以聪明才智和忘我的工作激情特别是团结协作的精神，实现发明创造和技术革新达 100 多项。他和工友的创造性劳动，为工厂创造了大量财富，深受全厂职工的敬佩，全厂上下都称吴家柱为"土专家"，沈阳机电学会增补吴家柱为委员。党和国家给予吴家柱以崇高的荣誉，1953 年至 1962 年，他连续被评为沈阳市劳动模范；1956 年，他出席全国劳动模范代表大会，当选为全国先进生产者；1959 年，他再次当选为全国先进生产者，出席全国群英会时，受到毛泽东主席的亲切接见。在此期间，他曾多次当选为沈阳市人大代表、辽宁省人大代表。每当人们提起这些，吴家柱总是谦虚地说："我做那点事，都是党的领导，大伙给出的道眼，最后还把光荣都弄到我身上了！"②

"只要把大家团结好，遇事有群众的帮助，党的支持，没

① 沈阳气体压缩机厂修志委员会编：《沈阳气体压缩机厂志（1948—1985）》，1985 年内部版，第 309 页。

② 沈阳市红旗谱写作小组编：《英雄的人——记出席全国群英会沈阳市代表的模范事迹》，辽宁人民出版社 1960 年版，第 26 页。

有不成功的事。"这是吴家柱经常对别人讲的一句话，也是他
在革新创造的道路上一贯遵循的原则。正是这种一以贯之的团
结协作精神，为此后吴家柱发起倡议职工技术协作活动奠定了
坚实的思想基础。

<h1 style="text-align:center">二</h1>

20 世纪 60 年代初期，由于国内的自然灾害及苏联撤走援
华专家等因素的影响，党和人民面临着新中国成立以来前所未
有的严重经济困难，工业生产和人民生活受到严重影响，沈阳
出现一批"半截子工程"。沈阳气体压缩机厂的生产也不可避
免地受到冲击，部分职工出现不稳定的情绪。面对严峻的形势
和诸多困难，一向乐观的吴家柱突然变得沉默不语，心里想的
是作为一名共产党员和劳动模范，应该怎么办。那些日子里，
他心急如焚，夜不能寐。"人多出圣人，单枪匹马事难成"。
善于发挥集体智慧和力量带头攻关的吴家柱，再次想到这句他
十分信服的话。为了更好地发挥集体的智慧和力量共渡难关，
1960 年，吴家柱和本厂几位工人自发地组织起技术协作活动。
在他的倡议下，工厂成立了职工技术协作组织，技协队伍很快
发展到 18 个专业组，参加人员达 580 多人 ①。

1961 年 6 月，沈阳市召开全市劳动模范、先进生产（工作）
者代表会议。中共沈阳市委号召全市职工自力更生、艰苦奋斗，
以实际行动贯彻中共中央关于调整国民经济的"调整、巩固、

---

① 沈阳气体压缩机厂修志委员会编：《沈阳气体压缩机厂志（1948—1985）》，
1985 年内部版，第 309 页。

充实、提高"的八字方针。吴家柱参加了这次会议，深受启发。他认为：劳模会议总结了不少经验，广大职工在生产中陆续创造的先进经验也很多，如果不把这些先进经验迅速推广开来，使之成为社会的财富，就是一项极大的浪费；劳动模范和先进生产者应当自觉地担负起推广先进经验的责任，使少数的先进生产水平变为广大群众的生产水平。想到这里，吴家柱就拿定了主意。第二天，他找到住在附近的两个好朋友商量。一个是沈阳拖拉机制造厂技术员林海丰，一个是沈阳高压开关厂技术员吴大有。引起林海丰和吴大有的共鸣，他们对吴家柱的厂际经验交流和技术协作的想法十分赞同。他们三人经过详细的研究，建立了三人的互学互帮关系，互相交流经验，共同革新技术，初步开展了厂际经验交流和技术协作活动，收到良好效果。当时沈阳拖拉机制造厂有几种拖拉机零件，光洁度要求高，工厂做不了。吴家柱把自己创造的研磨精度很高的振动研磨机介绍给林海丰，还到沈阳拖拉机厂帮助制造一台研磨机，协助该厂解决技术关键。沈阳气体压缩机厂缺少打砂轮的金刚石，许多磨床开动不了，林海丰把利用废硬质合金刀头代替金刚石打砂轮的经验，介绍给沈阳气体压缩机厂的工人。吴大有在刀具方面的技术比较先进，吴家柱和林海丰就各自带领本厂工人到沈阳高压开关厂学习10多种先进刀具技术，提高生产效率1倍多。

　　吴家柱、林海丰、吴大有三人结成的互学互帮对子，就是新中国成立以来第一个职工群众技术协作组织的雏形。这是一个十分可贵的创举，是劳动模范和先进人物崇高的共产主义思想的产物，反映了工人阶级的意愿，适应了社会主义建设事业的需要。

随后,吴家柱、林海丰、吴大有三人利用业余时间、公休假日等一切机会,通过打电话、通信、走访等各种形式,向各自认识的劳动模范和先进生产者宣传开展技术协作的想法和做法,相继吸引了10多人参加,并且通过他们分头联系。一联十,十联百,在不长的时间里,就同20多个工厂的近百名劳模和先进生产者建立了联系。他们常常聚在一起,以各自丰富的技术经验,依靠集体的智慧和力量,广泛开展厂际间技术攻关、交流培训等活动,共同攻克技术难关,破解技术难题,促进生产发展。

随着参加活动人员的增加,为了迅速扩大活动的范围,吴家柱等人决定按产业分工,加强技术情报工作。吴家柱负责全面工作,林海丰、周振华分担机械系统,吴大有分担电器系统,分别和各厂的劳动模范、先进生产者沟通情况,有了经验就通风报信。经过一段时间的工作后,了解到20多个工厂的情况,发现了70多种先进经验。在沈阳气体压缩机厂的支持下,于当年9月在该厂召开有24个工厂、80多人参加的经验交流会。参加会议的人员把实物和图纸带到会场,当场展示,亲身介绍创造的经验,边介绍边和大家研究。不少工厂派技术人员来描图,学习经验,会上交流了70多项先进经验。

随着活动范围和影响的不断扩大,由于当时这一自发的技术协作活动尚未得到市级领导机关的关注和支持,没有专职人员进行工作,所以在举行大型的和全市性的活动时,在分发通知、安排活动场所等方面遇到不少困难。正在此时,沈阳市总工会及时发现了他们的活动，深入访问了吴家柱、林海丰、吴大有等人，表扬了他们的创举，帮助他们解决了活动中的困难，并派一名干部给他们当秘书，帮助他们总结前一段的工作，具体安排下一步的活动。

1961 年 10 月，沈阳市总工会召开全市劳动模范和先进生产者会议。会上交流了 60 多种先进经验，推选吴家柱、林海丰、吴大有、王凤恩等 17 人，组成"沈阳市劳动模范、先进生产者厂际经验交流和技术协作活动委员会"，正式成立了组织，明确了任务，建立了制度。新中国第一个市级职工技术协作组织的正式成立，使职工技术协作活动的开展，更具有组织性、计划性。随即，在沈阳市总工会所属事业单位——沈阳市文化宫、工人文化宫建立了两个技术协作活动基地。技术协作积极分子利用业余时间来到技术协作阵地切磋技艺，开展厂际技术协作活动，为工厂攻克技术难关，交流先进技术经验。

职工技术协作活动这一新生事物得到中共沈阳市委的充分肯定和热情支持。从 1961 年到 1963 年，沈阳市委先后三次批转沈阳市总工会党组关于开展职工技术协作活动的报告。1961 年 12 月，沈阳市委在批转市总工会党组《关于市劳动模范吴家柱等同志发起厂际经验交流、技术协作活动的情况和对这一活动加强领导的报告》时指出，这一活动"是模范、先进人物的崇高的共产主义思想的产物，是一个十分可贵的创举。这一创举无论从当前或今后来说，对于我们的社会主义建设事业都具有重大意义"①。

吴家柱等人发起的厂际经验交流和技术协作活动，得到全市广大职工的热烈响应。在中共沈阳市委、市政府、市总工会和各基层组织的支持下，以"滚雪球"的模式在全市广泛展开。技术协作活动紧紧围绕品种多、质量好、成本低、消耗少、效率高的"五好"要求，针对生产和技术关键进行。技术协作成员发扬高度的主人翁精神，在"一不为名，二不为利，一心为社会主义"的口号下，协作积极主动，交流毫无保留，攻关不畏困难，劳动不要报酬，工作不辞劳苦。在较短的时间内，职工技术协作活动取得显著成绩，对当时开展的增产节约运动起到相当大的促进作用。截至 1961 年底，沈阳市职工技术协作活动在规模上，已由原来的 3 个工厂的 3 个人的技术串联，逐渐发展到几十个工厂的几百人的群众活动；由重工业逐渐发展到轻工业和基本建设，并且朝着更广泛更深入的方向健康发展。在技术协作活动的影响下，沈阳高压开关厂等单位也把本厂的劳动模范、先进生产者和革新能手等组织起来，在本单位开展经验交流和技术协作活动。

技术协作活动在方式方法上，采取按产业或工艺性质分工负责的方法，设专人同有关单位的劳动模范和先进生产者建立联系，及时发现先进经验和技术关键，并根据具体情况安排自己的活动。首先，他们发现具有全面意义的先进经验，就召开

---

①《中共沈阳市委批转市总工会党组关于市劳动模范吴家柱等同志发起厂际经验交流、技术协作活动的情况和对这一活动加强领导的报告》，吴文涛主编：《沈阳市工会志》，沈阳出版社 1998 年版，第 731 页。

经验交流会议，加以推广；发现一个或几个厂需用的先进经验，就请先进经验的创造或运用者，到这些厂做实际表演，具体传授。据统计，1961 年从 7 月到 10 月，共推广先进经验 130 余种，对增加生产、提高质量起了很大作用。如林海丰学习沈阳冶金机械修造厂周述成在车床活顶尖上装滚球的经验，并在本厂适用工种全面推广，不仅提高生产效率 1 倍，而且大大提高了产品质量。其次，技术协作成员发现工厂里自己解决不了的技术关键，就组织有关劳动模范和先进生产者去帮助解决。据统计，从 7 月到 10 月，共帮助 15 个单位解决了 24 个生产关键。如沈阳市劳动模范、沈阳教学仪器厂电镀工人梁文太，在吴家柱的邀请下，把机件表面处理的技术传授给沈阳气体压缩厂的有关工人，帮助该厂解决了机件表面处理的技术关键，复活了报废机件，加速了设备检修进度，每年可节省 4 万多元。吴家柱在沈阳市劳动模范、沈阳电业局送电工区主任梁金声的邀请下，带领本厂技术员帮助设计并制造了多套不停电检修线路工具，解决了停电检修的关键问题，提高了检修效率，节省了劳动力。再次，技术协作成员在进行经验交流和技术协作活动的同时，还经常注意交流思想、工作和学习情况，在政治上互相帮助。吴家柱发现沈阳市劳动模范、沈阳高压开关厂工段长马士元对当前形势认识不足，经常和工人一起谈论吃喝，对市场供应表现不满，就主动到马士元家交谈，帮助提高认识；当他发现林海丰有不利于团结群众的言论时，就及时地指出这个缺点，让林海丰很受感动①。

职工技术协作活动这一沈阳工人阶级的创举，得到辽宁省总工会、中共辽宁省委、国家经济委员会、共青团中央和中央领导同志的热情关怀和鼓励。

1962 年 2 月，辽宁省总工会邀请吴家柱等劳动模范和沈阳市、旅大市（今大连）、鞍山市总工会生产部长举行座谈会，推广沈阳市职工技协活动经验。11 月，中共辽宁省委批转了辽宁省总工会党组关于在全省推广吴家柱等人开展技术协作活动经验的报告。批示指出："群众技术协作活动的出现和迅速发展，是党的自力更生为主的建设社会主义原则的胜利，是在技术问题上贯彻执行党的群众路线的胜利。"批示还指出："开展群众性的技术协作活动，对于推动技术革新，开展五好竞赛，实现增产节约，保证完成和超额完成国家计划，起着重大作用。这是一项具有普遍意义的经验，不仅适用于机电行业，也适用于工业系统的各个行业。"辽宁省总工会根据中共辽宁省委的批示，通过各种形式推广沈阳市职工技协的经验。12 月，在辽宁省总工会召开的先进生产者、先进班组代表会议上，成立了辽宁省群众技术协作委员会，吴家柱当选为主任委员②。1963 年 6 月，中共辽宁省委第一书记黄火青亲自主持召开部分技术协作骨干座谈会，沈阳、抚顺等地的 14 名代表参加。黄火青指出："技术协作能否坚持下去，要在活动中互相帮助、

---

① 《中共沈阳市总工会党组关于市劳动模范吴家柱等同志发起厂际经验交流、技术协作活动的情况和对这一活动加强领导的报告》，吴文涛主编：《沈阳市工会志》，沈阳出版社 1998 年版，第 733 页。

② 吴文涛主编：《沈阳市工会志》，沈阳出版社 1998 年版，第 229 页。

互相提高，进行自我教育，技术协作是共产主义学校的形式，也是个技术学校。"①

1962年12月，国家经济委员会批转吴家柱在辽宁省先进生产者、先进班组代表会议上所作的发言，指出："群众性技术协作，很有成效，为当前怎样开展技术革新活动，提供了一个很值得重视的经验。"1963年1月，应国家经济委员会的邀请，吴家柱和沈阳市总工会副主席聂秉举等赴京参加国家经委召开的群众技术协作座谈会。国家经委副主任饶斌在听取吴家柱等人汇报后指出："这个经验很好、很丰富，为充分发挥劳动模范的骨干、带头、桥梁作用，扎扎实实地开展技术革新活动，找到了很好的方法。你们现在有一批力量，以工人为主体，这很好。但是，还要把其他方面的力量——科协、工程师、技术员、行政管理人员都吸收过来，以便将来起更大作用。"②1964年1月，共青团中央批转了共青团沈阳市委《关于在群众技术协作活动中工作情况的报告》，指出，群众技术协作活动是沈阳市工人阶级在1961年当我国国民经济遭到严重困难的时候，以发奋图强、自力更生的革命精神，自觉自愿、自下而上地组织和发展起来的。这项活动体现了总路线的精神，有效地解决了许多工业生产中的技术关键。

1963年10月，中共中央政治局委员、书记处书记彭真和东北局第一书记宋任穷，在中共辽宁省委第一书记黄火青、沈

---

① 沈阳市总工会工运史研究室编：《沈阳工人运动大事记》(1949.10—1986.12)(征求意见稿)，1988年内部版，存中共沈阳市委党研室。

② 吴文涛主编：《沈阳市工会志》，沈阳出版社1998年版，第230页。

阳市委第一书记焦若愚及辽宁省、沈阳市总工会领导陪同下，在沈阳接见辽宁省和沈阳市群众技术协作积极分子吴家柱、王凤恩、吴大有、林海丰、梁金声、尉凤英等 23 人，听取他们关于技术协作活动情况的汇报。彭真对群众性的技术协作活动给予很高的评价，赞扬他们在这一活动中所表现的高度共产主义风格，指出："这种职工群众自觉地组织起来进行技术协作的方法同各企业直接领导下的'三结合'互相配合，是依靠广人职工群众，自力更生、多快好省地提高我国技术水平的一条很好的道路。"① 他还勉励技术协作积极分子继续努力，把这一活动开展得更好。1964 年 2 月，《工人日报》登载中共沈阳市委书记朱维仁《技术协作——多快好省提高技术水平的道路》的文章，集中阐述技术协作活动的重要意义。

在各级组织的大力支持和热情扶持下，沈阳市职工技术协作活动不断向纵深发展。截至 1963 年底，全市共建立车间、科室以上的技术协作小组 1247 个，技术协作积极分子 1.6 万人，攻克技术难关 2094 项，举办技术讲座 872 次，听众 4.1 万余人次，开展技术表演 50 次，推广先进技术经验 56 项 ②。技术协作组织开展的各项活动，吸引大批青年工人自觉地学习科学技术知识，为祖国培养造就了大批能工巧匠和技术人才，使更多人受到先进思想和作风的熏陶，技术协作积极分子中间涌现出大批劳动模范和先进生产者。1964 年，沈阳市群众性技术协作活动发展到领导、专家、群众相结合，生产、教学、科研单位相

---

① 吴文涛主编：《沈阳市工会志》，沈阳出版社 1998 年版，第 230 页。
② 吴文涛主编：《沈阳市工会志》，沈阳出版社 1998 年版，第 230 页。

结合，有计划、有领导、有组织地攻克技术关键的大联合、大协作的新阶段。沈阳市技术协作委员会在市经委、市科委、市科协的大力协同下，自下而上地在全市搜集技术关键课题474项，组织和邀请高等院校、科研部门的教授、专家，与技术协作骨干一起，开展有成效的技术攻关活动，共解决重大技术关键近200项。这些课题的突破，为开发新产品、新技术、新工艺、新材料，提高老产品的质量，作出积极贡献[1]。

技术协作组织的攻关活动，修复了许多报废的关键设备，解决了许多由于各种原因留下的半截子工程和卡脖子产品。沈阳市长信局收发报用的68D电传机印字轮（民主德国生产）磨损，造成停机，严重影响通信工作，而国内制造的印字轮质量不过关。局领导请来技术协作积极分子王凤恩、张甲禄、孙全增、陈子云、张明云等人帮助攻关。技术协作能手利用业余时间昼夜大干，经过反复试验，突破加工、热处理等难关，制造出符合标准的印字轮。沈阳标准件厂承担了国家一机部下达的试制MZ—M2.6精小弹簧垫圈的任务。这项产品是给兄弟厂产品配套用的，技术要求复杂，过去是从国外进口，由于外国封锁，必须自己动手生产。经过李迎春等厂内外技术工人的合力攻关，历时1个月，经过20余次试验，终于利用一台旧式小车床，设计出1台专用卷簧机床，解决了精小弹簧垫圈的生产问题。据13个工厂统计，1963年上半年通过群众技术协作突破国外技术封锁项目有20项[2]。

---

① 吴文涛主编：《沈阳市工会志》，沈阳出版社1998年版，第238页。
② 吴文涛主编：《沈阳市工会志》，沈阳出版社1998年版，第237—238页。

技术协作组织在支援农业、轻工业、手工业和活跃市场方面也做了大量工作。沈阳市技术协作委员会组织访问团，主动到市农业机械公司、轻工业局、手工业局，搜集技术课题 40 多项。其中比较容易解决的问题，技术协作成员便自找对象进行帮助。对一些较大的问题，则列出计划，集中力量逐步解决。

在沈阳市技术协作委员会的带动和示范下，在辽宁省委和各级工会组织的倡导和推动下，技术协作活动在整个辽宁省蓬蓬勃勃地发展起来。在全省各地，一批批劳动模范带领广大职工群众，自觉地掀起群众性的技术协作活动。到 1963 年底，全省已经拥有一支由 84000 名骨干分子组成的技术协作大军，活动的内容也由起初只是彼此传播先进经验，发展到根据每个企业生产中存在的技术难题，组织各种能工巧匠前去"会诊"，集中人力、时间加以解决。技术协作骨干走到哪里，哪里存在的技术难题就能获得妥善的解决。以吴家柱等技术协作骨干为代表的这支具有英勇献身精神的工人队伍，时时处处严格要求自己，无论到什么地方，都是自己带着工具和饭盒，把崇高的攻坚克难、团结协作、无私奉献的共产主义精神带到全省各地，为技术协作活动注入强大的生命力。

沈阳市乃至辽宁省开展职工群众性技术协作活动的经验，在全国引起强烈反响，许多省市组织人员来辽宁省和沈阳市考察。从 1963 年到 1964 年 4 月，辽宁省和沈阳市接待来自北京、天津、山西、河北、吉林等 27 个省市的工业技术交流团、技术协作考察团共 1250 人次。沈阳市职工技术协作活动的经验在全国各地开花结果，职工群众性技术协作活动以燎原之势，迅速推广到全国各地，形成一个全国性的声势浩大的群众技术协作活动。

三

吴家柱是职工技术协作活动的发起者，又是这一活动的重要组织者。为了推进职工技术协作活动更深入更健康地开展，他几乎献出了自己全部的业余时间，倾注了满腔的心血。沈阳市劳模、沈阳第三机床厂工人孔庆堂看到生产中的关键技术问题自己无力解决，就找到吴家柱。吴家柱约了王凤恩、张成哲等10多位技术协作伙伴来到沈阳第三机床厂，一下子就解决了12个问题中的9个。沈阳第一机床厂装配车间在组装车床时常常因为掉进一个螺丝钉拿不出来，不得不把装好大半的机床又全部拆开来，浪费了不少工时。吴家柱了解情况后，查阅有关资料，制成一把"电磁拿手"送去，解决了这一难题。针对沈阳市普遍存在的电缆头施工工艺问题，吴家柱组织邀请10个单位的15位有技术专长的人员，在沈阳矿山机器厂召开技术研究会，反复地表演、研究、改进，集中各方面的技术特长，统一操作方法，总结出一套施工工艺，为进一步改进全市的电缆头施工打下基础。这一重大的技术改进，受到有关方面的重视。像这样的技术革新，吴家柱和他带领的技术协作组织做得数不胜数。仅在1962年当年，吴家柱就在市内外的30多个单位，帮助研制出"振动研磨机""电热加温设备""温度继电器""油钢对焊机"等机器设备，革新和推广革新项目63项。

吴家柱除了自己直接帮助许多工厂解决生产技术关键以

外，还经常和技术协作委员会的委员一起，研究全市群众技术协作活动发展的情况，制定行动计划，一项一项地安排突破生产关键的课题和人力，组织技术研究和技术交流。为了壮大技术协作队伍，充分发挥先进人物和老工人的作用，他整日四处奔走，去发现那些有专长的能工巧匠，把他们组织到技术协作队伍中来。有时，他顶着星星跑几十里路开展活动，连饭也顾不上吃。他动员沈阳运输公司的司机张元金，沈阳衬衣厂的车间副主任王文，沈阳水泵厂的车工刘永奎等人参加技术协作活动。他们中，有鬓发斑白的老工人，有虚心好学的青年徒工，还有工程技术人员……吴家柱的家成为技术协作活动的场所，他的爱人和子女也成了技术协作活动的服务员。

党和工会组织对技术协作活动和以吴家柱为代表的技术协作成员，始终给予充分重视和无微不至的关怀，为技术协作活动指明方向，保护成员们的热情和积极性。有一个时期，技术协作活动安排得过多过紧，而且又集中在吴家柱等少数骨干身上，以致影响了本职工作和劳逸结合。组织上及时地指出：要在做好本职工作和劳逸结合的前提下参加活动，要求他们要量力而行。沈阳市总工会的领导经常给技术协作成员讲国内国外形势，使他们心明眼亮；经常到技术协作骨干的家里访问，问寒问暖，帮助解决实际困难。对此，吴家柱深受感动，心中始终充盈着火一般的激情。

在组织技术协作活动的过程中，吴家柱真切地感觉到自己的思想觉悟、政治水平有了很大的提高。进一步增强了主人翁的责任感，更坚定了战胜困难的信心，和职工群众的联系也更密切。他常常对爱人说："党对我的期望太大了，可我给党做的工作太少了。我恨不得多长几只手，为人民做更多的工作！"他也常常对参加技术协作的伙伴说："国家越是困难，我们越是要有一股精神。"① 吴家柱在组织技术协作活动的实践过程中，更深刻地体会到工人阶级的伟大。他常说："工人阶级可不是个一般的阶级呀！多大的火烧不化它，多大的风吹不倒它，多大的困难压不垮它！"②

为了不断提高知识水平和业务能力，吴家柱总是虚心地向别人学习。据统计，仅在 1962 年当年，沈阳市技术协作委员会的 10 多名成员就学习了 190 多项先进经验和先进技术，在各自的岗位上实际运用了 70 多项。在繁忙的本职工作和大量技术协作活动之余，吴家柱参加了沈阳机电学院的业余大学学习，以惊人的毅力克服底子薄、基础差的弱点，常常拖着疲惫的身体坚持学习到后半夜 3 点多钟。

由于长期的超负荷工作和学习，病魔悄悄地侵入了吴家柱健康的身体。一次，他按照约定到东北制药总厂作报告，动身前，他的腿疼得几乎不能动。厂领导知道后立即把他送到卫生所，并准备打电话推迟报告日期。可吴家柱却说："不能让药厂的工人等着我。"硬是骑上自行车来到东北制药总厂的工人中间，作了足足 8 个小时的报告。报告结束时，他一动也不能动，由人背下讲台。

①《群众技术协作运动发起人——吴家柱》，张行湘主编：《辽宁英模（沈阳卷）》，辽宁人民出版社 2000 年版，第 24 页。

②《吴家柱》，中共北京市委党校党建研究所等编：《共和国光荣榜》，党建读物出版社 1998 年版，第 668 页。

技术协作活动兴起了，吴家柱却累垮了。1964 年，他得了重病。党和政府为了尽快地给他治病，决定让他住院治疗。谁知他的病情却越来越严重，后来他连起床都困难。在医院里，吴家柱还时常惦念技术协作开展的情况。他常常悄悄地跑到楼下，给工厂和技术协作伙伴打电话，了解生产和技术协作活动的进展。有时他久久地站在窗前，注视着厂房密集的铁西区，恨不得马上就能出院，去和同伴并肩攻关。他找到医生恳切地请求让他出院。医生见他生命已垂危，只好婉言安慰他。即使在住院期间，吴家柱还主动帮助医院搞革新；在生命的最后时刻，还向兄弟单位赠送 1 份技术革新的图纸。

吴家柱的病更重了，虽然医生精心治疗，仍然无效。1964 年 2 月 20 日，这位对党、对人民无限忠诚，对社会主义建设事业满腔热忱的无产阶级先锋战士，不幸英年早逝。带着无限的眷恋，吴家柱永远地辞别了心爱的工厂，辞别了与之形影不离的技术协作队员们，时年仅 37 岁。

四

吴家柱逝世后，辽宁省和沈阳市各界代表 1000 余人在沈铁文化宫举行公祭大会，向这位普通而伟大的共和国的建设者作最后的告别。辽宁省总工会主席金直夫主祭并致悼词，中共辽宁省委第一书记黄火青，第二书记、省长黄欧东，候补书记胡亦民；中共沈阳市委第一书记焦若愚，书记朱维仁，副市长李国华等参加了公祭。中共中央东北局第一书记宋任穷等人献了花圈。《人民日报》《辽宁日报》《沈阳日报》《沈阳晚报》

等刊登了吴家柱逝世的消息和讣告。中华全国总工会、旅大市总工会（今大连市总工会）、鞍山市总工会、安东市总工会等发了唁电。

1964年8月4日，辽宁省人民委员会决定，授予吴家柱、林海丰、吴大有"群众技术协作活动发起人"的光荣称号。

吴家柱在短暂的37年的人生中，以崇高的主人翁的责任感和刻苦钻研的精神，执着地开展技术革新和创造，从一名普通的工人成长为技术骨干、沈阳市著名劳动模范、全国先进生产者。20世纪60年代初期，面对国民经济暂时出现的严重困难，他以拳拳的爱国之心，急国家之所急，倡议和发起的职工技术协作活动，是一项伟大的创举，迅速发展成为全国性的具有强大生命力的群众性技术协作活动，产生巨大的经济价值和社会价值，为中国现代工人运动作出了积极贡献。

全国先进生产者、"群众技术协作活动发起人"吴家柱所作出的贡献，永载史册。

张力克

郭　宇

　　张力克，曾用名张权衡、张健恒，广东大埔人。1935 年
9 月参加革命，1936 年 4 月加入中国共产党。参加革命后，历
任中共广西邕宁县团委宣传部长，陕甘宁边区总工会常委、文
教部长，陕甘宁边区政府被服厂厂长、党支部书记。抗战胜利
后到东北，历任中共合江省依（兰）、勃（利）、桦（南）地
委常委兼桦南县县长、中共桦南县委书记，全国总工会（当时
在哈尔滨）研究室主任，东北总工会常委、秘书长，中共沈阳
市委常委、总工会主席，沈阳市副市长，中共沈阳市委秘书长
兼工业部长，中共沈阳市委书记处书记，沈阳市革委会副主任，
中共沈阳市委书记（当时设市委第一书记）。1980 年，到北京，
历任国家机械工业委员会副秘书长、国家经委纪律检查组组长。
1996 年，离职休养。2004 年 3 月，在北京逝世，享年 87 岁。

一

　　1917 年 12 月，张力克出生于广东省大埔县岩上区横溪乡
寨屋村一个普通农民家庭。1926 年，在家乡读私塾。1931 年，

升入百侯镇中学学习。当年父母相继病故，生活更加困苦，靠姑母和姐姐微薄资助继续读书。晚上睡在镇上的祠堂里，借供桌上的烛火之光复习功课。如此的清贫艰难，反而使张力克磨炼出坚强的品格。

1933年，为了推进家乡教育事业发展，广东省大埔县百侯乡开明乡绅杨德昭去上海，邀请人民教育家陶行知来百侯办学。陶行知推荐有乡村教育经验的潘一尘任校长，程洁声等十几位老师到百侯中学教书。学校倡导教学合一的方法进行教学，要求学生读活书、活读书，养成勤思考、爱劳动的良好习惯。学校开办了工场作坊和农场，作为学生学工、学农、学技术的场所，教育学生接触社会，接触大自然，接触农民学种田，体验劳动人民的辛苦。学校还让学生到社会上去宣传普及平民教育，学生当小先生，办夜校识字班，扫除文盲。学校提倡学生讲普通话，召开讲演会、辩论会，锻炼口才，并鼓励学生多读课外书。张力克通过读高尔基的《母亲》和一些马列主义的"禁书"，开始有了自己的独立思考。陶行知先生处世格言"捧着一颗心来，不带半根草去"，也和他为该校写的校歌"手脑双敲，求仁得仁。千教万教，教人求真。千学万学，学做真人。努力创造，始败终成。文化为公，百侯精神……"一样深入人心。

在百侯中学时期是张力克精神上十分愉快的学习时光。他不仅学到了书本上的知识，还学到了做人的品行及对社会应负的责任，也是他走上革命道路的启蒙时期。

张力克临近毕业时，他和同学无力升学，就业无望，看到民不聊生，徒有家国情怀，没有报效国家门路，十分苦闷。

1935 年初春，已调到广西南宁普及国民基础教育研究院任教的程洁声教师来信介绍说：省教育厅厅长兼该院院长雷沛鸿先生与陶行知教育思想一致，主张普及公费教育，正筹备办一个师范班，贫苦而有志的学生可以半工半读或不收学费。张力克、杨应彬等 8 个穷学生欣喜若狂，筹措路费，结伴上路。他们跋山涉水，多日奔波。从香港乘船绕道辗转 1000 多公里到广西南宁，历时近一个月。当他们兴致勃勃来到普及国民基础教育研究院时，被告知师范班招生期限已过，已经额满开课。这真是五雷轰顶的严重打击。他们已没有了回家的路费，进退两难。正当他们困窘不堪之际，原百侯中学校长潘一尘和班主任程洁声等为他们说情求援。院长雷沛鸿见他们虽家境困难，但求学心切，千里迢迢而来，顿生同情之心，决定特批他们在乡村师范班当半工半读旁听生，每人每月补助伙食零用金小洋 10 元。希望他们务必勤奋学习，异日有所成就。8 个学生欢喜若狂，兴奋得抱成一团。

广西普及国民基础教育研究院坐落于南宁母亲河邕江岸边的津头村，该院成立于 1933 年 12 月。这是广西最早创办的教育科学研究机构，以从事研究普及国民基础教育之理论与实施，辅导促进普及国民基础教育试行与推广为宗旨。研究院吸纳了一批当时全国著名教育学派选派的人员进行教育实践研究，有陶行知的生活教育派、梁漱溟的乡村教育派、俞庆棠的劳农派、黄炎培的职业教育派等。并划定方圆 20 公里为实验中心区，计 10 多万人参加实验。研究院的理论与实验研究，为广西普及国民基础教育运动的开展提供了强有力支持。

　　学院倡导奉行实事求是，躬行实践，自由思考，服务科学、真理，顾大局，学而不倦，毋忘老百姓等精神。这里，学习氛围浓厚，许多问题都允许作热烈的辩论。雷沛鸿院长经常引用历代爱国诗人的篇章，对学生进行爱国教育，给张力克留下深刻的印象。

　　工读班的学生在老师们关心和鼓励下，努力学习，锻炼意志。张力克和其他工读的同学在研究院内修马路，做杂工，半日劳动，半日学习。入夏后，他们又被派到院办林场去管理苗圃。上午自己看书学习，下午到邕江边上挑水浇树苗。炎炎烈日，汗水湿透衣衫。他们还经常回到院图书馆借书，去城里买书。当时，张力克阅读了《新术语辞典》《帝国主义是资本主义的垂死阶段》和邹韬奋办的《生活报》的文集、艾思奇的《大众哲学》，进一步接受了革命思想。当时上映的进步影片《渔光曲》《大路歌》《开路先锋》也给他们很大影响。这些文艺作品，开阔了张力克的视野，带给他很多启迪。他经常和同学谈感想，同学们都觉得他见解深刻。

　　进入秋季，工读班从林场返校学习。当时国民党桂系军阀打着抗日的幌子，推行所谓"建设新广西，实行政治自主""经济自力"政策，其真实目的是要巩固其统治，压榨民众。张力克写了一篇题为《金漆马桶》的短文，用事实揭露其换汤不换药的本来面目。文章被批改作业的彭学文所关注，觉得揭露深刻。他转给研究院的地下党员梁金生和徐敬伍老师看后，给了张力克很多鼓励和支持。是研究院内进步的革命教师，引导张力克迈上革命道路的第一程。一天傍晚，本院的李俊成同学拿来一份《共产主义青年团团章》给张力克看，并问他是否愿意参加 CY（共青团英文缩写），张力克问道："怎样才能参加？"李俊成说："要参加就得不怕杀头。"张力克果断地说："杀就杀嘛！反正人生总有一死。现在民族危亡，民不聊生，学生毕业即失业，广大工农更是饥寒交迫。我一个人能力有限，也只有参加为大众求解放的革命团体，才能有所作为。"①

几天后，徐敬伍老师拿来一张字条，让张力克参照上面的提纲写一份自传。之后，徐敬伍将张力克约到研究院附近的一棵大榕树下，与徐敬伍同来的还有一位陈姓人士，他是化名陈诚的中共地下党邕宁县委书记杨守真。听了张力克的入团志愿之后，杨守真说："目前中国，民族危亡，民不聊生，国民党不抗日，变本加厉地压榨群众。有识之士应当组织起来，揭露当局，唤起民众，你愿意参加 CY，需要遵守纪律，不怕牺牲，不屈不挠地为实现共产主义奋斗到底……"1935 年 9 月，张力克参加共产主义青年团。在徐敬伍的家里，由杨守真和徐敬伍主持，让张力克庄严宣誓："保守秘密，不怕牺牲，为共产主义奋斗到底……"加入共产主义青年团，使张力克激动得热泪盈眶，夜不能寐。后来，徐敬伍又转给张力克一个字条说："上级决定你任工读班的团支部书记。"

中共地下党团活动处于秘密状态，很少开会，基本上靠传字条递送信息。组织上对团员的要求非常严格，要他们注意仪表，讲究风纪，审慎从事。因张力克字写得好，所以让他负责

---

① 钟路编：《无悔追求》，沈阳出版社 1996 年版，第 6 页。

秘密刊物《抗日先锋》的刻蜡板工作。由徐敬伍老师办的世界语学习班 ①，成为向同学们灌输革命思想很好的掩护。工读班的全体同学都参加了学习。同时，为普及教育，徐敬伍还提倡拉丁化的新文字运动，这种新文字类似于汉语拼音。此举被桂系当局视为异端邪说，竭力阻挠。院里的保守派教师也著文反对，说"文章"和"蚊帐"这类音同意别的字句，用拼音无法区别，必然造成混乱。张力克挥笔著文，进行激烈反驳说：每个单词都要承上启下，不是独立存在的，智力正常的人是不会把"文章"误为"蚊帐"的。这篇文章在南宁《民国日报》上发表，引起院里舆论哗然。有人认为张力克思想过激，宣传异端。思想进步的老师则认为学术问题可以自由争论。后来，虽然事件被平息，但组织上还是严肃批评了张力克在争论中言辞过激，容易暴露自己，非常危险。提醒他注意保护自己。

1936 年春，张力克转为中共正式党员，并任邕宁县团委宣传部长，此时他学期已满，公开职业是津头村小学教员。当时研究院是南宁市最早恢复、重建中共地下党团组织的基地。教师中的中共党员如徐敬伍、李志坚是中共邕宁县委负责人，院内还有最活跃、受人尊敬的 1927 年入党的归国华侨梁金生 ②。当时，研究院的中共党员和共青团员有 40 余人 ③，一大批革命的进步导师和学生，在院内，在中心实验区各村，特别在津头村，做了大量工作，吸收了大量学生、社会青年加入

---

① 当时成立的世界语协会为中共的外围组织。

② 张力克、肖明、杨亦肖：《好雨及时抵万——缅怀恩师雷沛鸿》，《广西日报》，1989 年 9 月 6 日。

③ 张力克：《纪念教育家雷沛鸿院长》，1989 年在雷沛鸿教育思想研究会上的讲话。

中共党团组织。研究院成为当时南宁抗日救亡活动的领导中心。曾推动市区学生救国运动，发动声势浩大的声援"一二·九"北平学生的救国运动。研究院开展了左联领导的"拉丁化新文字运动"。通过这些活动，培育了一大批革命骨干人物。

随着全国抗日情绪不断高涨，张力克在参加中共地下活动时，宣传中共抗日主张，串联学生进行抗日救亡活动。组织上决定创办的铅印半月刊《新动向》，其主旨就是宣传抗日，要求民主，呼吁停止内战，一致对外。刊物由方与严老师任社长，张力克、李俊成和吴燕滨等几位同学做编辑。通过办刊物，召集读者座谈会，团结吸引进步青年。

"一二·九"学生爱国运动爆发后，中共邕宁县委决定，由南宁普及国民基础教育研究院学生组织与南宁高中学生自治会进行串联活动，发动全市学生声援北平学生的爱国运动。1935 年 12 月，举行了声势浩大的全市学生集会游行。张力克在参加声援"一二·九"运动的活动中，写下这样的诗句："山河变色同疾首，北平爆发一二九。大刀、水龙遭抗击，全国奋起伸援手。保华北，救中国，同心一志抗贼寇。'同室操戈'无宁日，一致对外救中国。"集会游行后，组织上派张力克到南宁女中，发动同学游行、罢课，开展反对学校当局禁止与男同学通信，贪污伙食扣压信件等封建教育制度的斗争。全校 600 多名师生都发动起来参加了斗争，持续罢课达两周。这是南宁女中建校 50 年来第一次向封建反动势力冲击的学潮。桂系当局出动军警，逮捕学生，实行镇压。研究院院长雷沛鸿看到当局镇压学生，辞去教育厅长职务，以示抗议。中共地下党团组织和进步教师又发动家长，纷纷向当局要人。社会舆论也一致呼吁支持少年女子反对封建统治。警察局将女中罢课归咎于新动向杂志社召集读者座谈会煽动起来的，便立即查封了新动向杂志社，社长方与严老师被逐出省境，几个编辑遭到秘密监视。随着形势的恶化，中共地下党组织为保护中共党员的安全，决定张力克和组织部长鲁克及吴燕浜等人转移到香港，与中共南方工作委员会联系另行派遣工作。

二

1936年12月，张力克受中共南方工作委员会派遣到广东宝安（现深圳）、东莞、惠阳三县任中共秘密联络员，将中共重要指示秘密传递给地下党员。这三个县是临近广九铁路沿线的交通要道，为了掩护身份，张力克找到在南宁国民基础教育研究院的梁金生老师。梁金生是宝安县布吉站草埔村人，此时他已回到布吉站草埔小学任教。之后，他把家里的土地和家产卖掉，得到2000块大洋，在家乡创办了一所民族中学，并任校长，培养抗日骨干，建立中共地下党支部。梁金生非常支持张力克的工作，他安排张力克在草埔小学和民族中学任教。这样的公开身份，为张力克从事中共秘密活动提供了非常便利的条件。在家访时，张力克不失时机地向家长宣传中国共产党的抗日救国主张，并组织农民参加抗日自卫队，进行军事训练。

1937年七七事变爆发，张力克被派到广九路东莞县端风小学任教。在全面抗战的形势下，中共地下抗日活动不断加强。张力克与张里夫等人建立党支部，发展中共党员，发动农民群众参加抗日自卫队。为训练队伍，他请毕业于黄埔军校的端风小学校长梁燕常任教官，教授青年农民使用枪支弹药、冲刺搏杀等。抗日的火焰在当地群众心中燃起，中共的抗日救国主张日益深入人心。1937 年冬，张力克离开这里。虽在当时宝安县草埔村工作时间不长，但张力克十分怀念这个时期。1984 年，张力克重访草埔村时曾赋诗感怀："阔别草埔五十秋，布吉桥头苦筹谋。民族中学废墟在，梁师创业记心头。先驱血，解民忧，迎来神州春色秀。振兴中华慰先烈，希望后生续奋求。"

1931 年九一八事变后，日本帝国主义步步进逼，扩大对我国的侵略，中华民族处在生死存亡的危急关头。全国各阶层人民，特别是爱国青年，把驱逐日寇、拯救中华的希望寄托在中国共产党身上。1937 年七七事变后，中华民族奋起抗日，全面抗战爆发。中国共产党的抗日救国主张深得人心，中共中央所在地延安成为抗战的中心，是有识之士心怀向往的革命圣地。成千上万的革命青年冲破国民党重重封锁奔向延安，汇集到黄河之滨宝塔山边，团结在中国共产党的旗帜下，肩负起抗日救国、民族独立的重任。当时的延安抗大、陕北公学和中央党校等，成为革命大熔炉。张力克怀着无限的向往和革命理想，向组织要求去延安学习。经中共南方局批准和介绍，他如愿以偿。1937 年底，他只身一人从香港出发，沿京广铁路北上，由陇海铁路西进，辗转半个多月，经西安八路军办事处奔赴延安。当广袤的黄土高原进入眼帘，张力克被这壮观的北国风光所震撼，感到热血沸腾。

到延安后，中共中央组织部长陈云和干部科长乐少华找张力克谈话，告诉他被分配到抗日军政大学第三大队九支队学习，并担任党支部保卫委员。身为南方人的张力克虽住不惯窑洞，吃不惯小米，但精神上的解放却使生活的艰苦显得微不足道。在这里，他学习了社会发展史和政治经济学的基本原理，进一步坚定了自己终身追求的理想，及为民族解放、为共产主义事业奋斗终身的信念。老师讲授社会发展史时，从"猴子变人"开始，接着讲劳动创造世界，阶级剥削的产生、发展和消亡，是由生产力和生产关系的矛盾决定的客观过程和规律。张力克懂得人类社会发展经历了原始社会、奴隶社会、封建社会、资本主义社会逐步进入社会主义社会和共产主义社会的客观过程和规律，是不以人们的主观意志为转移的。人民，只有人民才是历史发展的"火车头"。人穷不是命注定的，而是剥削制度造成的，只有革命到底，才能推翻整个剥削制度，才能彻底解放。张力克作为知识分子，通过学习社会发展史，认识到劳动创造世界的真理，告诫自己不能轻视劳动人民，应培养自己热爱劳动、热爱劳动人民的思想感情。

除了学校安排的课程，中央首长还亲自为学员讲课。张闻天亲自给学员讲革命青年的"待人接物"，教导青年人如何用马克思主义规范自己的举止言行。讲得深入浅出，具体生动。刘少奇给学员讲"论共产党员的修养"，古今中外，广征博引。这篇讲稿后来整理出版，对于中国共产党的建设以及对教育和鼓舞一代代中共党员在为实现共产主义伟大事业而奋斗中创立伟大的革命业绩，具有重要作用。叶剑英也常到抗日军政大学作报告，讲解全国抗战的情况和世界反帝斗争的形势。回到延安的各根据地首长，也到抗日军政大学，向学员介绍开创敌后根据地，坚持独立自主的游击战争。抗日军政大学的学员学习理论，掌握时局，做好了奔赴抗日战场的准备。张力克当时写了《无悔追求》一诗，表达自己在延安学习的心情和收获："无悔追求得自由，踏雪寻梅芳自留，众芳竞发迎来日，世界大同共奋求。"

1938年5月，从抗日军政大学毕业后，张力克被中共中央组织部派到中央党校学习，后在党校任教员、研究员、党总支委员①。在此期间，张力克反复研读毛泽东的《论持久战》。这篇著作，高瞻远瞩，通观全局，驳斥了"亡国论"和"速胜论"，论述了抗日战争是持久战，预见了战争发展的三个阶段，阐明了中国人民必然取得最后的胜利。读过之后，张力克如登高望远，豁然开朗，看到了整个战争的演化过程和结局。他觉得毛泽东的《论持久战》不仅是伟大的军事著作，而且是伟大的马克思主义哲学著作，具体运用对立统一规律，洞察全局，预见未来，具有无可辩驳的说服力。

1939年，抗日战争进入相持阶段，由于国民党反动派对陕甘宁边区实行军事包围和经济封锁，边区财政经济出现极大困难，军民缺吃、少穿、油盐无保证，生活降到最低水平。1939年3月初，中共中央机关在延安召开一次活动分子会议，中央党校总支派张力克去参加会议。那天上午9时，他赶到会场，看到毛泽东主席已坐在会场里，一面吸烟，一面和身旁的

---

① 邹德复、苏秀魁：《张力克同志谈话记录整理》，1992年2月3日。

人谈话。9点半，200多人陆续到齐，毛泽东亲自主持会议和讲话。他对形势作了全面深透分析，然后，他通报一个坏消息，他说："国民党的参谋长何应钦已经下令停发八路军、新四军的军饷和给养，延安面临严重困难。他们（国民党）要看我们的笑话，想把我们困死、饿死、冻死。你们说，我们应该怎么办哪？"

大家没有思想准备，一时回答不上来。

"我有三种办法。"毛泽东踱着步，扳着手指头说，"第一条办法，就是'散伙'回家，你们从五湖四海走到延安来，再从延安回到五湖四海去，行不行啊？"

"不行，不好。"大家异口同声回答，"我们要坚持抗战，为共产主义奋斗到底，不能散伙。"

毛泽东又扳着指头说："第二条办法是'坐以待毙'，等着被人家困死、饿死、冻死，做革命烈士。"

"不行，不行。"大家又纷纷抢着说，"我们这些大活人，怎能束手待毙，等着饿死、冻死呢？"

"我也不赞成上面两种办法。"毛泽东又扳着手指头说，"还有第三种办法，就是自己动手种粮食、纺棉花，解决吃饭穿衣问题。我们是人，不同于其他动物。我们有两只手，可以使用生产工具，进行生产劳动。我们还有一个聪明的头脑，不会种地，可以学会种地。我考察我们祖先有一双手劳动，能把我们人类一代一代延续下来，我们这一代人就不能生存发展下去？我们自己动手，开荒生产把生活搞得好。把机关学校工作搞得更好些，用这种自己动手，自力更生的办法，克服困难，行不行啊？"大家都答："好！""好！"

毛泽东胸有成竹，谈笑风生，有意来考考大家。几句对话就把大家情绪鼓动起来。大家从毛泽东的言谈中感受到革命家、战略家重视困难、蔑视困难、战胜困难的无往不胜的伟大气魄。

"好！就一言为定。"毛泽东有力地把手一挥说，"从中央领导到普通党员和士兵、机关干部和学生都行动起来，绝不能让何应钦之流看我们笑话。"

会议开得简单明了，毛泽东的讲话和会场上的对话生动活跃，感人极深，让人久久不忘①。

会后，张力克向中央党校总支传达毛泽东的讲话和对话的情景，大家高兴极了。延安的党、政、军、学都迅速行动起来，积极响应毛泽东大生产的号召，都争先恐后地找铁，挖掘日本飞机炸延安投下的弹片，打成镢头，开荒地、种粮、种菜、养鸡、喂猪、纺棉线、捻毛线。大生产运动一浪高过一浪地开展起来。毛泽东主席、朱德总司令也在杨家岭驻地附近延水旁荒地上大汗淋漓地挖地、种菜，鼓舞大家争取好收成。

站在黄土高原上放眼望去，满山都是开荒生产的壮观场面；春夏之交，荒山长满了绿油油的禾苗、庄稼，生机无限，喜满心头。同年，三五九旅被从抗日前线调回延安，立即开进南泥湾，开展部队大规模的大生产，使南泥湾变成有名的"塞北的江南"。音乐家冼星海在大生产运动中创作出《生产大合唱》等动人歌曲，在舞台上此起彼伏地唱起来，歌声唱出

---

① 钟路编：《无悔追求》，沈阳出版社 1996 年版，第 131 页。

了延安的动人情怀。

一年后，延安生产有了大发展，粮食生产一般能半自给，建立了织布厂、毛织厂、被服厂、制药厂、造纸厂、兵工厂等。军民生活也有明显改善，中央党校一般每星期能吃上一两顿红烧肉。

1940年，新加坡爱国华侨陈嘉庚先生率领南洋华侨慰问团回国，慰问抗战将士。他先到重庆，目睹国民党贪污腐化、独裁，对抗战消极怠工，遇敌未战即逃，出卖国家权益，破坏团结抗战，陈嘉庚大失所望。陈嘉庚同年6月到延安，在延安住了一周，亲眼看见毛泽东主席、朱德总司令带头在地里劳动生产，深受感动，他说："这样自力更生，中国大有希望。"回到南洋募捐，过去都寄到重庆，后来他改寄到香港八路军办事处，由廖承志转交延安。这件事震动全国，被传为佳话。毛泽东发动的"自己动手，丰衣足食"的延安大生产运动，在抗战期间对克服困难，争取抗战全面胜利起到很大作用。这种亲身经历，使张力克终生难忘。张力克学会了从春种到秋收的全部生产过程，亲自体会到"粒粒皆辛苦"的滋味，深知一茶一饭来之不易。

1940年2月，张力克调任陕甘宁边区总工会文教部长，宣传大生产运动和开展学习劳动模范赵占魁的生产竞赛运动，参与编辑出版《工人报》、组织宣传抗日救国等文教工作。此间，他经常下乡下工厂开展调查研究。他还撰文探讨边区的文教工作方向。文中指出：由于工会干部文化水平的低落，致使文教工作还是工会工作中最弱的一环。县、区级脱离生产的干部，其中文盲占 60% 以上，很多区乡干部，由于文化水平过分低落，看不懂文件和书报，所以造成工会工作不容易向前开展。1941年工会的中心任务应该放在教育上面。看懂书报的干部，应经常阅读党报、决议和指示文件，加强马列主义的理论研究和对党当前政策的认识。不识字的干部应提高文化水平，多注重识字，消灭干部中的文盲现象，促进干部的文化理论学习。说服不愿学习的干部，克服忽视学习的现象。以工人集中的地区如延安市、延长市、绥德、三边、陇东等市镇，应普遍地建立和活跃俱乐部的工作，利用工余（如晚上）进行识字教育，加强政治宣传工作，拥护政府，执行政府所颁布的一切法令，保证政府战时一切动员工作顺利地完成。乡村工人教育，动员他们参加国民教育和社会教育，如冬学、夜校、半日校识字班等。在工人集中最多的地区，建立文化支点，加强对他们文化卫生和生产的教育，并应以文化教育为主，尽可能地动员工人子女参加小学、高小、社会教育①。

1941 年新年，张力克与女子大学的钟路结婚。钟路是八路军新四军驻香港办事处的工作人员，后经廖承志介绍到延安，曾在抗大、女大和中央党校学习。他们因是老乡，一见如故，于是互相接近，产生了感情。恋爱两年多，经组织批准结为终身伴侣。当时延安对青年干部的婚恋并无限制，然而男女比例悬殊，18∶1，能找到理想的配偶也是一种特殊的幸运。从此，张力克和钟路相濡以沫，走过人生的风风雨雨。

①张力克、钟路：《陕甘宁边区总工会文教工作方向》，1941 年 2 月 30 日。

　　1942年2月，为在全党范围进行马克思列宁主义教育运动，按马克思列宁主义基本原则开展批评和自我批评，延安开展了整顿党的思想作风运动。整风运动的主要任务是：反对主观主义、教条主义、党八股；批判王明的"左"倾路线错误，逐步达到全党统一思想，统一认识；提高马克思列宁主义理论水平，增强党的团结；发展抗日力量，打败日本帝国主义，解放全中国。在思想上、组织上具有伟大的历史作用。张力克有幸参加了整风运动的全过程。他亲耳聆听了毛泽东作的"改造我们的学习"、刘少奇作的"论共产党员修养"、陈云作的"怎样做一个共产党员"、张闻天作的"怎样待人接物"等报告。张力克在思想认识上有很大提高，特别对"调查研究""实事求是""密切联系群众、批评和自我批评"等理论和实际有进一步认识和提高。1943年4月，中共中央在《关于继续开展整风运动的决定》中，针对出现冤假错案，好同志被伤害的错误，提出对全党进行一次认真的"组织审查"。毛主席对犯错误同志，提出"惩前毖后、治病救人"方针，反对"残酷斗争"，是深得人心的。因此，整风运动起到了增强团结的重大教育作用，具有深远历史意义。张力克历史清白，没有包袱，但他还是自觉地通过批评和自我批评的方法学习马克思列宁主义，清除了主观主义、宗派主义和党八股的影响，进一步端正了思想作风，经受了这场伟大斗争的考验。

　　1943年3月，中共中央总书记张闻天和中央职工委员会书记邓发带领工作组，到陕甘宁边区被服厂检查工作，历时

50 多天，张力克随行参加。工作组了解到被服厂工作跟不上、偷工减料、消极怠工等问题和情况，并帮助解决一部分问题，调整了领导班子，使工厂生产情况有所好转。

1943 年 5 月 15 日，检查工作组举行总结大会，张闻天在会上讲话："这次检查工作是有成绩的，职工思想上有提高和转变，这是开展赵占魁运动完成生产任务的动力，有人认为公家的事与我无关，这是错误的，公营工厂是我们边区人民的财产，为工厂做工就是为自己做工，工厂办好了，我们的生产、生活也好了，丰衣足食就有保障了。"在检查工作的基础上，为了加强领导力量改进工作，上级派了几名干部来厂，帮助工厂领导成员进行调整。组织上派张力克担任被服厂党支部书记兼副厂长，后任厂长。

陕甘宁边区被服厂干部调整，领导力量得到加强，又有了新厂房和窑洞宿舍，大大改善了生产条件和生活条件，职工积极性空前高涨，并大力开展赵占魁运动和生产竞赛，在生产上、学习上、工作上出现了新气象。张力克领导党支部及时传达上级指示，发动开展赵占魁运动。宣传党的方针政策，并经常作时事报告，工人很爱听，听得很入神，下雨、打雷都不散。尤其活跃的是文化教育宣传工作，每天出黑板报公布生产进度，用顺口溜短诗短文表扬好人好事，群众喜闻乐见，并且开办了夜校文化补习班提高工人文化水平。在行政生产上，对工厂生产计划严格检查质量，工厂管理方面建立了统计制度、会计制度、经济核算制度，有部分工人实行计件累进工资制，做好宿舍分配及改善伙食管理工作。经过一系列的政治思想宣传工作，加强工厂管理工作，调动了方方面面的积极性，干部团结加强，提高了生产效率，改进了产品质量，节约原材料，降低成本方面均有较大成绩，从而改变了过去的混乱局面。

有紧急任务以及临冬赶制棉衣被褥时，厂内人员不足，便发动附近的群众和机关学校人员帮助絮棉花绗棉衣（按计件工资），再送回工厂扎制成棉衣棉裤，以保证机关学校和边防部队警卫部队不受冻和换季之所需。不但完成被服任务，而且大力支援鞋厂，用边角碎布料供应鞋厂做布壳原料，互相支援，共同前进。为解决原材料问题，张力克指派厂里得力骨干外出经商，开设门市部，用边区产的咸盐和土特产品到西安等地换回棉花和布匹。在张力克的领导下，被服厂开展了节省布料剪裁方法和提高效率的劳动竞赛，圆满完成每年向边区部队、机关、学校供应13万套服装的任务。厂里还用边区自产的毛料给毛泽东和中央首长特制了呢子制服。张力克在被服厂工作了3年，1945年抗战胜利，他离开延安。

1965年，离开延安20年的张力克，无限深情地写了一首《延安好》：

（一）

延安好，真理的故乡。

举世饥寒求解放，毛泽东思想指航向。

四海都神往。

（二）

延安好，革命的好榜样。

意气风发竞图强，战斗、生产、学习忙。

延安好榜样。

（三）

延安好，革命斗志旺。

"实践""为民"来武装，惊涛骇浪不惶惶。

延安永难忘。

（四）

延安好，一派好风尚。

求实精神永向上，延安精神大发扬。

延安永向上。

三

1945年8月15日，日本侵略者宣告投降，抗日战争取得胜利。东北成为国共双方必争之地。国民党蒋介石调兵遣将争夺东北。此时，中共中央也很快做出收复东北的决定，派出20多位中央委员、候补委员和10多万军队、2万多干部到东北开辟工作。当时，中共中央组织部和中央职工委员会按照中共中央指示，从延安各工厂抽调一批干部组成职工大队，到东北协助中央候补委员陈郁接收工厂，发动群众，恢复生产。并提出能否恢复生产是关系到中国共产党能否在大城市站住脚的问题。职工大队90余人，张力克为大队长兼党支部书记，副队长是徐宏文、杨长春、何水。1945年10月2日，他们从延安出发，日夜兼程赶往东北，途经山西、张家口、承德、开鲁等地，于1946年4月下旬到达辽西郑家屯（中共辽西省委所在地）与陈郁（当时为中央候补委员、辽西省委副书记）会合。从此，张力克开始了在东北的革命生涯。

1946年4月28日，陈郁带领职工大队和从沈阳撤出来的工人武装——工人独立团，乘火车进抵长春。在伪满皇宫里建立了东北工人政治大学，任命张力克为教育长，陈郁兼校长。

在陈郁的领导下，张力克率领职工大队和工人独立团、东北工人政治大学学生，一同进入长春市，接收工矿企业，发动群众，组织工会。5月22日，由于国民党军队进攻四平，在敌强我弱的形势下，东北民主联军紧急撤出四平、长春。职工大队撤到吉林火车站，奉命继续撤往哈尔滨待命。当时的斗争形势十分严峻。在北撤途中，新编的队伍哗变，地主武装残杀共产党干部。遵照党的指示，职工大队与工人独立团到合江省去做开辟根据地工作。到达合江省佳木斯后，张力克与中共合江省委书记张闻天接头并汇报工作，具体研究开辟农村根据地的工作方针和任务。

为了确保战略要地佳木斯到牡丹江的铁路畅通，中共合江省委决定成立依（兰）、勃（利）、桦（南）地委（简称勃利地委），由陈郁任地委书记。张力克任地委常委兼新建立的桦南县县长，并兼任新组建的工人独立团政委和土改工作团团长。当时的工作方针和任务，是发动群众进行土地改革；消灭土匪；恢复和发展生产，建立巩固的根据地，支援前线。

陈郁、张力克率400多人的工人独立团及县工作团乘火车去桦南。当火车途经孟家岗青背桥时，遭到土匪袭击。这个车站地形是两旁山丘中间铁路，土匪利用这个地形对列车进行袭击，火车脱轨停车。情况紧急，在陈郁的指挥下，张力克等人带领工人独立团立即下车集合，向土匪猛烈反击，并从侧翼迂回打击敌人。敌人向后山溃逃，战斗随即结束。这次战斗独立团战士伤亡 3 人。被土匪破坏的铁路经铁路工人修复后，火车继续前进。工人独立团和县工作团到达湖南营车站下车，进驻千振住在烧锅大院。经过这一仗，给土匪以沉重打击。

工人独立团和县工作团进驻千振后，千振周围小股土匪仍昼夜袭扰，企图在其立脚未稳之际，将其赶出桦南县，打乱发动群众建立革命根据地的布置。在敌人骚扰、民心观望的情况下，工作团的工作不能及时开展，干部的思想情绪也波动不安。县委决定分 5 个工作队到湖南营附近下乡调查，领导和发动群众进行反奸清算斗争。在工人独立团武装的配合掩护下，工作队下乡调查，挨家挨户访贫问苦交朋友，宣传党的方针政策，发动贫雇组织会，进行反奸清算斗争，使贫苦农民得到实际利益，提高其对共产党的政策的了解和增强胜利信心。

为稳定民心，消除匪患，张力克组建桦南县政府后，成立县公安局，收缴了地主武装。随后，张力克带县部队配合三五九旅主力在孟家岗区进行一场激战，敌人死伤 40 余人，敌伪头目关继善负重伤逃跑，他的部队和地主武装被缴械。张力克又亲自带部队到闫家区解决了恶霸地主艾德山的"区大队"武装。张力克观察了地形和敌情后说："我军没有工事依托，加上我主力部队尚未到达，只能智取，不宜强攻。"大家问道："怎样智取呢？"张力克胸有成竹地说："调虎离山，让他离开炮楼，到区里来开会。"有人担心说："他要不来呢？"张力克说："他现在势孤力单，表面上还得听我们的。如果他不来，那就是违抗命令。我们就可以展开政治攻势，利用矛盾，分化瓦解。等三五九旅主力到达，武力强攻解决他。"

张力克派县大队大队长王士斌到铁路东侧，冲炮楼喊话说："我是县大队王队长，奉县长命令，请艾大队长和各小队长上午十一时到区政府开会。"

艾德山果真带着他的小队长和班长十多人过来。张力克布置了3道岗哨。头道岗设在大门外，二道岗设在堂屋，三道岗设在会场门口。艾德山带着3个小队长和6个班长，全副武装。走到第三道岗时，他们身上的武器被卸下，走进会场。

张力克客气地让艾德山派人回去传话，让王大队长给他们讲形势和任务。王大队长率队接管了炮楼，并说要检查登记枪支弹药，将区大队武装缴械，然后讲明政策，愿意参军的重新报名，参加共产党军队，不愿当兵的发路费回家，把他们就地遣散。

会场这边，张力克严肃地说："老艾呀，据我们了解你这个区大队不纯哪！"

"县长，怎么不纯呢？"艾德山显得异常紧张。

"你们有些人暗中与国民党匪军勾结。三五九旅在石头河子、公心集战斗吃了亏，就是因为你们事先给匪军报的信。我这有群众的举报信。"

艾德山听罢，捶胸顿足起誓说："哎呀，这事兄弟一概不知道啊！"

这时王大队长派人回来报告，那边的事儿已经解决。

　　张力克转过身对几个小队长和班长说："你们愿回家的发路费先回家，愿意参加革命的我们欢迎，以后再来报名。有人做过点坏事，也不要怕，只要坦白交代，悔过自新，既往不咎，散会吧！"①

　　警卫人员当场把艾德山看押起来。傍晚，三五九旅一个营赶来支援时，任务已经顺利完成，这场调虎离山计未费一枪一弹。此后，县工人独立团配合三五九旅主力，分路跟踪追击，猛打穷追，迅速把大股土匪歼灭。在勃利召开群众大会，先后处决了当地四大匪首，彻底消除了勃利、依兰、桦南地区匪患。

　　匪患消除，为土地改革和建立根据地、积极支前顺利进行提供了前提。桦南县掀起了土地改革、分田分地、春耕生产和支前热潮。为深入发动群众进行土地改革工作，中共桦南县委书记陈郁带领张力克等及工作团大部分成员到天主堂村进行阶级调查与平分土地的试点工作。他们挨家挨户访贫问苦，宣传党的政策，和群众谈心，根据调查情况定成分，作为土改的依据。经过 2 个月的调查和试点，他们了解了群众的要求和愿望。群众组织起农会，政治觉悟有很大提高。到 1946 年冬天，各区群众运动已经全面发动起来，土改形成高潮。因工作团力量不足，地富搞"翻把"活动，阴谋把土改搞乱。根据中共合江省委指示，桦南县委工作团及时增派力量，查清情况，给群众再交清政策界限，为他们撑腰，发动群众揭露地主富农的阴谋，纯洁农会，巩固了贫雇农的领导优势。

钟路编：《无悔追求》，沈阳出版社 1996 年版，第 23 页。

1947 年 2 月，张力克任中共桦南县委书记兼桦南县县长。他按照中共合江省委的要求，说服农民不要进城挖浮财，一定要保护地主富农的私营工商业。因此桦南县的工商业基本上未受侵犯和破坏。到 1947 年 10 月，中国人民解放军由防御转入进攻，桦南县根据地建设和土地改革工作已经取得决定性胜利。中共中央颁布《中国土地法大纲》后，张力克领导中共桦南县委立即进行复查土改工作，直到 1948 年 3 月土改结束。为搞活经济、城乡交流、发展生产，张力克领导桦南县政府成立贸易公司，各区办了供销合作社。从春耕到秋收，县里开展生产大竞赛，军民全力投入到生产热潮中。

桦南县各村在土改过程中，出现了踊跃参军、支援前线的热潮。

据 1948 年桦南县统计，直接参加中国人民解放军的就有 4727 人。其中有 171 人为人民的解放事业献出了宝贵生命。出战勤，抬担架，照顾伤病员的人员更是数以万计。还上交军粮 91.9 万斤，猪羊 877 头，禽类 8950 只，被服 4640 套，鞋帽 8950 件。妇女们捐献了大量铜盆、铜门、铜锁、铜料支援兵工厂造子弹。群众还捐献了大量钱物和慰问品，为中国人民解放战争的最后胜利作出了巨大贡献。

张力克曾在回忆合江省土改的诗中写道：

让开大路占两厢，

主席决策意深长。

两万五千下乡去，

剿匪、土改、支前忙。

狂飙日，君记否？

百业凋零无盐粮，

"四大旗杆"[1]砍倒日，

平分土地喜若狂[2]。

四

在辽沈战役前夕，中共中央东北局从各省、县抽调大批干部进城和南下，以解放沈阳和支援全国。1948 年 5 月，张力克奉命调离桦南县到哈尔滨，在全国总工会参加筹备第六次全国劳动大会工作，担任全国总工会的材料组长。8 月 3 日，第六次全国劳动大会在哈尔滨召开。大会总结了新民主主义工人运动的经验，规定了新时期工人运动的任务，选举陈云为全国总工会主席。会后，张力克担任全国总工会研究室主任。10 月，他调任东北总工会常委和沈阳工作组，带领 30 余人到达沈阳北郊，等待沈阳解放。

1948 年 11 月 2 日，沈阳解放。张力克带领工作组人员紧急出发。11 月 3 日中午，进入沈阳城。他们在沈阳车站停留片刻，即前往中山路东北总工会办事处。对于军事胜利后，如何管理经济，共产党已有十分正确的认识，那就是必须迅速恢复生产，发展经济，才能稳定社会，才是全面胜利。毛泽东形象地提出：

---

① 当时合江地区有土匪谢文东、李华堂、张黑子和孙荣久，被国民党委任为国民党地下军上将司令，号称"四大旗杆"。

② 钟路编：《无悔追求》，沈阳出版社 1996 年版，第 26 页。

"要让工厂烟囱冒烟，才算站稳脚跟。"时任沈阳市军管会主任的陈云更具体地指出："要让铁西工厂的烟囱冒烟。烟囱冒烟是稳定工人，安定社会的最好办法。"因此，东北局、东北总工会、市军管会和中共沈阳市委一进城就发出恢复生产的号召。刚解放的沈阳，满目疮痍，经济萧条，百业待兴，工厂十厂九空，工人流散到市郊各地。面对这样的烂摊子，为成功接管沈阳这样的大工业城市，市军管会和市委、市政府大力宣传共产党的方针政策，从实际情况出发，从调查研究入手，抓紧恢复生产。

张力克和市军管会有关方面商定后，带领工作组深入机床一厂、五一工厂、七二四厂、五三厂、机器五厂、机车车辆厂、重型机器厂、冶炼厂、化工厂、橡胶厂、造纸厂、机床三厂、变压器厂、电缆厂等具有重大意义的十几家大厂，了解情况，发动工人复工生产。

张力克和市军管会商定后，带领警卫员姚庭良进驻铁西区机床一厂，发动工人护厂、复工生产。张力克和姚庭良在机床一厂住了十多天，主动接触附近的工人，在厂里开学习班，宣传党的政策，讲解社会发展史、工人阶级的历史使命等，听取工人在生活上的需要，询问工厂复工和进行生产有什么困难，和大家共同探讨解决困难的办法。学习班是自愿的，但听课的人越来越多。

当时工人的生活非常艰难，吃糠咽菜，吃白菜帮子掺高粱米和糠皮。复工也非易事。工厂有些重要设备零部件失散，原材料短缺，车间门窗破损，一些工人心不托底，不愿上班。张力克将这些情况向东北总工会主席张维桢汇报，经研究确定解决办法。对工人生活困难问题，当时市军管会已经着手往沈阳调运粮食，但是远水解不了近渴。经陈云特别批示，先从军粮中拨出部分粮食救济工人，以解燃眉之急，并决定凡来厂报到上班的工人，按军管会规定可先发30斤高粱米，发10万元东北币作生活维持费，并想办法帮助工人解决烧柴烧煤困难。对工人心里不托底的问题，反复跟工人交底，告诉他们沈阳解放了，工人翻身了，工人才是国家和工厂的主人。对工厂复工问题，充分依靠工人、职员和技术员共同想办法，让大家以主人翁的精神出谋划策，让工厂的烟囱冒烟。

这些好消息在工人中迅速传开，他们吃上了不掺糠菜的高粱米，感到十分温暖，对共产党充满感激之情。他们奔走相告，一传十，十传百，纷纷回厂上班，克服困难，积极恢复生产。机床一厂国民党时期的副厂长和一些职员都来厂报到，附近工厂的工人也来参加学习班，并回厂酝酿复工恢复生产问题。烟囱冒烟的讯息像春风一样，从铁西传到全市，人民生活稳定，工人阶级翻身做主，工厂生产开始正常运转。

尽管恢复了生产，但大部分工厂只是局部开始生产，机器缺备件、零部件和修理工具，原材料也供不应求，严重影响全面复工和生产进展。当时天津、上海还未解放，机器零部件也无处购买，恢复生产受到严重影响，只能靠自己解决问题，依靠工人阶级的力量，走自力更生道路。东北总工会和工作组的成员，在深入工厂调研时，听到这样的情况，在国民党统治时期，国民党官僚们为盗窃钱财，把机器及备件盗卖掉，为反抗这种盗卖和坑国家的抢劫行为，有些工人就把一些零部件卸下来，分散藏在各自家里，有些修理工具也顺手带回家。工厂刚复工生产，工人还来不及拿出来，有些工人还有些顾虑，怕被怀疑，后来经调查，这种情况带有普遍性。张力克向东北总工会领导汇报和建议，应当动员工人打消顾虑，开展一次公物还家、支持复工生产的献纳器材活动。军管会和中共沈阳市委很重视这个建议，市委、市总工会发出动员全市职工向国家献纳器材和工具的号召。这时，有些工人已经主动把公物送了回来。张力克带领工作组因势利导，在全市各大工厂开展了一次"公物还家"献纳器材活动。打消顾虑后，这一活动很快得到工人响应，各厂纷纷开展献纳器材活动，支持复工生产。有些工人主动献出贵重东西，工厂表示欢迎并给予适当奖励。有的职工，如马恒昌献出自己积累多年购买的"百分尺"献给工厂，这百分尺是检验测量精密部件的重要量具。当时是测量制造枪炮精密件用的，难以买到。有的职工献出卡尺、卡钳、车刀、扳手等等。后来各厂统计约有73000多件。献纳器材活动解决了遇到的困难和问题，有力支援了生产恢复。

随着生产的恢复和发展，党和工会工作深入开展，工人当家作主的主人翁意识提高，广大职工自觉掀起提高生产效率热潮。当时车"塔轮"工序复杂，要求精密度高，一般加工一个"塔轮"要5个小时（伪满统治时期要20多个小时），机床三厂工人赵国有一开始车一个"塔轮"只用3个小时，提高效率40%，轰动全厂，后来他又改进刀具、卡具和操作方法，创造出车一个"塔轮"只用53分钟的新纪录。

1949 年 3 月，张力克被中共中央东北局任命为东北总工会秘书长，中共东北局职工委员会常委①。

关于新纪录的创造，机床三厂工会主席聂炳举向张力克作了详细汇报。张力克觉得这个经验很好，带有方向性。经中共沈阳市委讨论决定在全市职工中开展"创新纪录"运动，广大职工热烈响应。创新纪录运动蓬勃开展起来，使劳动生产率成倍增长。不久，东北局、东北人民政府、东北总工会联合发出开展创新纪录运动的决定，在全东北掀起了创新纪录高潮。沈阳市工会还组织相互参观，组织"技术表演"、相互促进，不仅加速全市生产的恢复和发展，而且有力地支援了全国解放战争，同时对沈阳工业的改造和发展，也打下坚实的基础。1949年底，沈阳市统计局统计：全市工业生产总值已达到 1.9 亿元。全市工业企业主要有兵工厂、机车车辆厂、汽车厂、冶炼厂和机床一、二、三厂以及桥梁厂、电业器材厂、橡胶厂、纺织厂、毛织厂、烟草厂、酿酒厂、针织厂、染织厂、制革厂、化工厂、造纸厂、文具厂等。主要产品有钢、铜、焦炭、铅、铜材、烧碱、化学农药、矿山设备、泵、风机、气体压缩机、金属切削机床、滚珠轴承、交流电机、变压器、电线、电缆、纺织品等②。

1949 年 6 月，世界工会决定在意大利米兰召开世界工会第二次代表大会，邀请中国工会出席参加会议。为利用这次会议加强与世界工会的联系，在新中国即将成立之际，借鉴东欧各国重建国家的经验，中共中央决定参加会议。代表团由全国

---

① 邹德复、苏秀魁：《张力克同志谈话记录整理》，1992 年 2 月 3 日。
② 张力克：《沈阳解放初期的回忆》，1988 年。

总工会副主席刘宁一任团长，广东海员工会主席林锵云任副团长，东北总工会秘书长张力克任秘书长。张力克于 6 月 6 日随代表团乘火车到哈尔滨，随后又经满洲里到苏联赤塔后再飞往莫斯科。因他们的出国护照是解放区政府的出国护照，而意大利政府当时只承认国民党政府。代表团飞到布拉格交涉时，意大利使馆拒绝签证入境。代表团据理力争，说明中国代表团是应世界工联邀请参加大会的，是代表中国解放区 165 万职工来参加会议的，不让入境是没有道理的，但仍遭到无理拒绝。6 月 21 日，大会召开时，中国代表团通过电话向大会致意，并委托苏联工会代为发表书面意见，大会秘书处也通过电话将会议情况向中国代表团通报。代表团在布拉格受阻后，便筹划准备执行出国访问的另一任务，到东欧五国参观学习。捷克斯洛伐克、布拉格是他们访问的第一站。

　　张力克随代表团参观了捷克斯洛伐克的工厂、农庄，游览了布拉格市郊的风光。9 天的时间里，他们参观了著名的自动化制鞋大厂和斯克达机械厂等，看到每个农庄都通电话、修柏油马路、村村通汽车，还游览了布拉格市的伏尔塔瓦河。代表团坐火车到达匈牙利首都布达佩斯，来到了贯穿匈牙利国土的多瑙河畔。世界反法西斯战争胜利后，匈牙利的农业和工业恢复发展较快，在匈牙利工会组织指引下，代表团参观工厂、农村。带给张力克总的感觉是：第一，匈牙利很注意各民族的协调组织工作，匈牙利总工会根据本国特点组织农业工人成立农业工人协会，充分发挥农业工人作用，稳定人们生活，对战后农业迅速恢复发展，起到了积极作用。第二，匈牙利十分注意把工人、农民、知识分子团结起来，使体力劳动与脑力劳动结合起来，协调发展。第三，匈牙利十分重视基层组织工作，每个基层工会都建立纪律检查委员会，使人民的民主、自由，在民主集中制指导下，朝气蓬勃地向前发展。在波兰首都华沙，代表团参观"华沙一条街"，这里记录了波兰人民同法西斯英勇作战的故事。他们还参观了农业合作社。当时的波兰工人党总书记贝鲁特以鸡尾酒会的形式招待他们。进入大厅后，他们看到两边放着两排长桌，桌上摆满丰盛的酒菜，不知该怎样用餐。当他们知晓用餐方式后，感觉非常轻松随意，没有过多的礼节约束，在轻松的谈话中了解了很多情况。随后，他们又到罗马尼亚首都布加勒斯特。在炼油厂，张力克第一次看到汽油制造生产过程。工厂中工人的一丝不苟精神给他留下深刻印象。在罗马尼亚东部黑海著名的康斯坦丁，他们领略了海滨风光。回到莫斯科后，代表团瞻仰了红场列宁墓。此时已是1949年8月，他们在莫斯科听取了苏联总工会组织部长介绍苏联总工会民主集中制原则，参观了莫斯科加里宁纺织厂。工人们忍饥挨饿，艰苦奋斗，上下一条心恢复生产的精神，给他们留下深刻印象。当代表团问如何处理党政工团关系时，该厂厂长介绍说，厂里是实行厂长负责制，生产行政由厂长负责，工会一方面组织教育工人遵守国家法律，完成生产计划，另一方面开展劳动竞赛，组织业余文体活动，负责职工的医疗福利工作。同时受国家委托，负责工人的技术、文化、培训等工作，不存在什么关系问题。

中国代表团历时3个多月出国参加世界工会活动，增进了团结友谊。代表团成员回到各地各单位都及时向职工传达出国见闻和感想。张力克回沈阳后，即到鞍山市、大连市、长辛店机车厂等地传达出国收获，布置当前任务。

1949年10月1日，中华人民共和国成立。在开国大典上，毛泽东庄严宣布："中华人民共和国中央人民政府成立了！"沈阳市在中山广场召开50万人参加的空前盛大集会，庆祝中央人民政府成立。会后群众游行，张力克参加了这次大会，拍了许多照片，记下这一伟大的历史时刻。当夜，他心情激动，难以入睡，特赋诗赞颂：

喜庆开国大典（调仿"鹧鸪天"）

开国大典北京开，

举国欢腾情如海。

百年美梦得实现，

英烈含笑扬九霄。

人欢乐，山也笑，

火树银花满天照。

忽报长空天外客，

归来同庆同欢跳[①]。

五

1949年10月上旬，张力克奉命进北京参加亚澳工会会议的筹备工作。当时中华人民共和国刚刚成立，各项筹备工作尚

[①] 钟路编：《无悔追求》，沈阳出版社1996年版，第32页。

未就绪，张力克被分配参加怀仁堂会场修饰、安装会议同声翻译电话、布置毛泽东主席接见各国代表的会议室、起草一些电文等工作。会议筹备期间，大家工作非常紧张，有时通宵达旦。会议于 11 月 16 日在北京怀仁堂顺利召开。毛泽东于 11 月 21 日接见了出席会议的 27 国代表，他对各国代表说："你们不远千里到北京来开会，这是对我们新中国的有力的支持，非常感谢你们光临……"① 代表们以热烈的掌声，表示由衷的高兴。

亚澳工会会议于 12 月 1 日闭幕。12 月下旬，张力克回到沈阳。1949 年 10 月，沈阳市召开第一届工人代表大会，正式成立沈阳市总工会，会议选举张力克为市总工会主席。当时张力克因在北京参加亚澳工会会议筹备工作，未能亲自出席这次会议。1949 年 12 月，东北局任命张力克为中共沈阳市委常委，市委职工委员会书记②。

肩负沈阳市委职工委员会书记、市总工会主席重任，张力克感到责任重大。工作中，他仍然保持着亲自下基层，深入实际，调查研究的作风。1950 年 1 月，张力克听了沈阳机器五厂工会干事王金平介绍马恒昌小组的先进事迹，觉得很感人，立刻让警卫员搬上行李住到机器五厂。他和工人谈心交朋友，并特意接触到车工组长马恒昌。马恒昌已在沈阳的兵工厂做了 27 个年头的工人，站得两腿略成 X 形。他经历了旧中国的黑暗，新中国成立后，从内心焕发出当家作主的自豪感和积极性。马恒昌在机器五厂担任组长以后，为保证优质高产完成生产任务，

---

① 张力克：《"周游列国未到秦"——1949 年出访东欧五国》，1986 年 5 月。
② 邹德复、苏秀魁：《张力克同志谈话记录整理》，1992 年 2 月 3 日。

团结全组公开技术，建立"技术研究会"、"检查头一个活"、组织"三人互助组"，保证不出废品。组内民主分工，各尽其责，建立严格劳动纪律和交接班制度，从而保证了优质超额完成生产。在迎接沈阳解放后第一个"红五月"的劳动竞赛中，全组10人立功，7人创10项新纪录，改进工具18种，生产出7000多件精密产品。在接触中，张力克了解到车工组的10位工友，都有苦难的经历和鲜明的对比。他们人人都热爱新社会，热爱共产党，热爱毛主席。全组10位车工在解放后的一年里都立了功，入了党。这种主人翁意识在小组的集中表现，是工人群众从朴素的报恩思想向自觉的主人翁意识的跃进，是马克思所说从"自在的阶级"向"自为的阶级"转化的过程。张力克认为，小组是厂矿最基础的组织细胞，是具体进行生产的基础单位，如果工厂生产小组都活跃起来，其能量是很大的，对恢复和发展生产都会起到十分重要的作用。张力克迅速写出报告，及时向东北总工会主席张维桢汇报，并商量推广这个小组先进经验的措施办法。张维桢指定张力克主持起草《关于推广学习马恒昌小组经验的通知》和怎样推广马恒昌小组先进经验的文件，并组织动员沈阳全市的新闻舆论报刊宣传马恒昌小组经验。1950年3月下旬，以东北总工会和沈阳市总工会名义，召集《东北日报》《劳动日报》《沈阳日报》和新华社驻沈阳记者站等有关单位，商定掀起一次集中宣传马恒昌小组先进事迹的高潮。1950年4月11日，东北总工会召开东北全境的生产部长联席会议，会议由张维桢、张力克主持，并特约马恒昌出席介绍他的小组经验。生动的事迹，博得生产部长们的热烈

掌声。会后,东北总工会首先发出《关于推广马恒昌先进小组
经验的指示》,接着《东北日报》《劳动日报》发表长篇通讯,
《沈阳日报》发表沈阳市总工会《推广与学习马恒昌小组先进
经验的通知》,号召学习马恒昌小组经验,开展迎接"五一"
国际劳动节活动。东北新华书店 5 月初出版发行《生产小组的
好样子》小册子。沈阳美术界出版了马恒昌小组的连环画。沈
阳市总工会汇集各报刊的文章社论及东北总工会、市总工会的
通知,号召学习马恒昌小组先进经验。当年全市就有 183 个生
产小组取得显著成绩,成为马恒昌式先进小组。后来,东北局
和全国总工会分别发出向马恒昌小组学习的号召,马恒昌小组
经验很快推广到全国。马恒昌小组的先进经验推广到全国,影
响到国外。苏联全国总工会来人专门考察,还在苏联发行了马
恒昌车活的纪念邮票。1950 年 9 月,中共中央和政务院决定
在新中国成立一周年前夕,召开全国工农兵劳动模范、战斗英
雄代表大会,向中共中央和毛泽东主席汇报辉煌业绩。马恒昌
到北京参加了会议,马恒昌小组被评为全国劳动模范小组,马
恒昌本人被评为全国劳动模范,并出席了毛泽东主席举行的国
宴,马恒昌代表东北工人向毛泽东主席敬酒,并光荣地与毛泽
东主席握手。

抗美援朝战争爆发后,马恒昌小组通过全国总工会向全国
发出倡议,开展"爱国主义劳动竞赛"。这一倡议很快得到全
国 18000 个生产小组的热烈响应,激发了工人阶级爱国主义和
劳动竞赛热潮。张力克当时兼任沈阳市抗美援朝后援会主任。
在中共沈阳市委的要求下,张力克领导抗美援朝后援会在抗美

援朝运动中发挥带头作用。后援会一方面积极组织工会干部向全市职工进行爱国主义和国际主义思想教育，另一方面积极组织职工订立爱国公约。全市100多万人参加这一运动。工人们努力搞好生产，多造枪、炮和弹药，赶制汽车防滑链等急需物资。有3000多名火车司机和1000多名汽车司机开赴前方参加运输工作，形成一条"炸不断的运输线"。建筑工人奋战在军用飞机厂，修建国防设施。工会发动全市职工捐献飞机16架，向中国人民志愿军送炒面40万斤，棉衣50万套，慰问袋20万个等①。

1950年，张力克深入基层推广总结沈阳五三工厂的工会工作先进经验。张力克到铁西区各厂调查蹲点，发现工会工作难做，威信不高，有部分工会干部不安心工会工作情况。经过调查研究，张力克写出《怎样才能提高工会的作用》的讲稿。讲稿中提出，要想把工会工作做好，就要做5件事：把生产搞好；把工会的墙基即小组搞好；关心工友的疾苦和困难；要有文化娱乐；工会要主动自主地工作。张力克在沈阳玻璃厂工会干部会上讲完这篇稿后，职工认为讲到了点子上。随后，张力克又带队深入到沈阳麻袋厂、沈阳染料厂、沈阳五三厂调查基层工会经验。他发现沈阳五三厂工会工作比较主动和全面协调实在，工会由党委统一领导，调动党员、团员、干部共同关心重视工会工作。工会主席齐庭汉能主动把生产、生活和教育三位一体地结合起来，全面开展工作。厂长和行政干部能经常主动关心

---

① 邹德复、苏秀魁：《张力克同志谈话记录整理》，1992年2月3日。

和积极参加工会工作，倾听工会意见，帮助工会解决实际困难。工会也围绕生产中心，积极主动地组织职工劳动竞赛，保证行政任务的完成。对实行计件工资和计时工资加奖励的工资制度，工会能积极提出意见与建议。与行政部门订立集体合同的同时，工会能把生产、教育、福利的要求列入计划，给工人带来利益。工会也主动组织工人进行安全生产和生活、教育、文化等活动，行政上也给予支持。厂里建立了党、政、工、团的碰头会制度，定期开展批评和自我批评，保证了思想和行政步调一致，工会也有了工作动力。沈阳五三工厂工会工作的经验，为其他工会指出了方向。张力克亲自撰写调查材料，推广沈阳五三工厂工会的先进经验。1951 年 1 月 15 日，沈阳市总工会及时向全国总工会做出口头和书面汇报。4 月 1 日，中共沈阳市委发出《关于学习五三工厂工作经验的决定》。1953 年 1 月 10 日，朱德到沈阳视察工作，为沈阳五三工厂题词："你们是依靠工人阶级搞好工厂管理的模范。"这些给了工厂职工以极大鼓舞。1953 年 4 月 15 日，政务院财经委员会和全国总工会联合决定，在全国推广沈阳五三厂政治工作、行政管理工作和工会工作经验。这三方面的材料由工人出版社出版，各新华书店发行。政务院财经委员会决定奖励沈阳五三厂人民币 5 亿元（旧版人民币），这在全国引起轰动。沈阳五三厂的职工非常振奋，工厂1953 年的产值比 1952 年增长 63.3%，并获得"全国模范工厂"称号。

张力克担任沈阳市总工会主席期间，在市委的领导下，充分走群众路线，沈阳市工会工作具有建设性和创造性的特点。

1951年3月4日，张力克在《沈阳日报》发表专题文章《推广先进经验，深入巩固竞赛》，推动了增产节约运动的深入开展。在1951年、1952年两年中，沈阳全市推广先进经验108项，找出窍门77540个，超额完成国家计划。为调动工程技术人员的积极性，中共沈阳市委召开全市工程技术人员代表会议，张力克作报告。他号召工程技术人员积极行动起来，参加质量检查和增产节约运动，发挥技术专长并负起技术管理的责任，促进知识分子与工人群众的紧密结合。为了发挥工会作用，张力克提议市总工会建立工人政治学校，专门培训工会干部和生产骨干。张力克兼任校长，他经常住在学校，白天上课，晚上和学员谈心，增进感情。学员们在工作岗位上发挥了很好的带头作用。张力克还经常走访工会干部，关心他们的工作和生活。有一次，他到沈阳冶炼厂听工人说，有的工种经常接触有毒物质，他便同该厂领导共同研究改善劳动条件的措施，提出从事有毒气体工作的工人要三年变换岗位，还要定期疗养。

1952年5月，张力克调任中共沈阳市委秘书长兼工业部长。他三分之一的时间抓工会工作，三分之二的时间在市委工作。1953年1月，张力克主持召开沈阳市国营工厂党的工作会议。他在会议上作总结报告强调指出，必须加强党对经济工作的领导。随着大规模建设的到来，如果不努力学习，困难就会更多更大。因此必须努力学习，使学习成为全体人员共同遵守、共同监督的、新建设时期的新任务之一①。

---

① 钟路编：《无悔追求》，沈阳出版社1996年版，第38页。

六

1953 年 3 月，张力克被任命为沈阳市人民政府常务副市长兼党组副书记。在担任副市长期间，正值国家开始大规模工业建设和实施国民经济第一个五年计划时期,张力克主管工业、交通、基本建设工作，经历了严峻的考验。他带头实干、苦干，并想方设法调动方方面面的积极性，将各有关方面的人力、物力、财力、智力凝聚在一起，靠艰苦奋斗来实现国家所下达的艰巨任务。1953 年 7 月在沈阳市第一次党代会上，张力克作了"关于沈阳市四年来（1949—1952）经济工作的发言"。在1953 年 9 月沈阳市召开的第三届各界人民代表会议第四次会议上，张力克代表市人民委员会作政府工作报告。他指出，为完成好国家计划建设任务，应加强党的领导，加强业务学习，加强经济工作的计划性，充分发挥企业潜力，认真学习和大力培养与提拔新的技术人才。他还号召全市人民在艰巨而光荣的任务面前，齐心协力积极行动起来，迎接历史所赋予的新使命，为把沈阳建成为以机械工业为主体的重工业基地而努力奋斗！①

沈阳当时是国家重点投资建设的城市之一，国家计划把沈阳建成以机械工业为主的重工业基地，改建、扩建和新建了现代化骨干企业，并对原有的企业进行一系列技术改造。当时沈阳有限额以上工程26项，其中有6项属于国家156项重点工程，

---

① 中共沈阳市委党史研究室编：《沈阳市人民代表大会（会议）重要文献选编》（1949—1978），内部资料，第129页。

如112厂、410厂、111厂、沈阳第一机床厂、沈阳风动工具厂、沈阳电缆厂。限额以上的工程如沈阳风动工具厂、沈阳变压器厂、沈阳高压开关厂、沈阳低压开关厂、沈阳矿山机械厂、沈阳重型机器厂、沈阳滑翔机厂、沈阳机车车辆厂等。国家投资总额为16.1亿元，这些大型骨干企业的建成，新增加生产能力机床9320台，电缆3万吨，有色金属11.8万吨，大型变压器904台[①]。完成这样的任务既光荣又艰巨。除全国支援和苏联专家帮助外，全市工人阶级以坚韧不拔和蚂蚁啃骨头的精神，昼夜奋战在工地上，平均每年建设项目300多个，共建成重点项目50多个。

沈阳国民经济进入飞跃发展阶段，有力地支援了全国经济建设。"一五"时期，全市科技人员由1952年的6859人，到1957年增长为15000多人[②]，工人参加文化技术学习的人数也逐年增加，为国家提供了大量专业人才。

为保障重点工程建设的顺利进行，身为副市长的张力克经常深入工厂、工地了解基层情况，并组织有关部门协同帮助解决基层工作的实际问题，并及时向东北局、中央各部委、市委领导反映基层实际情况和问题，使市政建设、公用事业、交通运输、施工、安装力量等满足重大工程建设的需要，保障国家重点建设顺利进行。在"一五"时期，沈阳城市基础设施和人民生活都有了很大改善。张力克分担土建安装、市政建设和职工生活等方面，当时全市组织4个建筑安装公司共有3万余人，

---

① 邹德复、苏秀魁：《张力克同志谈话记录整理》，1992年2月3日。
② 张力克：《回忆第一个五年计划在沈阳》，1986年。

每年土建安装任务120万平方米，职工宿舍每年增加100万平方米，铁西工业区新建一座10万千瓦热电厂。沈阳的有轨电车逐步改为无轨电车和公共汽车，自来水源也有所增加，辽河水资源从新城子到马三家子再引导到市内，水、电、煤气供应以及交通运输、邮电通信建设也逐年增加。在保障职工生活供应方面，市政府全力以赴，加强了郊区的农田水利建设。在沈阳部队的大力支援下，修通了从东陵到苏家屯的"八一"灌渠，给沈阳市的粮食、蔬菜和肉食供应逐步实现自给打下了基础。

随着"一五"计划的实施，沈阳逐步建成以机械工业为主体，门类比较齐全的重工业基地。特别是军事工业在苏联专家帮助下，在1956年制造出中国第一架喷气式战斗机，以后又有导弹、火箭炮等先进兵器工业生产，为国防现代化打下了坚实的基础。

在中共中央和沈阳市委、市政府统一领导下，张力克做了大量的组织协调工作，支持和保证了国家"一五"计划在沈阳建设项目的顺利进行。"一五"时期是沈阳市最辉煌的时期，也是张力克同志一生中引以为豪的非凡岁月。但是随着国家探索社会主义建设道路过程中发生的失误，后来出现了脱离实际的"大跃进"和人民公社化运动。沈阳国民经济和全国一样，走了一个"之"字形的曲折道路。当时仓促上马建设的有上千名职工的铁岭钢铁厂，由于缺乏科学的可行性研究，成本过高，严重亏损，最终倒闭。张力克敢于承认错误，他十分自责，决心吸取教训，认真执行调整工作。纠正了"大跃进"的错误，沈阳迅速度过困难时期，逐步恢复了经济活力。

1953年5月25日，张力克在政协沈阳市第二届委员会第一次会议上作讲话，强调要依靠党的领导和人民的监督改进政府工作，要在党的统一领导下全心全意依靠工人阶级。张力克心中装着工人群众，能体味他们的辛苦。为了亲身体验工人的生活，他同环卫工人一起淘了一个星期大粪。开始工友们不认识他，都很纳闷，怎么半道上出来一个"程咬金"。每天他都按时上下班，淘起粪来特别认真。后来有见过他的人认出他是市政府的张副市长，工人们十分惊讶，简直无法相信。他还到沈阳重型机器厂的炼钢车间，同工人一起，披上帘子布沾上水，到炉前劳动，体验热到一定程度的滋味。在炉前，暴露的面部被烤得火烧火燎地痛，稍不小心头发和眉毛就被烤干，发出焦煳的气味。亲自体会到了工人的不易，张力克更加关心工人的保健问题和安全问题。有一次，听到沈阳发电厂的煤堆倒塌压死人的消息，张力克心里很难过，他亲自带领劳动局和工会的负责人去看现场，安抚死难者家属，提出防范措施，令其限期改正。张力克责令此事全市引以为戒，普遍进行安全检查，严防类似事故发生[1]。

七

1959年6月，张力克调任中共沈阳市委候补书记、书记处书记。多年的劳累过多地损耗了他的身体，虽然疲惫不堪，时常感到不太舒服，但他依然夜以继日，废寝忘食地工作。由于没有及时调养，造成积劳成疾，病痛袭来。他在工作的时候，

---

[1] 钟路编：《无悔追求》，沈阳出版社1996年版，第40页。

时常感到胃痛。有时疼得太厉害，他就把胃部顶在桌角上，头冒虚汗，但仍继续坚持工作。在家人的劝说下，张力克才到医院看病。经过检查，医生告诉他得了胃溃疡，需住院治疗。张力克觉得这个病没什么大事，加之堆积成山的工作使他顾不上治病，他依然坚持在工作岗位。可是，病情被拖得越来越重。几年后的一天，他突然大量便血，开头便黑血，接着竟直接便鲜血，昏迷倒地。他立刻被送到中国医科大学附属第二医院（现盛京医院）抢救。当时由肠胃病专家陈淑珍教授给他做了胃切除大手术。术后血是止住了，可是肠胃新连接部位上下不通气不能排泄，不能吃、喝，在医院的 26 天全靠输液维持生命，身体极度虚弱，情况严重恶化。大家开始怀疑手术出了问题，但陈淑珍教授确认手术肯定没有问题。那是什么原因呢？如果做第二次手术，张力克的身体承受不了。时间一天一天过去，近一个月了，仍然上下不通，不见好转。

张力克病情严重，生命垂危。市里从北京 301 医院特意请来有丰富经验的肠胃病外科专家陆维善教授到沈阳来会诊抢救。陆教授同意陈淑珍教授的看法，认为开刀以后肠胃的局部刀口愈合，里面却水肿阻塞。他主张采取洗肠和打气的办法进行疏通。这个治疗方案实施了一个星期，果真见效，张力克肠胃通了气。医院的护士与张力克妻子钟路一道，日夜守护在他的病床前，守护了 24 个昼夜，为其担忧，盼着他的病有转机。看到张力克身体逐渐好起来，护士高兴得跳了起来，逢人便讲："张力克同志有救了！"

这种真情让张力克深受感动。脱离危险后，他的病情日见好转。他后来写了一首感谢白衣战士的诗：

> 日日夜夜白衣裳，
> 心随安危寝食忘。
> 救死扶伤肩重任，
> 病除颜悦报安康。

一场大病后，需要继续治疗和休养，张力克从医院到疗养院整整躺了大半年。出院之后，虽然身体仍消瘦虚弱，但他还是全神贯注地投入市委的日常工作。随着"左"的错误的日益严重，导致"文化大革命"爆发，张力克和市委其他领导一道被打倒，挨批斗，被停职、罢官。1969 年 12 月，他被下放到辽宁省铁岭县新台子八里庄，在那里插队落户务农 3 年。在农村，张力克凭着革命乐观主义，既不埋怨，也不叫苦，带领全家，克服困难，在潮湿的房子里很快安顿下来。他给农民讲党课，讲党的发展史，在劳动中与农民交朋友，学习农业知识。劳动之余就看书学习，充实自己。他还曾写诗自勉道：

> 喜与农民同耕作，
> 更知粒粒皆辛苦。
> 茅屋重温经典书，
> 正义从来不服输。

1970 年，沈阳市召开第五次党代会后，恢复了"文革"

初期一度瘫痪的市委工作。张力克于 1973 年 3 月奉调回沈,任中共沈阳市委常委、市革委会副主任兼市计划小组组长。他仍然负责公交基建等经济工作。在"文革"的逆境下,张力克艰难地坚持为党工作,直到粉碎"四人帮"后,才又迎来工作上的春天。

1977 年 1 月,张力克重任沈阳市委副书记。1978 年,他到中央党校参加轮训班学习半年。

八

1979 年 12 月,张力克喜进北京中南海,在国家机械工业委员会任副秘书长、党组成员,兼科技局长。张力克上任后,保持了一贯的工作作风,首先搞调查研究。因在沈阳工作多年,沈阳又是以机械制造工业为主的重工业城市。他回到沈阳,对沈阳机械工业的情况和问题作了周密的调查研究,于 1980 年 3 月向国家机械工业委员会党组做了详细汇报,并提出具体建议,为机械工业的调整、改革、发展,如何适应国民经济的发展形势,提供了有益参考。

张力克在汇报中指出了机械工业存在的问题:科研、设计力量薄弱,新产品研究、设计、试制工作进展迟缓,老产品不能及时更新换代。他还分析了造成以上问题的原因:科研队伍人员不足,水平不高,又未能充分发挥科研人员作用;没有比较稳定的切合中国实际的长期科学技术发展规划和政策;缺乏试验手段,没有必要的良好试验设备;还有一个重要原因就是科研经费不足;引进设备缺乏统一的全面规划,1978 年以来各部都热衷购买设备，但忽视购进技术图纸，有的购进设备后，没有进行测绘、仿制、研究改进计划，使科研单位得不到锻炼和发展提高，反而使不少科研单位闲着没事干；国防工业的科研人员和技术设备等优势、潜力很大，须进一步发挥其作用，应结合市场，多生产民用产品，使市场商品更充裕更丰富。

　　针对以上问题，他提出以下几点建议：（一）进行体制改革，打破部门、行业、地区的界限，按专业化协作的原则进行调整、改组，走联合协作攻关道路，将经济办法和行政管理办法结合起来，改进科研管理体制。（二）对机械工业的科研本身，进行技术改造，充实试验设备和科研手段，使之为国民经济发展提供先进装备创造条件。（三）科技是生产力，要大力加强科研工作，必须增加必要的人力、物力、财力、试验手段，培养更多的科技人才，当前特别要进一步落实知识分子政策和奖励政策，并增加科研经费，以充分调动和发挥科技人员的积极性和创造性。（四）加强统一引进和落实引进后的测绘、研制、消化、提高工作，避免或减少重复引进生产的浪费现象。（五）进一步发挥军工的优势和潜力，增加军用民用产品相结合，增加和发展民用产品生产，特别是高科技的民用产品，促进民用产品质量提高，增加市场供应，促进市场经济繁荣[①]。张力克的调研报告中提到的进行体制改革等建议，完全符合未来机械工业的发展方向。

　　1981 年，国家机械工业委员会的分工中，张力克主管技

---

① 张力克：《对改进机械工业的科研工作几点建议》，1980 年。

术局和技术顾问小组工作，这使他的工作压力越来越大。因为他要负责为机械工业的调整，服务方向，改变生产结构，改造落后技术，改革管理体制及科技发展方向等提供建议。当时对宝钢和武钢建设和引进，引来很大议论，认为重大项目，未经周密调查计算和比较贸然引进，风险太大。张力克感到自己的历史责任重大，必须设法有所改进。他想到国务院所属各部委，技术、经济各类人才济济，只要领导管理人员善于组织协调和穿钉引线，可以起到智囊团的作用。1981 年 3 月，以技术局和张力克个人名义，向薄一波副总理及机械工业委员会主任写报告，后经国务院办公会议同意，批准成立机械工业技术经济研究所，张力克兼任所长，江枫兼党委书记，何世耕任副所长。50 多位科研人员来所工作。新的研究所没有办公地点，在王府井借房暂用，后来国家投资 40 万元建新楼作为经济技术研究所的常设机构。

张力克调北京工作时没分配到宿舍，暂住在西皇城根国管局招待所，每天步行到中南海上班三年。中南海的优美风景让他心旷神怡，深有感怀。1982 年，他写了一篇中南海抒怀：

步入中南海，景色宜人，气息清新，诗意盎然，引人神往。

春来万木争春，繁花似锦；夏来绿茵如织，胸怀激荡！

秋来湖光粼粼，秋实累累；冬来古柏苍松，顶立穹苍；环望四方，碧瓦红墙，亭台楼阁，巧缀其间，诱人思量。

啊，中南海，你是多少代人心血凝聚的地方，你曾创造出多少闪烁动人的诗章；你又肩负多少亿人的期望。千秋功罪谁与评说？历史的实践是检验"正负"公正的度量。

啊，中南海，你不直接产煤发电，你却盛产多种方针政策，你的声波电波牵动着亿万人的心弦，拨出综杂而动人的乐章。

"发展生产力"是八十年代最强的音响，神州大地正经历着探索、求实、奋进的新篇章！啊，中南海，历史上有多少风流人物，为你折腰图强，又有多少人祝愿你秀丽的风姿更旺更芳！

此后，张力克在一系列的职位上仍任劳任怨，在每个岗位上都兢兢业业。1982年，任国家经委纪检组组长；1983年，任中国人民政协第六届全国委员；1985年，任中国质量协会副理事长；1988年，任中国人民政协第七届全国委员；1988年5月，任中国工业经济协会顾问；1988年4月，被辽宁省人民政府特聘为经济咨询顾问；1988年，任国家计委咨询组成员。张力克始终保持努力钻研探索精神。1983年，他任中国人民政协六届委员时，在工会组当副组长，他积极发言，为工人参政议政出谋划策。任职质量协会时，1986年6月，张力克带工作组到沈阳市对33个大中型企业产品质量进行督促检查。在沈阳期间，听取了沈阳市经委的汇报，并对沈阳机床一厂、沈阳中捷友谊厂、东北制药厂、沈阳灯泡厂等企业进行检查,并召集沈阳市列入国家计划的 33 个厂的厂长和有关局长进行座谈。张力克在会上传达了国家经委对大中型企业推行全面质量管理的要求,同时肯定了沈阳市推行全面质量管理方面的成绩,并提出要求,不图虚名,不走过场,不满足现有成绩,将质量好坏与奖金、工资浮动挂钩,通过推行全面质量管理,促进沈阳老工业基地焕发青春。7 月,张力克一行还到辽宁省其他城市对质量管理进行检查督促。为发挥质量管理的作用,张力克还大力推荐《中国质量管理》一书,此书是为纪念中国推行全面质量管理暨中国质量管理协会成立 10 周年而著①。

1987 年,张力克与全国总工会政协委员蒋毅在全国政协会议上联合发言,提议在国庆 40 周年前夕召开全国劳模会议,总结经验,表彰劳模和先进生产者,得到国务院的支持和采纳。1989 年,为扭转沈阳铸造厂亏损倒闭的困境,张力克对沈阳铸造厂进行调查,了解了该厂的实际情况,希望国家和地方从政策上予以优先考虑和支持,认为按照工艺专业化及模具、零部件专业化方针,从有利于整个国民经济发展的要求来看,虽有许多困难,但从国民经济发展的战略考虑,应予扶持,帮助企业解脱困境。1989 年,他在中国工业经济协会顾问会上发言,对搞活搞好大中型企业提出几点建议;并对沈阳铸造厂的技术改造提出具体措施和建议,得到李鹏总理和国务委员邹家华的大力支持。

---

① 张力克:《推荐〈中国质量管理〉》,1990 年。

　　张力克还被辽宁省政府聘请为顾问。怀着对辽宁及沈阳的深厚感情，每逢辽宁省和沈阳市有重大活动，他都尽可能参加。在他心里，沈阳如同自己的故乡。回到这里，探访亲友。他十分关心这里的改革开放事业，在参观工厂和开发区时，积极宣传中国特色社会主义理论，并出谋划策，每天活动时间安排得很满很紧。他在逾古稀之年，仍孜孜不倦地学习，喜欢买书，如《中国共产党的七十年》《邓小平关于建设有中国特色社会主义的论述专题摘编》《邓颖超传》《邓小平文选》以及薄一波著的《若干重大决策和事件的回顾》等，他仍然坚持每天看书报学习，坚持锻炼，关心国家建设事业。为党和国家的独立富强奉献一生，是他无怨无悔的追求。

张寿山

董子言

张寿山，原名张绪芝，曾用名张兰亭、邓新程、木荣。1944 年 7 月加入中国共产党。曾任胶东海外各界抗日同盟总会大连分会主任，中共"抗盟"大连分会总支书记。1983 年 7 月 24 日病逝，终年 75 岁。

一

张寿山，1908 年出生在山东省荣城县前清顶村。1926 年毕业于荣城县立师范学校。因本村没有学校，儿童上学困难，遂决心回村，自愿拿出自家 4 间房屋做校舍，招收 30 余名儿童，办起学校。1932 年 5 月，他先后转到威海桥头镇、荣城龙王庙等小学任教。1936 年 5 月，因反对校长欺压师生，被辞归故里。

1937 年 7 月抗日战争全面爆发，他重返教育界，在荣城涧北头村和龙王庙小学当教员。当时，正值国共合作时期，当地中共地下组织趁国民党改选区长之机，于 1939 年 10 月推举张寿山担任了荣城县三区区长。1940 年 1 月，日军出兵扫荡荣城，张寿山闻讯，迅速藏好区公所的文件、印信等，和群众一起躲藏到深山里。同年2月，他接到日伪召他出山做"维持会"会长的信，因不愿为敌人效力，决计出走，行前嘱托家人把区公所的东西交给八路军。2月26日，张寿山渡海来到大连，在兴顺茶庄当会计。在殖民地大连，他目睹了日本帝国主义对中国人民犯下的种种法西斯罪行，认识到只有跟着共产党抗日才能救中国。于是，下定决心，于1941年6月返回山东，准备参加八路军。老家待不下去，他到威海找到一份小学代课老师的工作。1942年，又受聘于威海同庆顺五金百货店做会计。同年7月，张寿山在街上偶遇以前教过的学生姚黎明。师生相见，分外亲切。交谈中，张寿山得知姚黎明1939年就参加了革命，1942年2月胶东海外各界抗日同盟总会成立后，担任胶东抗日同盟总会常委兼辽东抗盟总会主任，这次返回山东，是参加胶东区党委召开的海外归乡人员大会。张寿山当即向姚黎明表示了想要参加革命的强烈愿望。姚黎明欣然同意介绍张寿山加入胶东海外各界抗日同盟总会[1]。

二

1942年9月，胶东海外各界抗日同盟总会根据国际国内的形势变化，遵照党中央关于往敌占区派干部做群众工作的指示，决定派张寿山到大连发展抗盟组织，指明他的任务是："长期隐蔽，发展组织，建立抗盟分会，等待时机，建立武装，里

---

[1] 徐天新主编：《世界通史》（现代卷），人民出版社1997年版，第324页。

应外合,收复失地。"①

1942 年 9 月末,张寿山来到大连。大连山东人多,张寿山的学生和熟人也有一些。他以认同乡、结拜兄弟等方式,向他们进行抗日宣传教育。在教育中,他对不同阶级不同对象采取不同对待的方法,如对劳动人民,除进行民族教育外,还进行一些阶级教育,使他们进一步分清帝国主义、国民党和共产党的本质区别;对民族工商业者主要进行民族教育,宣传共产党保护民族工商业的政策,争取民族工商业者和小商人拥护共产党的主张;对敌伪人员,则宣传教育他们不要为敌人效劳,赶快回头,争取重新做人。经过一段时间宣传教育,张寿山陆续发展了宋天鹏、于宏海、孟春、姚华芝、冷清、李继先、刘铁山等为"抗盟"会员②。

1943 年春,胶东海外各界抗日同盟总会大连分会正式成立。张寿山任主任,宋天鹏、姚华芝为委员。张寿山、宋天鹏负责沙河口、西岗一带的工作,姚华芝负责甘井子一带的工作。大连抗盟分会隶属胶东海外各界抗日同盟总会和辽东抗日同盟会双重领导③。

为了掩护工作,张寿山决定开设一处茶庄。由于经费不足,他从以前在老家教过的学生王从周手里借来 10000 元(日币),姚华芝和宋天鹏又凑了 7000 元,他们用共同筹集的 17000 元资金,在大连城乡接合部的马兰屯开设了"隆兴茶庄",张寿

---

① 张寿山:《回忆大连抗盟分会》,原件存大连市史志办公室第 55 卷。
② 宋天鹏、冷青等人回忆,原件存大连市史志办公室第 55 卷。
③ 大连市史志办编:《中共大连地方史》,大连出版社 1996 年出版,第 124 页。

山任经理，宋天鹏为副经理，于宏海、孟春为店员。

随着工作的不断深入，抗盟分会的队伍逐渐壮大，出入茶庄的人也多了起来。为了不引起敌人怀疑，张寿山等人趁马兰屯一带盖房急需民工工棚的有利时机，在茶庄后屋接盖了几间简易住宅，出租给工人居住。来往的人多了，"衙门"①难以掌握这里居住的具体人数，从而保证了前来接头或办事的"抗盟"会员的人身安全。

"隆兴茶庄"除在传递情报、联络掩护和指导工作上起到重要作用外，也为更好地对群众开展宣传教育创造了方便条件。他们借外出叫卖茶叶和"衙门"让出"官差"的合法身份，深入大街小巷，广泛接触群众进行抗日宣传，并在活动中物色对象，进行考察培养，发展组织。

随着抗日战争形势的变化，日本殖民当局加紧对大连人民的镇压。为了防止茶庄发生不测，张寿山等人经研究把部分资金抽出经营古衣和转入农村，在复县（今瓦房店市）买了土地和牛羊托人代管。他还利用当伪干事的合法身份开展革命活动。

1944年春，中共胶东区党委为了加强大连"抗盟"分会的工作和党的建设，派共产党员张世兰来大连协助张寿山工作。张寿山虽不是共产党员，但他知道张世兰是上级党委组织派来的，非常尊重张世兰，事事同他商量，紧密配合，使"抗盟"分会的工作又有了新的发展。

同年6月，辽东"抗盟"总会负责人、共产党员张坚在大

---

① 指日本殖民当局设立的派出所。

连与张寿山建立了联系。7 月，经张坚介绍，张寿山加入了中国共产党。同年 8 月，张世兰介绍宋天鹏加入了中国共产党。张寿山、张世兰、宋天鹏 3 人成立了党小组。从此大连"抗盟"分会在党组织的直接领导下进行革命活动。

张坚来大连是由熟悉东北情况的王锡礼护送的。来大连后，他们住在王的同乡邢殿忠（日本关东州厅外事课联络员监督）家里。在大连期间，张坚、王锡礼不慎将邢殿忠和其叔兄弟邢坤忠（关东州厅外事课联络员）发展入会，并带邢殿忠到"隆兴茶庄"与张寿山接了头。然而，张坚、王锡礼离开后不久，二邢便借机经常向茶庄敲诈勒索，使"抗盟"分会陷入两难的境地。为消除二邢的威胁，张寿山等以学习为名将邢坤忠送到胶东，邢殿忠由张寿山严密控制。张寿山经常对邢进行形势教育，并冒着生命危险住到邢家，以控制邢的行动。同时为避开邢殿忠对茶庄的敲诈，假装将茶庄兑出，改由他人经营，张寿山和宋天鹏转移到香炉礁以养猪为掩护继续工作[1]。另外，为掩护"抗盟"会的活动，张寿山等还参加"三番子"[2]，花钱买大辈，以封建行会为掩护，减少了许多麻烦。这样，不仅使"抗盟"会得以保存，而且有了发展，到 1945 年 8 月 22 日大连解放前，"抗盟"分会已建立了 21 个工作点，分布在沙河口、西岗、寺儿沟、大广场、甘井子、海猫屯一带，发展党员 16 人，发展会员 100 余人，教育对象近千人，团结了一大批群众。

---

[1] 宋天鹏回忆录，原件存大连市史志办公室第 55 卷。
[2] 封建帮会组织。

三

1945年8月15日，日本天皇宣布无条件投降。8月22日，苏联红军进驻旅大地区，大连解放。

当时，大连地区的政治形势非常复杂。日本虽然投降了，但统治大连的日本行政机构并没有立即撤销。8月18日，日本投降的第3天，大连商会会长、大汉奸张本政一伙反动势力，打着"协力当局维持治安并谋民生"的幌子，与关东厅日本长官今吉敏南勾结抢先成立了"治安维持会"，以合法身份散发反动传单，蛊惑人心，妄图控制旅大。

面对这一严峻形势，张寿山等立即组织力量，赶写拥护共产党、拥护八路军、感谢苏军解放旅大等标语张贴街头。为加强对敌斗争的领导，8月26日，大连"抗盟"分会召开全体党员大会，成立了中共大连"抗盟"分会总支委员会，张世兰为书记，张寿山为委员。会议决定立即组织武装，配合苏军维持地方治安。

9月8日，根据党总支决定，大连"抗盟"分会在马栏屯西山沟里召开了第一次会员代表大会，会上宣布组织武装等重大事项，号召"抗盟"会员带头参加队伍，分头收集枪支，保卫胜利果实。

9月14日，抗盟分会武装队伍在王家沟净水池正式组建。全队600余人，一个营的编制，队伍名称为第十八集团军山东省胶东区第五支队。张世兰为支队长，张寿山为支队教导员。

人民武装的建立引起敌伪和国民党反动势力的仇视。他们趁这支队伍没有取得苏军驻军当局承认、苏军不明真相之机，向苏军诬告"抗盟"队伍是"土匪"，并于9月24日带领苏军来到王家沟"抗盟"部队所在地。在没有弄清事实的情况下，来者首先开枪无端杀害了支队长张世兰，并宣布队伍解散。面对突发事件，张寿山异常冷静，他马上召开紧急会议，研究应急措施。他一面亲自带人到苏军司令部联系，争取合法地位，一面派人分别到胶东和沈阳向上级组织汇报。不久，部队取得了甘井子苏军司令部的承认，并被委以重任，改造日伪时期成立的"甘井子治安队"。

9月30日，张寿山在甘井子主持召开党总支会议，会上，张寿山被补选为总支书记。在东北抗联干部甘井子苏军司令部副司令刘玉泉的积极支持下，"抗盟"会先后抽调3批党员和"抗盟"会员共110人进驻"治安队"，很快完成了改造"甘井子治安队"的任务。1945年10月初，一支新型的人民武装警察队伍在甘井子正式成立。这支新型人民警察队伍，在党的领导下，为维护社会治安、肃清反动武装、保护国家和人民生命财产安全做出了积极贡献。

四

1946年1月，大连县政府成立。张寿山等将"隆兴茶庄"的全部财产无偿地交给了县政府，从此结束了地下工作。张寿山先后担任中共甘井子区委委员、西山区委书记、大连县委委员、县农会会长和民联会主任等职。1946年上半年，他担任大连县反奸清算工作队副队长，具体领导全县的反奸清算和减租减息斗争。1947年2月，他带领工作组进驻革镇堡区，领导分配"官有土地"和组织互助组，发展生产，度荒支前。1948年2月，张寿山担任了关东农民总会主任。此间，他亲自举办学习班，为土地调剂（土改）做准备。他保持和发扬了党的艰苦奋斗的优良作风，深入群众，亲自做社会调查，亲手写材料，受到党组织的好评。

1949年9月，旅大合作社联合社成立，张寿山任主任。他坚持以农为本、为农民服务的宗旨，经常下乡，深入到农民家中和基层社指导工作，认真总结供销工作的典型经验加以推广。他从不搞特殊，有专车不坐，经常乘坐火车和公共汽车或步行下乡。亲友托他安排工作，他总是耐心劝说，严词拒绝，就是岳母求情，也绝不"走后门"。他始终保持艰苦朴素的优良作风，多作贡献，不计报酬。1950年评工薪分时，大家给他评800分，他不要，仅自报了540分。他平时总舍不得吃穿，不乱花钱，每月只留出六七十元钱生活费，其余全部交了党费。

1952年，张寿山因"历史问题"被停止组织生活接受组织审查，由供销社主任改任处长降职使用。1964年他再次接受组织对其历史的审查。1967年1月，他被错定为混进党内的阶级异己分子、历史反革命分子，被开除党籍、撤销一切职务，送"五七"干校劳动。1969年冬又被送到辽中县偏远村庄插队落户。在这一系列的严重打击面前，他没有动摇共产主义信念，始终兢兢业业为党工作。组织上每月只发给他60元生活费，他仍照旧每月拿出应交的党费，保存在一个旧书包里。生产队经济困难，张寿山还拿出500元钱慷慨相助。他的老伴有时感到冤屈，他总是耐心劝说。1979年10月，张寿山的历史问题终于查清，组织上给他平了反，恢复了党籍，安排担任沈阳市政协驻会常委。平反后张寿山做的第一件事就是交给党组织一个旧书包，里面装着他12年的党费1000多元①。

1982年，张寿山响应党的号召，离职休养。1983年7月24日，张寿山因病去世。他给妻子儿女留下的遗物是：一张破旧木床、一个木柜、一张木桌、4个木方凳，几个裱糊的装衣物的包装木箱。而他真正留给家属和后人的无价之宝，却是一个共产党员的艰苦奋斗、只讲奉献、不讲索取的高尚的品德和作风。正如党组织在悼词中所写："张寿山同志参加革命四十多年来，热爱党，热爱祖国，热爱社会主义……忠诚党的事业。在工作中兢兢业业、勤勤恳恳……在思想作风上，密切联系群众，坚持发扬党的优良传统……始终把党和革命利益放在第一位……表现出一个共产党员的高贵品质和革命胸怀。"

---

① 中共辽宁省委关于张寿山同志的审查结论及有关调查材料，复印件存大连市史志办公室。

徐少甫

王恩宝　李秀华　具本景

徐少甫，江苏阜宁人。1937 年 12 月参加革命，1938 年 4 月加入中国共产党。先后任延安中组部干部训练班党支部委员，中共庆阳县委宣传部部长、镇原县委宣传部部长、陇东地委宣传部科长，陇东中学教导主任、代理校长。解放战争时期，任东北局鸡西县土改工作团滴道分团团长、中共宝清县委书记、合江省委组织部干部科长、东北局机关直属党委组织部部长。新中国成立后，先后任中共沈阳市委书记处书记兼市委秘书长，中共辽宁省委常委、组织部部长，中共辽宁省委书记处候补书记，辽宁省政协主席。在中共十一届三中全会上当选为中纪委委员；是中共十二届中央委员，中共十三大、十四大代表。2003 年 10 月 18 日，因病逝世。

求真求知的青年才俊

徐少甫，名安斌，字少甫，1920 年 5 月 8 日出生于江苏省阜宁县东坎镇（今属滨海县）一个商店职员家庭。13 岁进入初中学习后，他一直使用徐少甫这个名字。

徐少甫的家乡阜宁隶属于盐城市，这里当时称阜宁县，是一座河流交错的沿海小城。这里物产丰富，宜工宜农，有"江淮乐地"之称。同时，这里也是学风浓郁、人才辈出的地方，近现代史上，许多名流大贾都在这里留下了少年、青年时代的足迹。

徐少甫 7 岁的时候，到东坎镇的私塾里读书，接受了启蒙教育。当时，徐少甫的父亲在一家商店工作，其家庭收入主要靠其父亲在商店供职的收入。

徐少甫在读私塾时，性情沉静平稳，平时少言寡语。严格的私塾教育使他打下了良好的国文基础，与此同时，在此期间他又有机会学习英文，这对开拓他的视野产生了良好的作用。儿时的徐少甫经常显示与其他同龄孩子不同的资质，他经常在家中堆放杂货的仓库中看书，一看就是一整天，把家人急得团团转而他自己还沉浸于书海中不以为然。他还经常在家中自己的居室中，舞动拳脚，击打他自己制作的沙袋。用他自己的话讲，就是"文武兼备"。据他自己讲曾打破了数条麻袋，连墙上的几块砖也让他打得陷了进去。从那时起，徐少甫就养成了经常锻炼身体的好习惯，为他以后进一步追求真理及参加革命工作打下了良好的身体基础。

1933 年 8 月，徐少甫结束私塾学习，只身到常州县立中学读书。常州县立中学，创办于 1907 年，是当地的一所名校。从创校以来，该校向国家和社会输送了如瞿秋白、张太雷等名震华夏的英雄人物。徐少甫在这里接受了为期 3 年的正规中学教育。3 年的学习使他开阔了眼界，接受了私塾教育所不能比拟的知识。徐少甫在博览群书中知晓了邹韬奋等革命者的名字，阅读了不少其编写的书籍和刊物，追求进步和革命的念头已经开始萌芽。

受当地社风和家庭的影响，徐少甫于 1936 年 8 月到苏州工业专门学校读书（该校后与国立东南大学、江苏政法大学、南京工业专门学校等校合并组成国立第四中山大学，新中国成立后更名为南京大学）。这是一所有着光荣革命传统的学校。清华大学首任校长罗家伦曾任该校校长。徐少甫在该校读书时，正逢罗家伦在校任职，也是该校得到真正发展的时期。罗所提出的"诚、朴、雄、伟"的学风，逐渐成为该校的共识而蔚然成风，也蕴含着一种强烈的社会责任感和使命感。在深重的民族危机和国内政治斗争面前，这里的师生始终以饱满的爱国热情和昂扬的革命斗志，投身于抗日救亡和民主救国的大潮。徐少甫在这所学校读书，接受了先进的思想，激发了他强烈的爱国情操。然而，由于这所学校所学的专业徐少甫并不是十分感兴趣，于是，在苏州工业专门学校学习 3 个月后，徐少甫于1937 年 1 月考入素以"科学、民主、求真、创新"为校训的杭州高中读书。正是这所学校，使徐少甫知识报国的理想发生了转变。

杭州高中创办于 1899 年，该校起源于养正书塾和浙江两级师范，经杭州附中、省立一中与省立一师、省立高中、省立杭高、杭州一中，从浙江最早的公立中学发展到浙江省新文化运动中心。"科学、民主、求真、创新"的校风和"勤奋、求实、开拓"的学风，推动着杭州高中始终站在时代前列，涌现出一代又一代推动现代中国发展的卓越人才。沈钧儒、鲁迅、叶圣陶等人曾在此执教，徐志摩、丰子恺、冯雪峰等人曾在此读书。徐少甫在学校学习期间，正是日本帝国主义在中国的侵略扩张不断加剧时期，整个社会和政治形势每况愈下，由于南京国民政府的不抵抗政策，广大青年学生的学习目标和人生抱负与社会现实之间产生巨大的反差和矛盾，他们义愤满腔但报国无门。此时的徐少甫同样经历了与革命者相同的心路历程。他已经从一个单纯的爱国者成为向往中国革命和中国共产党的英俊青年。徐少甫在校学习期间，认真阅读了《政治经济学讲话》《社会主义讲话》《列宁主义概论》等进步书籍，接受了共产主义思想，决心投身创建新中国的革命事业中。在加强学习的同时，徐少甫还在学校开展了很多革命活动。如组织有进步思想倾向的青年学生谈心，批判南京国民政府对日侵略的不抵抗政策；组织宣传抗日救国，到学校附近的农村开展唱抗日歌曲等活动。后来，当时一位经徐少甫进行革命思想传播和教育并最终参加革命的杭州高中同学回忆道："又是一天晚间，少甫又喊我去校外散步。我们随意走到乌桕树丛生的河岸上，人迹皆无，只有微风吹拂着树叶，发出'沙沙'的细微声音。他严肃地对我说：'你要读点政治书才能看清是非，辨别真伪，艾思奇著的《大众哲学》先给你去看吧。你是知道的，我们学校内，甚至班级内，处处有坏蛋，专门陷害进步的师生，所以阅读要绝对秘密，决不能让第二个人晓得。'我连声允诺。当夜，在大家入睡之后，我一个人偷偷地在灯光下阅读。不看则已，一看把我的心神全吸引住了。天亮了，我的精神还抖擞哩！书看完了，眼也亮起来了。我不动声色地将书退还给徐少甫，要他给我第二本。他看出了我渴望的心情，微笑着背人眼面递给我薄薄一本狄超白著的《通俗经济学讲话》，我又一口气读完了，我真是入迷了，眼睛更明亮了，好像由迷途而幸运地进入了桃花源一样。就这样，马列主义通俗的书本，如《政治经济学讲话》《社会主义讲话》《新哲学大纲》《列宁主义概论》，一本又一本，像流水似的从徐少甫手中偷偷地传递给我。我不分昼夜如饥似渴地阅读着，也逐渐认清了腐朽的旧社会的本质和蒋介石反动的阶级本性，同时体会到只有共产党才能救中国，也只有共产党领导下的革命武装才能打败日本兵，挽救民族危亡，并推翻旧社会，彻底解放人民大众。"[1]

1937年7月7日，日本侵略者发动卢沟桥事变，抗日战争全面爆发。8月13日，"淞沪之战"爆发，战火很快就烧到了江浙一带，杭州遭到日军飞机轰炸。在日军的阵阵炮声中，杭州高中退迁金华。

当时，全国的进步青年积极投身于抗日救国运动。对于当时的杭州高中学生来讲，面对日本侵略者对中国侵略的不断升级，从九一八事变开始时还只是停留在对南京国民政府无能的抱怨及对日本侵略者的激愤上，而当日军的炮弹就在眼前炸响大家随学校被迫逃离杭州时，学生们的感觉则已是刀刃在颈喉有反抗而别无出路。徐少甫抓住这个时机，更加深入广泛地在同学中宣传抗日爱国，并且把宣传工作开展到学校附近的农村。

---

[1] 中共沈阳市委党史研究室编著：《信仰的力量——徐少甫工作生活纪事》，沈阳出版社2004年版，第7页。

据当时徐少甫身边的一位同学回忆道："到了金华，9 月底到
10 月底，仅仅一个月工夫，我和少甫不知不觉接近起来，抗
日救国的热情是我们开始接近的媒介。有一天晚上，少甫带我
到离学校几里路外的一个小村庄去。一到那里，全村的儿童、
青少年纷纷围住我们，那种亲昵的场面，我有生以来第一次遇
到。继而大家排成了队，唱起抗日救亡的歌儿。老年人不分男
女，也围了上来。我才知道少甫他们每晚来教唱抗战歌曲。从
唱歌中，从谈论中，我初次体会到农民革命的热情。'中国不
会亡，不会亡'的歌声震撼着我的心灵，但我当时还不知道他
为什么会如此秘密地做，这不是国民党政府一再明令禁止的行
动吗？他们的胆量倒不小啊。"①

　　当时，徐少甫的父亲失业了，家境陷于困境。全家不得不
住在江南其姐夫家，靠过去的积蓄生活。徐少甫的很多同学也
是流离失所，无家可归。于是，杭州高中许多同学都想拿起枪
杆保家卫国。但是，参加什么样的军队，跟随什么样的政党抗日，
却是一个严肃的政治选择。顶着国民党的禁令，冒着极大风险，
徐少甫联合部分进步学生宣传共产党的抗日主张和抗日武装力
量。很快，中国共产党在延安发表抗日宣言号召全民抗战、红
军已改称八路军奔赴抗日最前线、"国军"纷纷溃退而八路军
迎战日本侵略者并取得"平型关大捷"等消息在同学中流传开
来。许多人开始认识到"只有参加八路军才能真正抗日"，并
且逐渐团结在徐少甫周围，时刻准备着参加八路军。此时的徐

　　① 中共沈阳市委党史研究室编著：《信仰的力量——徐少甫工作生活纪事》，沈
阳出版社 2004 年版，第 8 页。

少甫，更加显示出遇事深思熟虑的气度，他不厌其烦地提醒同学们"若要参加革命军队，一定要锻炼好身体，因为革命军队在现阶段展开的是敌后游击战争。黑天夜里，要爬高山，涉河川，一行军就要跑几十里到几百里羊肠小路"。在他的鼓动带领下，许多同学在夜深人静后，都偷偷跑到校外进行身体锻炼。

1937年10月，日军开始向杭州、南京大举进犯，国民党军队全线溃退，杭州高中临时的栖身地金华岌岌可危。徐少甫已做好奔赴延安参加革命的准备，同时准备带上身边的进步同学共同前往。为了避开学校当局的耳目，细心的徐少甫安排大家要分期分批地离校。徐少甫让大家各自编造了"家有急事"之类的家信和电报放在各自的床铺上，要求每个人的行李要放在床铺上基本不动，只带条薄被和随身几件衣服。金华与延安相隔万水千山，横跨皖、豫、晋3省，中间有国民党设立的数不清的关卡和四处乱抓人的国民党特务。对于一个青年学生来说，要秘密地走这么远的路，而且所去的方向又是国民党层层重兵封锁围困的中共中央所在地，整个路途中兵匪猖獗，炮火连天，前进就是挑战死亡，对此徐少甫有着充分的思想准备，也有着坚定不移的决心。在最后出发时刻，徐少甫神态凝重地对身旁跟随自己的同学讲道："我们去的路是对的，但极其艰苦曲折，随时有生命危险，我们应该做好思想准备。"

七七事变之后，延安已经成为中国的抗日中心，无论是敌占区，还是国民党统治地区，甚至是海外，有志青年莫不向往延安，有无数热血青年投奔延安。而由于南京国民政府长期的反共剿共政策，即使是已经宣布国共合作共同抗日，各地的统治当局仍对共产党非常敌视，去延安的青年多有中途被阻、被抓，甚至被杀的。在徐少甫去延安的途中，每一天的停顿、每一次的迂回，都是一场生死的搏斗。对于投奔延安途中所遇各种艰辛危险，未曾有人听徐少甫仔细"渲染过"，只有人听过徐少甫用了其一生惯有的对待各种艰难险阻都淡而化之的态度讲过的一句话："从金华到西安，正常7天就走完的路程，我只不过走了一个多月的时间。"[1]

革命圣地的熏陶教育

1937年12月，徐少甫几经辗转终于到达西安八路军办事处，找到了党组织。

西安事变之后，古城西安已成为中共中央与全国联络的重要枢纽。从全国四面八方投奔革命的人士大都通过这里转往革命圣地延安。为此南京国民政府也在西安设立机构大肆截留投奔延安的革命青年。中共中央在西安城北三原县开设"云阳安吴堡青训班"，国民党则在西安城里大办"三青团""战干团"，并且大搞高官厚禄之类的诱骗，许多人在去往延安的途中转而投到国民党那里。当年曾与徐少甫同期投奔革命的战友曾回忆："当时在西安，青年人要寻找革命，歧途较多，如果思想不坚决、不纯洁，对党的事业缺乏信心，经不起物质的利诱，那么就非常容易站错队。"[2]但是，对于徐少甫来

---

① 徐少甫：《自传》，存辽宁省档案馆。
② 中共沈阳市委党史研究室编著：《信仰的力量——徐少甫工作生活纪事》，沈阳出版社2004年版，第12页。

讲，为了革命生死已置之度外，更何况世俗的物质利诱。

到达西安不久，徐少甫进入陕西云阳安吴堡青年干部训练班学习。这个培训班以培训从国统区投奔延安的青年为主，由胡乔木、冯文彬等人负责并亲自授课，主要讲授马列主义基本理论、共产党的基本知识、中共的抗战基本政策等。在青训班里，徐少甫被选为学习队长。3个月后，徐少甫结束云阳安吴堡青年干部训练班的学习，被党组织选送到延安陕北公学学习。

陕北公学是中国共产党领导下的以坚持抗日民族统一战线、实施国防教育、培养抗日干部为目的的干部学校。

七七事变以后，从西安到延安的几百里路上，每天都有成群结队的男女青年，背着行装，唱着抗日歌曲，激情洋溢、风尘仆仆地奔向延安。党组织把这些为追求革命真理而来的青年视为珍贵的财富，动员一切力量，以最快的速度培养他们成为中国抗战事业的人才。尽管当时延安已成立了"中国人民抗日军政大学"，但为了满足日益增加的青年们的求学需要，1937年9月中共中央决定兴办"陕北公学"，委派中组部部长李富春直接领导陕北公学的办学工作，党内著名的革命家林伯渠、董必武、徐特立、张云逸等为发起人，并任命党内革命的文学大家成仿吾担任校长，校址设在延安东门外。1937年11月，陕北公学正式开学，毛泽东亲临讲话，第一句话就是："陕北公学的重要任务是培养抗日先锋队。"按照中共中央的批示，陕北公学以"最快的速度为抗战培训人才，输送干部"为教学主导思想，学员以队为编制，每队120人，每届5队，学期设为3到4个月。

1938年2月，徐少甫进入陕北公学学习。陕北公学实行党团领导下的校长负责制，直属中央组织部、中央宣传部领导。这所学校由林伯渠、吴玉章、董必武等人筹办，艾思奇、何干之等人任教。来自全国各地的青年学生在这里经几个月的学习，就从普通的爱国者转变成了有共产主义理想的无产阶级先锋战士。他们毕业后成为各抗日前线和敌后抗日根据地的骨干力量，不少人为国捐躯。毛泽东对陕北公学有很高的评价，他说，"中国不会亡，因为有陕公"，"陕公代表着统一战线，陕公是一幅进步的缩图"。

入学后，徐少甫参加普通班的学习（普通班为3—4个月，高级研究班为6个月）。在陕北公学学习强调：忠诚团结，紧张活泼，艰苦奋斗。徐少甫在这里深入学习了社会科学概论、抗日民族统一战线与民众工作、游击战争与军事常识、时事演讲等课程。在陕北公学学习期间，徐少甫还接受了一定的军事训练。因为学校实行的是三分军事七分政治，采取半军事性的编制。每8—10人编为一班（又称学习小组），3—4班为一个分队，3—4个分队为一个学员队，3—4个学员队为一个区队。在实行一切行动军事化的规定下，徐少甫培养了一定的军事素养，为他以后从事革命活动打下了良好的基础。陕北公学清贫艰苦的生活，又进一步锤炼了徐少甫在困苦条件下坚定不移的革命意志。

1938年4月，经宋新和、罗章虬介绍，徐少甫光荣地加入了中国共产党，成为一名坚定的共产主义战士。

5月，徐少甫在陕北公学结束学习，获得由李维汉（当时称罗迈）副校长亲自签名颁发的陕北公学毕业证书。由于学业优秀，毕业后徐少甫被留在陕北公学。

此时的陕北公学已闻名全国。为了更快捷地迎接来自四面八方的优秀青年，中共中央决定在西安和延安之间的陕西关中市栒邑县（今旬邑县）创办陕北公学分校，委派李维汉担任分校校长。徐少甫被党组织抽调到筹备建校的干部队，在中央组织部由陈云亲自培训半个月。其后，徐少甫随李维汉前往栒邑组建分校，并且担任学员三十队的队助理员，负责全队组织宣传工作。

陕北公学分校在栒邑县境内，以看花宫为中心，各区队分散住在周围村庄里。由于学校是初创期，没有宿舍，所有教员和学员按班分散借住农民家中，也就是陕北的窑洞。没有教室，上课只好借用农民的场坝，在树上挂上一块小黑板，教员站着讲，学员坐在地上听，两腿当课桌。吃饭主要是小米，蔬菜很少，肉类更少，生活十分艰苦。但是每个学员的学习热情都十分饱满，不论文化程度高低，在班组讨论中，大家互相帮助，互相启发，想多学新鲜知识，以备日后在实践中为革命多做贡献。在学习和日常生活中，徐少甫和学校其他领导始终同学员在一起，没有任何区别。他们坚持轮流到各班和学员一起讨论，作辅导。徐少甫忠厚谦虚、平易近人的工作作风，受到学员的一致赞誉，给大家留下深刻印象。经过共同努力，陕北公学分校很快初具规模，各项教学工作也开展得有声有色。徐少甫在李维汉等人的领导下，政治上更加成熟，实际工作经验也逐渐丰富起来。

　　1938 年 11 月，为了适应抗战形势的发展，为党的事业快速培养干部，中共中央组织部开设"延安中组部干部训练班"，由陈云、李富春亲自领导。徐少甫被派往学习班继续学习，并在班里担任党支部委员。在学习过程中，徐少甫和同学们临时借住在农民家中，打地铺当卧床。白天，没有教室就找块空地上课。课余时间，徐少甫与同学们一起自己打窑洞，上山伐树自己做床铺。时值冬季，天气寒冷，在山上伐树要靠人力往下抬。为了节省力气，人家利用冰雪滑运，稍不小心便会滑倒，徐少甫和大家笑称这是"跳秧歌舞"。在生活中，徐少甫与大家以苦为乐，虽然吃的东西极为贫乏，每天只能吃上定量的小米，但却将小米饭的锅巴戏称作"列宁饼干"。作为党支部成员，徐少甫带头组织大家开展各种文化活动，分班编墙报，搞歌咏比赛。

　　1939 年 3 月，训练班结业。结业时，陈云、李富春等领导来学校作报告，又特别邀请张闻天给学员作报告，之后毛泽东也坐着大卡车来了。毛泽东站着讲，学员坐在地上听。毛泽东的报告不断被徐少甫和学员们的掌声打断 [1]。

　　训练班结业后，中共中央组织部决定抽调三十余人组成一个实习团，到陕甘宁边区的陇东地区去实习，徐少甫荣幸地被中组部抽调到实习团工作。实习团三五人编为一组，分散到各县、区去实习，实习的主要内容是宣传党的抗日民族统一战线政策，减租减息，征收公粮，扩大农会组织和动员青年参加八

---

　　[1] 中共沈阳市委党史研究室编著：《信仰的力量——徐少甫工作生活纪事》，沈阳出版社 2004 年版，第 17 页。

路军。1939 年 5 月，实习工作结束，徐少甫被中共陇东地委指名要求留在陇东地委，担任庆阳县委宣传部部长。中组部同意了陇东地委的请求，至此，徐少甫结束了历时 1 年零 6 个月在延安革命学校系统的理论学习，开始走向战斗岗位。

深入基层增长政治军事才干

1939 年 5 月，为加强陕甘宁革命根据地的建设，反对国民党顽固派进攻边区的斗争，组织农村的减租减息斗争，刚刚结束实习工作的徐少甫被派往位于甘肃最东端，素有"陇东粮仓"之称的庆阳县担任县委宣传部部长。

陇东位于甘肃腹地，以六盘山为界，东侧高原即为陇东，辖庆阳、镇原、环县等区域，是延安西南的屏障。庆阳地区东南部与陕西西北部毗邻，西北部与宁夏回族自治区接壤。这里历史悠久，文化发达。据传轩辕黄帝曾在此活动，周朝先祖在此兴业，创造了中国古代的农耕文化。这里自然资源丰富，盛产小麦、玉米、油料等。西安事变后，国共双方在陇东均设有派驻机构，陇东成为国共双方互相渗透的"统战区"，有时城门的岗哨都是双道，八路军和国民党都派武装卫兵站岗。全面抗战初期，这里形势错综复杂，危机四伏。1939 年初，国民党掀起第一次反共浪潮，出兵占领庆阳、镇原等地，抓捕杀害共产党领导的抗日军民，施行"溶共""防共""限共"政策。在这种错综复杂形势下，徐少甫走上了中共庆阳县委宣传部部长的岗位。

1939 年 12 月，抗战进入最艰苦时期，陇东地区的形势更为复杂严峻，组织上调派党性强、作风正、能打胜仗的徐少甫到镇原县任宣传部部长并兼任抗敌后援会主任。

在此期间，徐少甫充分展示了政治、军事等方面的才能，组织群众参加了镇原县外围粉碎国民党军队的战斗。在镇原县城大部被国民党军队占领的情况下，徐少甫跟随县委在镇原县北部的孟坝镇，重新组建起县委和县人民政府，坚持"人不犯我，我不犯人，人若犯我，我必犯人"的针锋相对原则，废除国民党保甲制度，全面建立起党和人民的各级政权。

在陇东地区，统战工作是党所有工作的重点，宣传党的统一战线，是徐少甫所在县委宣传部的工作重点。在工作中，徐少甫逐渐形成了自己特有的谦虚、忠厚、平易近人的工作风格，并把这种风格贯穿终身工作中。

1941 年 9 月，在从事了两年基层抗战宣传和组织工作之后，徐少甫被调至中共陇东地委宣传部工作，任地委宣传部干事，后升任科长。此时，延安陕甘宁边区开始实行精兵简政，开展减租减息运动，徐少甫的工作细致严谨，颇有成效，受到上级领导肯定。

抗日战争时期，各根据地一开始就把教育同生产劳动相结合作为一项必须贯彻的方针。1937 年 9 月，陕甘宁边区政府就提出"文化教育与劳动打成一片"，"教育与生产取得联系"。毛泽东在《青年运动的方向》中也指出延安的干部学校和青年们的学校的特点是和工农群众相结合，和生产劳动相结合。

为贯彻毛泽东关于学生与工农群众、与生产劳动相结合的指示，1943 年 9 月，徐少甫再一次被委以重任,离开地委宣传部,到陇东中学任教导主任、代理校长。

陇东中学位于庆阳城内，创办于 1940 年 3 月，是陇东地委培训革命干部的基地，毛泽东亲自为该校题写了校名，朱德、刘少奇等党的领袖也都为陇东中学题过词。为不辜负党的重托，徐少甫将自己的全部身心投入教学工作中，为实现"早出干部，快出干部"的任务而忘我工作。根据抗战形势需要，当时学校主要开展了对青年学生的爱国主义和教育与劳动结合等教育工作。徐少甫在学校增设妇女训练班、新文字师资训练班、地方干部训练班，并根据学员的实际情况，因材施教，按学员文化程度高低，给予不同教育。1944 年，徐少甫进一步对教学进行改革，根据学员的文化程度，采取多种教学方法，分班因材施教。首先，按学员的文化程度编班，把全体学员分为 5 个班，根据学生的具体情况制订教学计划。第一班是已能阅读《群众日报》的边区干部，要求学员期末能作 700 字以上的日记或作文，能看懂《解放日报》有关短文；第二班为半文盲干部，要求学员期末能写 300 字以上的日记或信件；第三、四班为稍识字的区、乡干部，要求学员期末能造句、写信件；第五班为不识字的边区干部，要求学员每天识字 5 个，期末能造简单的句子。学校因人制宜地规定教材的深浅，课程安排也根据战争形势发展变化情况确定。为了搞好学校工作，提高教学质量，学校还相应地建立汇报和检查工作制度，成立教学研究会。因材施教方案的实施，为陇东中学的教学工作与实际情况相结合开创了一条新路，为陇东地区干部的文化建设做出了重大贡献。

转战东北走上领导岗位

1945 年 8 月 15 日，日本宣布投降，国内外形势发生重大变化。国民党反动派开始在全国各主要地区掠夺抗战胜利果实。为了中国人民的解放事业，中共中央发出抢占东北、开辟东北革命根据地的号召，大批骨干由延安迅速集结开赴东北。为了做好解放区接管工作，中共中央决定培养大批青年干部，以备接收各地政权之用。因徐少甫先后在庆阳、镇原两县工作，积累了丰富的基层工作经验，1946 年 2 月，徐少甫被选送到中央党校二部学习。经过 2 个月集训后，徐少甫随大军由延安奔赴东北。

抗战胜利后，鉴于东北在战略上的重要意义，国共两党展开了对东北的争夺。为适应形势的需要，中共中央先后在东北成立东北局、中共北满分局，以领导对国民党反动派的斗争。1946 年 7 月，东北局的哈尔滨举行扩大会议，推出陈云起草的《关于东北的形势及任务决议》（以下简称《决议》）。《决议》号召一切可能下乡的干部，丢掉汽车，脱掉皮鞋，换上农民衣服，深入农村，发动农民群众，创建农村根据地，黑龙江地区近万名干部开始组成工作队，奔赴农村，深入发动群众，迅速开展土改斗争。徐少甫此时刚刚到达东北，他是随队 4 月份从延安出发，6 月时到达哈尔滨市，随着《决议》的颁布，徐少甫被分派到有着"东北小延安"之称的合江省省会佳木斯市。按照《决议》要求，大批干部已下到农村，根据"建军、剿匪、发动群众"三位一体的工作方针，组织工作队，发动广大贫雇农，建立武装，展开了反奸清算和减租减息、分配日伪地产——开拓地、满拓地斗争，同时展开大规模的剿匪斗争。

同年 7 月，徐少甫到当时的合江省滴道县，即现在的黑龙江省东南部双鸭山市东南约 100 公里的鸡西市滴道区参加土改工作。出任东北局鸡西县土改工作团滴道分团团长。1947 年 5 月，调任中共宝清县委书记（未正式交接，宝清县民主政府建于 1946 年 7 月）。

徐少甫到任后，积极组织地方部队配合主力部队，开展肃清匪患工作。合江省的匪患当时为全国之最。据当时的统计，合江省一地当时有土匪约万人，他们在国民党的直接或间接控制下，袭击我后方武装，屠杀地方干部，破坏交通运输，造谣惑众，制造社会混乱和动荡。

鸡西位于黑龙江南，靠近中俄边界，滴道是当时鸡西北部的一个大区，大部分是矿区。从伪满时期开始，这里匪盗横行，官宦勾结，群众遭受重重剥削压迫。遵照中共中央"发动群众、反奸清算、平分土地、建立民主政权"的工作方针，徐少甫率队一到达滴道镇内，就开始了挨家挨户的宣传走访工作。他运用在陕甘宁边区进行群众工作时摸索出的经验，通过访贫问苦，发现和培养当地积极分子，很快组成一支以矿工和贫苦群众为骨干的积极分子队伍。依靠这支队伍，工作团很快将群众发动起来，迅速搭起区级民主政权的框架。

工作团初来滴道之时，鸡西地区匪患猖獗。国民党特务、日伪残余组成多股反动势力，时常向土改工作团发动袭击，许多同志被土匪杀害。

徐少甫率领工作团到达滴道后，当务之急的工作是稳定滴道镇的形势。工作团刚进滴道镇不久，就有一股号称"狼团"的二三百名土匪突然连夜偷袭滴道镇，声称要血洗滴道镇，杀尽共产党。当时工作团只有30多人。镇内的百姓对工作队能不能抵挡得住土匪的进攻心里一点儿底都没有，整个镇子笼罩在一片恐慌的气氛中。徐少甫临危不惧，组织群众中的积极分子把守镇内要道，并命令工作团团员占据有利位置，布置好火力，做好迎接土匪进犯的准备。与此同时，徐少甫带领几名工作团团员在镇内各布置点轮流巡视，为群众和工作团团员打气。深思熟虑的徐少甫考虑到毕竟敌强我弱，于是派人赶往鸡西求援。土匪被镇内工作团和群众严密的防守态势所震慑，在镇外包围了一天也没敢进镇。第二天，县大队赶来增援，土匪仓皇溃败。这次保卫滴道镇的战斗，使群众对党和工作团信任倍增，对徐少甫的镇定和谋略钦佩不已。

在基本稳定局势后，徐少甫将工作团分成两部，一部在镇内"反奸清算"，另一部划分成几个小组分赴周围村屯进行土改。在"反奸清算"中，徐少甫坚定地贯彻执行党的方针政策，对罪大恶极的敌伪警特坚决镇压；对与敌伪勾结的奸商进行批斗，并将他们剥削的财物分给贫苦群众；对守法工商业者给予保护。滴道没有大的工厂、资本家，仅有几处烧锅、油坊之类的作坊，徐少甫要求对这些守法经营的业主采取保护措施，使他们得以继续生产、经营，此举对维持当地群众基本生活供应和稳定社会秩序起到极大作用。

在徐少甫的领导下，工作团在农村的土改工作进行得顺利、迅速。工作团下到村庄以后,在徐少甫的带领下,按照东北局下发的《剿匪工作指示》,从挨家挨户宣传走访工作开始入手,运用在陕甘宁边区进行群众工作时摸索出的经验,通过访贫问苦,到最贫困的农户家中,与农民同住、同吃、同劳动,组成了一支以矿工和贫苦群众为骨干的积极分子队伍。依靠这支队伍,工作团很快将群众发动起来,打开了工作局面。

在土改工作中,徐少甫注意发动群众,建立农会和民兵自卫队,按照经济—武装—再经济—再武装的经验,对地主开展了清算、减租斗争。徐少甫牢牢掌握"依靠贫雇农,团结中农"的土改政策,避免了一些地区土改工作中出现的偏差。徐少甫认为,中农是我们的团结对象,勤劳致富的富农只要他们不反对土改,不仅不应批斗,还应和贫下中农一样分给他们一份应得的土地。在徐少甫的指导下,群众的实际利益得到保护。同时,工作团坚决执行党的依靠贫雇农,团结中农,打击地主阶级和保护工商业的政策,经过秘密建党,发展党员,建立党组织,使党的战斗力大大增强,有力地配合了剿匪工作。

在土改工作中,徐少甫坚持发扬在延安时期形成的实事求是工作作风。工作团有一个小组遇到特殊问题,下到村里后,没有发现地主。原来这里曾经是"满洲开拓区、开拓团区",根本没有地主。日本占领东北后,从日本本土迁移来大批移民,名叫"开拓团"。为了安顿这些移民,日本人划出大批土地肥沃的地区,将当地中国地主和农民赶走,而将土地转给日本"开拓团"经营,再雇中国劳工耕种,坐享其成。日本投降后,"开拓团"全部返回日本,土地就由附近的中国劳工自行耕种。没

有地主，怎么开展斗争？这就成了问题。当时，相邻的平阳区
斗了许多地主，群众热情十分高涨，看到别的地区土改工作进
行得轰轰烈烈，有些工作团团员开始沉不住气。面对这种情况，
徐少甫组织大家先稳定下来。他说："我们区的土改要按照我
们区的实际情况办事。平阳是私有土地区，那是他们的情况。
我们是满拓区，有我们的情况。他们的做法，我们不能套用，
没有地主，就不要硬去找地主。要听听群众意见，看贫雇农要
求什么，再来确定我们的工作从何入手。"徐少甫的一席话使
大家开了窍，大家开始深入发动群众，很快了解到群众的迫切
要求：一是清算"配给店"。伪满时期实行配给制度，"配给
店"靠克扣群众配给物品发了财。日本投降后，掌柜跑了，可
是还有大量物品群众要求清算。二是重新分配土地。春种时，
有的人占地多，有的人占地少，有的人没占上地，分配不公，
农民要求重新分配。三是斗争伪警察。这些伪警宪，虽然大多
数跑了，但也有没跑成的。跑了的，有的可以抓回来。群众的
要求明确，大家的工作目标也就明确。在徐少甫领导下，大家
发动群众，发展积极分子，组织农会，先从清算"配给店"开
始，接着重新分配土地，对有劣迹的警伪人员进行斗争。通过
这些斗争，工作团的这个小组顺利建立村政权，还组建了自卫
队，并出色地完成了一次次扩军任务。

在繁忙的工作中，徐少甫不忘延安时期的革命传统，抓紧
对新参加工作的同志进行培养、帮助。当时，有的工作人员虽
然受过一些教育，但对党的政策和宗旨知之甚少。徐少甫就利
用工作之余组织大家阅读和学习从延安带来的《共产党宣言》

《中国共产党章程》和毛泽东的《论持久战》《新民主主义论》
等著作，使大家对中国共产党有了更多了解，坚定了大家为共
产主义奋斗的信念。经过徐少甫的培养教育帮助，党员起到带
头模范作用，没有入党的人也都提出申请，积极要求加入中国
共产党。在滴道工作团时期有五六名同志被批准加入中国共产
党，其他许多党外同志也在走上新的工作岗位后不久加入了党
组织。50多年后，当时徐少甫身边的小战士都已成为独当一
面的党的高级干部，回忆起跟随徐少甫在东北战斗的日日夜夜，
他们感慨万千："在东北时，少甫既是同志们的领导，又是同
志们在革命道路上的引路人，更是同志们的革命良师。"①

在组织工作中显露才华

1947年7月，徐少甫调合江省委，任组织部干部科长，
重返佳木斯。1948年11月，长春、沈阳等城市相继被解放军
占领，东北全境宣告解放。1949年4月，徐少甫到东北局一
级机关直属党委任组织部部长。从此时开始，徐少甫开始从事
组织工作。

1950年5月至1954年10月，徐少甫被调到东北局组织部，
先后任组织处副处长、党员管理处处长、组织部秘书长。从组
织建设到党员管理，再到统筹东北局组织部的部务工作，徐少
甫一步一个脚印在党的组织工作中发挥才干，积累经验，取得
了突出业绩。

---

① 中共沈阳市委党史研究室编著：《信仰的力量——徐少甫工作生活纪事》，沈
阳出版社2004年版，第33页。

　　1950 年，中共中央决定对全国党的基层组织进行一次整顿，年底，中组部副部长安子文带队来东北视察，并对沈阳汽车总厂进行城市党员状况抽查调研。中组部对抽查的 75 名党员，根据不同情况分成 6 个类型，其中有 17 人被划为不够党员条件，应清除出党。中组部调查人员离开后，在派人进行实地调研后，徐少甫要求对该厂的党员分类方法进行实事求是的分析，提出应充分依靠基层党的组织，从核实材料入手，由工厂党总支进行分类并提出处理意见。由此，党员的分类情况发生了变化，原来的 17 人中，有 9 人可以不进行清除处理。后来在进行深入调查后又发现，这些被列入不够党员条件的党员中，绝大多数是在护厂、恢复生产和创造新纪录运动中入党的。他们只会干而不善于说，被认为是"哑巴党员"，但他们对党是有感情的，是实干的，把他们推到党外显然是不妥当的。掌握这些情况后，徐少甫到工厂召开全体党员大会，在党员中开展八条标准教育，每个党员对照标准进行了衡量。徐少甫指出，"正确估计党员的状况，是正确进行整党的出发点。整党必须先对党员进行教育，有缺点的，限期改正，然后再做组织处理"。这样，党组织对党员重新分类，没有做组织处理，并决定下步工作由厂党总支安排进行，几十名党员的政治生命也得以保护。

　　1951 年 4 月，徐少甫去北京参加中共中央召开的以讨论整党建党为中心的中国共产党全国第一次组织工作会议。徐少甫在会上，同与会者就实事求是建党问题进行了交流，并对如何正确估计党员状况提出了自己的看法，为会后中共中央做出正确决策提供了借鉴。

1954年11月，徐少甫出任中共沈阳市委组织部部长。此时，正值我国进行大规模社会主义建设时期，沈阳作为在全国率先转入经济恢复的城市，中共沈阳市委、市政府领导全市人民正为实现国家的社会主义工业化而艰苦创业，为提前完成国家的第一个五年计划而努力奋斗。徐少甫身为市委组织部部长，满腔热忱，决心为加快沈阳经济建设的发展呕心沥血，为党的建设筑基固本，倾注全力在各行各业培养选拔大批人才，切实为经济建设提供强有力的组织保证。

有着丰富党建工作经验的徐少甫深知党的组织建设在经济建设，特别是在工业企业中所起的重要作用。为了摸清党的建设情况，徐少甫带领组织部工作人员一起深入国营工厂、公私合营工厂、手工业合作社、农业生产合作社进行调研。调查发现，基层党组织建设和党的工作极为薄弱。在绝大部分合营工厂、大部分手工业合作社与将近一半的农业生产合作社中，没有一个共产党员。在工厂中许多班组及技术人员中，还没有共产党员。据1955年统计，全市公私合营工业中党员仅占职工的4.3%，在5万余名手工业者中党员仅占0.5%，农村中党员只占人口的0.5%，在中等学校教员中党员占13%，在小学教员中党员占1.3%，在高级知识分子中党员的数量更少，即使在国营工厂中党员也都是分布在行政管理、人事保卫、党群部门中，直接参加生产的工人与工程技术人员中党员极少。

面对这种情况，徐少甫敏锐地意识到党组织的薄弱状况与轰轰烈烈的社会主义经济建设高潮不相适应，发展党员的任务繁重，责任重大。他及时组织有关人员认真研究，积极探索解决问题的方法。在全市组织干部会议上，他提出要积极慎重发展党员，采取有力措施培养考察非党积极分子，有计划地发展新党员。他指出，影响组织发展工作的不利因素是，有些党员干部满足现状，认为现有党员"已经够用了，不用再发展了"；在少数党员干部和党的组织中还存在着把发展党员工作和中心任务对立起来的情绪，重视生产建设，忽视党的建设。为了克服这些模糊认识，徐少甫在各种会议上反复宣传发展党员对生产建设的重要性，使各级党组织和党的干部提高了认识，许多单位把发展党员的任务具体化到每个党员身上，定期向党委汇报培养积极分子的情况。

根据发展党员的进行情况，徐少甫又不失时机地提出了两个"转移"，即发展党员"要从过去以机关、商业领域为重点转移到经济领域和工矿企业中去；从以干部管理人员为重点转移到生产一线人员和知识分子中来"。

在市委组织部的领导下，沈阳市在工矿企业和基本建设战线发展了大批新党员，他们在生产上大部分是劳动模范、优秀技术工人及保证生产计划与各项政治任务完成的骨干。另外，在农村发展了 634 名新党员，许多党员是农业互助合作运动和村里各项工作的骨干。

为做好发展党员工作，经徐少甫提议，市委组织部每年举办 1—2 期党建业务讲座。徐少甫亲自讲怎样做好发展党员工作，通过交流经验，互相学习，解决建党工作中遇到的困难问题。

在发展党员工作中，徐少甫多次强调要坚持党员标准，保证新党员的质量，要求密切结合政治任务（如肃反运动）培养、考察非党积极分子，并根据个人的具体情况制订培养考察和发展计划，将符合条件的积极分子吸收到党组织中来。那时，沈阳市委组织部每年都要组织进行全市党员质量大检查，发展的新党员都是生产和各项工作的骨干。经过深入细致的党建工作，沈阳的党组织建设得到极大巩固和加强。仅 1954 年 7 月到 1955 年 3 月，全市就有 6840 名优秀工人、农民、机关干部、教职员工和学生加入中国共产党，壮大了党员队伍，使党对各项工作的领导有了组织保证。几年来，全市党员人数逐年增加，1955 年，全市发展新党员 6440 名；1956 年，全市发展新党员 2 万名；1957 年，全市发展新党员 2.1 万名。

在发展党员的工作中，徐少甫还对在知识分子中发展党员工作给予特别重视，以更好地发挥他们在沈阳经济建设中的作用。1956 年，沈阳市有知识分子 4.7292 万人，高级知识分子 1893 人。由于社会和历史原因，知识分子的家庭出身、政治历史和社会关系比较复杂，有的单位怕发展知识分子党员出问题，对有海外关系和家庭成分不好的知识分子采取一律拒绝的态度，严重影响和伤害了知识分子对党的感情。如何把知识分子这支队伍调动起来，让他们靠近共产党，为建设沈阳贡献力量，是徐少甫一直关心和重视的问题。徐少甫冲破来自党内的一些错误认识和阻力，大胆地提出要注意做好在知识分子中特别是高级知识分子中发展党员的工作主张。要"从政治觉悟程度来考察他们是否具备党员条件，不要过分挑剔生活作风上的一些缺点和毛病，转变对知识分子的看法和唯恐他们入党后会超过自己的嫉妒心理"①。

徐少甫对知识分子的关心和重视，使一些基层党组织端正了对知识分子的态度，并在知识分子中大胆培养发展新党员。1956 年，全市发展新党员 2 万名，其中知识分子党员 4331 人，占知识分子总数的 9.1%；高级知识分子党员 156 人，占高级知识分子人数的 8.2%。党的队伍壮大了，全市的广大知识分子心情也更加舒畅，而新发展的知识分子党员则更是竭尽全力在自己的岗位上奉献智慧和力量。

随着党员队伍的壮大与党的基层组织建立健全，徐少甫非常注重党的基层组织先锋模范作用的发挥。他强调，只有发挥党委和支部的战斗堡垒作用，发挥党员的先锋模范作用，我们的各项事业才能不断取得进展。要使全市党组织的作用得到发挥，重要的是树立一批先进党委、优秀党支部、模范党员。树立典型和样板，使基层党组织学习有目标，有样板。在他的重视下，全市先后树立沈阳五三工厂党委、沈阳冶金修造厂车间党支部等一批先进典型，在全市基层党组织中进行学习推广。先进党支部及优秀党员的模范事迹和经验，有力地推动和促进了企业、农村生产等各项工作的开展。

在大规模建设社会主义初期，企业实行党委集体领导负责制的领导体制。在实际工作中，这种体制与加快经济发展的行政决策指挥相矛盾，在某种程度上影响了行政工作的正常进行。为克服企业领导体制的弊端，沈阳市学习苏联经验，在企业中

---

① 中共沈阳市委党史研究室编著：《信仰的力量——徐少甫工作生活纪事》，沈阳出版社 2004 年版，第 42 页。

开始试行"一长制"，即"厂长负责制"，而这一体制与党的领导仍然有矛盾。善于思考问题的徐少甫深知,如何将"一长制"与党的领导相结合，保证经济快速发展，是摆在当时组织部门面前的一个重要课题。徐少甫与组织部领导班子研究决定，派有关人员到沈阳变压器厂蹲点，研究推行"一长制"条件下，如何发挥党组织的作用问题。徐少甫对蹲点的人员提出要求，一是"一长制"要保证行政领导指挥正常畅通；二是企业中党委要实施领导，重大问题要集体讨论决定；三是党组织对生产行政工作起到保证监督作用，保证厂长决策正确，认真执行国家法令法规，发动党组织党员带头完成和超额完成任务。他特别强调发挥基层党组织的保证监督作用与党员模范带头作用。下去的工作人员总结了沈阳变压器厂既促进企业发展，又发挥党委保证监督作用的做法和经验。徐少甫立即组织将这些做法和经验在全市企业中推广。事实证明，当时的这一做法十分符合沈阳企业客观实际的领导体制。

随着社会主义建设事业加速发展，当时许多方面的工作都需要补充干部，同时，沈阳作为国家重点工业基地，还担负着向全国输送干部的任务。徐少甫深知，在政治任务确定之后，干部问题就成为决定因素。因此，选拔和培养干部成为组织部的一项重要而艰巨的任务。

由于干部文化程度较低，初中毕业的不多，高中毕业的很少，而大学毕业的更是寥寥无几，在培养选拔干部中阻力较大。沈阳市委组织部多次就选拔和培养干部问题进行研究，徐少甫积极主张破除论资排辈思想，不要只看干部的资历和党龄长短，而要按德才兼备的标准选拔干部，坚决大胆地破格提拔优秀干部。这种思想在当时的历史条件下，是十分难能可贵的。有些单位往往强调困难，称没有干部来源，伸手向上级要干部，认为"多要一点才好"。针对这些思想，徐少甫严肃地指出："选拔干部唯一的出路在于我们自己在实践中培养选拔优秀干部，除此之外别无更好的办法。在这个问题上如果我们还不抓紧，还有任何犹豫，将会犯更大的错误。"① 为了实现大胆大量培养提拔优秀干部的任务，徐少甫亲自深入基层单位，帮助他们分析职工队伍状况，强调要善于发现职工的闪光点。在他的鼓励下，更多优秀人才更快成长起来，也解除了企业领导的等靠思想。在一次企事业单位的领导干部会议上，徐少甫语重心长地说："不要忘记从沈阳解放到现在已经有七八年的时间了，广大干部经历了多次运动的锻炼和考验，我们举办过很多次的训练班，学校培训了大批的干部和积极分子，他们的政治觉悟和工作能力有很大提高，是有不少干部可以提拔的。"② 他还主张可以让后备干部在岗位上边干边实践边提高，搭建干部成长的平台，不断挖掘干部队伍潜力，给干部成长提供良好的外部环境。

针对少数单位领导缺乏集体观念，不愿意输送干部，上级抽调干部就叫苦的现象，徐少甫强调，各级组织干部一定要从国家和整体利益出发，每个单位和部门的领导干部都要树立起

① 中共沈阳市委党史研究室编著：《信仰的力量——徐少甫工作生活纪事》，沈阳出版社 2004 年版，第 48 页。
② 中共沈阳市委党史研究室编著：《信仰的力量——徐少甫工作生活纪事》，沈阳出版社 2004 年版，第 48 页。

本单位要"出干部"的观念，形成积极培养输送干部的局面。徐少甫还要求领导干部对干部要关心爱护，不能只使用不教育，或使用多培养少，领导干部要做艰苦细致的培养干部工作，避免在需要时就"矮子里拔将军"。

做好组织工作，必须有一支过硬的组工干部队伍。徐少甫经常告诫部里的同志，要把组织部办成党员干部之家，使每个党员到组织部都有"回娘家"的感觉。他要求组织部的干部作风要正派，要有原则性，谦虚谨慎、艰苦奋斗，联系群众、为人民服务。同时，发扬党的优良传统作风，兢兢业业为党工作，模范地执行党章、遵守党纪，克服个人主义思想，要认真贯彻执行民主集中制和集体领导原则。他强调，组织部门要密切了解政治任务对组织工作的要求，通过组织工作的开展去保证政治任务的实现。他的这些要求不仅成为当时组织部门建设的指导思想，而且潜移默化地成为组织部人员在此后工作中始终坚持的人生准则。他还要求组织部门的干部转变工作作风，经常深入实际，调查研究问题，并加强对工作的具体指导，总结交流先进经验。

徐少甫对青年干部的成长非常重视。他担任部长期间，组织工作会议等的文字材料都亲自组织研究，亲自动笔改会议材料，每当下属人员起草完材料后，他都找到起草人，耐心地指导材料的重点内容应该侧重在哪里，具体思路应该怎样去考虑，甚至标点符号都一一纠正过来，并鼓励其要好好学文化。一次，一位干事调研回来后向徐少甫汇报情况，当他谈到一位农村党支部书记心很细，每年为本村的老年人种 2—3 垧烟，到了秋天分给大家抽的情况时，徐少甫说，不单是因为他心细，而是他心里有群众。这位干事听后，打心眼里佩服徐少甫看问题深刻有高度，此事给他留下了难忘的印象。像这样的例子很多，在徐少甫身边工作的许多年轻人受益匪浅，各方面素质提高很快 ①。

在徐少甫及其一班人的精心指导和帮助下，组织部的干部时刻不忘坚定共产主义理想信念，时刻不忘树立正确的人生观、世界观。为了全市选拔干部、发展党员的事业，忘我地积极工作在第一线，并在全市干部队伍中树立了良好形象。徐少甫严于律己，平易近人，在组织部干部中有很高的威望。在他的领导和影响下，组织部的风气正、人心顺、作风硬。许多人不顾小家庭利益，把党和人民的利益放在第一位，将组织部视为"娘家"。

徐少甫对基层干部队伍的思想、组织建设也非常重视，要求各级党委的领导干部亲自培养更多更好的干部，改变"千里马常有，伯乐不常有"的局面。徐少甫还多次强调要加强对组织部门自身建设的领导，在部署工作时具体部署党的思想和组织建设工作，定期讨论和检查组织部门的工作，为组织部门的建设夯实了基础。

徐少甫十分关心职工生活。组织部的一位干部因家庭生活困难，中午不到食堂吃饭，自带干粮吃。他发现后，特意把这位干部找到办公室谈心，了解其爱人没有工作、家庭生

---

① 中共沈阳市委党史研究室编著：《信仰的力量——徐少甫工作生活纪事》，沈阳出版社 2004 年版，第 51—52 页。

活十分困难的情况后，便责成其处长帮助解决。不久，组织部门帮助这位干部的爱人在沈阳重型机器厂找到工作，当上了工人，缓解了家庭生活困难。多年以后，这位干部谈及此事仍非常感激。

在沈阳市委、辽宁省委岗位上

1956年3月，徐少甫出任中共沈阳市委书记处书记兼市委秘书长。

作为市委秘书长，市委常委的会议徐少甫都参加。会上，徐少甫很少发表长篇大论，总是发言不多但言必中的。徐少甫上任不久，恰逢中共中央通知沈阳派干部参加中央干部工作会议，沈阳市委常委召开专题扩大会议就此事项进行讨论。大家各抒己见但却一时统一不了思想。为了给与会人员理清思路，徐少甫沉稳地启发道："中央要沈阳派干部开会，就是要听沈阳的工作情况。汇报工作，要讲现状，要真实。"为使下面的负责人思路更明确，徐少甫思维敏捷地将向中共中央汇报工作进一步分解成7个题目："第一，关于企业产供销计划的实施情况；第二，关于全市企业的技术改造情况；第三，关于发挥地方党组织的主动性和加强市委领导相结合的情况；第四，关于技术力量的培养和发展情况；第五，企业党组织开展集体领导的情况；第六，企业之间的生产协作情况；第七，职工的福利情况。"最后，徐少甫言简意赅："实事求是，汇报现状。地方和国营，由两个组准备；汇报重点，发展手工业和改进企业管理。"把汇报工作的思路原则、方式方法讲得明明白白。

在一次市委常委会议讨论沈阳的发展建设规划时，针对有些基层单位汇报工作时好大喜功、报喜不报忧、互相攀比、求大求快的不良倾向，徐少甫的发言一针见血："制订计划要依据实际情况，制订的计划不单要有上限，还应有下限。"在谈到经济和建设时，徐少甫诚恳地说："我们都应该认真研究经济规律，我们大家的收入在不断地增加，而现在的经济投入却不断地缩小，这是否正常？应该好好研究。""一个项目和规划的启动，要考虑材料、人力、设备、地皮是否供得上，是否够用，不要等实施时现落实，结果落空。"①

在1956年5月中旬召开的青年团沈阳市第三次代表大会开幕式上，徐少甫以中共沈阳市委书记处书记的身份代表市委作重要讲话。徐少甫首先对青年团和广大青年在完成党和国家任务中付出的辛勤劳动和取得的成绩给予充分的肯定："实践证明，青年们是建设社会主义事业的一支最活跃的突击力量，他们不愧称为党的最可靠的忠实助手，是伟大的中国人民革命事业的继承人。"肯定青年团和广大青年的工作成绩，肯定青年团和广大青年是革命事业的继承人，这对刚摆脱封建压迫、刚走上工作岗位的广大青年是莫大的鼓舞，青年们心潮澎湃。当时的共青团员和青年，将成为共产党员作为自己的努力目标，并且憋足了劲要在方方面面干出成绩。要干的事情太多，要出成绩的热望太强烈，而怎么干和从何做起又是青年最希望知道的。深谙青年思想的徐少甫接着又具体地为青年团的壮大和广

---

① 中共沈阳市委党史研究室编著：《信仰的力量——徐少甫工作生活纪事》，沈阳出版社2004年版，第55—56页。

大青年的进步发展指出努力方向和方法。徐少甫深情地鼓励青年们："要在自己的岗位上兢兢业业，不畏艰难，勇于大胆革新创造，又多、又快、又好、又省地完成自己的光荣任务。为此，对于青年团员和青年来说，最重要的是学习。建设社会主义，需要有高度社会主义觉悟的人，因此大家每个人都要学习马克思列宁主义理论，努力提高自己的政治思想水平，养成高尚的共产主义道德品质。建设我们的国家，需要青年们具备科学文化，就要用最顽强的精神向文化科学技术进军。因此青年们要向有学问的老一辈学习，更要尊重有知识有经验的人，要恭恭敬敬地学，老老实实地学。"[1] 徐少甫讲话结束时，台下已经沸腾。

徐少甫在书记的岗位上是负责文教方面工作，"从大处着眼，从小处着手，从长远发展看问题"，这是徐少甫开展工作的突出特点。"举重若轻，以点带面"，多年的革命经历和组织工作经验，使徐少甫在市委书记岗位上主抓分管工作时游刃有余，效果斐然。

徐少甫担任书记不久即逢当年的"六一"儿童节。沈阳是个重工业城市，工人多，工人的子女也多，但是解放初的经济恢复速度和能力还不足以建设足够的学校满足所有儿童上学的需要。望着那么多适龄儿童不能上学，徐少甫心焦似火：孩子们小学都不能上，更谈何未来发展。徐少甫指示，将市委大院北侧一部分腾出，连同一栋办公楼一并让出，创办一所面向社

<hr>

① 中共沈阳市委党史研究室编著：《信仰的力量——徐少甫工作生活纪事》，沈阳出版社 2004 年版，第 57—59 页。

会的小学。同时徐少甫代表市委向全市人民发出号召，动员一切力量办学。消息传出，群众欢呼雀跃，各单位也纷纷响应。几天后，市内各区都成立了专项工作组，皇姑、铁西、和平等区工作组还分别召集本区有关方面座谈自办小学的经验并深入工厂企业进行工作。在徐少甫带动下，各区区委书记和区长都亲自挂帅主抓这项工作。据统计，到 1957 年 3 月，全市已新建 128 个教室，扩招 1.15 万余名适龄儿童入学。到了 8 月份，全市已开始实施普及小学义务教育，全市适龄儿童入学压力最大的铁西区，儿童入学率已达 95% 以上。

为了适时巩固办学成果，徐少甫在市委常委会上提出，要加强中小学校师资力量建设。在徐少甫的直接关心下，1000余名大中专师范院校应届毕业生直接分配到各中小学，将近千名在校教师被抽调到小学教师进修学校，经过进修学习后回校任教。很快，全市中小学教师队伍扩大，力量加强。

20 世纪 50 年代中期，中共中央向沈阳提出"出机器，出干部"的任务要求。作为主管教育工作的市委书记，面对上百万急需掌握文化知识的产业工人和广大农民，徐少甫深感责任重大。为了彻底消灭文盲，提升全市人民的文化素质，适应沈阳工农业生产和完成第一个五年计划的需要，徐少甫在担任书记不久将更大的注意力和精力开始投向全市的扫盲工作和成人教育工作上来。

据当时统计，沈阳解放初期文盲占人口总数的 55%。沈阳在 1950 年 1 月即成立"沈阳市业余文化教育指导委员会"，以群众夜校和认字班为主要的教育形式，并在工矿企业、街道和市郊农村进行大规模扫盲运动，几年来的工作成绩巨大。从1956年至1958年徐少甫主抓文教工作的这段时间，沈阳的扫盲工作和成人教育工作产生了质的飞跃。

在徐少甫领导下，1956年6月25日，沈阳召开第一次扫盲积极分子代表大会，并成立扫盲协会，在全市掀起新一轮扫盲高潮。这一年有13.4788万人参加扫盲学习，是以往各年扫盲人数最高的一年。1957年5月9日，在徐少甫的督导下，市扫盲协会召开会员代表大会，将全市的扫盲工作进一步推向深入。大会号召把全市原来的纯文盲扫除掉，没有扫除的也要变成半文盲。在市委领导下，经过努力工作，许多机关、工厂和街道居民委已经基本扫除文盲。紧接着，徐少甫趁热打铁，联合市委、市人委召开扫盲誓师大会，号召在全市取得扫盲工作的更大胜利。徐少甫以多年的领导经验，提出要全党动手，书记挂帅，地区领导块块包干。一个识字人包教一个人，哪里有文盲，哪里就有人教。他还主张要开展灵活多样的扫盲方式，提出把字送上门，把文化送到车间、工地、工段、商店、田间、炕头、车上、停车场，利用一切可以利用的条件进行扫盲学习。到1958年底，沈阳市已基本扫除文盲。

随着扫盲运动的深入，职工的初、中、高等教育也得到相应发展，同时普通高校也开办一批夜大、函大，招收在职人员深造学习。到1958年时，沈阳市各级各类成人教育学校达562所，普通教育与成人学校教育总人数已达全市总人口的20%。

全市基本扫除文盲，这是一个伟大的数字和事实！在

1958 年 7 月 3 日这一天，摆脱了文盲桎梏的群众特别是中青年职工，满怀喜悦，自发地组织起成千上万人的扫盲报捷游行队伍潮水般涌向市委，扫盲报捷喜报小山般地堆在市委院中。有人发现，一张当天的《沈阳日报》在徐少甫的桌上放了很久，报上的一篇报道题目是："我们登上文化山！"

1958 年 8 月，徐少甫兼任沈阳机电学院第一任院长。沈阳机电学院的前身是沈阳机械学校，归属第一机械工业部，坐落在沈阳的工业区铁西区。当沈阳机械学校归属沈阳的批复报告放置于徐少甫案头时，打造沈阳工业人才的"黄埔军校"的想法已在徐少甫的头脑中形成。从筹备到扩建，徐少甫事必躬亲，甚至院系专业设置和各系领导教授的安排都亲自过问。几十年后，沈阳机电学院已改称"沈阳工业大学"，但是在铁西区这个老工业基地的老一辈人中，人们还是喜欢称其为"机电学院"，因为"机电学院"包含了他们太多的荣誉和自豪。

在抓高教的工作中，徐少甫以其对教育独特的理解和要求，使高校与沈阳大力发展重工业的战略达到了空前的协调配合。"许多科学家、文学家是在实际工作中锻炼出来的，而且许多在学校毕了业的人也必须经过实际工作的锻炼，才能有所成就。"每当重温徐少甫的讲话，已是耄耋之年的当年毕业生和技术人员无不感慨万千："现在都在探讨蓝领和白领哪多哪少，少甫书记当时对大学生的要求是车钳铣刨焊，样样都会干，套用现在的标准，全是金领！"①

----

① 中共沈阳市委党史研究室编著：《信仰的力量——徐少甫工作生活纪事》，沈阳出版社 2004 年版，第 67 页。

在徐少甫分管的工作中，有一项是卫生防疫。徐少甫凭着踏实和勤劳把卫生防疫工作搞得有声有色。沈阳市是东北的重镇，是东北最繁华的城市。但在解放前，沈阳的繁华和荣光却是建立在广大劳动人民的痛苦之上，华美的市容远处是工人肮脏不堪的居所，光鲜的富人背后是满身污垢的穷苦百姓，工人聚集区里瘟疫肆虐，虫害横行。"洗澡"对于今天的人们来说是再普通不过的生活习惯，但对于解放前的贫苦群众来说却是一种奢望。善于从细小处入手工作的徐少甫，将建立和培养群众个人卫生习惯作为卫生防疫工作的突破口。当时的沈阳浴池少得可怜，屈指可数。解放后，市委、市政府下大力气新建了许多浴池，但仍满足不了需要。"政权是新的，城市是新的，人是新的，身体也应该是干净的。"徐少甫亲自担任市"爱国卫生运动委员会"总指挥，在全市举办"卫生服务周"活动。在卫生服务周期间，全市国营和公私合营的浴池，为减轻群众经济负担，洗澡价格一律减半，同时号召让所有的职工和家属都能在活动中"受到一次洗澡的优待"。群众都能洗上了澡，徐少甫并未就此满足。为了保障群众的身体健康，徐少甫又组织市爱国卫生运动委员会对沈阳的浴池进行多次定期和不定期卫生检查，甚至亲自实地检查。

为了进一步搞好城市卫生，保障人民群众身体健康，徐少甫在全市范围内组织大规模的城市卫生运动。1958年4月，沈阳市成立"除四害讲卫生总指挥部"，徐少甫亲任总指挥。在全市动员大会上，他号召全市人民积极行动起来，建设"八无"（无鼠、雀、蚊、蝇、蚤、虱、臭虫、蟑螂）、"四洁"（街

道、庭院、室内、人人洁）、"三化"（绿化、美化、香化）、
"两不"（不随地吐痰、不随地便溺）卫生城市，要"比旅大、
赶北京"。他还亲临一线指挥，从大街到小巷、从机关到学校、
从企业到医院，到处留下了他的身影。经过 50 余天的苦战，
整个沈阳的卫生面貌焕然一新。不久，更大的捷报传来，沈阳
市已基本上消灭霍乱、鼠疫、天花等疾病！

徐少甫分管的文化体育事业在他任职期间，也出现空前繁
荣景象。京剧《雁荡山》、评剧《祥林嫂》、话剧《战斗里成长》、
歌舞剧《将革命进行到底》，为全国的戏曲改革和发展做出重
大贡献，受到周恩来总理的表扬。杂技《空中飞人》《飞车走壁》，
更是蜚声海外。在这一时期，沈阳的全民健身运动也开展得如
火如荼，从足、篮、排到射箭摔跤，各项活动和赛事接二连三。
用徐少甫的话来讲，"毛主席教导我们要三好，没有身体好，
只能算两好，还可能一好也没有呢"①。这一时期的沈城，天
天有演出，月月有比赛，全市的影剧院除了停电没有一天是闲
着的。据《沈阳日报》报道，沈阳在当时搞了一个"新片展览周"，
展映《沙漠里的战斗》《铁道游击队》等新片。报道称，当时
为了推介影片，在市内所有主要街道和繁华路口都设立巨幅的
影片宣传广告和橱窗，在全市电车上布置了标语和彩旗，在市
内 3 个较大的广场利用每日夜间放映"新片展览周"的预告片，
电影放映前的一周，15 家影院已经预售出电影票 30 余万张！

1959 年 1 月，徐少甫调任中共辽宁省委常委、组织部部长。

---

① 中共沈阳市委党史研究室编著：《信仰的力量——徐少甫工作生活纪事》，沈
阳出版社 2004 年版，第 72 页。

不久，恰逢我国遭遇三年困难时期。为了克服困难，掌握困难时期党的基层组织建设的第一手资料，徐少甫时常亲自到农村蹲点调查。每到农村，徐少甫轻车简从，走到哪个村就住在哪个村，吃饭时就在农民家吃"派饭"，与普通群众一样吃困难时期的代食品。他还经常"考问"身边的人，去过多少村屯，掌握了哪些材料。由于注重实际，徐少甫通过调研形成的党建经验材料，成为全省加强党的基层组织建设的指导文件，为我省在困难时期党组织的巩固和建设工作做出重大贡献。

1961年12月，徐少甫被任命为中共辽宁省委书记处候补书记。此时已是省委主要负责人之一的徐少甫，依旧保持着谦虚谨慎、认真严密的工作作风。在处理各种错综复杂的问题时，始终坚持实事求是、为党高度负责的办事原则，从不以身高权重、经验丰富而自居。每当有人来汇报工作，徐少甫从不打断别人的发言，并且认真地做记录。有人曾见过徐少甫的笔记本，通常是每页都分成两半，一边记的是下级汇报的情况，另一边则是标出他在听汇报时所思考的内容、应该关注的重点和他准备要讲的意见。在听完汇报之后，徐少甫就能迅速提出有的放矢的建议和指示。

徐少甫对工作不仅有着精湛的领导艺术，还处处体现出高尚的人格魅力。他对待干部心平气和、耐心和蔼、循循善诱，处理具体工作摆事实、讲道理、公允评断，使周围的工作人员不仅深受教育，还能在耳濡目染中增长才干。徐少甫时常对身边的工作人员和下级交代，对于他分管的工作，大家可以随时对他发表自己的意见。

在中共辽宁省委，按照工作分工，徐少甫前面还有黄火青、黄欧东等领导，徐少甫对他们处处维护，非常尊敬，积极配合，踏实工作，视省委领导班子的团结高于一切，数年如一日。作为负责组织工作的省委领导，解决好省内下级市县领导班子成员间的矛盾是一个难度非常大的问题，但在徐少甫工作期间，好些棘手问题都迎刃而解。"高山仰止，景行行止。"徐少甫用高风亮节的实际行动，鼓舞和教育了许多人，成为大家学习的榜样！

"文革"期间努力捍卫真理

1966 年，"文化大革命"爆发。1967 年，辽宁党政机关受到"造反派"的冲击。面对"造反派"的无理揪斗，徐少甫坚持党性原则，面对面地与造反派进行说理斗争，义正词严地指山，我不是走资本主义道路的当权派，辽宁省委是执行毛主席革命路线的。在执行革命路线中有错误，但不是资产阶级司令部。他提出：要文斗，不要武斗……表现了捍卫革命真理的坚定性。

"文化大革命"进入中期，开始酝酿省革命委员会的时候，当时的"左派"找徐少甫谈话，要他表态，只要你说出打倒宋任穷，我们就结合你。徐少甫说，宋任穷同志是个好同志，不是走资派，没有迎合当时这个"左派"的无稽要求。

1968 年 5 月，徐少甫到省委机关学习班、省级机关"五七"干校劳动，继续受到关押批斗和严重迫害。1975 年，他又被发配到昭乌达盟平庄矿务局、元宝山煤矿进行劳动改造、"接受教育"。尽管如此，徐少甫始终保持着坚定信念，表现出一个共产党员的优秀品格和崇高的思想境界。但无休止的批斗和严重的迫害使徐少甫的身体受到极度损害，以致他恢复工作不久就身染重病，胃部因癌症切去三分之二。

在"文革"中，徐少甫坚持原则，没有被黑暗势力吓倒，许多干部得到徐少甫的保护。一次，沈阳农学院"造反派"来到市委组织部要沈阳农学院院长的档案材料未果，就将组织部的工作人员强行带到沈阳农学院。恰巧，徐少甫也被沈阳农学院的"造反派"抓去，当他得知这一情况后，对"造反派"说，市委组织部门不给你们档案是对的，这是我们规定的制度，没有我们的批准，他们是不能随便给档案材料的。徐少甫的几句话就把责任全都承担下来，保护了干部，使这位工作人员安全地回到市委。在一次批斗会上，邓仲儒和徐少甫一起挨批斗，造反派逼问徐少甫：邓仲儒是不是叛徒？他肯定地说："他不是叛徒！"邓仲儒被平反后见人就说："少甫可把我救了，没有他，当时我就完了！"①

恢复工作勤政为民

1977年9月，徐少甫到鞍山钢铁公司工作，这是徐少甫从"文革"的阴霾中走出来，重新恢复工作后走上的第一个领导工作岗位。他先是出任鞍钢政治部主任，后出任鞍钢党委书记、鞍山市委书记。

① 中共沈阳市委党史研究室编著：《信仰的力量——徐少甫工作生活纪事》，沈阳出版社2004年版，第79页。

"文革"后的鞍钢，百废待兴。1975 年 11 月 18 日，经中共中央和中共辽宁省委批准，恢复鞍山钢铁公司建制。徐少甫到鞍山后，积极协助当时负责鞍山及鞍钢工作的主要领导做好揭批"四人帮"罪行，清查"打砸抢"分子和"三案"平反工作，并在促进鞍钢生产，提高产品质量方面做了大量工作，并提出，要把鞍钢建成世界上一流的钢铁企业。徐少甫特别强调要搞好企业整顿。他提出：一是继续整顿好各级领导班子，建立健全党委领导下的厂长分工负责制；二是继续搞好基层支部的整顿，加强基层建设，从思想上整顿企业班子；三是整顿好班组和职工队伍，大抓先进标兵的树立，大抓后进职工的转化，大抓技术学习和岗位练兵等等。

在鞍钢工作期间，徐少甫针对如何办好《鞍钢报》提出了许多真知灼见。他指出，要坚持全党办报、群众办报的方针。各级党组织都要关心、支持、帮助。要健全各级通讯组织，把通讯报道工作纳入各级党组织的议事日程，特别是党委书记要亲自撰写文章，审定重要稿件。还要搞群众性的读报、评报、用报活动。要恢复和发扬党的新闻工作的优良传统。要改进文风，反对说假话，坚持说真话；反对说空话，坚持说实话；反对唯心论，坚持唯物论；反对形而上学，坚持辩证法；反对乱扣帽子，坚持以理服人。要办出企业报的特点，文章要短小精干，鲜明生动，为广大职工喜闻乐见。要不断提高办报质量。搞好调研，做到有的放矢，写作要精，采访要细。

1978 年 12 月，经中共中央批准，徐少甫的冤案得以平反昭雪，恢复了省委书记职务，回到省会沈阳工作。他仍分工负责党的组织、纪检工作。徐少甫还先后于 1978 年 12 月，在中共十一届三中全会上当选为中纪委委员；1982 年 9 月，当选为中共十二届中央委员；1987 年 10 月，当选为中共十三大代表；1992 年，当选为中共十四大代表。

复出工作的徐少甫以高度的政治责任感和使命感，遵照中共中央和辽宁省委的指示，为蒙受不白之冤的干部落实政策、甄别平反、安排工作，使众多老干部枯木逢春，再度为党建功立业。这一时期，老干部要求落实相关政策，公函和来信来访较多。凡是来信来访，他都认真对待、及时处理，对每封信件都明确提出处理意见，然后由秘书每天午后 4 时送交纪检和组织部门处理。他经常主动给老干部工作部门打电话，询问老干部政策落实情况及他们子女情况，指示相关部门全力保证老干部各项待遇的落实。

徐少甫非常关心职工生活，特别是老干部的生活困难，他更是时刻挂在心上。一位老红军在 1961 年从锦州进沈阳，一直住在一座很简陋的小二楼里。在一次走访中，徐少甫看到房子很破旧，就请沈阳市有关领导帮助解决。后来经有关部门努力，这位老红军的房子得到修缮。房子修葺一新后，这位老红军一直住了 20 年。后来让老红军没想到的是，徐少甫竟然一直记着他的名字。1982 年，省里给这位老红军调房，徐少甫听说给他分的是顶楼时，就对有关人员说："老红军都那么大岁数了，怎么能住顶楼呢？"这样，在徐少甫的关心下，这位老红军的住房被调到二楼①。

1981年夏，徐少甫根据邓小平来辽宁视察时所作的关于大力培养选拔中青年干部充实领导班子，抓紧实现领导班子新老交替的讲话精神，与省委其他领导一起，为推动全省培养选拔大批优秀中青年干部走上领导岗位创造了良好工作环境。在选拔补充省委班子成员时，徐少甫负责干部考察工作。一位厅级干部在民主测验时提出一条意见：就他个人来说，对某某同志是有些意见的，但考虑到省委整个班子的合理构成和工作需要，考虑到这位同志的水平、能力和总体表现，他同意这位同志进省委领导班子。徐少甫很欣赏这位厅级干部的胸怀和觉悟，在领导干部大会上，作为典型事例予以提倡，要求党员干部都要这样，出以公心，不计私嫌。省委顺利实现了领导班子的新老交替，为落实知识分子政策打下了良好基础②。

徐少甫十分关心年轻干部的成长，对他们谆谆教诲，悉心培养。他常讲，对于年轻干部不要只是使用，还要注重对他们的培养和锻炼，并且加强教育，使他们能够真正成熟起来。他曾对一位刚刚就任沈阳市委宣传部部长的年轻干部说："沈阳是大都市，又是省会，沈阳市的思想宣传文化战线上人才济济，这是做好宣传工作的基础，一定要发挥好他们的作用。要放手大胆地使用这些人才，还要有'俯首甘为孺子牛'的精神，自觉当好他们的'服务员'，急他们之所急，想他们之所想，积

---

① 中共沈阳市委党史研究室编著：《信仰的力量——徐少甫工作生活纪事》，沈阳出版社2004年版，第83页。

② 中共沈阳市委党史研究室编著：《信仰的力量——徐少甫工作生活纪事》，沈阳出版社2004年版，第84页。

极主动地为他们服好务。"他还语重心长地说:"要想马儿跑得好,又要马儿不吃草是不行的。在改善工作条件、解决生活难题、提高相关待遇等方面,宣传部职权范围内能够解决的,一定要及时给予解决。宣传部解决不了的,要理直气壮地站出来为他们说话,积极主动地向市委其他领导或市委、市政府、市人大、市政协有关部门反映。"①

徐少甫在人才的认识和使用上颇有见地。他说:"对于那些务实肯干、博学多才、奋发有为的干部,要大胆使用;对于那些作风漂浮、华而不实、投机取巧者,不但不能重用,而且要及时进行批评教育。只有这样,一个单位、一个部门、一个地区的工作,才能呈现出龙腾虎跃、生机勃勃的局面。"他还说,现在做宣传工作,不像战争年代,有时喊喊口号、唱唱歌曲都能够发挥很好的作用。现在干部群众的思想观念发生了很大变化,都趋向于现实。首先,宣传思想工作要想实招、鼓实劲、办实事,把解决思想问题和解决实际困难结合起来。其次要发扬民主。战争年代的思想宣传工作,有时带有军事命令的成分。战斗任务来了,号令一下,想通了要上,一时想不通也要上。和平时期就不同了,一般没有那么急,要多听听大家的意见,有时可以让群众去教育群众,逐渐统一认识,千万不能急功近利、急于求成,更不能用粗暴的行政手段对待群众、压服群众。第三要带着感情去做思想宣传工作。做思想宣传工作不能板着面孔,要善解人意,寓理于情,情理交融。坚持以理服人,以

---

① 中共沈阳市委党史研究室编著:《信仰的力量——徐少甫工作生活纪事》,沈阳出版社 2004 年版,第 85 页。

情感人，满腔热情、真心真意地为教育对象着想。只有这样，你宣传的道理人家才容易接受，你说的话人家才爱听①。在徐少甫的耐心指导和培养下，许多年轻干部成长迅速，在省市级领导岗位上，为地区经济发展，发挥了重要的组织领导作用。

在端正党风、打击严重经济犯罪、反腐败工作中，徐少甫依据以邓小平同志为核心的第二代中央领导集体关于党风建设和反腐败的指示精神，针对辽宁实际，逐步深入地纠正不正之风和查处腐败现象，对端正党风和反腐败工作起到了积极的促进作用。

1982年2月，中共中央发出紧急通知，在全国开展打击经济犯罪活动。徐少甫出任辽宁省打击经济犯罪领导小组组长，他带领小组成员研究"经打"工作政策，并提出"经打"工作要紧紧依靠党委领导，走群众路线，发动群众检举揭发，开展"几清、几查"，但不搞群众运动。要重证据，重调查研究，不搞逼供信。"经打"工作确定省委书记、常委实行包案制。徐少甫亲自包查桓仁县制药厂同甘肃、青海不法商贩勾结起来倒卖麝香案，此案由于地方保护主义影响，查处阻力很大。徐少甫不顾自己体弱多病，行八百里山路，两次去桓仁深入群众，调查研究，终于突破阻力，查清案子。由于省委领导包案的示范作用，带动了各市、县领导包案工作。据沈阳、大连等7个市的统计，参加包案的县以上领导干部562人；包查大案734件，有力地遏止了经济犯罪活动。全省5年"经打"

---

① 中共沈阳市委党史研究室编著：《信仰的力量——徐少甫工作生活纪事》，沈阳出版社2004年版，第86页。

工作，共查处经济违法犯罪案件 42243 件，其中，走私贩私
610 件，投机诈骗 7318 件，盗窃 5198 件，贪污受贿 25492 件，
其他 3623 件，追缴赃款赃物 67329 万元 [①]。辽宁的"经打"
工作得到中共辽宁省委及中央纪委的充分肯定，徐少甫的领
导与工作功不可没。

徐少甫政治信仰崇高，立场坚定是有口皆碑的。1988 年，
社会上有人鼓吹资产阶级自由化，他非常气愤，多次在不同场
合指出其严重危害性。他在到沈阳市检查指导工作时反复强调，
搞资产阶级自由化，不符合中国国情，不符合人民群众的根本
利益，必须坚决反对。他对主管宣传工作的干部说，西方敌对
势力亡我之心不死，"分化""西化"我们的政治图谋一天也
没有停止过。宣传部门要紧密联系国际国内政治斗争形势的发
展变化，认真抓好坚持四项基本原则教育，特别是要加大中国
近代史、革命史、发展史教育，让没有共产党就没有新中国、
只有社会主义才能救中国、才能发展中国的观念，在广大人民
群众的头脑中扎下根。1989 年出现政治风波后，徐少甫对国
家出现的局面十分痛心，他郑重地对沈阳市委宣传部领导说，
沈阳是全省乃至东北的交通、文化中心，对全国局势的影响很
大。作为市委宣传部的负责同志，政治立场一定要坚定，要坚
定不移地同党中央保持高度一致，要把握好宣传舆论导向，加
大正面宣传的力度，多宣传生产一线广大干部群众积极做好本
职工作的先进事迹，尤其要宣传一些先进典型。对青年学生，

---

① 中共沈阳市委党史研究室编著：《信仰的力量——徐少甫工作生活纪事》，沈
阳出版社 2004 年版，第 87 页。

要坚持正面引导，采取多种形式，广泛进行爱国主义教育。他
还担忧地说，中国不能乱，国家乱了，建设搞不成，发展受影
响，最终遭殃的还是中国的老百姓 ①。

徐少甫主抓党建工作，不仅经常到基层调查研究，还积极
参加党建研究会和纪检监察学会活动。他对于研究马列主义、
毛泽东思想的基本理论和邓小平理论，尤其是党的建设理论，
有着深厚的功底和浓厚的兴趣。他注重深入实践，调查研究，
撰写过许多论文和调查报告，如《加强党的建设，提高党的战
斗力》《党建工作要注意研究新情况新问题》《加强党的建设
是完成伟大历史使命的根本保证》等文章，对党建工作的开展
都起到了很好的指导作用。

在党的基层组织建设中，他适应搞好国有大中型企业，深
化农村改革，发展农村经济和加强党对高校领导的需要，身体
力行，深入实际，在调查研究的基础上，写出文章或讲话，向
中共辽宁省委写出调研报告或书面建议，如《谈谈怎样造就社
会主义现代企业家队伍问题》《紧密结合企业深化改革加强国
有企业党的建设》《紧密联系农村党员的思想实际，搞好党员
的系统教育》《搞好农村基层领导班子的整顿和建设，增强基
层党组织的战斗堡垒作用》《加强高等学校党的建设和学生的
思想政治教育》《坚持社会主义办学方向是高校党建研究工作
最大的课题》等文章，对当时基层组织建设中的企业党建、农
村党建和高校党建起到了有力的指导作用。

---

① 中共沈阳市委党史研究室编著：《信仰的力量——徐少甫工作生活纪事》，沈
阳出版社 2004 年版，第 88 页。

在辽宁省政协主席职位上再立功勋

1985 年 6 月，经中共中央批准，徐少甫任辽宁省政协主席、党组书记。从 1985 年至 1993 年这 8 年的时间里，他按照新时期党对人民政协的要求，在工作实践中不断开拓，在开拓中不断创新，探索了一套政协工作的经验，开创了辽宁省政协工作的新局面。

徐少甫在政协系统中较早提出并坚持了"围绕中心，服务大局"的原则。他认为，人民政协是中国共产党领导的广泛的爱国主义统一战线组织，要高举爱国主义和社会主义两面旗帜，为贯彻党的纲领、路线和政策服务。在党的工作重心转移到经济建设之后，人民政协履行职能的重点也必须随之转变。徐少甫多次强调，政协工作不管到什么时候，都必须围绕党的中心任务去做。在他担任省政协主席期间，省政协始终坚持党的基本路线不动摇，把围绕改革发展稳定献策出力作为履行政协职能的出发点和落脚点，使政协自身优势和重要作用得到了较好的发挥。

徐少甫十分重视调查研究和建言献策工作，认为这是政协围绕中心，服务大局的重要实现形式，是提高政治协商、民主监督、参政议政水平的有效途径。他说，没有调查研究，就没有发言权。只有做深入细致的调查研究，参政才能参到点子上，议政才能议到关键处，提出的意见才能掷地有声，履行职能才能切中要害①。为此,他每年都抽出几个月时间,带队到农村、厂矿、学校、街道进行调查研究,向群众宣传党的方针政策和省委、省政府的重要部署,了解群众在生活中遇到的困难和问题,并与当地的干部群众一起研究解决的办法。几年中,他先后就振兴辽宁老工业基地、落实企业自主权、发挥辽宁在环渤海经济圈中的作用、发展乡镇企业、加速辽东半岛对外开放、重视培养外向型人才、把辽宁建成旅游大省等问题深入基层进行调研,向中共中央和省委、省政府提出了许多建设性的意见和建议,引起中央有关部门和省委、省政府的高度重视,许多意见和建议被吸纳到决策之中。

20 世纪 90 年代初,辽宁国有企业在由计划经济向市场经济体制转轨过程中,出现了明显的不适应。徐少甫敏锐地觉察到老工业基地将面临一次前所未有的困难和挑战。他集中精力,深入到 20 多个国有大中型企业进行调研。1991 年,他在全国政协七届四次会议上,发出"拯救辽宁老工业基地"的呼声。他在发言中提出的关于把辽宁老工业基地的技术改造作为一项重大战略、国家要制定国有大中型企业改造规划、向企业放权并转换企业经营机制等意见和建议受到国家有关部门、专家学者的重视和关注。在徐少甫的带动下,辽宁省第五届、六届政协把调研作为履行政治协商、民主监督、参政议政职能和关键环节来抓,每年都组织二十几个调研组,就影响及制约全省改革开放、经济建设和社会事业发展中的重大问题进行专题调研,

---

① 中共沈阳市委党史研究室编著:《信仰的力量——徐少甫工作生活纪事》,沈阳出版社 2004 年版,第 92 页。

并在此基础上召开省政协专题常委会议和专题协商会议，集中向省委、省政府建言献策。为了协助省委、省政府制定好"八五"计划，省政协先后组织10个调研组进行调研，形成16份调研报告，召开两次专题常委会议，提出的关于加快能源建设等建议被省委、省政府采纳。省政协还发挥联系面广的优势，协助省政府做好扩大开放、招商引资工作，在与省委、省政府同唱经济发展这台戏中，扮演了重要的角色。

徐少甫在工作中注意把握关键环节，充分发挥政协各专门委员会的基础作用。他请示省委，配齐了辽宁省政协专门委员会和办事机构，明确专门委员会的职责。在学习委员会，他经常在中心组学习会上撰写发言材料，畅谈对党的方针政策的理解；对政协的文史工作，他十分强调挖掘整理辽宁近现代史中有代表性的人物和事件；在提案工作中，他强调提高政协提案工作的整体水平；在经济工作中，他强调抓住抓准大事进行调研；在社会法制工作中，他强调围绕人民群众关心的问题，为建设法治社会建言献策；在民族宗教工作中，他强调要认真倾听"老少边穷"地区人民的呼声，并及时将这些地区的真实情况反馈给省委省政府。徐少甫通过言传身教，引导辽宁省政协的各专门委员会把履行职能的工作做得有声有色，得到了全国政协领导和机关的肯定。

作为辽宁省统一战线工作的主要领导，徐少甫注意与党外人士密切合作，广交朋友，深交朋友。他经常和党外人士一起，就党和国家大政方针谈国是，议政要，交换意见，受到党外人士的普遍尊重。徐少甫强调，人民政协的历史就是多党合作的历史，新时期政协工作的首要任务，就是团结各民主党派、工商联、无党派人士及各族各界人士，共同致力于改革开放和社会主义现代化事业。在政协工作实践中，他认真贯彻党的统战政策，对民主党派和无党派人士在政治上给予充分的信任。到政协工作不久，他在一次党组会议上就提出每次党组会议都要邀请驻会的党外副主席列席。时任省政协副主席的无党派人士岳维春回顾那段历史深有感触："中共十一届三中全会以后，随着党的工作重心转移到以经济建设为中心上米，政协的经济科技工作也摆到重要的位置上来，在省政协领导工作分工时少甫同志安排我分管这项工作，每次党组会议都邀请我列席，就是研究人事问题也不例外，制定工作计划、确定调研题目，少甫同志也总是先征求我的意见，我深感党组织的信任，确有同舟共济之感。"① 许多与徐少甫共过事的民主党派、无党派人士都说，与他共事心情舒畅，有充分施展才华的机会。徐少甫强调，在政协工作的各个层次、各个环节都要充分体现党内外合作共事。辽宁省第六届政协的 9 个专门委员会中，有 3 个专门委员会配备了非中共人士担任主任，强化了参政议政功能。为加强省政协与各民主党派、工商联的联系，由省各民主党派、工商联主持工作的专职副主委兼任政协副秘书长，定期召开秘书长会议，研讨重大工作事项。

　　徐少甫对民主党派、无党派人士在生活上关怀备至。他提出为 80 岁以上的党外副主席主常委祝寿。只要他不外出，就

---

① 中共沈阳市委党史研究室编著：《信仰的力量——徐少甫工作生活纪事》，沈阳出版社 2004 年版，第 94 页。

一定亲自参加。他还要求党组成员，每年至少要到党外副主席、老同志家中进行一次走访。在走访中，徐少甫详细了解他们在工作生活等方面存在的困难和问题，并想方设法帮助解决。在他的关怀下，有关部门很快为几位党外副主席改善了住房条件，配备了专车和秘书。徐少甫同时还十分重视政协委员、民主党派、无党派人士及知识分子落实政策工作，一些冤假错案得到平反，受到的错误处理得到纠正。徐少甫以其坚定的党性和人格魅力与卢广绩、刘鸣九、牛平甫、顾学裘、岳维春等一大批民主党派、无党派人士结下了深厚的友谊，成为相互尊重、相互信任的知心朋友，推诚相与、肝胆相照的诤友。

徐少甫创造性地开展了人民政协的港澳台侨和外事工作，是辽宁省政协"三胞"联谊和海外统战工作的开创者。在邓小平提出"一国两制"、和平统一祖国的战略构想后，他根据中共中央关于新时期统一战线工作要立足大陆、面向海外的方针，提出政协要积极主动地开展海外统战工作，为辽宁对外开放、经济建设和祖国统一服务。1987年，辽宁省"三胞"联谊会成立，徐少甫亲自任会长。联谊会开展了一系列联络、联谊、邀请"三胞"人士观光、探亲、商贸洽谈、举办对外开放高级培训班等活动，一批原籍辽宁以及和辽宁有着渊源关系的港澳台侨人士纷纷到辽宁参观考察，投资建厂。"三胞"联谊工作，成为当时辽宁省对外招商引资工作中规模较大的盛事。徐少甫始终关心"三胞"工作，他提出，此项工作的重点是政治上有地位、社会上有影响、经济上有实力、学术上有造诣的"四有"人士，必须与经济工作结合起来，要力戒形式主义等思想①。

　　徐少甫始终坚持党对政协工作的领导。他反复强调，政协工作的首要原则就是坚持党对政协工作的领导。偏离这条原则，政协工作就会迷失方向。他十分重视组织政协委员、民主党派、工商联、无党派人士学习党的路线方针政策，统一思想，增进共识。在他倡导下，省政协正式建立了向省委请示汇报制度，每年都要以党组名义系统地向省委汇报一次工作，遇有重大问题、重大事项、重要活动随时向省委请示。政协工作纳入了省委的重要议事日程。1986 年 11 月，省委发出《关于加强政协工作的通知》。1989 年，省委转发《政协辽宁省委员会关于政治协商、民主监督的暂行规定》。1989 年 12 月，中共辽宁省委召开首次全省政协工作会议，认真总结各级党委加强党的领导，开展政协工作的经验，就新形势下如何开创政协工作新局面做出部署。

　　徐少甫十分重视发挥政协委员的作用。他认为政协委员是政协工作的主体，只有政协委员积极性、主动性、创造性都调动起来，政协工作才能充满生机和活力，才能真正干出实效。1989 年 3 月，省政协六届六次常委会议通过《政协辽宁省委员会关于加强同委员联系的办法》。省政协每年不定期发放委员联系卡，征求委员对省委、省政府、省政协工作的意见和建议。建立走访委员制度、委员活动日制度，吸收省政协委员参加有关专委会和所在市政协的活动。省政协每年至少组织一次

---

　　① 中共沈阳市委党史研究室编著：《信仰的力量——徐少甫工作生活纪事》，沈阳出版社 2004 年版，第 96 页。

委员集体视察。省政协委员密切联系各界群众，积极了解社情民意，通过提案、建议等形式，就搞好国有大中型企业、发展乡镇企业、加强农业基础地位、搞好政治整顿、加强思想政治工作、纠正行业不正之风等问题提出了大量有价值的意见和建议。

徐少甫高度重视政协工作规范化、制度化建设。注意稳步推进机关建设，他经常教育在政协机关工作的干部，在政治思想上要和中共中央保持高度一致；在精神状态上要恪尽职守，勤奋敬业；在人际关系上要相互包容，团结和谐；在工作作风上要雷厉风行，求真务实；在自身要求上要积极向上，清正廉洁。在他的领导下，省政协机关进一步规范了机关的办事程序，公文处理，来访接待，建立了一整套机关办事制度。1989年，省政协常委会先后通过《政协辽宁省委员会常务委员会工作规则》《政协辽宁省委员会关于制发政协委员视察证的决定》。在他主持下，省政协先后建立常委专题协商会制度、加强与市县政协联系指导制度、秘书长会议制度、政协有关部门与政府部门对口联系等制度和办法，使政协工作逐步走上了规范化、制度化的轨道，履行职能的水平和质量有了很大的提高。

老骥伏枥，志在千里。徐少甫在做好政协工作的同时，还在省"三老"协会、政协之友、省"海洋协会"等方面做了大量工作，受到社会各界的广泛赞誉。

徐少甫具有坚强的党性。他作为德高望重的老领导，从不居功自傲，从不铺张浪费。他到省政协工作后，仍坐着从省委带过来的旧车，他在政协工作期间用的桌椅都是旧桌椅。他到市、县搞调查研究，轻车简从，只带一个秘书，到下面不要多人陪同。他深入基层，深入群众，从下面了解情况后，回来自己整理材料。政协各专门委员会的调研，从选题到调查结果，他都要帮助研究。在住房问题上，"文革"后他回到工作岗位，在普通的住房一直住了 20 多年，从未要求房产部门对房屋进行大的修缮。

2000 年，徐少甫出版了《人民政协大有可为》的论文选。这是他在政协工作岗位上积极探索的集中反映，凝结了他对提高辽宁政协工作水平所进行的可贵探索，体现了他对政协事业的一片赤诚。

莫道桑榆晚，为霞尚满天

1995 年，徐少甫离休。此后，徐少甫虽然从领导岗位上退下来，但仍时时关心党的事业，继续孜孜以求地为党工作。

徐少甫长期从事党的组织工作，离休后仍关心党的建设，并担任辽宁省党建研究会名誉会长。他逢会必参加，并经常指导研究会的同志如何开展和搞好党建研究工作。他指出：党建研究一定要把理论与实际结合起来，既不能搞纯理论研究，又不能单纯交流工作经验，要做到理论与实际相结合。1997 年 1 月 28 日，在辽宁省党建研究会第四届二次理事会上他说："理论与实际相结合，这是我们党的优良传统，是党的三大作风之一。为了使党建研究做到理论与实践相结合，必须掌握学习理论、调查研究这两个基本功。"他还强调，我们开展党建研究，绝不能脱离党的原则，并强调弘扬马克思主义学风等等①。在徐少甫指导下，多年来，辽宁省党建研究会不断改进工作，从组织领导、组建研究队伍上，确保马克思主义党建理论与中国共产党的建设实际较好地结合起来，对党的建设事业做出应有贡献，由此，辽宁省党建研究会受到全国党建研究会的重视，成为全国党建研究会比较活跃的团体会员单位之一。1998年，徐少甫的专著《党的建设理论思考与实践——十一届三中全会以来徐少甫论文选》出版，书中对党的思想、组织、干部、党风、党纪、反腐败、基层组织等方面建设的论述，着眼于邓小平党建理论的运用，体现了理论与实践的紧密结合，有很强的针对性和实践性。

徐少甫不仅认真研究党建等理论问题，而且还致力于促进经济发展方面的思考。他非常重视海洋经济的发展，认为当今世界正面临人口、资源、环境三大难题，占全球71%面积的海洋是人类赖以生存和发展的最后宝库。辽宁是海洋大省，应向海洋强省进军，加速海上辽宁建设的步伐。因此，他在振兴东北、辽宁老工业基地的思考和行动中，始终念念不忘广阔和蓝色辽宁——海上辽宁的发展。辽宁有陆地面积14.57万平方公里，耕地6480万亩，而辽宁还有管辖海域面积15万平方公里，与陆地面积相当。其中近海面积6.8万平方公里（近1亿亩），有海岸线2930公里，大小岛屿266个。初步得知有经济生物80余种，海洋生物、水产生产前途广阔；石油资源6

---

① 中共沈阳市委党史研究室编著：《信仰的力量——徐少甫工作生活纪事》，沈阳出版社2004年版，第99—100页。

亿吨—7.5 亿吨；有天然气 1000 亿立方米；海浪、潮汐、海流能源 700 万千瓦；旅游资源丰富，天然浴场 72 处，以及海水可利用等一系列优越条件，构成了沿海城市工业经济发展的优势，港口交通业、港口电站、制盐业、盐化工、生物制药、生物肥料、食品、海底矿业等等，使海洋经济发展具有相当潜力。辽宁自 1986 年最早提出发展海洋经济的口号后，虽做了一些工作，但进展始终不大。

在振兴老工业基地的进程中，抓好海上辽宁和海岸辽宁（沿黄渤海经济带）经济大发展，是徐少甫的夙愿之一。党的十四大提出"推进环渤海经济圈的开发与开放"的战略构想，作为党的十四大代表，徐少甫意识到加快"海上辽宁"建设是落实党的十四大精神的重要一环。于是，便同省内外发展海洋经济的老同志、老专家和现职相关部门领导、学者共同酝酿结合辽宁沿海实际，加强这一领域的研究，使之真正成为辽宁经济发展新的增长点。徐少甫在广纳贤达的真知灼见并亲历调查研究后，发现黄渤海沿岸巨大的开发潜力和沿黄渤海在保护、使用、开发上的不可分割性，特别是了解到有的沿海地区还在不断地向海上排污，使沿海资源未能科学合理有效地得以保护和利用，反而愈来愈严重地遭到厄运的情况后，即着手组建环渤海经济研究领导小组并任组长，邀请省内外和国际专家就环黄渤海的经济发展、海域保护、资源保护、资源开发、组织协调等问题召开研讨会，并将大会发言和有关学术论文编辑出版，为辽宁省海洋经济研究会的组建和运作，提供了比较坚实的思想、理论和组织准备。徐少甫亲自安排有关人员到南方沿海各先进省市学习发展海上经济的先进经验，回来后，他亲自修改向省委汇报的有关材料。他提出组建一个为之"穿针引线"组织协调的社会团体，主要从事决策咨询，为省委、省政府发展海洋经济提供建议和意见。此举，不失为发动社会力量，推进海洋经济事业阔步前进的一计良策。经省委同意，1999年11月14日，正式成立"辽宁省海洋经济研究会"。在成立大会上，徐少甫阐述了海洋研究会的主体思想，他说，辽宁省海洋经济研究会不同于政府的研究中心和厅局调研室，它不能深涉纯技术业务，而以宏观经济运行为研究重点，取"少而精""稳而准"的研究方针，真抓实干，让成果说话，凭实效论定，以此作为省委、省政府建设海上辽宁的参谋班子展开研究工作。省内外致力于海洋经济研究的两院院士、知名教授、专家学者及全省海洋渔业、港口航运、海上石化、滨海旅游、盐及盐化工、海洋环保、造船和海上通信等诸多部门的领导和知名人士及省政府有关领导和省级老领导80多位聚集一堂，组成理事会，一致推选徐少甫、王光中、冯友松、杨新华等老领导为名誉会长，推选李军为会长。

礼贤下士，尊重知识，尊重人才，是徐少甫一贯的思想作风。他在科学家面前曾一再诚恳地表示："搞海洋科研我不行，是外行，但同科学分院、各研究所及众多院士、学者、专家在一起研究科学兴海，我算是沾了科学家的'光'。学术研究课题论证主要是请诸家善其道，我们履其行。"辽宁省海洋经济研究会成立伊始，徐少甫建议"抓环保，抓渤海湾的治理"，走"在保护中开发，在开发中保护"，两者并重相辅相成的路子。针对锦州湾工业城市污染愈演愈烈的状况,徐少甫与王光中率领有关人员开展调研,在掌握切实情况的基础上,与锦州市委、市政府沟通情况,密切切磋,很快达成共识:"治海先治陆""治陆先治化",海洋经济要走"保护、开发"并重,先从保护海上资源,治理近海生态环境入手的路子。辽宁省海洋经济研究会与有关部门共同组成"工业废水深度处理与资源化利用"和"海洋生态型增养殖基地建设"两个课题组。近两年的课题攻关,徐少甫不仅亲临现场调查研究,还多次主持课题阶段成果汇报会,解决课题研究过程中的学术研究、工程设计、人力搭配、经费支持和成果评价诸多重要问题。他和辽宁省海洋经济研究会的其他领导亲自主持课题成果验收会,并作《尽快把课题研究成果落到实处》的总结讲话①。

　　凡是有院士、专家、学者前来参与海洋经济研究事宜,他不管多忙,一定要亲自晤谈。2000 年至 2001 年,已是 80 高龄的徐少甫,不顾自己年事已高,主持领导完成"葫芦岛市工业废水深度处理与资源利用"和"葫芦岛市海洋生态型养殖基地建设"课题研究,经专家几次论证已形成实际生产力。2002年,徐少甫已重病在身,仍然关心重视海洋国土资源的开发、保护和利用,还亲自主持辽宁省海洋经济研究会第二次理事会及学术讨论会,提出今后以"科技兴海"为主题,按"保护、开发、管理"途径开展研究工作,为省委、省政府提供更多开发保护海上辽宁经济工作的科学建议,并提出做好召开"辽宁

第二次全省海洋经济工作会议"的准备工作，把海上辽宁经济发展推向一个更高阶段。他在北京住院期间，多次通过信函、电话具体指导辽宁省海洋经济研究会的工作。第二次住院后，尽管语言有障碍发音困难，但他多次听取辽宁省海洋经济研究会的请示汇报。

徐少甫离开工作岗位后，仍以老共产党员的政治责任感关心爱护那些曾经为新中国建立和建设做出重要贡献的老红军、老八路、老专家和新中国成立初期归国的老专家。他亲赴辽西地区老抗日根据地走访，了解到有少数老同志由于种种特殊原因生活有些困难。为缓解他们的暂时困难，他与其他老领导研究，并经辽宁省民政厅批准，于1993年7月成立"辽宁省老红军、老八路、老专家福利协会"，意在多渠道筹集福利基金，吸引社会力量共同关怀老同志，为"三老"解决燃眉之急。他反复强调本会的指导思想是：要以守法为前提，以为我省稳定发展服务为中心，以为老红军、老八路、老专家谋福利为宗旨。这个组织是民间的、非营利的、具有慈善性质的社会团体。在筹集到一定规模的福利基金后，他要求加强管理，并亲自起草主持会议通过《福利基金管理和使用办法》，确保福利基金全部用于老干部福利事业，而他本人则不要分文报酬和补助。在他病重时，驻会同志给他带去慰问金，他婉言谢绝，并叮嘱把这些钱带回去，还可再救济两户困难户。他就是这样，时刻牵挂着那些困难的老同志，直到生命的最后。

沈阳市浑河农场有一位高级农艺师是全省农业战线知名专家，20世纪50年代初就到沈阳浑河农场从事技术工作，在十分艰苦的条件下，培育出"辽粳 5 号"水稻等新品种，为辽宁和沈阳的农业做出了贡献。然而，直到退休，这位高级农艺师的生活仍十分困难，工资待遇低，住房简陋，老伴儿又患病多年卧床。徐少甫得知后，派福利协会的人员登门走访，并连年给予经济补助，同时积极向有关单位反映情况，得到沈阳市领导的重视，使这位老知识分子的工资、住房及老伴儿的医疗问题得到解决，还特地拨给科研经费，这位老同志全家深受感动。

省"三老"福利协会还把关心已故老干部家属生活作为工作任务之一，使老干部遗属感受到党的关怀和温暖。一位原辽宁省政府副省长的遗孀深有感触，她回忆说："每到年节，少甫同志派他创办的福利协会的同志们来到家中，带来组织的关怀和温暖，春节前数九寒冬，不管多冷，他们送爱心送温暖到我家，进屋连口水也不喝，每次走了，都会使我心里感动很久。"①

2001 年，辽宁省凌源地区经济形势不景气，使当地 12 名老干部的"两费"拖欠严重。省"三老"福利协会派人携款来到凌源，连续 3 年对凌源 12 名抗日干部进行走访慰问。钱虽然不是很多，但对贫困地区的老干部来说犹如雪中送炭，这不仅是省"三老"福利协会对贫困地区老干部的一片深情厚谊，更表达了徐少甫对偏远山区老干部的丝丝牵挂。手捧慰问金，这些老干部老泪纵横，他们再次感受到党的关怀。徐少甫逝世后，凌源 12 名抗日老干部无不悲痛万分，虽然他们从未与徐

① 中共沈阳市委党史研究室编著：《信仰的力量——徐少甫工作生活纪事》，沈阳出版社 2004 年版，第 108 页。

少甫见过面，但省"三老"福利协会一次次的慰问与关怀，使他们心灵相通，感情深厚，他们怎能不难过？

近10年来，省"三老"福利协会救济工作重点放在"三老"人员比较集中的老抗日根据地朝阳、葫芦岛地区，共救济老红军、老八路、老专家1300多人次，发放救济金80多万元，受到省委领导的肯定：解决了"三老"的特殊困难，体现了党和老领导对"三老"的关心，维护了社会稳定。

徐少甫虽然年事已高，自己体弱多病，但仍然十分关心他人，尤其十分尊重老同志。市委老领导吴铁鸣去世时，他因需参加省里的会议而不能参加吴铁鸣的追悼会，便提前来到殡仪馆，单独向吴铁鸣的遗体深深地三鞠躬，恋恋不舍地向老同志告别后才匆忙赶去开会。

徐少甫十分关心沈阳的旅游业发展。"文革"期间，徐少甫和夫人李柯曾在沈阳市苏家屯区白清寨乡下放劳动。此后，他一直关心这里的经济发展，他对区委领导说，要千方百计使农民富裕起来。当他得知此地有一处天然水洞时，便高兴地对区委领导说，可以充分利用这一资源，通过发展这里的旅游业，拉动区域经济的增长。1998年4月，在白清寨水洞即将开业前夕，徐少甫欣然为此处旅游景点题字："藏军洞"。近年来，这里接待了无数游览观光的游人，已逐渐成为来沈外地游人的观光景点之一①。

虽然徐少甫是一位高级领导干部，却经常以一个普通党员

---

① 中共沈阳市委党史研究室编著：《信仰的力量——徐少甫工作生活纪事》，沈阳出版社2004年版，第111页。

的身份参加所在社区的党员活动，热情关心社区工作，并对社区工作给予指导和帮助，使社区的工作人员十分感动。2000年 3 月 5 日，徐少甫亲自为社区党员讲了一堂生动的党课，用他的亲身经历，阐述中国共产党从成立到成长的光辉历程，使社区广大党员更进一步懂得没有共产党就没有新中国的道理，增强了永远跟党走的信心。当时已是 80 岁高龄的徐少甫，不顾身体不适，讲话时间长达 2 个小时，社区干部和党员受到很大教育。不久，在社区成立一周年时，徐少甫还为社区亲笔题词："加强社区建设，强化社区服务"。徐少甫的亲笔题词至今一直挂在社区办公室内，时刻激励着社区干部全心全意为居民服务。2001 年建党 80 周年纪念日，徐少甫为社区题写"共产主义思想永放光芒"的条幅。他还义务为社区党建工作做顾问，并捐献了部分书籍。2002 年，办事处想买下社区内电信局闲置多年的废水泵房做社区活动室，经多方沟通，一直没有解决。社区干部来到徐少甫家，想请他帮助协调解决。当时，徐少甫刚做完手术不长时间，说话已经有了障碍，可是，他还是亲笔给电信沈阳分公司党委写了一份建议材料，在他和有关领导的帮助协调下，这个问题很快得到解决①。

　　徐少甫最大的爱好就是工作。子女们相聚在一起不容易，有时候打打扑克，便拉着他们的父亲来玩。没玩几把，他就掏出口袋里的小本，又翻又看，心不在焉，心里边想的是工作。徐少甫的另一个爱好是看电视，特别是看电视新闻，无论身体

---

　　① 中共沈阳市委党史研究室编著：《信仰的力量——徐少甫工作生活纪事》，沈阳出版社 2004 年版，第 112 页。

怎样，他都每天必看，特别关注中央一台，直到病重期间也一直关心国家大事。中共沈阳市委全委会的会议报告，每次征求老领导意见时，他都认真仔细地阅读，并提出自己的意见和建议。

凡是和徐少甫有过接触的人，无不赞赏他淡泊名利、达观向上的人生态度。他谦虚诚恳，平易近人，毫无官气、官风、官架子，从不谋取个人私利，从来不搞特殊化。他的老岳母去世时，他和夫人李柯商量，没有通知任何单位和个人，当天下午2点就将老人送走了，第二天，他和夫人照常上班工作。在他病重期间，大儿子从外地回来探望他，他见到儿子时的第一句话就说，不要让沈阳的企业单位领导知道，不要让他们来医院，更不要收人家的钱。看到此情此景，在场的人无不热泪盈眶，敬慕之心，油然而生。

由于经历坎坷，积劳成疾，徐少甫患有严重的胃病。1979年，经手术治疗，胃部切除了五分之四，休养不久他即重新投入工作。在开会、办公期间，上午、下午必须加餐，他就自带小饭盒或饼干之类的小食品，常常简单对付后继续工作。他20年如一日，以高尚的品格，乐观的态度，以常人难以忍受的痛苦顽强地与疾病斗争着，周围的人从没听他叫过一声苦。

2002年1月，徐少甫同志癌症复发，住进省人民医院。2002年，徐少甫因舌部手术，说话困难，当看望他的人担心他说话太多身体受累时，他却乐观地说："这是我锻炼说话的好机会。"①他是那样的善待生活，善待生命，善待他人，为人们留下了无尽的思索和眷恋。

2003 年 10 月 18 日，徐少甫因病医治无效，在沈阳逝世，享年 83 岁。

徐少甫为党和人民的事业奋斗了六十余年，他始终不渝地忠于党、忠于人民、忠于共产主义事业。他努力学习马列主义、毛泽东思想、邓小平理论和"三个代表"重要思想，坚持理论联系实际，指导和推动工作。他牢记全心全意为人民服务的宗旨，把人民公仆的基本信念贯穿到全部工作和生活之中。他具有坚强的党性和组织纪律观念，按党性原则办事。他思想解放，实事求是，是非分明，坚持原则。他作风民主，事业心强，经常深入实际调查研究。他为人正派，襟怀坦白，平易近人，团结同志，关心群众。他作风朴素，严于律己，清正廉洁，甘于奉献，并以此来教育和要求子女和身边工作人员。他的一生是革命的一生、战斗的一生、全心全意为人民服务的一生。他为中国革命、改革和建设事业，为实现共产主义的远大理想，贡献了毕生的精力。

徐少甫，是一位深受人们尊敬和爱戴的领导干部，一位亲切、慈祥的老人。

① 中共沈阳市委党史研究室编著：《信仰的力量——徐少甫工作生活纪事》，沈阳出版社 2004 年版，第 114 页。

戴　昊

戴诗铎　唐敏荣　马翠丽

　　戴昊，原名戴福纯，辽宁沈阳人。1931年参加革命，1934年12月加入中国共产党。历任辽西抗日义勇军军事负责人，晋察冀军区第五支队三总队七大队指导员，晋察冀军区第三团敌工科长、组织科长、教导队长、教导员和支队政委，中共沈铁抚联合县县委书记、沈铁抚联合县保安团团长，中国人民解放军第四野战军第四十军第一五三师第四五八团团长等职务。在解放战争中获英雄奖章，记大功两次。1949年7月因病逝世，终年41岁。

苦难深重　投身抗日

　　戴昊，1909年生于奉天（今沈阳）城东古城子村。幼年时家境贫寒，父亲戴贵芳依靠祖传秘方行医，收入微薄。一次，父亲为张作霖部下张九卿的太太治好了病，被留作军医。随军辗转到湖北，不到一年，竟客死他乡。母亲将戴昊的大妹妹留在外祖母家，领着戴昊和小妹妹来到奉天小北关，投靠其叔父戴香九。母亲不得不给人家当雇工赚钱，勉强维持生活。

戴昊自幼颇为聪慧，深得长辈的宠爱。尽管叔父家生活也不宽裕，叔父却节衣缩食供戴昊读书，由于读书勤奋，戴昊的学习成绩十分优秀。戴昊 15 岁时，不幸再一次降临。雇用母亲的东家因抽大烟而家境衰落，竟然偷走母亲辛苦劳动所得的积蓄。沉重的打击使忠厚的母亲忧愤成疾，猝然离世。不久，他的小妹妹也不幸病逝。戴昊从此孤身辍学。1925 年，他在一家笔店里当学徒。在叔父的资助下，他考入奉天电话局实习生传习班，结业后在电话局做实习生。

生活的磨难，让年轻的戴昊有了深刻的感受，这种生活的境遇也让他思考良多，他常常痛心国运不昌，痛心之余，他开始思考救国之道。1928 年，戴昊毅然投考奉天一所陆军初级军事学校——东北学兵队。学校除开设文化课外，主要进行初级军事培训。戴昊除学习各种专业知识外，还很喜爱阅读辽宁国民常识促进会编印的《常识半月刊》、奉天青年会编印的《奉天学生》杂志，他积极参加奉天青年会组织的进步活动，同许多有志青年一样，戴昊面对当时风雨欲来的时局，热血沸腾，跃跃欲试。

1931 年九一八事变后，戴昊流亡到北平。在那里，他参加了"东北民众抗日救国会"，结识了东北大学的学生宋黎和张金辉。1932 年初，他随张金辉回到奉天。他们广泛收集日军侵华罪行，发动社会各界人士写揭发信、控告材料，把材料编辑并译成外文，巧妙利用各种途径交给"国联"调查团长李顿。他们还到清原、铁岭、开原、新民、法库等地，发动、组织、联络抗日武装。5 月，戴昊随同宋黎、张金辉等将辽西分散的抗日力量联合组成"辽西抗日义勇军"。宋黎任总指挥，戴昊任军事负责人，总部设在新民县（今新民市）东20里的长沟沿，这是地处奉天、新民、法库的三角地带。抗日义勇军成立后，多次偷袭敌人。戴昊组织铁路工人组成爆破队，出其不意地炸毁敌人的铁路、西大桥等运输线。一天，日本侵略者对抗日义勇军大举进攻，戴昊带领队伍迅速撤到法库秀水河子一带埋伏下来，果然不出所料，日军跟踪追来。戴昊带领部队利用缴来的大炮击毙日军20多人，余下的日军仓皇而逃。恼羞成怒的日军对抗日义勇军疯狂反扑，为保存有生力量，戴昊将武器隐藏，士兵乔装成老百姓，让敌人无迹可寻。敌人捉不到抗日义勇军，就搜捕当地老百姓，混入百姓之中的戴昊等人被日军抓去。经过一番审讯，敌军没有发现破绽。不久，戴昊等人在群众的掩护下作为"良民"被释放。

1933年春，宋黎、张金辉、江涛、戴昊等人回到奉天，组织起"中华青年抗日铁血团"。戴昊以《泰山日报》记者身份作掩护，把编印的抗日宣传材料制成标语、传单秘密投送、张贴出去，还送到外国领事馆。"铁血团"的影响很快从奉天扩展到铁岭、开原，并与当地抗日义勇军守望相助，配合行动，形成一股强大的抗日力量，给日本侵略者以沉重打击。

1934年初，由于叛徒出卖，"铁血团"遭到破坏。戴昊虽然逃脱了敌人的追捕，但其叔父戴香九被抓到日本宪兵队，受尽各种折磨。后来，托人将其保释出来，迁到古城子乡施家寨村居住。

1934年5月，戴昊、宋黎、张金辉撤到北平抗日救国会总部。

张金辉的哥哥张希尧组织他们成立了学习马列主义读书会，并请来一位教授讲解新出版的《大众哲学》。通过学习，戴昊的思想发生了深刻的变化。不久，戴昊被安排在东北大学军训处工作。1934 年 12 月，戴昊光荣地加入中国共产党。此后，他更加积极地为党工作。由于北平时局动荡，东北大学校园内出现各种社团组织。戴昊不失时机地宣传共产党的主张，引导青年走革命道路，因而引起国民党当局的怀疑，曾被扣押 40 余天。

"一二・九"运动爆发后，戴昊利用在东北大学军训处工作的条件，供给学生笔、墨和纸张做革命宣传，并亲自书写和张贴标语。积极支持学生游行，进行救护工作。1937 年 9 月，戴昊等被中共北平党组织派往平西游击队，继续开展抗日斗争。

1937 年 12 月，平西游击队改编为晋察冀军区第五支队，戴昊任三总队七大队指导员。这支部队转战在阜平、涞源、昌平、宛平等地，活跃在抗日第一线。1938 年 4 月 3 日，部队取得涞源伏击战大捷，重创敌军，从此声威大震。战后，支队改为营建制。同年 8 月，部队转战宛平，改编为晋察冀军区第三团，戴昊先后担任敌工科长、组织科长、教导队队长、教导员和支队政委等职。在长期艰苦的斗争中，戴昊既是一名指挥员，也是一名战斗员，他善于总结，积累了丰富的斗争经验……此时的戴昊已经成长为一名优秀的军事指挥员。

1939 年，党组织决定派戴昊赴延安中国人民抗日军政大学学习。他日夜兼程，历尽艰难，终于到达中国革命圣地——延安。在军政大学学习期间，戴昊学习到许多先进的政治和军事理论，提高了军事素养和政治水平。毕业后，他分别在中央军委和中共中央做机要工作。他工作严肃认真，坚持贯彻毛泽东为军委机要工作的题词"保守党的机密慎之又慎"的精神，受到领导和同事的一致好评。

　　1940年以后，由于日军的"扫荡""清剿"和国民党的封锁、破坏，八路军敌后抗日根据地出现了严重困难局面。为了渡过难关，党中央号召党政军民一齐动手，开展大生产运动。中央军委响应党中央号召，于1940年2月10日向全军发出指示，要求各部队依据不同环境和条件，积极开展生产运动，做到一面战斗，一面生产，一面学习。遵照中央军委的指示，凡有条件的部队，均开展生产运动。这个运动从军队开始，很快在陕甘宁边区的党政军机关、民众团体和学校中开展起来，并发展到各抗日根据地和游击区。戴昊参加了南泥湾大生产运动。他和战友们一起开垦荒地，种粮种菜，养猪养羊，纺纱织布，开办作坊，组织运输。他在劳动中得到了锻炼和提高，工作热情进一步高涨。南泥湾大生产受到党中央和毛泽东的高度重视。1942年，延安《解放日报》发表社论，提出积极推行南泥湾政策。同年12月，毛泽东在陕甘宁边区高干会议上作《经济问题与财政问题》的报告时，表彰了军队和机关学校进行大生产运动取得的伟大成绩，提出"发展经济，保障供给"的总方针，从而进一步推动了各地的生产运动，军队的大生产也广泛地开展起来。大生产运动使解放区军民克服了困难，到1943年，各部队、机关一般能自给两三个月甚至半年的粮食和蔬菜，增强了夺取抗日战争胜利的物质力量，减轻了群众的负担，密切了党政军民关系，发扬了自力更生、艰苦奋斗的革命精神，积累了经济建设的经验。戴昊在延安的时期是他人生的重要时期之一，他努力学习与工作，既提高了军事理论和政治水平，又积累了丰富的实际工作经验，他感到充实而快乐。

转战沈北　智斗顽敌

抗日战争胜利后，中共中央确定了"向北发展，向南防御"的战略方针。1945 年 9 月 14 日，中共中央决定建立以彭真、陈云、程子华、林枫、伍修权为委员，彭真为书记的中共中央东北局，先后派 2 万余名干部和 11 万人的部队开往东北。1945 年 11 月 3 日，戴昊随部队来到沈阳，担任沈阳区公安分局局长。

当时沈阳的社会秩序极其混乱，各种日伪残余势力蠢蠢欲动。国民党特务、"铁血除奸团"等反动组织，大搞暗杀和破坏活动。戴昊对国民党日伪敌特分子的破坏活动给予坚决镇压。一天晚上，戴昊得知沈阳区有一伙反动分子正在密谋暴动，他立即派出武装人员搜捕，当场抓获 6 名首要分子，搜到反动文件、手枪和弹药，一举摧毁了隐藏在沈阳区的地下暴动指挥巢穴。

由于党的干部数量有限，加之苏联方面不同意解散伪警察厅，所以当时沈阳区公安局留用了日伪时期的旧警察。戴昊与党的接管干部对伪警察逐一考察，主动与他们接近，宣传党的政策和人民军队的性质，揭露日本侵略者奴化统治的罪恶目的和国民党建立独裁政治的本质。戴昊将解放区来的人员组建成军警联合纠察队，检察、督促伪警察的工作，并严防他们在内部捣乱。

根据中共沈阳市委的部署，戴昊加强收缴敌伪武器工作，深入开展反奸除霸，严厉打击日伪残余和国民党活动，稳定社会秩序。为使停工的工厂恢复生产，安定人民生活，他深入伪民乐铁工厂、造兵所等几个工厂，组织进步工人，组建沈阳区工人武装训练队，执行护厂和维护社会治安等活动，使工厂生产很快恢复，为以后开展游击战培养了骨干力量。

1945年11月25日，根据《中苏友好同盟条约》的规定，中共中央决定让出中长线和大城市，沈阳市党政机关除少数人员转入地下工作外，分两部分撤至沈阳南郊和北郊继续开展工作。戴昊随沈阳市委机关撤到北郊，到达财落堡村。11月27日，中共沈阳市委决定成立蒲河总区，吴继周任蒲河总区区委书记，戴昊任副书记兼保安大队长，程序任总区长。11月29日，吴继周、戴昊等率领110余人从财落堡出发进驻蒲河地区。

蒲河地区位于沈阳城北20公里，地处沈哈公路两侧，西部为平原，东部为山区，是军事战略要地。当时该地区情况十分复杂，群众受"正统"思想影响很深，日伪残余势力趁机进行反动宣传，欺骗群众，反对共产党的军队。还趁日本人投降的混乱之机，从日伪仓库窃取大量枪支和粮食，组织各种反动武装，对党和政府进行破坏活动。最有代表性的是盘踞在哈大路两侧的"东西大会"。路东为"东大会"，以刘千户关宪一为会长，望滨四家子佟继周为副会长，总部设在新屯；路西为"西大会"，以古城子张惠孚为会长，古城子王亚东和黄泥河子盛蔚冰为副会长，总部设在古城子。"东西大会"经常袭击东北民主联军，杀害过往的革命进步人士，平时横行乡里，欺压百姓，气焰嚣张，民众敢怒而不敢言。

戴昊等人到达蒲河时暂住在伪区长吴子余家。当天下午，"西大会"头子张惠孚派王亚东到"东大会"进行串联，密谋包围攻打总区办公地蒲河村，组成"东西大会"联合作战指挥部，张惠孚、关宪一为总指挥。"西大会"出两个连，架设机枪埋伏在黄泥河子村，从西、南两面包围蒲河；"东大会"出一个连，架设机枪埋伏在马庄子村西头，从北、东两面包围蒲河。他们修筑作战工事，准备 12 月 3 日进攻蒲河，在村周围布满便衣。同时通过地主康义转来信件，声称让蒲河总区民主政府交出武器遣散，撤离蒲河地区。戴昊当时所率领的保安队兵力很少，形势十分危急。吴继周与戴昊决定，由公安局、保安队严密监视敌人动向，做好应战准备。同时，向当地伪区长吴子余和绅士何香阁宣传党的政策，动员他们出面调解和制止"东西大会"的行动，以拖延时间，等待主力部队援助。吴子余为保全自己的势力和村民的安全，同意去说服"东西大会"的头目。吴子余分别到新屯、莲花池、马庄子等村，委婉而严肃地规劝：你们如果和共产党队伍斗，是以卵击石，后果不堪设想；如果停止敌对行动，蒲河总区工作人员决不会伤害你们。慑于吴子余的威望，"东大会"暂时解除了包围，改为一般封锁和警戒，但"西大会"仍在蒲河的西、南、北三面修筑工事，伺机攻打蒲河地区。

形势似乎有所缓和，但稍后发生在古城子的事件再次让局势变得紧张起来。11 月 30 日，中共沈阳市委派指导员阎振英和队长马洪斌率 100 名工人训练队，由财落堡出发去蒲河，队伍共 10 台大车，运载武器、弹药和被服。部队行进到古城子村西时，突然遭到"西大会"截击，6 名战士和两名车夫在战斗中牺牲，13 名战士被俘，押运的物资损失严重。

面对骤然严峻的局面，戴昊果断决定派田丰化装成商人去古城子村侦察。田丰以关内商人身份来到古城子村，并借宿在地主温钦武家。发现村里青壮年全部撤出，只留下老弱病残看家。当晚，他侦察时与一个回村探听的青年攀谈，得知牺牲的战友被埋在村西水泡子边。田丰立即将情况汇报给戴昊。戴昊连夜派人在村西水泡子边挖出牺牲战友的遗体，运回本部。戴昊在全体村民大会上讲话，说明总区处理截击事件不会连累无辜的村民，村民开始陆续回村。不久，村中重要人物在温钦武家研究平息袭击事件，打算用赔款的方法了结此事。他们听说田丰是南方人，主动请他给说和。

为暂时稳住敌人，争取把"西大会"匪首一网打尽，戴昊让田丰转告"西大会"的头目，必须向保安大队赔钱 14 万元（伪币）赎罪。这些人纷纷回村各家凑钱，经过 20 多天凑上 4 万元伪币。

田丰借去蒲河总区交赔款的时机，向戴昊报告主犯已经回村。第二天，村里又在温家开会，几个主犯也悄悄参加。田丰说："赔款再不能往后拖了，再拖我也不好向蒲河总区交代。"此时，戴昊和丁贤化装成军代表，还带来七八个人来找田丰，要求立即把赔款带走。主犯杨春森和王亚东提出减少数目，再缓几天。军代表坚决不答应，向田丰逼着要钱。田丰很委屈地说："钱确实困难，你们逼我，我也不挣谁的钱，我还不管了呢！头头都在这儿，我把人交给你们啦！"田丰话音未落，几个战士把"西大会"头目都绑上，带到蒲河总区。几天后，戴昊组织群众在古城子村召开大会，还用地主家的花头棺材、新被褥隆重安葬了牺牲的烈士。会上，就地处决了事件的罪魁祸首——"西大会"头子盛蔚冰、王亚东和杨春森三人。头目被正法，"西大会"很快土崩瓦解。

12 月 5 日拂晓，驻东陵、马官桥一带东北民主联军保安三旅八团对"东大会"分路出击。敌人闻风丧胆，除少数骨干分子退到刘千户屯继续顽抗外，其主要力量被东北民主联军第三五九旅第八团一举歼灭。蒲河总区歼灭地主反动武装——"东西大会"，沉重打击其嚣张气焰，稳定了政治局势，为进行民主政权建设扫清了障碍。

粉碎反动武装后，蒲河总区各村成立民主政府。多数村干部由苦大仇深的群众骨干担任，为巩固扩大农村根据地，打下坚实基础。同时大张旗鼓发动群众，开展反奸清算、减租减息斗争。戴昊率领的保安大队密切配合各工作组，对每个村的恶霸、汉奸、日伪残余，进行了清算与揭露，相继破获以董德光、王沛然为头目的几个国民党特务组织。减租减息斗争中，各村建立农会，开仓济贫，贫苦农民分得土地、车马、金银首饰、布匹、粮食和现金等，广大群众欢欣鼓舞。贫苦农民纷纷参加总区工作，参加地方保安队。特别是苦大仇深的群众骨干，后来都成为坚持敌后武装斗争的有生力量。

当蒲河总区不断扩大巩固敌后根据地时，1946 年 3 月下旬，国民党军队进犯蒲河，在敌强我弱的情况下，财落堡北部的沈阳市委和蒲河总区的人员撤到蒲河东部的李千户村，成立辽西一地委。

孤悬敌后　骁勇善战

解放战争时期，位于中长、沈吉两条铁路干线之间的三角地带，是沈阳以北地区的军事战略要地。1946 年，根据中共中央关于"让开大路，占领两厢""建立巩固的东北根据地"的指示，中共辽宁省工委决定在这一地区建立沈（阳）铁（岭）抚（顺）联合县。1946 年 4 月 12 日，辽西一地委在铁岭李千户村召开沈铁抚联合县成立大会，吴继周任中共沈铁抚联合县县委书记，戴昊任县委副书记兼县保安大队长，程序任民运部长。县直机关设在铁岭东部山区的大甸子村。联合县管辖 14个区（后调整为 13 个区）：沈阳蒲河总区的 6 个区、铁岭东部的 5 个区和抚顺北部的 3 个区。全县面积为 3335 平方公里，270 个村，人口达 30 万[①]。保安大队下属 6 个中队，1 个武工队，共 600 余人。

沈铁抚联合县成立后，国民党军活动日渐猖獗，斗争进入艰苦阶段。由于形势恶化，主力部队和地委撤离，少数干部、战士思想出现不稳定现象。加之联合县地域广阔，群众基础有限，县委、县政府所在地大甸子村反动势力比较集中，给开展工作带来很大困难。特别是队伍中的个别不坚定分子被策反叛

---

① 李培生、陈贵林、邬海文主编：《解放战争时期的沈铁抚联合县》，辽宁人民出版社 1998 年版，第 3 页。

变，在沈铁抚辖区内连续发生了几起党的干部被杀害事件。为提升士气，鼓励干部、战士战胜暂时困难，戴昊为沈铁抚联合县保安大队编写一首队歌：

> 沿着铁路，沿着山边，到处都有我们的伙伴。
> 我们活泼忠诚勇敢，我们青年保安队员。
> 清算敌伪，减租减息，改善民生发展民主，
> 为了人民幸福生活，坚决保卫我们的沈铁抚。

戴昊还给新战士讲革命故事，进行革命传统教育，讲"三大纪律八项注意"，教战士们学唱革命歌曲，如《解放军进行曲》《放牛娃》等，战士们和他很亲近。

沈铁抚联合县组建不久，国民党军队向解放区大举进犯，一些地方反动势力有复苏的迹象。这样，沈铁抚联合县不得不把全部精力投入到坚持敌后斗争中。此时被打败的"东西大会"的残余分子在国民党政府的扶持下死灰复燃。他们分散到各村进行活动，在各村成立自卫队、修炮楼、发手榴弹、站岗放哨，阻止沈铁抚联合县的武装活动，以仲官屯为中心重新成立大会，公开反对东北民主联军，极力反对民主政府，活动十分嚣张。蒲河总区以区长程序的名义下了三次勒令信，勒令他们停止一切反革命武装活动，他们却无动于衷。4月29日夜，"东西大会"晚上召开会议，戴昊率领县保安大队两个中队，迅速包围仲官屯，又一次粉碎"东西大会"的武装，缴获步枪16支，对当时蠢蠢欲动的反动分子起到了震慑作用。

　　为继续打击国民党军队的嚣张气焰，戴昊决定在距蒲河3里的蔡台子村，袭击驻在东岗村的国民党军第二〇七师。据侦察，村伪保长李惠经常给国民党军队通风报信，戴昊决定利用这个人诱敌上钩。5月1日晚，戴昊率领联合县保安大队100人隐蔽埋伏村西头。十几名保安队员大大方方地进入蔡台子村，队员给李惠拿钱，让他准备饭菜，战士们吃完都装作睡觉。李惠见人都睡熟了，就悄悄跑到东岗村，给国民党第二〇七师报信。敌连长一面对伪保长倍加称赞，一面下达命令前去偷袭。敌连长带领一个排向蔡台子村进发，为虎作伥的伪保长紧随其后迈着碎步。没等他们走过蒲河大桥，戴昊一声令下，顿时枪射敌身，弹炸敌群。不明情况的敌人乱成一团，抱头鼠窜。这一仗毙伤敌25名，缴获美式机枪1挺、冲锋枪及步枪6支，保安团无伤亡。这是戴昊率队与敌人正规军的第一次交锋，不仅取得了胜利，而且打出了部队的军威和士气。获胜的消息迅速传遍蒲河地区，老百姓说："这些八路是神八路，绝了！"在保安大队的震慑下，仲官屯的"东大会"残余分子，纷纷向政府悔过自新，交出步枪14支，手枪两支。

　　6月的一天，国民党第六十军一个营袭击沈铁抚联合县政府所在地大甸子村。当得到情报时，敌人已占领北山，并向村里猛烈射击，县委、县政府机关人员，在保安团四中队的掩护下顺利撤离，敌人行动落空。

　　1946年7月，县保安大队奉命改称沈铁抚联合县保安团，中队改为连的建制。因吴继周工作调动，戴昊接任县委书记。戴昊广泛发动群众，参军参政人员较多，县区武装得到充实，保安团发展到 600 多人。军分区给保安团加强了装备，各连配备 2—3 挺机枪，弹药也得到补充，增强了部队战斗力。

7 月 14 日，国民党第六十军一部和警察大队，由铁岭县城出发，对驻大甸子联合县机关袭击。戴昊带领保安团正在鸡冠山整训。联合县人员全部撤出大甸子村落。次日，敌人又向大甸子以东进犯，在当铺屯被戴昊保安团截击，死伤 10 余人后撤退。7 月 18 日，铁岭方面的敌警察大队和部分国民党军约 350 人，再次向大甸子猛攻，当走到鸡鸣屯时，遭到保安团的截击，逃回铁岭。戴昊率保安团乘胜追击，连续重挫敌清剿队、自卫队、护路队、联庄会等反动武装。

为了钳制国民党军队，保安团及公安局精干人员分两路向沈北蒲河地区进发。9 月 3 日至 9 月 4 日，保安团在柳条河、刘千户、铁营子一线击溃国民党交通警察大队和地方大团联合武装，沉重打击了国民党地方政府，扩大了民主政权的影响。9 月 5 日，保安团收复蒲河村，残敌退到二台子一带。广大群众纷纷走上街头欢呼："戴昊的蒲河大队又回来了！"这一天，沈阳的国民党报纸以醒目的标题"国军安在！"报道沈铁抚联合县保安团的行动。沈阳的国民党军指挥机关也感到不得安宁。

9 月上旬，戴昊率领保安团到铁岭城南得胜台，炸毁敌人铁路，破坏敌人运输线。不久，又配合军分区独立团绕到城北平顶堡一带，不仅成功炸毁一段铁路路基，还消灭部分守桥敌军。

戴昊带领保安团取得一个又一个胜利，极大地振奋了保安团的士气，保障全县"反奸清算、减租减息"的顺利进行。广大翻身农民积极送子女参军参战，县保安团又增加兵员 300 余人。9 月下旬，上级决定从保安团抽调一个完整连补充到主力部队。当时有的指战员想不通，可是戴昊却顾全大局，他耐心做战士的思想工作，并主动将他从沈阳带来的第一连送交军分区，广大指战员对他们的团长钦佩有加。

在保安团的沉重打击下，国民党军队气急败坏，将沈铁抚联合县视为心头大患，试图报复。9 月 20 日，国民党东北保安司令长官部下令驻抚顺第六十军一部从会元堡、横道河子出动，辽宁警察 3 个大队分别从铁岭、懿路、沈阳同时出动，向沈铁抚联合县进攻，同时令反动武装对沈铁抚联合县驻地大肆袭扰。敌人来势凶猛，很快占领了李千户、催阵堡、大甸子等重要村寨。沈铁抚联合县军政人员被迫撤出该地区，转移到当铺屯。10 月初，敌人又抢占了鸡冠山。10 月中旬，东北国民党大批军队进攻辽东，对沈铁抚联合县发起强烈攻势，迂回包围当铺屯，沈铁抚联合县军政人员迅速向后山罗家荒地转移。戴昊指挥保安团抢先占领有利地形，阻击敌人，掩护机关人员向鸡冠山区的夹河厂方向转移。保安团转战柴河沟到曾家寨时，又遭敌军袭击，保安团近一个排失踪，损失很大。在四面受敌的险恶情况下，全县人员被迫退到孤家子、夹河厂的狭小山沟。此时的沈铁抚联合县几乎失去立足之地，与上级失去联系，处于孤立无援的困境，如不迅速跳出敌人包围圈，有全军覆没的危险。

面对险恶的局势，是否继续就地坚持斗争，成为沈铁抚联合县领导必须抉择的难题。29 日，戴昊在夹河厂召开全县党政军干部会议，研究制定对敌斗争方案。经过对敌我双方力量反复分析一致认为：为保存实力，暂时撤离县境。同时决定撤离前采取奇袭战术，打击敌人的嚣张气焰。突袭目标为驻鸡冠山的国民党东北保安司令部独立一营。戴昊经过周密分析，提出"围三打一"的作战方案。即对鸡冠山村东、南、西三面进行围攻，确定第四连从村西强攻，留出北面诱敌出逃，由埋伏在那里的第二连堵击。10 月 30 日拂晓，县保安团 400 多人按作战方案包围了鸡冠山。戴昊因出发时战马失蹄而摔伤，由副政委徐振宇代他指挥。战斗打响后，炮声隆隆，落弹如雨。激战 3 个多小时，狡猾的国民党军龟缩拒守，双方处于僵持状态，徐振宇心急如焚，各连指战员急不可待。

中午，戴昊带伤来到指挥部。他问明情况，担心时间拖长会引来援敌，决定撤出战斗。正当通讯员去传达命令时，发现大批敌人蜂拥向村北突围，各连向逃窜敌军猛烈射击，敌军刚出村就被埋伏在北山的第二连迎头截击。敌人像热锅上的蚂蚁，在公路上、稻田里抱头鼠窜，狼狈不堪。不长时间就将敌人全部击溃，毙伤敌 40 多人，俘虏 30 余人，缴获长短枪 100 多支，缴获大批物资，解决了部队的冬装问题，有 200 多人穿上军大衣。部队发放战利品时，戴昊嘱咐警卫员梁财："现在物资短缺，等别人领完了我再领。"据警卫员赵连宝回忆："沈阳解放后，我为他领回部队发的美式大衣，他说：'有一件旧的就行了，这件送回去。'"[①] 戴昊总是先人后己，严格要求自己，

---

① 李培生、陈贵林、邹海文主编：《解放战争时期的沈铁抚联合县》，辽宁人民出版社 1998 年版，第 165 页。

从来不认为自己是领导，说话和气，平易近人。

鸡冠山大捷，再次打出了军威。沈铁抚联合县保安团各连队指战员经过艰苦的战斗，磨砺了意志，增进了团结和友谊，成为名副其实的坚强集体。他们为有戴昊这样的领导而骄傲。戴昊学识渊博，文化水平高，是当时难得的"秀才"。更难能可贵的是，他作战经验丰富，有胆有识，足智多谋。与他共事，战士们苦中有乐，心情舒畅，从来不缺少必胜的信心和力量。战士们经常说："我们的团长简直是个诸葛亮，能掐会算。领我们走，走的是时候，敌人准扑空，赶不上我们；领我们打，打的是时候，保证能打着敌人，敌人跑不了。"①

战略转移　屡建奇功

虽然鸡冠山战斗获胜，但紧接着国民党军第二〇七师以超出我几倍的兵力由抚顺出动直逼鸡冠山，把联合县压制在一个狭小的汛河沟的沟底夹河厂一带，此时的联合县处于孤立无援的困境，县委决定撤出联合县地区。

1946 年 11 月，沈铁抚联合县军政人员按原计划向东撤退。为迷惑敌人，戴昊将转移的队伍编为两个团，县保安团临时称一团，县区机关干部和区队等组成二团。11 月 3 日，两团队伍迎着初冬的寒风，冒着蒙蒙细雨，从夹河厂出发，顺着山间蜿蜒的小路，艰难前行。由于处境危险，面对艰苦的环境，队伍内意志不坚定的人产生动摇与松动情绪。一次夜间宿营，一

① 李培生、陈贵林、邹海文主编：《解放战争时期的沈铁抚联合县》，辽宁人民出版社 1998 年版，第 164 页。

团和二团新战士有开小差现象，有的携械逃跑。戴昊立即召集全体大会，他深入分析革命斗争形势，宣讲党的艰苦奋斗传统，阐述革命的发展趋势和必然选择。干部战士心悦诚服，消除了悲观情绪。最后他严肃地说："不愿意革命的可以走，但不许带武器，不能投敌。"① 部队的思想统一后，再没有发生类似情况。

部队继续前进，环境越来越艰苦，敌情越来越严重。原来预计要去投奔的主力部队及二分区早已撤走，大批国民党军队紧紧咬在他们后面。当时敌军已占据安东（今丹东）、通化、清原和梅河口等城镇。根据这种情况，戴昊与党、政、军领导研究决定，改变原定的"近撤"计划，继续后撤，许多伤病员、妇孺、后方人员在凛冽的寒风中艰难地跟随部队行军。戴昊主动将自己的马匹让给身体有伤的战士骑，自己走在行军队伍中，像这样的情况，保安团的战士早已屡见不鲜。

当队伍行进至五凤楼村时，这天夜晚发生了一起保安团侦察参谋王荣光被暗害的事件。戴昊率保安团连夜侦查，侦破后立即处决了作恶分子。部队刚过五凤楼，得到侦察员报告：前面 30 里处，就是敌军大部队集结地区，多数村寨都住满敌人。部队找到当地熟悉地形的老乡引路，黄昏出发，夜里从敌人的空隙中迂回穿过，当太阳冉冉升起时，终于安全穿越了敌人的集结区域，脱离险境。

11 月 14 日，经过长途艰苦行军，沈铁抚联合县 900 多人

① 李培生、陈贵林、邹海文主编：《解放战争时期的沈铁抚联合县》，辽宁人民出版社 1998 年版，第 11 页。

安全转移到地委所在地八道江。沈铁抚联合县领导到临江向辽东省军区首长汇报工作。11 月 15 日至 18 日，沈铁抚联合县的干部、战士在八道江受到辽宁省委、省军区领导和二地委书记李砥平的亲切接见。省军区领导充分肯定沈铁抚联合县坚持对敌斗争的精神，表扬他们在极其险恶的形势下，坚持敌后斗争，特别是撤退前还打了胜仗，是件了不起的事。省军区领导号召全军区部队向沈铁抚联合县军政人员学习。沈铁抚联合县部队战士备受鼓舞。

为继续坚持敌后斗争，根据上级指示，戴昊仍任沈铁抚联合县县委书记兼县保安团团长，苏华任副书记，县长苏简，张长忠任县保安团参谋长。部队进行精简整编，把老弱病伤人员留下，队伍由 900 人减至 570 余人，省军区还为部队补充武器装备，新配备重机枪、迫击炮、轻机枪和掷弹筒等。

11 月 19 日，沈铁抚联合县军政人员从八道江出发返回原地区，继续开展敌后斗争。返回人员共 570 余人，全部为武装战斗人员，其中保安团 4 个连占 499 人。战士们穿越道道难关，冲破敌人层层封锁。战严寒，迎风雪，经过十几天的艰苦跋涉，于 12 月 8 日抵达沈铁抚联合县境内的夹河厂、孤家子。离开沈铁抚联合县一个月零五天，戴昊和干部战士受到当地群众的热烈欢迎。尽管遭到国民党军的扫荡，群众对民主政府仍信心百倍。沈铁抚联合县军政机关撤离时，曾将重伤员和大批物资隐藏在群众家中和山中，回来基本没有损失。

这期间，国民党军队在沈铁抚联合县扩大反动势力，加强军事部署。在几个重要区建立办事处、村公所，并组织所谓的自卫队。为阻挠沈铁抚联合县的返回，国民党军队还特别在鸡冠山村驻扎了一个警察中队。各村民主政府、农会全部被强行解散，大批村干部不是惨遭迫害就是避难离乡。严酷的现实，并没有动摇戴昊等沈铁抚联合县干部战士的信心。戴昊决定乘敌不备，先拿下鸡冠山、白旗寨、黄旗寨 3 个敌人据点，以求得稳定的立身之地。12 月 10 日拂晓，县保安团、武工队、公安队按既定作战方案，分三路同时向各自进击目标发起攻势。第一路是副政委徐振宇带领第四连攻打白旗寨，敌人毫无准备，一阵炮火后，敌人很快溃逃。第二路由戴昊带领第二、三连围攻黄旗寨，几炮赶跑了那里的守敌。第三路攻打鸡冠山，由张有才副团长负责，驻扎在这里的警察中队得知沈铁抚联合县军政机关回来了，生怕被全歼，虚张声势乱放几枪，连夜逃窜。沈铁抚联合县军政机关返回境内旗开得胜，广大群众与部队再次相逢，奔走相告，戴昊的队伍又回来了，联合县干部又回来了！

不甘失败的国民党军再次向沈铁抚联合县政府进行疯狂反扑。1946 年 12 月 27 日，国民党第六十军动用重力炮火，猛烈进攻长寨子村，沈铁抚联合县委副书记程序、县长苏简和公安局长丁贤等 30 多人冒着敌人火力突围，虽然大部分人员撤离险境，仍有 3 人被俘，1 人牺牲。1947 年 1 月 11 日，沈铁抚联合县委工作组在下菲菜峪村遭到国民党第七十一军第八十八师一部袭击，十区区委书记郭克、营盘区区长张垦壮烈牺牲，县委副书记苏华负伤，10 人被俘。这是沈铁抚联合县成立以来遭受的最严重的一次损失。1 月 13 日晚，县保安团在二道沟遭遇围袭，敌人占领后山制高点，保安团一个排被打散失踪。2月1日，保安团于鸡鸣屯、毛崖子一线阻击敌人，敌人在罗家荒地布置兵力堵截。戴昊指挥部队，出其不意，向敌重兵把守的铁岭县城附近的徐家沟村挺进，巧妙摆脱敌人的合围，化险为夷。

沈铁抚联合县刚刚打开局面，斗争形势又变得错综复杂。戴昊率领沈铁抚联合县干部战士，不畏强敌，在敌强我弱的艰苦条件下，采取穿梭式的迂回作战，始终坚持战斗，敌进我退，敌退我扰，不失时机地集中优势兵力消灭敌人。

在频繁的战斗中，沈铁抚联合县的干部战士经受住考验，受到锻炼。1947年3月后，斗争环境日益艰苦，对敌斗争更加残酷。3月14日，戴昊率领保安团配合省独立师七团攻打大甸子村。针对大甸子村易守难攻的防御体系，确定由七团主攻，县保安团在鸡鸣屯打外援，并阻击铁岭增援之敌。战斗从早打到晚，最后变成逐院逐屋的争夺战，经过十几个小时激战，自称王牌的蒋介石嫡系、交警十四总队四大队一中队死伤大半，少数敌人狼狈溃逃。七团伤亡很大，保安团的迫击炮在战斗时自炸，炮排排长王振国牺牲并损失了一个班。

从3月26日至4月14日，敌人又纠集交警十四总队对保安团进行报复性反扑，用"布阵合击，扫荡蚕食，清剿联防"战术，连续5次向沈铁抚联合县保安团、武工队、公安队跟踪追击。沈铁抚联合县军政人员避敌锋芒，运用机智灵活的战术，与敌人周旋。以"迂回转进，大步进退"策略回击敌人，还施以"夜间破袭"，主动"伏击脆弱敌人"的战术。4月24日，为了摆脱交警十四总队纠缠，保安团转移至清原以东夏家堡子时，遇到军分区八团。敌人一直跟在保安团后面，戴昊将计就计，部队故意返回夏家堡子村诱惑敌人，当敌人来袭时，保安团派第四连和八团一部绕到敌后，前后夹攻，打得敌人狼狈不堪，纷纷夺路败走。保安团的节节胜利，使敌人的攻势始终没有得逞，粉碎了国民党军队妄图歼灭和驱逐保安团的计划。沈铁抚联合县在几块地方创建了游击根据地，继续开展反奸清算斗争，根据地的土地改革也相继进行，建立农民协会，实行减租分田。

狡猾的敌人见硬打不行，便施展诱降花招，敌人派人送信给戴昊，花言巧语，许以高官厚禄。戴昊敏锐地识破敌人的阴谋，亲自写回信，揭露国民党军队大打内战、祸国殃民的罪行，规劝他们及早醒悟，停止作恶。

1947 年 5 月，东北民主联军发起夏季攻势，活动在沈铁抚联合县区域的国民党军队及其地方武装，逐渐收敛其攻势。沈铁抚联合县经过短期休整，又从后方回到曾家寨一带。5 月 12 日，戴昊正在同保安团人员总结对敌斗争经验，准备向上级报告沈铁抚联合县的工作情况，突然接到报告：一股敌人约 400 余人，正从抚顺向北行进，预计次日到达黄旗寨。这时，戴昊像往常一样，习惯地打开他那张破旧的军用地图。多年来他始终随身携带着 4 件宝贝：军用地图、指北针、金星笔和日记本。不论行军作战走到哪里，他首先通过这张地图，了解敌人的方位和距离。他还坚持每天写日记，把每天发生的事情记录下来。只见他认真审视着，思考着，凭着多年的战斗经验和智谋，在多方面听取大家意见的基础上，当机立断：在黄旗寨村至上顶子村的顺山地设伏，采取速战速决方式，消灭敌人。

晚上，天空淅淅沥沥下起雨来，部队冒雨从曾家寨出发，按原定部署，进入指定地点。13日，戴昊派两个连的兵力在顺山地东山设伏。当路过柴河沟公路时，先放过走在前面的一股敌人，保安团战士冲下山去，对后部敌人进行突然袭击，战斗仅20分钟，当场击毙敌团参谋长、电台台长等多人，俘敌9人，缴获4大车辎重以及电台1部，还有各种枪械、弹药、美式雨衣、被服等。战后从俘虏口中得知，他们是国民党新六军运输团的一个营，为辽东主力部队运送物资。保安团战士们幽默地说："送得太及时了，连雨衣都给拉来了，他们想得可满周到的。"①

沈铁抚联合县成立后，从坚持敌后巩固扩大农村根据地，到配合主力部队由战略防御到战略进攻，都发挥了很大作用，有效地牵制了国民党军队对主力部队的进攻。在极其险恶的形势下，沈铁抚联合县全体干部、战士孤悬敌后，不畏艰险，英勇奋战，坚持与十几倍兵力的敌人展开拉锯战、游击战。为建立民主政权，开辟敌后农村根据地，展开艰苦卓绝的对敌斗争，在沈阳以北地区与敌人战斗100余次，歼敌3000余人，出奇制胜，屡建战功，成为一支无坚不摧、攻无不克的坚强集体。沈铁抚联合县县委书记兼县保安团团长戴昊由此声威大震，家喻户晓。在战争的间隙，戴昊抽出时间，亲自撰写《对

---

① 李培生、陈贵林、邬海文主编：《解放战争时期的沈铁抚联合县》，辽宁人民出版社1998年版，第126页。

敌斗争初步总结（1948.7—1948.9）》《沈铁抚联合县总结报告（1948.10）》，对沈铁抚联合县的工作和斗争认真总结。1946 年 10 月，他著有《部队所处环境与发展简史》。1947 年 9 月，他著有《沈铁抚联合县保安团一年多的军事斗争总结》。1948 年 5 月至 12 月间，他分别写出《军事工作总结》《练兵与战斗的几点经验》。从理论和军事实践上，对战术和战法进行总结，其经验直到今天仍具有借鉴价值。他是当时难得的"秀才"，受到军首长的高度重视。

1947 年 12 月初，辽东军区召开庆功表奖大会，沈铁抚联合县保安团受到集体嘉奖，被记集体功一次，得奖旗一面。团长戴昊被授予英雄称号，并获英雄奖章一枚和记大功两次。12 月 11 日，《辽东日报》刊登报道《戴昊同志等率部坚持敌后完成任务》，文中说："辽宁二军分区沈铁抚联合县保安团，在团长戴昊同志领导下，英勇顽强地坚持敌后斗争，打击匪伪，支持群众斗争，配合正面我军作战，并为我军反攻敌人打下了有利基础。"① 对沈铁抚联合县保安团给予高度评价，也对沈铁抚联合县党、政、军坚持敌后斗争的经验倍加肯定。

1947 年 10 月末，辽宁省军区发布命令，将沈铁抚联合县保安团全员上调，由戴昊率领划归省军区直接领导，被编为辽宁独立一师二团，戴昊从此离开了沈铁抚联合县。县委书记由程序接替。

1948 年，东北战场敌我双方力量发生了根本变化，国民

---

① 李培生、陈贵林、邹海文主编：《解放战争时期的沈铁抚联合县》，辽宁人民出版社 1998 年版，第 17 页。

党的主力部队被东北人民解放军压缩在几座孤城之中。这一年，戴昊所在独立一师二团，具有完备的营、连、排、班等建制。另外，还组建了武工队、侦察排。各营有机炮连，成为一支战斗力相当强的部队。10月17日，戴昊率队奉命星夜出发到磐石，又转到冯家岭一带，准备参加攻打长春的战斗，独立一师二团改为第一五三师第四五八团。19日，长春之敌投降，第四五八团奉命挥师南下，参加解放沈阳的战斗。

1948年11月2日，戴昊的家乡沈阳解放。戴昊回到施家寨，立即去看望久别的叔父戴香九。老人当时已66岁，蓬门草舍，依然过着极清贫的生活。叔父激动地称赞戴昊有志气，勉励他跟着共产党好好干，为家为国争光。只是戴昊戎马倥偬，仍单身一人，让老人放心不下，戴昊讲些道理，安慰叔父。

1948年11月18日，戴昊随军南下，11月27日路经锦州时，找到阔别10余载的胞妹戴俊英，兄妹重逢，悲喜交加。12月初，第四五八团进关立即投入平津战役，这时部队改编为中国人民解放军第四野战军第四十军第一五三师第四五八团。1949年2月13日，经政治部主任郑孝峰介绍，戴昊在北平通县与周琳结成伉俪。平津战役后，戴昊随着大部队跨黄河过郑州进入湖北，参加接收武汉工作，武汉解放后，驻防武汉市担负警备任务。

在武汉工作不久，戴昊却因多年积劳成疾病倒了，高烧达42℃。虽经医生全力抢救，终因医疗条件有限，不幸于1949年7月20日溘然长逝，同结婚仅5个月的妻子和未出生的女儿永别，终年41岁。戴昊英年早逝，部队的干部战士悲痛万分，将他安葬在龟山脚下的烈士陵园。

革命生涯 20 载，戴昊在战火中栉风沐雨，几经生死考验，不想却在胜利刚刚到来不久，匆匆离去，实在令人叹惜。如今，当年沈铁抚联合县的革命斗争已过去 70 多年，戴昊等革命志士为之奋斗的理想已经化作美好现实，家乡人民一代又一代徜徉在无比幸福、快乐的新生活中，这是对戴昊以及为之牺牲的革命先烈最好的告慰！